TRAITÉ

SOCIÉTÉS CIVILES

ET COMMERCIALES

Paris. — Imprimerie de J. DUMAINE, rue Christine, nᵒ 2.

TRAITÉ

DES

SOCIÉTÉS CIVILES

ET COMMERCIALES

(AVEC FORMULES)

PAR

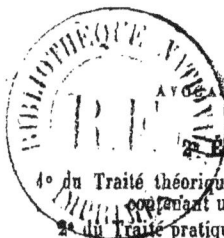

A. VAVASSEUR

AVOCAT A LA COUR D'APPEL DE PARIS

2e ÉDITION, refondue et complétée

1° du Traité théorique et pratique des sociétés par actions, avec formules, contenant un Commentaire de la loi du 24 juillet 1867.
2° du Traité pratique et formulaire des sociétés civiles et commerciales.

TOME PREMIER

PARIS

IMPRIMERIE ET LIBRAIRIE GÉNÉRALE DE JURISPRUDENCE

MARCHAL, BILLARD et Cie, IMPRIMEURS-ÉDITEURS

LIBRAIRES DE LA COUR DE CASSATION

Place Dauphine, 27.

1878

PRÉFACE

I. Le présent Traité embrasse, comme son titre l'indique, toute la matière des sociétés, civiles et commerciales.

Il forme en quelque sorte une seconde édition, mais très-augmentée, ainsi que je l'expliquerai tout à l'heure, des deux ouvrages, ainsi réunis en un seul, publiés par moi en 1868 et 1869 sous les titres suivants :

Traité théorique et pratique des sociétés par actions, avec formules, contenant un commentaire de la loi du 24 juillet 1867.

Traité pratique et Formulaire des sociétés civiles et commerciales.

Pour maintenir à l'ensemble l'économie générale adoptée dans les deux ouvrages séparés, le traité actuel a été divisé en deux parties principales, correspondantes à chacun des traités partiels, sauf la suppression de certains passages qui auraient formé double emploi.

L'œuvre ainsi unifiée, il y avait à l'éclairer, à la renouveler en certaines parties, par la jurisprudence, si fertile en décisions sur toute cette matière des sociétés, et particulièrement sur la loi du 24 juillet 1867. C'est là surtout ce qui devait en marquer le caractère essentiel ; et en faire une œuvre originale, presque un livre nouveau.

Il ne sera pas sans intérêt de jeter un coup d'œil sur

a

l'exécution de cette loi, sur la manière dont elle a été comprise et interprétée, sur les résultats économiques et moraux qu'elle a produits. Il est possible aujourd'hui de constater les progrès qu'elle a pu réaliser dans la législation, aussi bien que les lacunes qu'elle y a laissées et les améliorations dont elle serait susceptible.

II. Aucune loi, plus que celle du 24 juillet 1867, sur les sociétés n'aura subi en si peu d'années des épreuves si diverses et si décisives. Pour elle, l'expérience s'est faite avant le temps, et si les premiers commentaires qui en ont été publiés après sa promulgation ont dû paraître quelque peu hâtifs, la seconde édition se produira en pleine maturité.

Non-seulement, à côté de cette loi, qui compte à peine dix années d'existence, il s'est formé tout un corps de doctrine et de jurisprudence, mais il y a, chose plus rare, un ensemble de lois étrangères (1), survenues à la suite de la nôtre, dont elles se sont souvent inspirées, et qui nous rendront avec usure le service qu'elles auront reçu de nous-mêmes ; car elles auront plus d'une fois fait

---

(1) Citons :

La loi du canton de Genève, du 12 mai 1869 ; celle de la Confédération de l'Allemagne du Nord, du 11 juin 1870 ; une loi de l'état de Massachusetts, sur les compagnies de chemins de fer, du 28 fév. 1872 ; la loi de l'état de l'Illinois, du 18 avril 1872 ; la loi russe du 30 mars 1873, spéciale aux compagnies de chemins de fer ; enfin la loi belge du 18 mai 1873. Ajoutons qu'en Autriche et en Italie des lois sur les sociétés sont en préparation.

La loi allemande du 11 juin 1870 semble devoir être soumise prochainement à une révision partielle ; car, dans la séance du Parlement allemand du 4 août 1873, une discussion s'est élevée à la suite d'une interpellation relative aux abus signalés dans la fondation et l'administration des sociétés par actions ; mais l'abrogation de la loi n'a pas été demandée, et le gouvernement a promis de saisir de la question le Conseil fédéral.

ressortir, en les corrigeant, les imperfections de la loi française, et, en plus d'une circonstance, elles auront projeté la lumière sur ses dispositions obscures.

Mais l'occasion de puiser à ces sources étrangères sera toujours assez rare, et la jurisprudence française restera pour le commentateur de notre législation le principal aliment de ses informations.

Certes, la matière ne lui manquera pas. Car, si l'on parcourt nos recueils périodiques d'arrêts, ou la collection de nos journaux judiciaires, on est surpris et presque effrayé de l'énorme travail jurisprudentiel qui s'est accompli en si peu d'années. En présence de cette masse d'arrêts, à l'abord confus, incohérent, *indigesta moles*, plus d'un esprit enclin au septicisme se prendrait à douter ou des capacités législatives en notre pays, ou même de l'efficacité des lois positives. Mais un peu de réflexion le ramènerait bientôt, et, cessant d'accuser les hommes ou les choses, il reconnaîtrait que de l'inextricable conflit des intérêts privés, il a dû naître des espèces variées à l'infini, qui multiplient les litiges, et, noyant les principes sous les faits, forment obstacle à la fixité de la jurisprudence.

D'ailleurs cette confusion du premier moment, qui fait reculer l'observateur superficiel, ne persiste pas devant le jurisconsulte patient, qui regarde de près, rapproche, compare, et sait découvrir les points de contact, les similitudes ; qui réunit les linéaments épars, les coordonne, et, saisissant enfin la relation du fait au droit, approuve ou critique la raison des arrêts, selon qu'ils ont appliqué ou méconnu les principes mis en évidence.

C'est au prix de ce travail d'analyses subtiles, et de comparaisons judicieuses, que la jurisprudence peut devenir le plus sûr commentaire de la loi. Il a manqué nécessairement aux jurisconsultes qui, les premiers, ont essayé de donner le sens de la loi nouvelle. Condamnés à prévoir les questions pour les résoudre, il doit leur être pardonné s'ils ont quelquefois erré à l'aventure, s'ils n'ont pas toujours réussi à éclairer ou à frayer la voie, et si leur doctrine encore inexpérimentée porte trace de tâtonnements ou d'hésitation.

Aujourd'hui, pour qui sait voir, le sol commence à se déblayer; çà et là sont percées de longues avenues où pénètre la lumière, et l'édifice de la loi sort de l'ombre vague au milieu de laquelle il parut trop longtemps flotter.

Beaucoup de questions sont donc résolues, quelques-unes *in terminis*. C'est un résultat qu'il est permis de constater avec satisfaction.

Mais, pour arriver à cette perception nette de l'ensemble et des détails, la tâche a été rude. Ce n'est pas un médiocre labeur que de faire revivre toute une époque industrielle avec toutes les péripéties qui l'ont agitée, de rouvrir les débats judiciaires, grands ou petits, humbles ou retentissants, qui ont ému et troublé le monde des affaires; puis, après avoir assisté par l'esprit à ce spectacle ondoyant et mobile, d'en tracer un tableau qui apparaisse aux yeux du lecteur, avec des lignes correctes et de fermes contours.

III. Dans cette revue rétrospective, on aperçoit trop aisément, hélas! deux périodes distinctes, marquées par les douloureux événements de la guerre, étrangère et civile. Pour beaucoup de sociétés, commerciales ou industrielles, ces événements auront été la pierre de touche, à laquelle auront seules résisté celles dont l'organisation était saine et solide; les autres auront succombé, ou parce qu'elles n'étaient pas viables, ou que déjà elles étaient frappées d'un mal antérieur et incurable ; pour celles-ci la crise politique n'aura été que la crise suprême et inévitable, un dénoûment prévu.

Du reste, avant comme après *l'année terrible*, ainsi que l'a nommée notre grand poëte Victor Hugo, il y a eu d'immenses désastres. On vit s'effondrer d'anciennes et puissantes compagnies anonymes, créées avec l'autorisation, et quelques-unes sous le patronage officiel du gouvernement ; car la tutelle administrative, telle que l'avait organisée le Code de commerce, avait paru insuffisante aux financiers du second empire pour réaliser les grands desseins qu'ils avaient conçus ; il ne fallait rien moins, pour atteindre à ces hautes destinées, que le tout-puissant prestige de l'État, nommant lui-même les gouverneurs et directeurs des établissements nouveaux. On avait déjà comme exemple la Banque de France ; ce précédent ne justifiait-il pas l'innovation proposée ? Innovation dangereuse, sans analogie avec le précédent invoqué, et qui devait montrer l'État présidant, aux yeux du public séduit et entraîné, à toutes les entreprises de la spéculation la plus aventureuse et de l'agiotage le plus effréné. Cette ingérence de l'État lui fut reprochée, non sans raison, comme n'étant autre chose qu'une sorte de socialisme renversé, et le plus malsain des socialismes, puisqu'il s'exerçait, non au profit des travailleurs dépourvus de capital, mais en faveur de quelques oisifs voulant s'enrichir sans travail avec le capital d'autrui.

On était alors sous un régime que ses partisans les plus décidés présentaient à l'envi, croyant le glorifier, comme devant renouveler *l'ère des Césars*. Mortelle, mais inconsciente injure, et qui prouve le degré de cécité morale où l'on était descendu. Comment, au milieu de ces

promiscuités suspectes entre l'administration et la spéculation, oubliait-on le mot célèbre du premier des Césars :
La femme de César ne doit pas même être soupçonnée !

Mais on vivait alors dans l'enivrement ; après un coup
d'État heureux, il n'y avait plus rien d'impossible ; quelques succès diplomatiques et militaires achevèrent de
griser toutes les têtes, et ce fut bientôt un enchantement
perpétuel, entretenu soigneusement par quelque surprise nouvelle que le *Moniteur officiel* venait de temps
en temps, comme un cadeau du matin, offrir au public
ébloui et charmé.

En cet état d'optimisme général, chacun s'élançait
avec entrain vers les affaires, sans trop de choix ni de
scrupules ; on voulait s'enrichir vite, et cela semblait si
facile ! La Bourse était là, ses portes ouvertes à tous,
aux plus humbles comme aux plus superbes, s'offrant à
tous les appétits, faisant sonner bien haut les gains
réalisés, vantant ses hausses continues, ses liquidations
toujours heureuses, se disant à la fois effet et cause de
la prospérité générale toujours croissante, et faisant peu
à peu pénétrer l'âpre excitant des convoitises dans les
cœurs jusque-là les plus rassis et les plus fermes.

La fièvre de l'agiotage parvint à son apogée ; de grandes fortunes s'élevèrent, construites, sans qu'on parût s'en
apercevoir, avec les débris de la multitude des petites
épargnes individuelles ; car la hausse pour les uns, c'est
nécessairement une baisse équivalente pour les autres.
Telle est l'inéluctable loi du jeu ; et elle n'a rien en soi
de déshonnête, lorsqu'elle s'applique aux combinaisons
du hasard loyalement accepté ; mais si le hasard est ou
à peu près éliminé ou corrigé, si les fluctuations de la
Bourse sont savamment conduites par quelques meneurs
coalisés, alors c'est la spoliation publique organisée.

Du milieu de ce monde interlope, on vit émerger de temps à autre certaines personnalités, sorties des derniers rangs, et qui, poussées par des succès constants, furent un instant classées parmi les grands hommes du jour ; jusqu'à ce que, le socle d'argile glissant sur sa pente, elles vinssent échouer piteusement sur les bancs de la police correctionnelle.

IV. Pendant quelques années, l'illusion persista. Le marché parisien devint le plus grand marché de capitaux du monde entier. Ce fut alors qu'on ne cessa de répéter ce mot fameux, qui devait plus tard recevoir un si cruel démenti : que l'Europe nous enviait nos institutions de crédit, comme les autres. Ce mot d'ailleurs eut son moment de vérité ; ne vit-on pas la *Société générale du crédit mobilier* trouver des imitateurs en Espagne, en Autriche, en Russie, etc. ! Chaque peuple, atteint de la même folie, voulut avoir son Crédit mobilier national.

L'idée apparente qui avait inspiré la création de cet établissement eût été une grande et noble idée, si elle n'eût été une généreuse utopie. C'est le capital qui, disait-on, s'offrait à commanditer le travail ; souscrire ou acquérir des actions dans les sociétés industrielles et commerciales qui allaient se fonder, tel était ou semblait être le but primitif et principal de la société ; pour l'atteindre, elle était autorisée à émettre des obligations jusqu'à une somme dix fois supérieure à son capital social de 60 millions, sauf à augmenter encore les émissions au fur et à mesure de la création de nouvelles entreprises. On substituait ainsi aux actions diverses des sociétés particulières un titre unique, universel, qu'on avait décoré d'un sobriquet démocratique : *l'omnium,* pour mieux faire appel à la puissance de tous, au nombre, désormais souverain dans le domaine économique comme il l'était déjà ou paraissait l'être dans le domaine politique.

Mais toutes ces sublimes combinaisons ou n'étaient que de vains simulacres, ou, si elles étaient sincères, restèrent à l'état d'intention. L'*omnium* ne vit pas le jour; on délaissa la commandite du travail; la production nationale, à laquelle on s'était flatté de donner une si vive impulsion, fut abandonnée à elle-même; puis, ces beaux rêves évanouis, on se livra à de simples opérations de banque, et surtout à des spéculations de Bourse, mais avec une telle ardeur, avec de tels emportements, que notre grand orateur Berryer put dire un jour, publiquement, que la Société générale du Crédit mobilier était la plus grande maison de jeu du monde entier.

Une autre société, considérable aussi par son capital, la *Compagnie immobilière de Paris*, fut créée tout exprès pour aider à la transformation de la capitale : vaste projet dès lors conçu dans les hautes régions du pouvoir, et qui ne fut pas seulement inspiré par des motifs de salubrité municipale. Des quartiers populeux disparurent sous la pioche du démolisseur; et en quelques années à peine, comme par un coup de baguette magique, on vit s'élever une ville neuve, prolongeant ses larges avenues jusqu'au travers des villages annexés de l'ancienne banlieue.

Rien n'échappera à la spéculation. Après le mobilier, l'immobilier. Après l'action, le sol. L'immense bouleversement, accompli avec une rapidité vertigineuse, enflamme toutes les imaginations; des terrains décuplent de valeur en quelques jours, centuplent de valeur en quelques semaines; le jury d'expropriation juge en permanence; on envie, loin de les plaindre, les propriétaires,

les marchands, que les décrets d'utilité publique ont
touchés ; les indemnités sont allouées avec une inépui-
sable libéralité ; et, pour avoir part à ces largesses, la
tourbe des gens sans scrupule se jette à la curée, ne
reculant devant aucune ruse, aucune fourberie : les uns
achètent aujourd'hui en vue de l'expropriation de de-
main ; il y en a qui reçoivent des indemnités pour six,
pour dix fonds de commerce successivement achetés en
quelques mois ; tel personnage, placé dans la coulisse et
sachant à l'avance l'heure du prochain décret, fait acquérir, par des affidés, des immeubles dont la voie nouvelle n'occupera qu'une partie, et dont le surplus sera
revendu pour bâtir avec d'énormes plus-values.

La manie des constructions fut poussée à sa plus haute
puissance ; mais, quoiqu'on recommençât, disait-on,
l'ère des Césars, Auguste ne vint pas, comme autrefois,
au Sénat, lire le livre de Rutilius sur la *Modération dans
les bâtiments* (1). Vaine protestation, il est vrai, et qui fit
place, peu d'années après, à la folie furieuse d'un Néron,
brûlant Rome pour la transformer plus rapidement ;
moyen heureusement impraticable de nos jours, quoique plus expéditif et moins onéreux que l'expropriation.

Cette manie coûta cher à la compagnie ; épuisée par
une prodigieuse immobilisation de capitaux convertis en
maisons, elle fut quelque temps encore alimentée et soutenue par les caisses du Crédit mobilier, puis elle suc-
comba, entraînant celui-ci dans sa ruine. Aujourd'hui
les deux grandes sociétés se traînent dans une liquidation qui n'est qu'une agonie prolongée.

L'histoire financière de ce temps reste à écrire. Elle
sera sans nul doute sévère pour ces institutions de crédit

---

(1) Suétone, *Vie des douze Césars.*

qui, laissées à elle-mêmes, auraient pu rendre de grands
services et avoir d'autres destinées, mais qui étaient fatalement condamnées à périr, en consentant à subir des
influences extérieures, à devenir des moyens de gouvernement, *instrumenta regni*. L'industrie et le commerce,
essentiellement libres par nature, sont faussés par les
combinaisons ou les considérations politiques. Il en est
de même à la guerre, où les mêmes causes faussent la
stratégie et font perdre les batailles avec les empires.

V. De si grands mouvements d'affaires et de capitaux
ne peuvent s'accomplir sans imprimer des traces pro-
fondes sur la conscience morale d'un peuple. Toutes les
passions viles sont déchaînées ; la cupidité, qui envahit
les âmes, pousse à toutes les défaillances ; les caractères
s'abaissent, et l'aberration du sens moral devient telle,
l'effronterie devient si impudente que les mots perdent
leur signification : la folie se fait appeler raison, l'astuce
passe pour du génie, la servilité pour de la fierté, et les
honnêtes gens sont condamnés à entendre les hommes les
plus avilis se plaindre de l'avilissement des caractères.

Lorsque l'excès est intolérable, il se produit cette inévitable réaction, qui est comme le châtiment de la chose
par la chose elle-même. Le signal en est donné par le
Prince ; la comédie, commandée tout à point, va stygma-
tiser la Bourse (1), et c'est à qui, parmi les familiers,
travestis en Catons rigides, poussera contre la grande
coupable le premier cri de guerre : *Delenda Carthago*.

Puis surviennent les jours de la débâcle, des lourdes
responsabilités, des procès retentissants. Alors et trop
tard se dévoile au public tout le cortége des manœuvres

---

(1) *La Bourse*, par Ponsard.

employées pour le tromper : les fusions équivoques n'ayant d'autre but que l'agiotage, les majorations sans cause, les inventaires faux, les dividendes fictifs, les rapports hypocrites ou menteurs.

La justice enfin arrive, *pede claudo ;* elle flétrit, dans quelque arrêt, les fraudes signalées, et jette aux réclamants quelques millions d'indemnités ; certains joueurs, des plus compromis, ou des moins puissants, sont traduits en police correctionnelle, et, comme de vulgaires filous, condamnés à l'amende et à la prison. La répression n'est pas bien cruelle, et certes ne rappelle en rien les traditions des chambres ardentes.

Après ce *quos ego* de la divinité, jadis implacable, et devenue si bénévole, le calme renaît pour un temps ; la surface troublée des affaires reprend son niveau, et l'on se prend à réfléchir philosophiquement sur l'œuvre accomplie, sur les résultats obtenus.

Au milieu des épaves accumulées sur le rivage, on est heureux de découvrir çà et là des choses qui n'ont rien perdu de leur grandeur : les réseaux augmentés de nos chemins de fer, la dette hypothécaire consolidée par le Crédit foncier ; l'industrie nationale avivée par les traités de commerce ; des travaux utiles ou grandioses, comme l'assainissement de Paris, ou le percement de l'isthme de Suez, qui restera la grande merveille du siècle (1), si le tunnel anglo-français de la Manche ne vient pas balancer la gloire de son rival égyptien.

Mais toute cette prospérité matérielle serait-elle due, comme les intéressés l'ont dit à satiété, et comme les

---

(1) Deux noms français, celui de M. de Lesseps, comme initiateur, et celui de M. Lavalley, comme exécuteur, resteront attachés au souvenir de cette grande entreprise.

ignorants l'ont cru naïvement, au système gouvernemental issu du coup d'État heureux de décembre? Le mal aurait-il été, comme il arrive quelquefois, la semence du bien? Si cela était, et cela n'est pas, de quel prix l'aurions-nous payé! Ce n'est pas ici le lieu de rappeler les conséquences du système; et d'ailleurs s'il en est qui n'aient pas d'yeux pour le voir, ni de cœur pour le sentir, qu'ils interrogent ou le moraliste sincère, ou l'homme d'État véritable et honnête, ou le patriote encore saignant de nos blessures; et d'une commune voix on lui répondra que jamais le despotisme, aux mains du génie comme en celles de la médiocrité, n'a produit que ces fruits amers, la ruine et le démembrement de la patrie.

Deux hommes, deux amis de ce régime, en ont donné la caractéristique dans deux formules aussi claires qu'expressives.

L'un, politicien fanatique et corrompu, a dit, et il parlait ainsi pour plaire au maître : C'est *l'ère des Césars.*

L'autre, magistrat honnête, ému d'indignation contre « l'avilissant spectacle de jeu, de spéculation, et « d'usure (1) » auquel il assistait, et empruntant à la Bruyère le mot dont il s'était servi pour désigner les usuriers et les agioteurs de son temps, s'est écrié : Nous sommes revenus à l'époque des *manieurs d'argent.*

Ils ont eu raison tous les deux; la seconde formule a complété la première, comme la corruption complète le despotisme.

VI. L'exemple, venu de haut, se propage peu à peu,

---

(1) V. l'ouvrage de M. Oscar de Vallée, alors avocat général à la Cour de Paris, sous le titre : *les Manieurs d'argent,* p. 18.

en vertu du phénomène de répercussion, jusque dans les couches inférieures, jusqu'aux derniers degrés du monde de la spéculation. De nouveaux arrivants entrent en lice, dévorés de la fièvre universelle, décidés à tout prix à prendre leur part, à arracher leur lambeau, de cette proie, la crédulité publique, qui s'offre toujours avec la même complaisance. Ils ont l'expérience de leurs aînés, et moins encore de scrupules ; ils connaissent le fort et le faible de la loi ; lorsqu'elle sera gênante, ils sauront bien la côtoyer. Alors on inventera de nouveaux moyens, et de nouveaux progrès vont s'accomplir dans l'art de la fraude.

L'actionnaire commence à devenir rétif lorsqu'on lui offre des apports trop manifestement exagérés ; ne serait-ce pas le comble de la perfection si l'on parvenait à se passer de l'actionnaire ! Cela n'est pas trop difficile, après tout. La loi, par exception, affranchit de l'obligation de faire vérifier les apports en nature, lorsque la société est formée entre ceux-là seulement qui les ont faits. Il suffit de tailler toutes les sociétés sur ce patron. Les apporteurs, qu'on me passe le néologisme, constituent à eux seuls la société, et naturellement s'attribuent autant d'actions qu'ils voudront, puis ils émettent ensuite des obligations, en offrant comme prime aux souscripteurs quelques-unes de ces actions d'apport.

Le procédé exceptionnel se généralise en effet ; la loi est tournée, les sociétés sans contrôle s'affichent au grand jour, et l'appât de leurs actions gratuites est publiquement offert à qui veut s'y laisser prendre. Encore un peu, et nous verrons renaître les beaux jours où florissait l'ancienne commandite, avec ses chevaliers d'industrie dont la comédie nous a laissé un type légendaire, Robert Macaire. On avait cru en 1867 préserver de la contagion la société anonyme, en substituant au contrôle officiel du gouvernement le contrôle des intéressés eux-mêmes. Vaine illusion ! Nul n'est plus intéressé à contrôler ; l'actionnaire, qui aurait pu contredire, a été remplacé par l'obligataire qui est et doit être muet ; et à la liberté réglée par la loi a succédé la liberté entière, absolue.

Ainsi, l'on a conquis le droit de mettre en actions, pour un million, ce qui vaut 1,000 fr. Law, s'il revenait, chercherait et trouverait un autre Mississipi pour l'offrir au public au prix de 100 millions. Témoin les emprunts récemment contractés à Paris et à Londres, hypothéqués sur les richesses naturelles de petits États de l'Amérique du Sud, encore à moitié sauvages. Law avait inventé le prospectus et l'avait porté du premier coup à une telle hauteur que nous l'égalons à peine aujourd'hui (1) ; mais nous avons inventé la *majoration*, un mot nouveau qui a servi tant de fois à couvrir le vieil abus.

La majoration serait, paraît-il, aujourd'hui légalisée, et c'est le législateur de 1867 qui, *volens*, *nolens*, aurait doté nos mœurs industrielles de la liberté illimitée de la majoration.

Ce sera l'idéal des partisans du laisser-faire économique. Tant pis ! ou même tant mieux, diront-ils peut-être ; que le public se protége lui-même, l'actionnaire n'est ni un mineur ni un imbécile, il est d'âge et de force à marcher sans lisière. S'il est aveugle, c'est par cupidité, et dès lors il est peu intéressant ; *Gogo* s'est laissé prendre par Robert Macaire.

Malheureusement, *Gogo* c'est le petit, le pauvre, l'igno-

---

(1) V. *les Manieurs d'argent*, par M. Oscar de Vallée, p. 70.

rant : c'est l'ouvrier, le serviteur, qui livre des salaires ou des gages durement gagnés, pour venir ensuite accuser la société de ne pas l'avoir instruit ou protégé, et bientôt confondre tous les riches dans une haine commune. Je ne connais pas de plus énergique instrument de démoralisation sur les masses que l'action industrielle ainsi pratiquée ; et l'on comprend et l'on partage les colères de Daguesseau contre l'agiotage de son temps.

Quand la mesure sera comble, une nouvelle réaction se produira, comme elle s'est produite en tout temps, en tout pays, contre l'excès devenu intolérable : comme en 1856, où l'on crut avoir conjuré les dangers de la commandite par actions ; comme précédemment, en 1838, où l'on avait voulu, pour couper le mal par la racine, supprimer cette forme de société : comme plus anciennement encore, en 1720, après le Système, qui avait détruit tant de fortunes et corrompu tant de consciences ; comme à la même époque, en Angleterre, où l'on avait vu sévir la même folie, sous forme d'associations innombrables organisées pour la fraude, et qui reçurent du baptême populaire le sobriquet mérité de *bubles*, bluettes, duperies ; comme enfin de nos jours, en Allemagne, où la fièvre des milliards souleva une surexcitation si malsaine que le gouvernement, à la suite d'une interpellation sur les abus commis dans la fondation et l'administration des sociétés anonymes, a dû promettre de saisir de la question le conseil fédéral de l'Empire.

Ce qui arrive chez nous n'était pas cependant difficile à prévoir ; et, dès en commentant la loi de 1867, j'avais pu, sans être un grand prophète, signaler le danger. Réglementer l'action et laisser l'obligation libre, n'est-ce pas inviter à délaisser celle-là pour s'emparer de celle-

ci ? La pente fut bientôt irrésistible : l'action se déprécia
de plus en plus dans les mains des faiseurs, tandis que
l'obligation, mise en vogue par les grandes compagnies
de chemins de fer, empruntait une partie du prestige
acquis aux titres de ces compagnies par la garantie de
l'État.

Alors on constitue la société sans argent ; le capital
social ne représente plus que la valeur des apports en
nature ; si cette valeur est nulle ou insignifiante, le capital
est fictif et les actions créées servent aux fondateurs à
deux fins : une partie est placée à prix d'argent dans le
public, le surplus est remis gratuitement aux obligataires. Acheteurs d'actions et obligataires sont également
trompés : les uns n'ont reçu qu'une fausse monnaie, et
les autres qu'une prime dérisoire, ce qui ne serait
que demi-mal s'ils n'avaient pas reçu aussi un gage fictif.

Voilà où nous en sommes, dix ans après une loi faite
dans le but avoué de protéger le public contre les
émissions d'actions frauduleuses, et plus spécialement
dans le but de mettre obstacle à l'exagération de la valeur
des apports.

Les tribunaux peuvent-ils absoudre la combinaison
si la mauvaise foi n'est pas démontrée, et n'annuler que
les sociétés où l'exagération des apports serait manifestement frauduleuse ?

Mais la distinction entre la bonne et mauvaise foi sera
toujours difficile et arbitraire ; et, si l'action continue à
être délaissée pour l'obligation, ce sont les tribunaux
qui deviendraient dorénavant les estimateurs des apports. Les prévisions de la loi seraient ainsi tout à fait
déjouées ; ce ne serait pas la peine d'avoir supprimé
le contrôle du Conseil d'État pour imposer aux magistrats le fardeau d'une si lourde responsabilité.

D'ailleurs, dans cette exception, qui dispense de tout contrôle, il y a pour tous une tentation trop grande, irrésistible pour ceux-là mêmes qui sont incapables d'aller jusqu'à l'escroquerie, mais qui se laisseront aller à l'espoir d'obtenir des obligataires un bénéfice qu'ils craindraient de voir discuter par des actionnaires.

Puis, quelle incertitude pour les tiers, pour les intéressés eux-mêmes ! La constitution de la société est licite ou illicite selon que l'estimation des apports sera plus ou moins exagérée ; il faudra connaître le degré auquel l'exagération deviendra dolosive, et l'on ne le saura que le jour où le tribunal aura prononcé, en sorte que toute société pourra être suspectée tant qu'elle n'aura pas subi la pierre de touche de l'épreuve judiciaire.

On voit par là combien était justifié le désir manifesté il y a trois ans par le gouvernement d'améliorer la loi de 1867, et il serait regrettable qu'il fût empêché par d'autres préoccupations de mettre à profit les travaux de la commission qui avait été nommée dans ce but sur l'initiative du ministre de la justice.

VII. En attendant un projet de loi, venu de l'initiative gouvernementale ou parlementaire, j'ai voulu, pour résumer mes idées, et en m'inspirant des travaux de cette commission, dont j'étais le secrétaire, publier une étude sous la forme même et sous le titre de : *Un projet de loi sur les sociétés*, œuvre d'ailleurs personnelle, et dont j'ai revendiqué toute la responsabilité (1).

Mon projet n'est pas une refonte complète de la loi

---

(1) V. la préface de cette brochure (chez Marchal, Billard et C⁰, édit., 1876).

de 1867, ni un remaniement de son texte, mais une simple réforme abrogeant quelques articles, pour en ajouter d'autres, qui viendraient se superposer à la loi ancienne, ainsi modifiée.

L'ensemble des réformes, réduites au nécessaire, a été divisé en trois groupes principaux :

I. La formation du capital social ;

II. La tenue des assemblées générales d'actionnaires ;

III. Les émissions d'obligations.

De là, trois chapitres, auxquels sont ajoutés deux autres chapitres, l'un sur la publication des actes de société, et l'autre pour étendre la réglementation légale à toutes les sociétés qui divisent leur capital en actions.

Ce projet respecte la liberté, conquise en 1867, pour la société anonyme, liberté qui semblait devoir être désormais hors de controverse, et qui cependant, sous l'émotion des derniers scandales financiers, a été remise en question.

On a réfléchi que l'association des capitaux sous la forme anonyme qui n'était, il y a quelques années, qu'une rare exception, était devenue, depuis la loi du 24 juillet 1867, le mode le plus usité pour toutes les entreprises du commerce et de l'industrie. Suppression du contrôle gouvernemental, irresponsabilité des associés, ce sont là en effet des facilités bien tentantes, surtout pour les spéculateurs aventureux, et il n'y a pas à s'étonner de la vogue obtenue par l'anonymat devenu libre.

Or, a-t-on dit, la réglementation légale a sans doute été substituée à l'arbitraire administratif. Mais, qu'on y prenne garde, la liberté, même tempérée par la loi, a ses dangers, et les mailles législatives, si serrées qu'elles soient, laisseront toujours une issue aux artifices de la ruse et de la fraude ; car les lois ne sont pas autre chose qu'un ensemble de règles *a priori* ; et si minutieusement prévoyantes qu'elles soient ou veulent être, comme par exemple les lois anglaises, elles ne sauront jamais deviner toutes les hypothèses ni s'appliquer à tous les cas particuliers.

Nos formules législatives ne pèchent pas d'ailleurs en général par l'exubérance, et, bien au contraire, il y aurait plutôt dans certaines matières un excès de sobriété à leur reprocher. Ainsi en ce qui touche les sociétés anonymes, soit dans les articles non abrogés du Code de commerce, soit dans loi de 1867, on trouve à peine trois ou quatre dispositions sur la nomination des administrateurs, sur leur révocation, sur la délégation de leurs pouvoirs, sur leurs attributions, sur leur responsabilité tant à l'origine qu'au cours de la société, sur la tenue des assemblées générales d'actionnaires, sur les émissions d'obligations.

Il est impossible de méconnaître qu'il y ait là de graves lacunes à combler, et la prochaine réforme législative en reconnaîtra la nécessité.

Mais c'est assez, et l'on devra s'opposer énergiquement à un retour en arrière qui nous replacerait sous le régime aboli, et nous mettrait en opposition manifeste avec toutes les tendances, économiques et politiques, des sociétés modernes.

C'est nous qui avons donné aux autres nations le signal de la révolution salutaire accomplie en 1867. Lorsque, grâce à notre exemple, la liberté de l'association est en train de faire le tour du monde, nous siérait-il d'en renier le principe chez nous !

Une telle réaction serait injusticiable ; car, parmi ces

désastres dont on s'effraye à si juste titre, mais qu'on
met à tort sur le compte de la liberté, les plus graves,
j'oserai le dire, les plus coupables, viennent de sociétés
antérieures à la loi de 1867, dûment autorisées, soi-
disant contrôlées et quelques-unes patronnées par le
gouvernement. Pour celle-ci, le seul effet de l'anonymat
officiel aura été d'inspirer au public une confiance immé-
ritée, et de livrer l'administration aux reproches d'im-
péritie, d'imprévoyance, ou même de complicité. Est-ce
au gouvernement républicain, chargé de la grande
œuvre de régénération nationale, qu'il doit convenir
d'engager son autorité morale dans ces tutelles com-
promettantes !

INTRODUCTION[1]

---

(1) Cette introduction avait été placée en tête de mon *Traité des sociétés par actions;* c'est pourquoi il y est surtout question de l'action industrielle et des sociétés qui font usage de cette forme de titre.

I. Les sociétés, si on les considère par leur objet, se distinguent en deux classes : elles sont civiles ou commerciales.

Il y une autre classification, qui se présente naturellement à l'esprit, que le législateur moderne a jusqu'ici refusé d'apercevoir, et qui cependant constituerait pour la législation des sociétés une base éminemment rationnelle et sûre : elle consiste à diviser aussi les sociétés en deux genres, selon que leur capital est, ou n'est pas, représenté par des actions négociables.

Celles dont le capital n'est pas représenté par des actions ont lieu surtout en considération des personnes, puisque aucun des associés ne peut, à moins de convention contraire, céder ses droits à un tiers sans le consentement des autres ; il lui est seulement permis d'associer ce tiers, sous le nom ancien et un peu oublié de *croupier*, à l'exploitation de sa part sociale (1). Les anciens jurisconsultes avaient en vue les sociétés de cet ordre, lorsqu'ils plaçaient, parmi les éléments du contrat, l'idée de confraternité, *quodammodo fraternitatis* (2).

Au contraire, les sociétés, qui divisent leur capital en actions, n'attachent qu'un intérêt secondaire au choix des personnes qui doivent fournir le capital nécessaire à leur fonctionnement. Aussi nul inconvénient, et dès lors nul empêchement à ce que ce capital, fractionné en actions, soit indéfiniment transmissible et négociable.

Pour résumer dans une formule concise le caractère dominant de ces deux sortes de sociétés, on a appelé :

Les premières, des sociétés de personnes ;

Les autres, des sociétés de capitaux.

Cette dernière qualification a été plus communément appliquée aux sociétés anonymes, dans lesquelles il n'y a

---

(1) Art. 1861, C. civ.
(2) Ulpien, loi 6, D. *Pro socio.*

que des bailleurs de fonds administrant par eux-mêmes la chose sociale.

Dans la commandite, elle n'est rigoureusement exacte que vis-à-vis des commanditaires, « simples bailleurs de fonds », dit la loi (1) ; car la personnalité du gérant subsiste toujours, plus ou moins accusée, selon qu'il est ou non révocable *ad nutum*. Là sont donc réunis les deux éléments, séparés ailleurs, l'élément personnel et l'élément capitaliste. Aussi n'a-t-on pas manqué de dire plus d'une fois que cette combinaison réalisait pleinement l'alliance tant vantée du capital et du travail.

Cette classification oblige à déterminer d'une manière précise le caractère distinctif de l'action, et à rechercher quelles sont les espèces de sociétés où elle peut être introduite. De là plusieurs questions délicates qui seront traitées dans le cours de cet ouvrage (2).

H. Comme on le verra, le caractère principal, on pourrait dire *essentiel*, de l'action, c'est de pouvoir circuler facilement, rapidement et économiquement, de main en main. C'est en cela que consiste sa supériorité sur le titre civil.

Il y a dans ces facilités d'incontestables avantages que les économistes ont souvent signalés. Elles constituent un attrait puissant pour l'épargne individuelle, qui y trouve des placements temporaires ou définitifs, toujours réalisables au gré des possesseurs.

C'est l'agglomération ainsi opérée des capitaux privés qui a permis la création de ces grandes entreprises d'industrie, de commerce et de finance, que les fortunes personnelles les plus considérables, assez rares d'ailleurs dans notre pays démocratique, seraient incapables de fonder. Toutes les œuvres qui ont illustré ce siècle, en produisant

---

(1) Art. 23, C. comm.
(2) V. notamment le *Titre préliminaire*, 2ᵉ partie, *Notions générales sur les sociétés par actions*.

un si merveilleux accroissement de la richesse générale et du bien-être universel, sont dues à l'association des capitaux.

Les capitaux associés consentent à subir des risques devant lesquels reculerait le capital isolé. Ils se font cosmopolites ; et malgré des déceptions fréquentes, inévitable résultat d'une confiance qui n'a pas encore appris à résister, ils continuent courageusement à sillonner la voie du progrès, et impriment partout sur le globe les traces vivantes de l'activité humaine. Il semble, à de certains moments, que les visions philosophiques entrevues par Fourier soient destinées à prendre un corps; ces armées industrielles, qu'il a rêvées ou prédites, nous les voyons portant sur tous les points le travail qui féconde et améliore, non-seulement le sol et la matière, mais les esprits et les cœurs.

III. Il serait intéressant de déterminer, en remontant le cours des âges, l'époque et le pays où, pour la première fois, fut usité ce mode de division en actions du capital des sociétés (1).

Un éminent auteur (2) a essayé de trouver les origines de l'action jusque dans les pratiques du moyen âge. Il est au moins douteux qu'il ait réussi dans cette tentative. Ce qui demeure vrai, ce qui est établi avec une imposante autorité, c'est qu'aux temps reculés où florissaient les républiques italiennes, il existait à Florence, à Gênes, à Rome, et dans la plupart des grandes villes de l'Italie, de nombreuses et puissantes associations pour le commerce de mer,

---

(1) Je renvoie à ma brochure intitulée : *Un projet de loi sur les sociétés civiles et commerciales* (1876), pour certains aperçus historiques sur ces compagnies et même sur les compagnies qui plus anciennement s'étaient formées à Rome, aux temps de la République et de l'Empire; on y pourra lire aussi la relation de quelques grands travaux publics entrepris par les empereurs, de leurs projets aussi grandioses qu'insensés: une ville sur le sommet des Alpes ; Rome port de mer, comme de nos jours Paris; un *Palais d'or* à Rome, etc.

(2) M. Troplong. V. la savante préface de son *Traité des sociétés*.

pour la banque, pour la ferme des impôts; mais elles étaient loin de ressembler à la commandite moderne à laquelle on a voulu les comparer. Elles avaient bien plutôt le caractère de simples participations; l'affaire était occulte, et il n'y avait même pas de raison sociale; le gérant, appelé *complimentaire*, agissait seul et en son nom personnel; les soi-disant commanditaires, ignorés du public, étaient même considérés comme de vrais participants et non comme des associés proprement dits : *Commandantes non sunt socii; neque in jure formali, negotii considerantur condomini; sed solùm sunt participes.* Ainsi s'exprime Casaregis (1), l'auteur le plus accrédité en ces matières.

Il n'y a donc pas lieu de s'étonner de la grande controverse qui fut agitée au xve et au xvie siècle pour fixer la véritable position de ces commanditaires ou participants, visà-vis des tiers qui avaient traité avec le gérant (2); il a sans doute prévalu qu'ils n'étaient engagés que jusqu'à concurrence de leurs mises; mais de là à représenter ces mises par des *titres d'actions*, négociables et transmissibles comme monnaie courante, il y avait un pas immense à faire et qui ne paraît pas avoir été franchi; les exemples cités ne sont pas concluants : nous voyons bien sous le pontificat de Paul IV, vers le milieu du xvie siècle, la ferme des impôts mise en société, et le duc Horace Farnèse vendre trois parts dans cette société; mais ces parts, *portiones*, sont si peu des actions négociables, que la décision de la rote de Gênes, rendue à l'occasion de cette vente, est fondée, suivant le texte rapporté par Straccha (3), sur l'instrument ou l'acte dressé par les parties pour établir leur convention, *ex instrumentis acquisitionis.*

IV. L'action industrielle n'apparaît véritablement qu'au commencement du xviie siècle, dans les compagnies de co-

---

(1) *Disc.* 29, n. 38.
(2) Troplong, *Sociétés*, préface, p. LXX.
(3) *Decis. Rotæ Genæ*, 14, n. 5.

lonisation et de commerce maritime qui se fondent, sous
l'impulsion du génie entreprenant de Richelieu, pour lutter
contre l'influence hollandaise dans les îles de l'Amérique ;
le mouvement se continue avec plus d'énergie sous le ministère de Colbert, qui fait rendre par Louis XIV des édits
de non-dérogeance en faveur de la noblesse, et, grâce à
l'exemple toujours irrésistible du roi, recrute des actionnaires
parmi les grands seigneurs et les magistrats, pour ses Compagnies des Indes orientales et occidentales, du Nord, du
Levant, pour ses manufactures de glaces, etc. (1). Dans les
premières années du xviiie siècle, on voit encore la Compagnie de la Louisiane, qui devient, en 1717, la Compagnie
d'Occident, et bientôt la Compagnie des Indes, pour se fondre
dans la fameuse Banque royale de Law, et se perdre avec
elle dans le cataclysme de la rue Quincampoix.

Il est bien vrai que c'est à l'aide de l'action industrielle,
telle que nous la connaissons aujourd'hui, qu'on avait pu
réunir les capitaux nécessaires à ces immenses entreprises ;
mais les compagnies qu'elles faisaient ainsi fonctionner
n'étaient point des commandites, ce serait une grande erreur
de le croire ; elles ressemblaient par leur organisation à
celles qui se sont fondées dans le même but chez les autres
nations maritimes, et dont la plus connue, comme de beaucoup la plus importante, fut la célèbre compagnie anglaise
des Indes, qui possédait, gouvernait, exploitait un empire
de plusieurs centaines de millions, et n'a été absorbée que
dans ces derniers temps par le gouvernement de la métro-
pole; elles n'étaient pas autre chose que nos sociétés anonymes actuelles, quoiqu'elles ne fussent pas connues sous
cette dénomination qui, par un contraste bizarre avec l'usage
d'aujourd'hui, s'appliquait exclusivement alors aux sociétés
en participation, à cause de leur existence occulte et *sans*

_____

(1) Voir, dans Savary, *le Parfait négociant*, le détail très-complet de
toutes les compagnies qui s'établirent au xviiie siècle.

nom social (1); elles s'appelaient *compagnies par actions*, et chacune était régie suivant les dispositions de l'édit spécial qui était rendu pour sa création, et lui concédait le plus ordinairement des monopoles ou priviléges importants.

C'est pourquoi, dans l'ordonnance de 1673 sur le commerce, il n'est pas fait la plus légère mention des compagnies par actions; elles sont placées en dehors du droit commun, et le Code particulier de chacune d'elles se trouve dans l'édit qui l'autorise; l'action est donc chose exceptionnelle, extralégale et privilégiée; quand elle est admise, ce n'est que sous l'œil de l'autorité, qui réglemente les conditions de son émission.

V. Au moment où l'on s'occupa de la rédaction du Code de commerce, les compagnies par actions formaient une classe à part et à côté de la commandite, à laquelle on déniait le droit d'émettre des actions. Dans le discours préliminaire du projet de Code de commerce (2), l'orateur officiel, après avoir cité la société en commandite, ajoute : « Il nous a paru utile de distinguer la société par actions et « de lui donner son véritable caractère... Cette espèce de « société diffère de la société en commandite en ce que... » Et cette distinction se trouve nettement formulée dans le projet primitif de la manière suivante :

« Art. 13. La loi reconnaît quatre espèces de sociétés « commerciales : en nom collectif, en commandite, en par- « ticipation, par actions.

« Art. 20. La compagnie par actions est *anonyme.* »

Mais les tribunaux ayant été consultés, des réclamations s'élevèrent, provoquées par le caractère indécis de l'ancienne commandite, qui avait jeté dans les esprits une inexprimable confusion, que redoublait encore cette application nouvelle

---

(1) Savary, *le Parfait Négociant*, p. 13 et suiv.
(2) Locré, t. 17.

aux compagnies par actions du titre de société anonyme, jusque-là réservé aux sociétés en participation. La commandite était, la plupart du temps, selon l'expression de M. Troplong, « un amalgame d'éléments divers » (1), si bien qu'on l'appelait société *conditionnée*. Avait-elle depuis l'ordonnance de 1673, comme le soutient le même auteur, une raison sociale? Il est permis d'en douter, sur l'autorité de Pothier (2), et de Merlin (3) qui, dans la discussion du projet de Code, soutenait, en s'appuyant sur Savary (4), que la commandite était une branche de la société anonyme, et conséquemment ne devait pas se faire connaître sous un nom social.

Au milieu de telles obscurités, il est bien difficile de savoir si, comme l'affirme M. Troplong, l'action était communément usitée dans la commandite.

C'est vainement qu'à l'appui de cette assertion il argumente (5) d'une phrase, d'ailleurs incomplétement rapportée, de M. Louis, au Conseil d'État; il se serait exprimé ainsi : « Quant aux sociétés en commandite, elles se for- « ment ordinairement par actions. » Cela était précis et affirmatif; malheureusement la phrase avait ce commencement qu'il faut rétablir : « Il n'y a pas réellement de « sociétés anonymes, et quant aux sociétés en comman- « dite, etc. (6), » et alors nous retombons dans le chaos, car il est vraiment impossible de deviner la pensée de M. Louis. En vérité, le garde des sceaux de 1838 se montrait de facile composition, dans l'exposé des motifs du projet de loi de cette époque, lorsqu'il considérait une opinion ainsi présentée comme l'attestation d'un usage en vigueur; il est vrai de dire à sa justification qu'il ne s'y arrêtait pas,

---

(1) *Sociétés*, n. 397.
(2) *Contrat de société*, n. 60.
(3) Locré, t. 17, p. 185.
(4) *Le Parfait Négociant*, p. 13.
(5) *Des sociétés*, t. 1er, n. 150, 400.
(6) Locré, t. 17, p. 187.

que cette opinion lui semblait isolée, et qu'à son avis l'ancien droit *ne pratiquait pas la commandite divisée en actions* (1).

VI. Quoi qu'il en soit, sans aucun débat sérieux, après une seule observation de l'archichancelier, à laquelle il ne fut pas même répondu, la division en actions du capital des sociétés en commandite fut admise, et passa dans l'art. 38 du Code. Ce fut une grave innovation dont on était loin de soupçonner la portée (2).

Ce fut si bien une innovation que d'autres articles du Code ont gardé la trace de l'ancienne classification, qui distinguait les compagnies par actions des sociétés en commandite ; ainsi l'art. 43 indiquant que l'extrait de l'acte à publier doit contenir « le montant des valeurs fournies ou à fournir *par actions ou en commandite ;* » et l'art. 23, définissant la société en commandite, celle qui se contracte entre un ou plusieurs associés, responsables et solidaires, « et *un ou plusieurs* associés simples bailleurs de fonds ». C'est à peu de choses près la définition de Pothier et de Savary (3).

L'innovation était tellement irréfléchie et hasardeuse, que, malgré les termes précis de l'art. 38, elle ne fut admise en son entier qu'après de vives résistances ; on prétendait restreindre la commandite à l'usage des actions nominatives ; et c'est à cette occasion qu'eut lieu, vers 1828, un débat de jurisprudence resté célèbre ; les tribunaux durent céder devant l'autorité du texte, et l'action au porteur put enfin s'introduire dans la commandite.

Cette jurisprudence fut définitivement consacrée par la loi du 17 juillet 1856 sur les sociétés en commandite par actions.

---

(1) *Moniteur* du 16 février 1838.

(2) Tel est aussi l'avis exprimé par M. Molinier, dans son *Traité du droit commercial*, p. 427.

(3) *Loc. cit.*

VII. L'action industrielle a eu ses époques de revers, et les détracteurs ne lui ont pas manqué.

Au xviii° siècle, au moment des plus grands succès de la fameuse banque de Law, au milieu de l'effervescence générale qui s'était emparée des esprits, un magistrat illustre, M. l'avocat général d'Aguesseau, pressentant les inévitables désastres qui allaient surgir, écrivait un volumineux mémoire pour démontrer que le commerce des actions ne saurait avoir lieu « sans être une source d'une infinité de « maux qui en sont des suites naturelles, ou morale-« ment nécessaires, et qui blessent également l'honnêteté « ou la discipline publique, le véritable intérêt de l'État, et « celui des familles qui en sont une partie principale » (1).

Il concluait en disant que « l'acquisition ou la possession « des actions ne saurait être juste et légitime, quand même « on ne les acquerrait que pour en jouir, et sans aucune « intention de les vendre ».

Cette conclusion était celle d'un jurisconsulte et d'un magistrat intègre. Restreinte aux actions sans valeur de la Compagnie des Indes, nul ne songerait à la contester ; mais, généralisée et appliquée au commerce entier des actions, elle serait un arrêt de mort pour la grande industrie, qui ne peut s'alimenter qu'à l'aide du capital collectif obtenu par l'association.

---

(1) Mémoire sur le commerce des actions de la Compagnie des Indes, t. x, p. 237.

Ce mémoire se lit encore avec intérêt. Il contient sur le travail, sur son importance dans l'Etat, des considérations que ne répudieraient pas aujourd'hui des écoles très-avancées : « Un des principaux intérêts de « tout empire, et celui qui a été l'objet des plus sages législateurs, est « qu'il n'y ait presque point de citoyens oisifs et inutiles à leur patrie, « que la fortune et les biens soient le prix du travail. . . . . » Mais on retombe bien vite dans l'économie arriérée, en voyant l'auteur vanter « la proportion naturelle et fondée sur la Providence, » qui doit exister entre les oisifs et les travailleurs, pour que ceux ci ne soient pas trop exigeants sur leurs salaires, et les premiers pas trop gênés dans leurs dépenses !

VIII. A d'autres époques plus récentes, où se manifestait comme une surabondance de vie industrielle, on vit aussi des excès se produire : quelques scandales retentissants émurent la conscience publique ; la commandite par actions devint l'objet d'un déchaînement presque universel. L'opinion fut remuée profondément, et de toute manière, par les brochures, par les journaux, par la comédie enfin, qui poursuivit de ses sifflets et de ses huées, et les gérants éhontés, et les actionnaires non moins avides que bénévoles ; livrant les uns et les autres aux moqueries de la foule, et les personnifiant dans des types qu'on n'a point encore oubliés.

En 1838, le gouvernement, sous l'impression de ces ardentes critiques, se disposait à supprimer purement et simplement la commandite, sans même essayer de la transformer ni modifier. Mais se jeter ainsi en travers de l'esprit d'association, déjà si peu développé chez nous, était un acte profondément impolitique et rétrograde, qui n'aurait pas tardé à se faire sentir par une diminution de la production générale, et aurait pu être le signal, dans notre pays, d'une véritable décadence industrielle. On l'a si bien compris à cette époque qu'on recula comme effrayé de ce remède héroïque qui allait emporter le malade avec le mal. La commission nommée par la Chambre des députés avait déjà amendé le projet du gouvernement en permettant les actions nominatives, les actions au porteur demeurant seules prohibées ; mais cette demi-mesure ne fut pas, avec raison, trouvée satisfaisante ; l'action au porteur a conquis sa place dans les nouvelles habitudes économiques, et elle devait y rester.

IX. On sait qu'en 1856, c'est un mouvement de réaction semblable qui donna naissance à la loi sur les sociétés en commandite par actions. Il ne fut plus question de supprimer l'action au porteur, qui avait définitivement conquis droit de cité. Mais on édicta des sanctions civiles et pénales qui dépassèrent le mesure et amenèrent un véri-

ritable temps d'arrêt dans la création des sociétés industrielles.

X. Depuis ce temps, on semble revenir à des idées plus
justes et plus libérales. La loi du 23 mai 1863, en créant
les sociétés à responsabilité limitée, avait ouvert la voie à
l'anonymat libre ; il restait un pas à faire, que vient de
franchir la loi nouvelle.

Les sociétés à responsabilité limitée ne pouvaient, en
effet, se constituer avec un capital dépassant vingt millions
de francs. Cette restriction avait eu pour but de réserver aux
plus grandes affaires l'anonymat officiel ; mais comme les
sociétés de moindre importance pouvaient toujours y prétendre, on avait, en réalité, créé une rivalité singulièrement
nuisible à la société à responsabilité limitée, qui courait le
risque de ne plus apparaître que comme une société anonyme refusée et, s'il est permis d'ainsi parler, comme un
fruit sec de l'anonymat officiel.

XI. En affranchissant la société [anonyme, la loi du
24 juillet 1867 a non-seulement rendu hommage au principe
de la liberté des transactions, mais elle a, de plus, déchargé
l'État d'une mission délicate à remplir, compromettante
pour lui, et pouvant, dans telles circonstances données, devenir dangereuse pour les citoyens. Le gouvernement ne
doit pas être le tuteur de l'industrie, ni s'ingérer dans la
surveillance des intérêts privés ; et c'est avec d'autant plus
de raison qu'on a repoussé son intervention qu'elle était
arbitraire et omnipotente, puisque aucun recours administratif ni judiciaire n'était accordé contre les refus et les
retraits d'autorisation.

Cet affranchissement devait-il se faire sans conditions ;
ou, au contraire, devait-on substituer la réglementation légale à l'arbitraire gouvernemental ? C'est cette dernière
opinion qui a prévalu.

Cependant la question, au point de vue purement économique, peut être considérée comme n'étant point définiti-

vement résolue, et il est encore permis de dire : *Sub judice
lis est.*

XII. Un grand jurisconsulte, Mourlon, sitôt enlevé à la
science du droit, dont il était devenu l'une des lumières les
plus éclatantes, s'était prononcé récemment, en termes très-
énergiques et très-convaincus, pour le principe de la liberté
absolue. Répondant à l'objection tirée de l'état des mœurs,
non encore suffisamment préparées, il s'écriait : « Voilà plu-
« sieurs siècles que vous attendez que l'homme sache mar-
« cher seul pour lui retirer ses lisières ; et de votre propre
« aveu, il est resté ce qu'il était au commencement du mon-
« de, impuissant à se conduire sans le secours d'autrui. S'il
« en est ainsi, c'est qu'apparemment le procédé que vous
« appliquez à l'instruire est mauvais. Dès lors pourquoi s'y
« entêter ? On apprend aux hommes à marcher seuls, d'a-
« bord en les soutenant bien, bientôt en retirant la main
« qui leur sert d'appui. Ne les avons-nous point assez long-
« temps soutenus et dirigés ? Retirons notre main, la na-
« ture fera le reste. »

Le jurisconsulte du dix-neuvième siècle a, comme on le
voit, laissé loin derrière lui celui du dix-huitième. Mourlon,
dont l'esprit s'était nourri des modernes enseignements de
la philosophie et de l'économie politique, n'avait garde de
verser dans les subtilités classiques, ou d'obéir aux frayeurs
exagérées de d'Aguesseau. Il s'élance résolûment en avant,
gourmandant et éperonnant les retardataires qui « manquent
de logique ou de courage ». « Réglementer, dit-il, ce qui
« l'est déjà, c'est peut-être adoucir les chaînes que l'huma-
« nité traîne si douloureusement depuis tant d'années, ce
« n'est point les briser ».

C'était en rendant compte (1) du *projet de loi* que j'ai
publié sur cette matière, en collaboration avec mon ami et
confrère, M. Em. Jay, que Mourlon laissait échapper ces
vigoureuses apostrophes.

_____

(1) V. le journal *le Droit*, du 3 octobre 1866

XIII. Ce projet de loi était précédé, suivant le mode législatif, d'un *exposé des motifs*, dans lequel j'examinais la question de savoir si l'émission des actions et leur négociation ne doivent pas être soumises à quelques règles impérieusement commandées par l'intérêt public.

Réservant, dans cet exposé, mon opinion personnelle, je me faisais le rapporteur des raisons qui pouvaient être invoquées pour ou contre la réglementation, et qu'il n'est pas inopportun de résumer ici.

Je rappelais d'abord les protestations de M. Troplong (1)
« contre les prohibitions et les nullités, contre notre manie
« de tout réglementer, même ce qui est déjà codifié, de tout
« enchaîner par des textes, revus, corrigés et augmentés,
« de tout administrer, même les chances et les revers du
« commerce. »

Mais, ajoutais-je, n'oublions pas que M. Troplong, tout en s'opposant à la réglementation, demandait en même temps, comme nous l'avons déjà fait remarquer, le maintien pur et simple du Code de commerce, se montrant ainsi, par une contradiction inaperçue, favorable d'un côté et hostile de l'autre, au principe, que néanmoins il prétend respecter, de la liberté des transactions.

Les partisans de la liberté absolue de la société par actions ne trouveraient donc en M. Troplong qu'un allié douteux. Mais, d'ailleurs, en dehors de toute autorité doctrinale, ils auraient autre chose que des paradoxes au soutien de leur thèse. Ne seraient-ils pas fondés à dire : le contrat de société doit être régi par la loi commune ; toute personne capable des actes de la vie civile doit pouvoir à sa guise souscrire, ou acquérir, ou émettre des actions ; il est humiliant pour l'actionnaire d'être traité comme un mineur ou un imbécile, ou comme un prodigue qui ne saurait faire un pas sans lisières. Il est injurieux pour tout fondateur de société d'être considéré comme suspect, et traité comme tel. L'éducation publique en cette matière est suffisamment avancée pour qu'il n'y ait plus que de rares dupes, et

---

(1) M. Troplong, préface du *Traité des sociétés*.

conséquemment de rares escrocs, dont la police correctionnelle ferait bonne justice. Tant pis pour les niais qui se laisseront encore prendre aux grossières vanteries des prospectus; ils ne sont dignes que d'un médiocre intérêt, car c'est la cupidité qui les rend aveugles; et l'on ne doit pas, pour protéger de telles gens, bâillonner la masse plus intelligente et plus honnête, compliquer la législation, et entraver le mouvement général des affaires.

Mais, répondent les esprits pratiques : il y a des habitudes prises et déjà enracinées; on est accoutumé à considérer l'actionnaire isolé comme livré sans défense à toutes les entreprises des fondateurs et des gérants de sociétés; et, dans tous les temps et dans tous les pays, les faits ont singulièrement donné raison à cette manière de voir.

L'Angleterre, au commencement du dix-septième siècle, se vit comme inondée d'un déluge d'associations prétendues, n'ayant en vue que l'agiotage et le vol, et, qui pour cette cause, reçurent du baptême populaire le sobriquet de *bubles*, bluettes, duperies. Le mot a passé le détroit, et la chose a suivi le mot : chacun connaît en France les folies de la rue Quincampoix; et nous sommes contemporains de ces autres folies qui, à deux reprises, en 1838 et en 1856, ont dû appeler l'attention de l'autorité législative. Il paraît que, plus récemment encore, dans ce vaste empire des Indes, soumis à la domination anglaise, les cotons ont donné lieu à des spéculations tellement désordonnées, et à une telle profusion d'actions sans valeur, qu'on aurait vu, chose réputée impossible jusque-là, des nababs se ruiner, et de pauvres parias conquérir des fortunes de nababs.

De pareils faits ne tendraient-ils pas à prouver que les mœurs générales ne sauraient encore supporter sans dommage un état de choses qui ne servirait que l'agiotage, en compromettant la spéculation honnête, et dès lors à justifier une réglementation mesurée des actions ?

La loi, suivant la célèbre définition de Montesquieu, est l'expression des rapports nécessaires qui dérivent de la nature des choses. Or, n'est-il pas vrai, par exemple, pour l'approbation des apports, que l'actionnaire isolé, placé en face des gérants ou fondateurs, ne sera pas le plus souvent assez fort pour une lutte à armes égales; et n'est-il pas conforme à la nature des choses d'amener l'égalité dans la lutte en groupant tous les actionnaires, et obtenant ainsi de la collection ce qu'on demanderait en vain à l'individu !

D'un autre côté, on ne saurait nier que l'action au porteur n'ait quelque analogie avec la monnaie, puisqu'elle est destinée à circuler de main en main sous la foi des mentions et des signatures qu'elle porte, comme la monnaie, sous la foi de son effigie ! Quant à l'action nominative, il est si facile, par l'endossement en blanc, de la transformer en action au porteur, qu'on ne peut songer à lui donner une situation spéciale. Or, si l'émission de la monnaie a été de tout temps un droit régalien, n'est-il pas aussi dans les attributions du souverain de s'occuper de l'action au porteur, non sans doute d'une manière occasionnelle, par édits spéciaux à chaque société qui se fonde, comme sous l'ancien régime et encore en Angleterre, mais dans une loi générale, commune à tous les citoyens, déterminant les conditions jugées indispensables à la sécurité et à la morale publiques !

XIV. — Toutefois cette réglementation ne devait, selon nous, dépasser en aucun cas ces conditions indispensables. S'attachant uniquement à l'émission et à la négociation des actions, elle laisserait sur tout le reste liberté complète aux contractants.

Cette liberté, nous la réalisions en autorisant la formation de sociétés *mixtes*, pouvant être composées d'éléments divers empruntés à l'une et à l'autre des trois formes normales désignées par la loi. Chaque société deviendrait ainsi son propre législateur, et remplirait à son profit personnel l'office qui, en cette matière, appartenait jadis en France au souverain, et qui est encore en Angleterre dans les attributions du parlement. Elle n'aurait d'autres limites que celles dérivant des principes généraux, fondés sur le droit naturel, et qui sont la première loi dans toute législation civilisée.

En effet, nous avons vu que, sous l'ancien régime, à côté de la société générale ou en nom collectif, et de la société en commandite ou *conditionnée*, était venue se placer, vers le commencement du dix-septième siècle, la *compagnie par actions* (1), autorisée par un édit spécial, qui du mois laissait la porte ouverte à toutes les combinaisons.

Ce sont ces trois formes de société, empruntées à la tradition ou à la loi, que le Code de commerce avait rappelées et classées dans son art. 19, ainsi conçu :

« La loi reconnaît trois espèces de sociétés commerciales : la société en nom collectif, la société en commandite, la société anonyme. »

Mais classer, c'est circonscrire, limiter, restreindre. En s'exprimant ainsi, le législateur de 1807 excluait toute autre forme dont l'utilité viendrait à se révéler dans l'avenir. Il traçait d'ailleurs avec une précision rigoureuse, qui ne laisse aucune prise à la volonté des contractants, les règles essentielles et constitutives de chaque sorte de société. Ce sont trois compartiments d'un cadre unique, dans l'un desquels doit entrer, de gré ou de force, toute société qui se fonde.

Notre grande innovation, c'était d'élargir ce cadre indéfiniment par la création des sociétés mixtes, accessibles aux combinaisons les plus variées et les plus imprévues du présent et de l'avenir.

Ainsi se trouvait introduite dans notre législation la liberté réelle, entière et définitive, du contrat de société, liberté si souvent invoquée et presque aussi souvent trahie.

De cette manière aussi, la liberté, chose rare et toujours difficile, était conciliée avec la tradition. Nous renouions la chaîne des temps en nous rattachant à la législation ancienne, en ce qu'elle avait de libéral, mais en l'épurant de ce qu'elle contenait d'arbitraire. En même temps, les mœurs commerciales étaient respectées ; les formes actuelles continuaient d'être suivies par les conservateurs, ennemis du changement ; les novateurs avaient devant eux le champ libre et illimité.

Ainsi disparaissaient enfin les inconvénients de la clas-

---

(1) *Suprà*, V.

sification restrictive adoptée par le Code de commerce. La nôtre n'était qu'énonciative. En cela consistait toute la réforme.

Nos efforts ont été vains. Nous demandions une loi d'ensemble, une charte générale du contrat de société, applicable par son élasticité à tous les temps et à tous les pays. Et l'on s'est borné à des rectifications de détails (1), comme en 1856, comme en 1863; méthode vicieuse qui accuse l'absence de principes régulateurs, qui oblige à des remaniements sans fin, et fait de l'œuvre législative comme une toile de Pénélope qu'il faut repriser et recoudre sans relâche.

XV. — En attendant une révision inévitable (2), nous sommes en présence de la loi du 24 juillet 1867, qui veut être obéie, quelle qu'elle soit.

L'équité oblige à reconnaître que cette loi, qui est en partie l'œuvre de la commission du Corps législatif, est préférable, dans son texte définitif, au projet primitivement élaboré par le Conseil d'État. Ce projet superposait à la loi de 1856, partiellement abrogée, des rectifications qui, en obligeant le jurisconsulte et le magistrat à juxtaposer ces deux tronçons de loi, pour les combiner encore avec des articles maintenus du Code de commerce, modifiés eux-mêmes par une loi du 6 mai 1863, eussent augmenté la confusion et produit un véritable chaos.

Une méthode plus simple, quoique encore imparfaite, a prévalu : la loi de 1856 a été abrogée en entier, de même que celle du 23 mai 1863, qui avait créé les sociétés à responsabilité limitée ; et de leurs textes, corrigés et remaniés, on a fait deux lois nouvelles, ou plutôt deux titres distincts d'une loi unique, qui en comprend trois autres :

---

(1) Cela est si vrai que, pour repousser un amendement demandant que la loi statuât sur les sociétés civiles, le Gouvernement a dû promettre la présentation ultérieure d'un projet de loi (V. la discussion au *Moniteur* du 8 juin 1867).

(2) V. la Préface, VII.

Le titre Ier est consacré aux *Sociétés en commandite par actions;*

Le titre II aux *Sociétés anonymes.*

Où se montre l'imperfection de la méthode, c'est dans le classement des articles sous chacun de ces titres : certains articles (1) ont été déclarés communs aux deux genres de sociétés, et l'on a omis de le faire pour d'autres (2). De là un disparate entre des sociétés qui, les unes comme les autres, émettent des actions négociables, et qui, à ce titre, semblaient devoir être soumises à des règles uniformes, ou jouir de libertés égales.

Il y a quelque chose de plus grave : c'est une contradiction manifeste, matérielle, entre des articles d'un même titre, les articles 24 et 30, qui, pour un même objet, pour la constitution des sociétés anonymes, établissent des conditions dissemblables.

Quoi qu'il en soit, c'est à ces deux seules combinaisons, en dehors de la société en nom collectif, que devra, quant à présent, se réduire et s'assouplir l'esprit d'association. Il n'est pas permis de les mêler ou les fondre, en faisant des emprunts à l'une ou à l'autre, à l'instar de ce qui a lieu dans les contrats de mariage, où les divers régimes peuvent être confondus en tant qu'ils ne sont pas incompatibles. La loi s'est montrée plus facile et plus accommodante pour la société matrimoniale que pour la société de commerce. Elle ne laisse en ce dernier cas que la liberté du choix entre deux formes qui doivent rester distinctes et parallèles, sans jamais pouvoir se joindre et s'unir.

Quelle est la forme qui sera préférée par la pratique? Il est à croire que la société anonyme sera plus usitée. Cepen-

---

(1) Les articles 1, 2, 3, 4, 13, 14, 15, 17. — V. art. 24 et 45 de la loi.
(2) Pourquoi notamment les articles 27, 28, 29, 30, 31, sur les assemblées générales; 34, 35, sur les inventaires; 36, sur le fonds de réserve, etc., ne sont-ils pas applicables à la commandite? Pourquoi ces règles minutieuses d'un côté, et ce laisser-faire de l'autre? La responsabilité du gérant ne justifie pas ces différences.

dant, avec le rôle élargi et moins périlleux des conseils de surveillance (1), la commandite conserve certains avantages qui seront plus d'une fois appréciés. L'omnipotence du gérant, jadis si redoutable à côté de l'impuissance légale qui alors annihilait les conseils de surveillance, ne sera plus désormais un épouvantail. Car le gérant peut être énergiquement contenu par des commanditaires, auxquels il est seulement défendu de faire acte ostensible et extérieur d'administration, d'induire, en un mot, les tiers en erreur sur leur qualité, en leur laissant ou faisant croire qu'ils sont administrateurs. Dans la sphère purement intérieure de la société, rien ne limite leurs attributions. Les statuts sociaux peuvent même donner le pouvoir au conseil de surveillance de suspendre provisoirement le gérant, et à l'assemblée générale de le remplacer.

D'un autre côté, la responsabilité du gérant sera souvent un frein contre les témérités et les entraînements.

Enfin, l'unité de direction, avec un homme actif, habile et expérimenté, sera, dans bien des cas, un précieux élément de succès. Il est vrai que cet avantage n'est pas incompatible avec la société anonyme à la tête de laquelle on peut placer un administrateur unique, ou un directeur, agissant avec une certaine indépendance.

Le titre III de la loi contient des *dispositions particulières aux sociétés à capital variable.*

Cette partie de la loi imaginée, a-t-on dit, pour ne pas gêner l'expansion de ce grand mouvement coopératif qui passionne si ardemment les masses populaires, est une création assez mal réussie, qui ne répond à aucun des besoins à satisfaire ; et, selon toute apparence, le droit commun sera préféré à cette législation exceptionnelle qui restera sans application.

Le titre IV organise un nouveau système de *publicité*

---

(1) V. la loi du 6 mai 1863, *infrà*, p. 85 du Traité.

pour toutes les sociétés de commerce, en remplacement de celui que le Code de commerce avait établi.

Le titre V et dernier, qui ne se rattache aux autres que d'une manière assez indirecte, a pour objet les *tontines et Sociétés d'assurances*.

XVI. Le présent traité (1) ne mériterait pas son titre s'il n'était qu'un simple commentaire de la loi de 1867. Néanmoins, pour le tenir en corrélation aussi intime que possible avec cette loi, il sera aussi divisé en plusieurs titres, dont les cinq premiers correspondront exactement à ceux de la loi.

Un titre préliminaire contiendra des *notions générales* sur les sociétés par actions.

Le titre VI traitera sommairement des *droits d'enregistrement* relatifs aux sociétés.

L'ouvrage sera complété par deux appendices, où l'on trouvera :

1. Les textes et documents législatifs;

2. Des formules de statuts sociaux, ainsi que d'actes ou d'extraits s'y rattachant.

---

(1) Cette observation ne s'applique qu'à la *deuxième partie* du Traité actuel.

PREMIÈRE PARTIE

Des Sociétés civiles
et des Sociétés commerciales autres que celles régies
par la loi du 24 juillet 1867.

CHAPITRE PREMIER.

1. Les sociétés se divisent en deux classes distinctes : elles sont en effet civiles ou commerciales, selon l'objet auquel elles s'appliquent.

2. Les unes et les autres se subdivisent en plusieurs espèces ; ainsi la loi civile admet : 1° la société universelle de tous biens présents ; 2° la société universelle de gains ; 3° la société particulière. — La loi commerciale reconnaît : 1° la société en nom collectif ; 2° la société en commandite, qui elle-même comprend la commandite simple et celle par actions ; 3° la société anonyme ; 4° la société à capital variable ; 5° l'association en participation.

D'ailleurs les sociétés civiles peuvent emprunter la forme commerciale, *infrà*, n° 11.

On donne aussi le nom d'association à plusieurs conventions, telles que notamment les tontines, les assurances mutuelles, qui, cependant ne constituent pas de véritables sociétés, *infrà*, chap. III.

3. Nous établirons d'abord la distinction entre les sociétés civiles et commerciales, puis les principes du contrat de société, et enfin les règles particulières à chaque espèce de société.

CHAPITRE DEUXIÈME.

4. Le caractère civil ou commercial d'une société se détermine par son objet, c'est-à-dire par la nature des opérations qu'elle entreprend.

5. Sont commerciales toutes celles qui ont pour objet les actes réputés commerciaux par les art. 632 et 633, C. comm., et dont voici l'énumération : Art. 632. Tout achat de denrées et marchandises pour les revendre, soit en nature, soit après les avoir travaillées, et mises en œuvre, et même pour en louer simplement l'usage ;—toute entreprise de manufacture, de commission, de transport par terre ou par eau ; — toute entreprise de fournitures, d'agences, bureaux d'affaires, établissements de ventes à l'encan, de spectacles publics ; — toute opération de change, banque ou courtage ; — toutes les opérations des banques publiques ;—toutes les obligations entre négociants, marchands et banquiers (1) ; entre toutes personnes, les lettres de change, ou remises d'argent faites de place en place.—Art. 633. Toute entreprise de construction, et tous achats, ventes et reventes de bâtiments pour la navigation intérieure et extérieure ; — toutes expéditions maritimes ; — tout achat ou vente d'agrès, apparaux et avitaillements ; — tout affrétement ou nolissement, emprunt ou prêt à la grosse ; — toutes assurances et autres contrats concernant le commerce de mer ; tous accords et conventions pour salaires et loyers d'équipages ; — tous engagements de gens de mer, pour le service de bâtiments de commerce.

6. Toutes autres sociétés sont purement civiles (2), quelle que soit leur qualification ; et elles restent telles malgré toute manifestation de volonté contraire de la part des parties ; car il ne suffit pas de se déclarer commerçant pour l'être ; est commerçant celui-là seulement qui exerce des actes de commerce ou fait du commerce sa profession habituelle (C. comm., art. 1) (3).

7. On a essayé cependant une distinction : lorsque la société, a-t-on dit, a un objet essentiellement immobilier, comme celle formée pour l'achat et la revente des immeubles, elle est et ne peut être que civile (4). Mais une société qui, pour vendre les produits de son fonds, aurait recours à des agissements commerciaux destinées à lui ouvrir de plus vastes débouchés, pourrait, à son gré, rester civile (C. comm., art. 638), ou se déclarer commerciale ; car les produits du fonds social sont des

---

(1) A moins qu'elles ne soient relatives aux besoins de leur consommation personnelle (*Arg. C. comm.*, 638).

(2) Duvergier, n. 485; Delangle, n. 26 et s.; Bédarride, n. 86 et s.; Troplong, n. 347; Paris, 2 août 1828; Cass., 20 avril 1842, Bordeaux, 6 févr. 1849.

(3) *Contrà*, Troplong, n. 334 ; comp. Dalloz, *Société*, n. 238 et s.

(4) Delangle, n. 36; Bédarride, n. 90 et s.; Dalloz, *Société*, n. 239. V. Paris, 15 févr. 1868 ;—*Contrà*, Troplong, n. 320; Em. Ollivier, *Rev. prat.*, I, p. 244; Cass., 28 brum. an 13 ; Paris, 8 déc. 1830.

denrées ou marchandises qui ne répugnent nullement, comme des immeubles, à l'idée de commercialité (1). Pour nous, cette distinction ne saurait être admise ; c'est la nature seule de l'acte qui fixe son caractère civil ou commercial ; peu importe la manière dont il se produit ; d'ailleurs il serait souvent bien difficile de reconnaître le signe distinctif des agissements commerciaux ; la volonté des parties doit être impuissante à changer la nature des choses.

8. Est-ce à dire qu'une société opérant sur son fonds ne sera jamais commerciale ? Non, assurément ; elle le deviendra si son exploitation vient à se mélanger d'opérations vraiment commerciales, et d'une importance telle qu'elles absorbent le caractère primitif de la société (2), comme celle, par exemple, qui ferait de grands achats de produits similaires pour les revendre avec ceux de son fonds. Elle le deviendrait encore si, pour manufacturer ses produits, elle établissait une usine dont l'importance égalerait ou dépasserait celle de la matière mise en œuvre, comme une société qui établirait des hauts-fourneaux pour y travailler le minerai de fer qu'elle ferait extraire de sa mine (3). Il en serait surtout ainsi si la société employait des matières étrangères (4) ; mais si la manufacture n'était que l'accessoire, la société garderait sa nature civile (5).

Devient aussi commerciale la société formée pour l'exploitation d'une mine, et qui en outre a pour objet, d'après ses statuts, la distillation des schistes et le traitement de leur résidu, la fabrication de briques et autres produits réfractaires, d'objets céramiques, de la chaux, etc., alors surtout qu'elle a institué un directeur de la partie commerciale (6).

9. Mais ce n'est que par des extensions de ce genre qu'une société minière peut acquérir le caractère commercial ; car en principe, et tant qu'elle se borne à l'extraction et à la vente du minerai, elle reste purement civile (7).

Les extensions ne sauraient donner à la société le caractère commercial, si elles ne sont qu'un accessoire de l'exploitation : ainsi reste civile une société houillère qui a prévu acces-

---

(1) Delangle, n. 36 ; Bédarride, n. 99 ; Troplong, n. 320 et 321 ; Dalloz, Société, n. 238 et 239 ; comp. Malepeyre et Jourdain, p. 6 ; Paris. 19 août 1840 ; Dijon, 26 avril 1844 ; Cass., 31 janv. 1865. — Contra, Cass., 18 nov. 1824.
(2) Troplong, n. 330.

(3) Douai, 3 avril 1844.
(4) Colmar, 4 juin 1862 ; D. 62.2.163 ; Dijon, 1er avril 1874 ; D. 75.2.81.
(5) Douai, 22 juill. 1830.
(6) Paris, 30 nov. 1871 ; D. 72.2.208.
(7) Cass., 31 janv. 1865 ; Nancy, 18 mai 1872 ; D. 65.1.390 ; 73.2.403.

soirement la construction d'un chemin de fer à voie étroite, destiné uniquement à l'exploitation de la mine, et ne pouvant servir à aucun autre trafic non plus qu'au transport des voyageurs (1). De même est civile une société ayant pour objet non-seulement l'exploitation et la mise en valeur de mines d'or, d'argent et de cuivre, mais également la vente et le traitement des minerais, le magasinage et le transport des produits des mines, la construction d'édifices et de fours pour la manutention, etc., de telles opérations n'empêchant pas cette société de rentrer dans les termes de la loi du 21 avril 1810; peu importe, d'ailleurs, qu'à l'exploitation de ses mines, la société joigne celle des minerais précédemment extraits et existant à la surface des concessions; si les matières extraites sont meubles, les manipulations auxquelles les soumet le propriétaire des mines, pour en retirer les substances métalliques, ne constituent pas des actes de commerce (2).

10. Ce qui est vrai des mines l'est aussi des carrières; l'exploitant qui vend les produits de sa carrière ne fait donc pas acte de commerce (3), alors même qu'il s'associe avec un tiers (4). Mais la société deviendrait aussi commerciale, si elle se livrait à une fabrication qui, par son importance, primerait la valeur des matériaux extraits (5).

11. Toutefois une société civile peut, sans changer de nature, adopter une forme commerciale, par exemple la forme de commandite ou la forme anonyme, *infrà*, 2e partie, *Titre préliminaire.*

Aucune distinction n'est à faire à cet égard entre les diverses sociétés civiles; les spéculations sur l'achat et la revente des immeubles peuvent, aussi bien que les autres, emprunter l'une des formes indiquées par la loi commerciale (6), mais en conservant, bien entendu, leur caractère civil, alors même qu'elles se livrent à des travaux de construction, de percements de rues, etc. (7).

La société reste civile, alors même que ses statuts autorisent le gérant à passer des marchés avec des ouvriers ou fournisseurs,

---

(1) Paris, 8 janv. 1876 (le *Droit*, 21 janv. 1876).

(2) Paris, 1er avril 1876 (le *Droit*, 3 sept. 1876).

(3) Paris, 24 sept. 1848; D. 49.5.7.

(4) Bordeaux, 22 nov. 1854; D. 55. 5.7.

(5) Angers, 26 déc. 1855; Rouen, 28 fév. 1864; D. 56.2.143; 64.2.466.

(6) Troplong, n. 334 et 1076.

(7) Troplong, n. 349; Paris, 11 déc. 1830, 28 août 1844. Voir aussi Paris, 13 juill. 1864.

à acheter des matériaux, à créer des ateliers spéciaux pour l'industrie du bâtiment, et même à commanditer des entrepreneurs, si cette clause est destinée à faciliter l'exécution de l'objet social, et si d'ailleurs la société a toujours agi, comme un propriétaire, vendant des terrains et y élevant des constructions dans un intérêt personnel (1). De telles clauses, ayant pour but la mise en valeur des immeubles de la société, sont accessoires à la propriété de ces immeubles, dont elles prennent la nature et sont régies par le même droit civil (2).

Il en est ainsi, alors même que les opérations d'achat, de construction, et de revente, sont constamment renouvelées ; et que la société contracte des emprunts réglés en effets de commerce (3).

Le caractère civil a même été maintenu à la Compagnie immobilière de Paris quoiqu'elle fût autorisée par ses statuts : 1° à recevoir des fonds en compte courant, à les employer à l'escompte, à émettre des engagements portant intérêt, ces opérations n'étant que des moyens de se procurer les fonds dont elle pourrait avoir besoin ou d'utiliser ceux qu'elle pourrait avoir en réserve, et ne devant pas avoir pour effet de transformer la société en établissement de banque ou de crédit ; 2° à exploiter deux hôtels meublés, cette exploitation n'étant qu'un moyen de tirer parti des immeubles. Tous ces actes, n'étant qu'isolés, accidentels ou accessoires, peuvent bien à leur occasion rendre la société justiciable du tribunal de commerce, mais ne peuvent lui imprimer d'une manière absolue la qualité de commerçante (4).

12. Mais deviendrait commerciale la société qui entreprendrait des constructions pour le compte de tiers, à moins toutefois que ce ne soit une simple faculté statutaire restée sans exécution (5).

Serait aussi commerciale la société formée entre plusieurs entrepreneurs de travaux dans le but d'acheter des terrains, d'y élever des constructions et de les revendre ; la spéculation sur les constructions étant en pareil cas l'objet principal de l'opération, dont l'achat des terrains n'est que l'accessoire (6). De

---

(1) Paris, 20 août 1867.
(2) Paris, 15 févr. 1868 (D.68.2.208).
(3) Paris, 29 août 1868 (Bull. de la Cour de Paris, n. 1621).

(4) Paris, 19 août 1869 (le Droit, 29 août 1869).
(5) Paris, 15 févr. 1868, ci-dessus.
(6) Cass., 3 févr. 1869 (Ann. Lehir, art. 13780).

même celle qui aurait pour objet formel, non-seulement la mise
en valeur et l'exploitation de ses terrains, mais encore toutes les
opérations commerciales et industrielles s'y rattachant (1).

13. Il reste donc vrai que, d'une part, les sociétés civiles ne
peuvent, au gré des parties, devenir commerciales, et, d'autre
part, qu'elles peuvent, sans perdre leur nature, organiser leurs
statuts d'après le mode commercial. De là dérivent ces conséquences : 1° les associés sont obligés selon le mode particulier à
la forme adoptée ; 2° la société, civile au fond, ne peut être mise
en faillite (2) ; 3° la prescription spéciale édictée par l'art. 64,
C. comm., ne lui est pas applicable.

Mais il est bien entendu qu'une société réellement commerciale ne pourrait se constituer en société civile, les formalités auxquelles elle est soumise étant prescrites à peine de nullité par le Code de commerce (3), et par la loi du 24 juillet 1867.

Ces principes exposés, voyons l'application qui en a été faite
à diverses espèces, en outre de celles déjà citées.

14. L'exploitation d'une mine n'est pas un commerce, *suprà*,
n° 9, même de la part d'une société qui la tiendrait à bail. Une
société louant une carrière pour l'exploiter est également réputée, comme le propriétaire lui-même, se livrer à une opération
purement civile, aussi bien que si elle exploitait des vignobles
ou des bois pris à location (4).

15. La société qui a pour but l'exécution de travaux de recherches d'une mine est aussi de nature civile (5) ; mais, si elle faisait l'exploration pour le compte d'autres personnes au profit
desquelles la concession devrait être obtenue, ce serait une
entreprise commerciale (*arg.* 632, C. Comm.) qui imprimerait
son caractère à la société (6).

16. Les artisans ne sont pas réputés commerçants lorsqu'ils
se bornent à exercer leur état ; mais s'ils s'approvisionnent à l'a-
vance de matières premières pour les confectionner et les revendre, ils se livrent à de véritables opérations commerciales. Dans
le premier cas, la société serait donc civile (*arg.* C. civ., 1842),

---

(1) Cass., 6 juill. 1868 (Ann. Lehir.
(2) Paris, 17 juill. 1866.
(3) Cass., 24 mars 1808.
(4) Troplong, n 325 ; Dalloz, *Acte de commerce*, n. 294 et *Société*, n. 216 et 236. — *Contrà*, Pardessus, n. 11 ; Bordeaux, 29 févr. 1832 ; Caen, 26 janv. 1836, Angers, 5 fév. 1842.

(5) Bédarride, n. 103 ; Troplong, n. 333 ; Dalloz, *Acte de commerce*, n. 279 et *Société*, n. 234 ; Nancy, 28 nov. 1840 ; Paris, 11 janv. 1841 ; Rennes, 19 août 1857.
(6) Troplong, n. 334.

et dans le deuxième elle serait commerciale. De même une société formée entre cultivateurs pour acheter des machines agricoles et s'en servir à tour de rôle serait purement civile. Elle conserverait son caractère civil, même en louant les machines à des cultivateurs non associés, si cette location n'était qu'accidentelle ou accessoire (1); mais si elle tendait à devenir l'objet principal, l'association deviendrait commerciale (2).

17. Sont de nature civile les sociétés qui ont pour but : 1° d'acquérir des créances de l'arriéré de la dette publique pour en partager le profit, si l'intention de revendre ne ressort pas de la spéculation (3); 2° d'acquérir des rentes nationales lorsque les associés veulent les garder (4); 3° d'exploiter la ferme des droits de pesage public d'une ville (5); 4° de publier et de vendre un ouvrage, si l'association est formée entre l'auteur et un imprimeur ou un éditeur (6); 5° d'exploiter et diriger une maison d'éducation, l'enseignement étant l'objet principal et le reste devant n'être que l'accessoire (7); 6° d'élever du bétail pour en tirer un profit, une telle entreprise se rattachant à l'exploitation rurale, et ne rentrant pas dans la définition de l'art. 632. C. comm. (8); 7° d'exploiter des fromageries comme celles qui existent dans plusieurs de nos départements de l'Est (9); 8° d'opérer la perception des droits de péage formant le prix de la construction d'un pont (10); 9° de louer des immeubles pour les sous-louer, même après y avoir exécuté des travaux et réparations (11); 10° d'exploiter des sources d'eaux minérales affermées par l'État, et même des hôtels pour les baigneurs, s'ils ne sont que l'accessoire de l'établissement thermal (12); 11° d'acheter des vins pour servir à l'amélioration de ceux qu'a récoltés la société (13); 12° de vendre, directement ou par intermédiaire, les produits obtenus par un fermier de la pêche (14); 13° de fonder une usine

(1) Dalloz, v° *Société*, n° 214.
(2) Dijon, 23 août 1858 (D.58.2.168).
(3) Cass., 21 juin 1842.
(4) Colmar, 22 juin 1821.
(5) Nimes, 27 mai 1851.
(6) Paris, 23 déc. 1840, 14 juin 1842; *Contrà*, Paris, 16 févr. 1844.
(7) Paris, 23 juill. 1852; *Contrà*, Paris, 11 déc. 1840, 24 févr. 1841.
(8) Troplong, n. 324; Malepeyre et Jourdain, p. 6; Dalloz, *Acte de commerce*, n. 111; Bruxelles, 23 févr. 1822.
(9) Dalloz, *Sociétés fromagères*.
(10) Cass., 23 août 1820.

(11) Paris, 13 juill. 1861.
(12) Metz,16 mars 1865; Cass.,27 mars 1866.— *Contrà*, Paris, 4 févr. 1875 (D. 76.2.185). Il s'agissait de la Société des eaux thermales d'Enghein, formée par la réunion de la première société des eaux, purement civile, et d'une société commerciale ayant pour objet l'exploitation de trois hôtels.
(13) Bordeaux, 12 juill. 1848(D.49.2. 108).
(14) Paris, 30 mai 1869 (D.70.2.183). — *Contrà*, Toulouse, 27 juill. 1860 (D. 60.2.154).

pour la fabrication du sucre avec les cannes provenant de sa propriété, si l'usine n'est qu'un accessoire de la culture ; et alors même qu'accessoirement la société exploiterait des sucres étrangers, ou placerait ces sucres moyennant un droit de commission. Une circulation d'effets de commerce ayant pour but de faire face aux frais de culture ou d'améliorer l'usine ne changerait pas le caractère civil de la société (1).

18. Sont de nature commerciale les sociétés qui ont pour objet : 1° de démolir un édifice pour en revendre les matériaux (2) ; 2° d'acquérir la superficie d'une forêt pour abattre et revendre les coupes (3) ; 3° d'exploiter une pépinière sur un immeuble dont la société n'est pas propriétaire (4) ; 4° d'acquérir des effets publics et des titres de créance pour les revendre (5) ; 5° de publier un journal (6) ; mais il en serait autrement d'une association faite entre le propriétaire-rédacteur du journal et un marchand de papier pour les fournitures nécessaires à l'impression du journal (7) ; 6° d'entreprendre des transports de sable pour une compagnie de chemin de fer (8) ; 7° d'exploiter un chemin de fer (9) ; 8° de tenter l'établissement d'un chemin de fer (10), et d'en obtenir la concession (11) ; 9° l'assurance à prime fixe contre l'incendie ou d'autres fléaux des meubles ou immeubles (12) ; 10° les entreprises de constructions et autres travaux ; toutefois, s'il en est incontestablement ainsi pour les constructions destinées à la navigation intérieure ou maritime, qui sont des actes de commerce d'après l'art 633, C. comm., la question est controversée pour les constructions terrestres ; l'opinion la plus accréditée incline pour la commercialité de ces entreprises (13), alors surtout que l'entrepreneur

---

(1) Cass., 12 mai 1875 (D.76.1.320).
(2) Dalloz, *Société*, n. 200.
(3) Bourges, 10 mai 1843. Si l'acquisition portait aussi sur le fonds, la société serait civile ; Nancy, 27 juill. 1838 ; Bourges, 17 mai 1850 (D.51.2.90).
(4) Bruxelles, 20 avril 1820.
(5) Merlin, Rép., *Eff. publ.*, n. 4 ; Nouguier, I, p. 370 ; Cass belge, 26 mai 1842 ; Cass., 18 févr. 1806, 29 juin 1808 ; Paris, 14 févr. 1810 ; *Contrà*, Paris, 14 mars 1842.
(6) Paris, 2 août 1828.
(7) Dalloz, *Acte de comm.*, n. 92 ; Bruxelles, 13 déc. 1816, 8 oct. 1818.
(8) Liége, 15 juin 1842.
(1) Paris, 26 mai 1857.

(10) Paris, 26 juill. 1834.
(11) Paris, 19 mai 1848.
(12) Cass., 30 déc.1846 ; Caen, 1er juill. 1845, 6 août 1845, 12 mai 1846 ; Cologne, 1er févr. 1847.
(13) Merlin, *Quest. Commerce*, § 6 ; Pardessus, n. 36 ; Dalloz, *Acte de commerce*, n. 204 ; Caen, 27 mai 1848 ; Paris, 9 août 1831 ; Bastia, 8 avril 1834 ; Limoges, 24 nov. 1835 ; Rouen, 26 déc. 1840 ; Poitiers, 23 mars 1844 ; Cass., 29 nov. 1842 ; Cass., 3 fév. 1869 (D.69.4.160) ; Lyon, 8 déc. 1870 (D.71.2.143). *Contrà*, Bruxelles, 22 mai 1819 ; Paris, 14 déc. 1830 ; Caen, 8 mai 1838 ; Colmar, 14 août 1839 ; Nancy, 2 févr. 1841 ; 15 mars 1842 et 6 avril 1843.

fournit les matériaux (1) ; 11° l'exploitation d'une charge d'agent de change ou de courtier (2).

19. La Société formée pour l'obtention d'une prise d'eau dans un fleuve, pour la construction du canal de dérivation, pour la distribution des eaux à l'agriculture ou aux communes, enfin pour l'exécution de tous les travaux de conduite et canalisation, est-elle de nature civile ou commerciale ? La question a été très-controversée ; mais il résulte du dernier état de la jurisprudence que la concession des eaux du domaine public à un particulier revêt un caractère immobilier et conséquemment civil, duquel participent les opérations exécutées par le concessionnaire. En effet, la distribution que l'État ferait lui-même, moyennant redevance, aurait bien évidemment un caractère purement civil ; et elle ne change pas de nature si elle est accomplie par une société subrogée aux droits de l'État. Lorsque le propriétaire, ou le fermier se borne à l'exploitation du fonds, il ne fait pas un commerce. Lorsqu'il se livre à des dépenses plus ou moins considérables de construction, il agit pour son compte personnel, exerçant son droit sur la chose qu'il possède ou détient, et l'on ne saurait l'assimiler à un entrepreneur de construction opérant pour le compte d'autrui (3) ;

Ces principes sont incontestables lorsqu'il s'agit d'une dérivation destinée surtout à l'irrigation du sol, et que le but principal de la société concessionnaire est essentiellement agricole ; mais la société ne changerait pas de nature et resterait civile alors même que la dérivation serait utilisée à fournir de l'eau à une ville, au commerce et à l'industrie, ou qu'elle aurait exclusivement cette dernière destination (4).

L'opération serait encore civile, même de la part d'un tiers, subrogé pour un temps limité aux droits du concessionnaire, à

_____

(1) Nouguier, I., p. 419 ; Orillard, n. 309 ; Flandin. Voir Dalloz, *Acte de commerce*, n. 204.

(2) Bozérian, la *Bourse*, I, 194 ; Rennes, 29 janv. 1839 ; Paris, 15 juin 1850 ; *Contrà*, Lyon, 29 juin 1849 ; Comp. Paris, 17 juill. 1843.

(3) Cass., 21 juill. 1873 (D.74.1.27) ; d'Aix, 6 déc. 1870 (D.72.2.25) ; Cass., 16 juin 1874 (D.74.1.445)

(4) Ces solutions intéressantes ont été consacrées à l'occasion d'une prise d'eau sur le Rhône, concédée à la Compagnie des eaux du Midi, et qui a donné lieu à trois sociétés successivement formées qui ont toutes été déclarées de nature civile : 1° une société en participation, pour l'obtention de la concession ; 2° une société à responsabilité limitée, pour la construction du canal et l'exploitation ; 3° une autre société, aussi à responsabilité limitée, dite Société des eaux de Nîmes, pour fournir de l'eau à cette ville (Paris, 17 août 1868, 7 déc. 1869 et 8 avr. 1872 ; Cass., 18 déc. 1871, 26 févr. 1872, 22 déc. 1873 ; Dalloz, 68.2.192, 72.1.9 et 11, 73.4.433 ; Adde, Paris, 28 févr. 1876 (le *Droit*, 15 avril 1876).

la charge d'exécuter tous les travaux de construction et de canalisation (1). Il n'en serait autrement que si le tiers apparaissait comme un simple entrepreneur de construction.

20. Quel serait le caractère d'une entreprise qui ne donnerait
lieu qu'à des travaux de main d'œuvre, sans aucune fourniture
de matériaux, par exemple l'entreprise des travaux de terrasse-
ment pour un canal d'irrigation? Il y aurait à faire la distinction suivante : L'opération serait civile si elle était exécutée par
des ouvriers associés, *suprà, n° 16*; mais elle serait commerciale si elle était dirigée par un entrepreneur spéculant sur le
salaire des ouvriers (2). Dans ce dernier cas, le louage d'ouvrage aurait un caractère mixte; il resterait civil à l'égard des
ouvriers, mais prendrait la nature commerciale vis-à-vis de
l'entrepreneur.

CHAPITRE TROISIÈME.

PRINCIPES GÉNÉRAUX DU CONTRAT DE SOCIÉTÉ.

Section Iʳᵉ. — Des caractères constitutifs du contrat de société.

21. La société est un contrat par lequel deux ou plusieurs
personnes conviennent de mettre quelque chose en commun,
dans la vue de partager le bénéfice qui pourra en résulter
(C. civ., 1832).

En analysant cette définition légale du contrat de société,
on y trouve trois éléments essentiels : 1° il faut une chose mise
en commun, c'est-à-dire un apport social par chacun des associés; 2° la société doit avoir en vue des bénéfices à réaliser;
3° les bénéfices doivent être partagés entre les associés.

22. Pour tout ce qui a trait à l'apport, V. *infrà*, chap. IV.

23. La réalisation d'un bénéfice étant le but final des sociétés,
une association, ayant pour objet la réparation d'un dommage,
comme les assurances mutuelles contre l'incendie, les épizooties,
la grêle, les accidents, etc., dans lesquelles chacun est à la fois

---

(1) Cass., 17 mars 1874, d'Aix, 1ᵉʳ fév. | Orléans, 14 mai 1844; Bourges, 5 août
1872 (D.74.1.445). | 1853 (D.45.2.30, 54.5.11). — *Contrà*,
(2) Cass., 10 nov. 1858 (D. 59.1.79); | Nancy, 9 août 1850 (D.50.2.202).

assureur et assuré, n'est donc pas une véritable société (1), et comme le propose judicieusement un auteur, il serait plus exact d'appliquer à ces entreprises la dénomination distinctive de *compagnies* (2).

Cependant, si on leur a refusé le caractère de sociétés commerciales, qui appartient incontestablement aux assurances à primes fixes, la jurisprudence leur a quelquefois reconnu le caractère de sociétés civiles (3), ou les a même assimilées aux sociétés anonymes, annulant dans ce dernier cas celles qui n'étaient pas pourvues de l'autorisation du gouvernement (4).

24. Un cercle littéraire, musical ou autre, ne forme qu'une simple réunion d'individus, incapable d'agir en justice comme être moral par des administrateurs. La convention qui le fonde est un contrat innomé qui oblige les fondateurs au paiement des dettes de premier établissement et les abonnés au paiement des cotisations; mais elle n'est point une société, puisque l'idée de bénéfice en est absente (5).

Néanmoins les administrateurs, à titre de mandataires, en vertu des règles du droit commun, traiteraient valablement avec les tiers; et si ceux-ci avaient contracté un engagement indivisible, par exemple, pour l'éclairage au gaz du cercle, chacun des membres, individuellement, pourrait en poursuivre judiciairement l'exécution intégrale.

En cas de désaccord, la dissolution du cercle ne peut être prononcée que par la majorité de ses membres; les dissidents n'ont que la faculté de se retirer, mais sans prendre aucune part du mobilier; le partage n'aurait lieu que si la dissolution était prononcée par la majorité, et entre les membres existants à ce moment (6).

25. Ne constituent pas non plus de véritables sociétés : 1° les associations philantropiques (7) et les communautés religieuses,

---

(1) Pardessus, IV, 969; Duvergier, n. 42; Troplong, n. 14; Bédarride, n. 16; Massé et Vergé, § 713; Cass., 12 janv. 1842. Add. Paris, 23 mars 1873 (D.75. 2.17); Cons. d'Etat, 10 oct. 1872 (D.72. 3.65).

(2) Troplong, n. 14.

(3) Paris, 2 mai 1850, 27 juill. 1854; Douai, 29 juill. 1850; Besançon, 4 févr. 1854.

(4) Cass., 16 mai 1857, 7 nov. 1858; Paris, 1er févr. 1858; *Contrà*, Douai, 15 nov. 1851, 29 mars 1855; Troplong, n.

14; Dalloz, *Société*, n. 100. Voir Caen, 12 mai 1846. Voir Deuxième partie, titre V.

(5) Championnière et Rigand, *Traité de l'enreg.*, III, 2772; Troplong, n. 12; Massé et Vergé, § 713, note 3; Dalloz, *Société*, n. 96; Cass., 20 juin 1847; Lyon, 1er déc. 1852. V. cependant Cass., 25 juin 1866; Paris, 9 févr. 1867.

(6) Aix, 20 mars 1873 (D.74.2.138).

(7) Ainsi jugé pour les sociétés de francs-maçons : Trib. Dunkerque, 2 mai 1862.

autorisées ou non. Toutefois les communautés religieuses autorisées conformément à la loi forment des corps moraux capables de contracter et d'ester en justice ; et l'esprit d'équité a
conduit à reconnaître à celles qui ne sont pas autorisées le
caractère de sociétés de fait, contre lesquelles il est permis
d'agir devant les tribunaux (1) ; 2° les souscriptions publiques
ouvertes dans un but de bienfaisance ou d'utilité générale (2) ;
3° les sociétés de secours mutuels (3), quoique celles qui sont
autorisées forment aussi des corps moraux pouvant agir en justice ; 4° les associations organisées pour la discussion des questions d'économie commerciale ou industrielle (4) ; 5° les associations ou chambres syndicales, soit entre patrons, soit entre
ouvriers, d'un même commerce ou d'une même industrie (5).

L'autorisation donnée par le gouvernement n'aurait en général d'autre effet que de lever l'interdiction prononcée par les
art. 291 et 292 du Code pénal ; pour conférer l'existence civile,
une déclaration que l'établissement est d'utilité publique devrait intervenir après une enquête administrative (6). L'existence
civile ne donne pas toujours une capacité absolue de contracter,
et les acquisitions à titre gratuit doivent être spécialement autorisées par le gouvernement.

26. La troisième condition nécessaire pour qu'il y ait société,
c'est le partage des bénéfices entre tous les associés ; en effet,
nous verrons plus loin qu'une société où il n'y aurait pas entre
tous communication des bénéfices comme des pertes serait *léonine* et foncièrement nulle.

27. Toute société (l'association en participation étant excep-
tée) se personnifie dans un être moral, ayant une existence juridique distincte de celle des associés, possédant, contractant
et agissant comme personne civile par l'organe de ses représentants (7). D'où se dégage cette conséquence principale que les
créanciers sociaux sont préférables sur les biens de la société
aux créanciers personnels des associés. Quelques auteurs (8)
ont pensé qu'il n'y avait un être moral que dans les sociétés

---

(1) Dalloz, n. 98 ; Troplong, n. 33 ;
Cass., 30 déc. 1857 ; Paris, 8 mars 1858.
(2) Agen, 15 déc. 1857.
(3) Cass., 18 juin 1872 (Pal. 72.706).
(4) Paris, 24 juin 1868 (Bull. de la C.
d'appel, n. 1536).
(5) Trib. civ. de Lyon, 12 déc. 1874
(le *Droit*, 1er janv. 1875).

(6) Dalloz, v° Etablissement public,
n. 6. Trib. civ de Lyon, cité à la note
précédente Poitiers, 19 déc. 1876 (le
Droit, 28 déc. 1876).
(7) *Contrà*, Toullier, XII, 82.
(8) Vincens, I. p. 297 ; Frémery, ch.
4, p. 30.

commerciales, et non dans les sociétés civiles ; mais l'opinion contraire, adoptée par la plupart des auteurs (1), nous paraît plus exacte.

Par une autre conséquence de l'existence de l'être moral, les hypothèques légales ou judiciaires pouvant grever les associés personnellement n'atteignent pas les immeubles sociaux. Une inscription conditionnelle, et subordonnée aux résultats de la liquidation et du partage, serait même sans valeur, suivant un arrêt de la Cour d'Orléans du 26 août 1869 (2).

28. Il ne faut pas confondre la société avec la simple indivision ou communauté résultant, par exemple, soit de l'ouverture d'une succession au profit de plusieurs héritiers, soit de la convention. Mais supposons que deux personnes se sont réunies pour acheter un immeuble : seront-elles en état de société ou de communauté ? Pour résoudre la question, on doit chercher le but que se sont proposé les parties. Est-ce pour revendre et faire un bénéfice, *suprà*, n° 21, qu'elles ont acheté ? C'est une société qui existe entre elles. Mais dans le doute sur leur intention, la présomption de communauté doit l'emporter (3). La distinction est importante ; car la communauté n'engendrant pas un être moral, les biens communs peuvent être grevés d'hypothèques par chacun des communistes sur sa part ; en outre, dans les contrats comme dans les actions judiciaires, les communistes doivent tous figurer individuellement et nominalement, ce qui, lorsqu'ils sont nombreux, est une gêne et une aggravation de frais.

29. Les syndicats qui ont lieu entre personnes riveraines d'un cours d'eau, pour régler la distribution des eaux nécessaires à l'arrosage de leurs propriétés, constituent de véritables sociétés (4). Il en est de même : de la mise en commun et de l'exploitation du droit de chasse sur diverses propriétés (5) ; de la mise en commun entre les habitants d'une commune, de la jouissance de bois et pâturages (6).

---

(1) V. not. Pardessus, IV, 1089, 1207 ; Malepeyre et Jourdain, p. 23 ; Delamare et Lepoitevin, II, p. 468 ; Duvergier, n. 284 et s. ; Troplong, n. 58 et s. ; Delangle, n. 44 et s. ; Dalloz, n. 182 ; Cass., 8 nov. 1836, 20 nov. 1865 ; Paris, 10 déc. 1844 ; Grenoble, 1er juin 1834 ; 29 mai 1865 ; Metz, 31 déc. 1867.
(2) D.69.2.185.
(3) Duvergier, n. 40 et 52 ; Troplong, n. 28 ; Dalloz, n. 118 ; Cass., 22 nov. 1852 ; Rouen, 19 juill. 1839 ; Aix, 30 nov. 1853. ; *Add.* Paris, 27 juin 1873 (Bull. de la Cour d'appel, n. 3449). — *Contrà,* Cass., 4 déc. 1839 ; Paris, 22 nov. 1811.
(4) Troplong, n. 30 ; Dalloz, n. 42 ; Cass., 26 mai 1841 ; Aix, 21 déc. 1837.
(5) Cass., 13 nov. 1865.
(6) Cass., 6 fév. 1872 (Pal.72.10).

30. Le louage d'industrie, lors même qu'il a lieu entre un patron et un commis intéressé, n'a aucun rapport avec le contrat de société; la part de bénéfices donnée à celui-ci n'est pas autre chose qu'une rémunération proportionnelle substituée à des appointements fixes; il n'y a aucune chose commune, et pas de contribution aux pertes (1).

Pour régler le compte de cette rémunération, le commis peut se faire représenter les livres et inventaires (2). Il a droit à tous les bénéfices acquis au jour de sa sortie, sans excepter les créances alors nées, mais recouvrées depuis (3). Cependant, la représentation des livres a été refusée à un commis placier, chargé de vendre les marchandises moyennant une commission, parce qu'il lui est possible de fournir le compte des ventes qu'il a faites (4).

Le bail d'une usine, avec partage des bénéfices comme prix de location, ne constituerait pas non plus une société (5).

31. Il en est de même du mandat, qui ne dégénère pas en société, parce que des salaires proportionnels sont alloués au mandataire (6).

Une société civile peut être constituée entre plusieurs personnes ayant un intérêt commun, telles que des actionnaires ou des obligataires, pour agir en justice et plaider par leurs représentants. C'est à tort qu'on verrait dans ces sociétés *ad litem*, un simple mandat (7).

La convention ayant pour objet l'achat de fournitures, avec stipulation que l'avance des fonds sera faite par l'un des contractants et que les bénéfices seront partagés par moitié, constitue une association en participation et non un contrat de vente, de mandat ou de commission (8).

32. On a aussi essayé de déguiser le prêt sous la forme d'un contrat de société, pour cumuler en faveur d'une même personne les avantages de l'associé et ceux du prêteur. Ainsi, une convention assez usitée est celle-ci : Une somme d'argent est placée dans une maison de commerce, avec stipulation qu'en

---

(1) Pardessus, IV, 969; Delangle, n. 5; Troplong, n, 46; Rouen, 28 fév. 1848; Lyon, 21 fév. 1844; *Contrà*, Lyon, 27 août 1835; Comp. Cass., 21 fév. 1831.
(2) Nimes, 20 juill. 1864 (D.66.2.57).
(3) Cass., 1er juin 1875 (D.75.1.417).
(4) Cass., 26 déc. 1866 (D.67.1.303).
(5) Rennes, 6 juin 1864; Cass., 9 nov. 1869 (D.70.1.213).

(6) Duvergier, n. 45 et 50; Troplong, n. 34; Bédarride, n. 14; Alauzet, I, 80; Dalloz, n. 139.
(7) Paris, 22 avr. 1870, et Rej., 7 mai 1872 (D.70.2.121 ; 72.1.233). — *Contrà*, Paris, 10 janv. 1862 (Ann. Lehir).
(8) Bordeaux, 19 juill. 1871 (Ann. Lehir). — *Contrà*, Poitiers, 6 juin 1871 (D.71.2.81).

sus de l'intérêt à cinq ou six pour cent, le bailleur de fonds aura une part des bénéfices annuels ou une prime une fois payée; comme il y a obligation de remboursement de la part du négociant, le bailleur de fonds ne court pas les chances du commerce; c'est un simple prêt qu'il a fait, et les bénéfices qu'il reçoit en dehors de l'intérêt légal constituent une perception usuraire sujette à restitution (1).

33. Mais la simple faculté de retirer les fonds sans engagement de remboursement pourrait faire voir dans la convention une société véritable (2). Il en serait de même si le bailleur de fonds n'apportait que la jouissance de son capital, *infrà*, chap. IV (3); ou encore si le bailleur de fonds, participant aux bénéfices, collaborait aux opérations sociales, par exemple en tenant la comptabilité (4). Jugé cependant qu'il y a simple prêt : 1° lorsqu'il est créé des actions privilégiées ne donnant lieu qu'à un intérêt annuel de cinq pour cent, sans aucune participation aux bénéfices, et amortissables chaque année par fractions (5); 2° s'il est stipulé un intérêt à six pour cent, plus un droit de commission, avec règlement tous les trois mois des avances, et remboursement sur les premiers fonds (6).

Section II. — De l'objet de la société.

34. Toute société doit avoir un objet licite (C. civ., 1833), c'est-à-dire non prohibé par la loi, non contraire aux bonnes mœurs ou à l'ordre public (C. civ., 1133).

35. C'est ainsi que la société formée pour l'exploitation d'un office est nulle, soit parce que dans une telle société il n'y aurait pas de mise en commun, le titulaire ne pouvant transmettre une partie de sa fonction, ni aliéner en faveur de la société le droit essentiellement personnel de présenter un successeur à l'agrément de l'autorité; soit parce que les offices, qui sont une délégation de la puissance publique, doivent être exercés avec désintéressement, probité et délicatesse, et que l'institution se

---

(1) Pont, *du Prêt*, n. 305; Cass., 17 avr. 1837, 16 juin 1863; Grenoble, 29 janv. 1870, et Rej. 8 janv. 1872 (D.63. 1.195; 71.2.76; 72.1.194); *Contrà*, Paris, 10 mai 1834, cassé le 17 avr. 1837.
(2) Duvergier, n.58; Troplong, n. 47; Malepeyre et Jourdain, p. 21; Paris, 10

août 1807; Liège, 16 nov. 1820; Lyon, 20 août 1849.
(3) Dalloz, n.1100; Caen, 27 déc. 1864.
(4) Cass. 3 août 1875 (D.76.1.81).
(5) Cass., 30 juill. 1861.
(6) Cass., 30 juill. 1864, 29 juill. 1863; Comp. Bordeaux, 3 juill. 1860.

2

trouverait bientôt dénaturée par l'esprit mercantile et la cupidité, s'il était permis de s'associer pour l'exploitation des profits (1). Cette doctrine, combattue par quelques auteurs (2), a été consacrée par la jurisprudence : pour les études de notaire (3), d'avoué (4), et d'huissier (5).

36. A l'égard des charges d'agents de change et de courtiers, la jurisprudence, après quelques controverses, s'était prononcée pour la nullité (6). Mais une loi du 2 juillet 1862, ne disposant d'ailleurs que pour l'avenir (7), permet aux agents de change près des bourses pourvues d'un parquet de s'adjoindre des bailleurs de fonds intéressés, participant aux bénéfices, et n'étant responsables des pertes que jusqu'à concurrence des capitaux qu'ils auront engagés.

L'association formée entre un agent de change et ses bailleurs de fonds intéressés, depuis la loi du 2 juillet 1862, est une vétable société, de nature commerciale, quoique ne rentrant pas exactement dans les diverses sociétés reconnues par la loi, et donnant comme celles-ci, naissance à un être moral distinct de la personne des associés (8).

Est licite la société constituée entre un agent de change et son client pour des opérations sérieuses de bourse (9).

37. Serait valable la convention par laquelle l'acheteur d'un office s'obligerait, au lieu d'un prix fixé et déterminé, à partager avec son cédant les bénéfices de la charge pendant un certain temps, pourvu qu'il n'en résulte aucun droit pour celui-ci de s'immiscer dans la gestion de l'office (10). Mais la chancellerie rejette cette clause des traités qui lui sont soumis.

38. Comme exemples de sociétés illicites, nous citerons celles

---

(1) Duvergier , n. 50 ; Bozérian , *la Bourse*, n. 180 et s.; Troplong, n. 94 ; Delangle, n. 108 ; Bédarride, n. 25.

(2) Mollot, *Bourses de commerce*, n. 284 ; Dard, *Traité des off.*, p. 238 et s.; Horson, *Gaz. des trib.*, 16 oct. 1834 ; Frémery, *le Droit*, 2 et 7 fév. 1838.

(3) Cass.,15 janv. 1855; 1er avril 1866; Lyon, 29 juin 1849 ; île de la Réunion, 18 janv.1850. V. Déc. min., 5 fév.1837 ; J. N. 1862.

(4) Rennes, 28 août 1844.

(5) Cass., 9 fév. 1852, 10 janv. 1865 ; Riom, 3 août 1844 ; Paris, 1er mars 1850, 4 févr. 1854 ; Toulouse, 18 janv. 1866 ; J. N. 18208.

(6) Cass., 24 août 1844, 2 juill. 1861,

11 mai 1862, 29 juin 1863; Paris, 11 juill. 1836, 2 janv. 1838, 17 juill. 1843, 27 mai 1862 ; Rennes, 9 avril 1851 ; Lyon, 28 fév. 1853 ; Bordeaux, 28 juin 1853 ; *Contrà*, Bruxelles, 18 juill. 1829 ; Trib. Seine, 16 mars 1850; Paris, 15 juin 1850, 10 mai 1860.

(7) Cass., 29 juin 1863.

(8) Cass, 14 nov. 1871, Rej. de Paris, 19 nov. 1869 (D.72.1.354).

(9) Paris, 16 déc. 1873 (Bull. de la Cour d'appel, n. 3206).

(10) Duvergier, n.59; Troplong, n.96; Bioche, v° *Office*, n. 93 ; Bozérian, *la Bourse*, n. 178, § 1 ; Toulouse, 14 nov. 1835.

qui seraient formées : pour exercer la contrebande en France (1) ; pour faire l'usure ; pour tenir un mauvais lieu ; pour voler ; pour exercer la piraterie ; pour la fabrication et la vente d'un remède secret et prohibé par la loi (2) ; pour empêcher la concurrence des acheteurs dans une adjudication (3) ; pour l'exploitation d'une maison de jeu, soit en France, où ces maisons sont prohibées, soit dans un pays étranger où elles sont tolérées (4).

Est licite, au contraire, une société formée pour l'exploitation d'une agence d'affaires d'expropriation (5).

39. Quelles seront les conséquences de la nullité d'une société jugée illicite ? Deux cas sont à supposer :

40. Ou la société n'a pas encore commencé à fonctionner, mais des versements ont été faits par l'un des contractants dans les mains d'un autre ; sera-t-il admis à en faire la répétition ? Quelques auteurs se prononcent pour la négative (6), mais l'opinion contraire nous semble devoir être suivie comme plus conforme à l'équité et plus juridique tout à la fois ; car la répétition se fonde, non sur l'acte de société, mais au contraire sur la nullité de cet acte et sur le fait du versement qui n'a plus de cause (7). Si d'ailleurs la répétition en principe devait être refusée, cette doctrine ne serait en tout cas applicable qu'aux sociétés manifestement nulles, comme celles qui auraient pour objet la contrebande, la piraterie, etc., mais non à celles qui auraient été contractées de bonne foi, comme les sociétés pour l'exploitation d'un office, dont la nullité n'a été admise qu'après de sérieuses controverses (8).

41. Ou bien la société est entrée en fonctions et a eu pendant quelque temps une existence de fait ; sur quelles bases se fera la liquidation ? Nous pensons qu'ici encore si la société a été contractée de bonne foi, l'équité doit l'emporter sur la rigueur des principes ; il y aura donc entre les parties communication

---

(1) Troplong, n. 85 et 86 ; Duvergier, n. 24 ; Delangle, n. 100 et s.; Paris, 18 fév. 1837. — Mais s'il s'agissait de contrebande à l'étranger, la question serait plus délicate et elle est controversée. Pour la validité : Pardessus, n. 161, 772, 814 ; Cass., 23 août 1835 ; Contrà, Delangle, n. 104 ; Comp. Dalloz, v° Société, n. 151.

(2) Paris, 15 janv. 1838, 28 nov. 1868 (Bull. de la Cour d'appel, n. 1731).

(3) Cass., 24 avril 1834.

(4) Paris, 22 février 1849 ; Contrà, Dalloz, v° Société, n. 155 ; Paris, 14 mars 1849.

(5) Paris, 5 déc. 1871 (Bull. de la Cour d'appel, n. 2277).

(6) Delamarre et Lepoitvin, t. 1, n. 65 ; Troplong, n. 105 ; Bozérian, t. I, n. 204.

(7) Duvergier, n. 31 ; Delangle, n. 104.

(8) Bédarride, n. 26 et s.; Dalloz, n. 170 ; Cass., 10 janv. 1865 ; Nantes, 23 juin 1845 ; île de la Réunion, 18 janv. 1850

des profits et des pertes, les dispositions de l'acte annulé seront prises pour règle de la liquidation; et même le complément du versement des mises sociales pourra être ordonné afin d'établir entre les intéressés une égalité proportionnelle dans la. répartition de l'actif et du passif (1).

42. Mais un tel mode de liquidation est-il possible en présence de tiers, par exemple, de créanciers personnels du titulaire de l'office mis en société? Les mises sociales pourraient-elles être prélevées par préférence à ces créanciers? Non; car en pareil cas, à la bonne foi des contractants les tiers sont autorisés à opposer la leur; ils n'ont pas dû croire à l'existence d'une société illicite, ou s'ils l'ont connue, ils sont fondés à dire qu'ils l'ont considérée comme nulle (arg. 42 C. comm.) (2). Pour ces mises, les bailleurs de fonds seront considérés comme de simples créanciers et viendront en concurrence avec les créanciers personnels (3); mais alors ils n'auront à subir aucune déduction pour leur part dans les pertes, car ils ne peuvent être à la fois créanciers et associés (4).

43. Les créanciers personnels pourraient-ils, si l'existence de la société leur était plus avantageuse, soutenir que la nullité ne leur est pas opposable, et faire considérer les bailleurs de fonds comme de vrais associés en les obligeant ainsi de contribuer aux pertes? Ce droit d'option, quoique résultant implicitement de la doctrine de plusieurs arrêts (5), nous paraît devoir être rejeté comme contraire à l'équité et aux principes; car il n'y a pas d'analogie entre cette sorte de nullité et celle qui résulte du défaut de publication de l'acte social (art. 56, loi du 24 juill. 1867).

Section III. — Règles communes à toutes les sociétés.

44. Les dispositions du Code civil s'appliquent aux sociétés de commerce dans les points qui n'ont rien de contraire aux lois et usages de commerce (C. civ., 1873). La même pensée

---

(1) Toullier, VI, 127; Alauzet, I, 84; Massé et Vergé, sur Zach., § 714, note 8; Cass., 24 août 1844, 31 déc. 1844, 15 déc. 1854, 4 janv. 1855, 13 mai 1862; Lyon, 9 déc. 1850; Bordeaux, 8 juin 1853; Paris, 10 mai 1860, 9 mai 1862; *Contrà*, Pardessus, n. 1047; Troplong, n. 102 et 105; Duvergier, n. 63; Molinier, I, 233; Bédarride, I, 125 et 127; Paris, 1er mars 1850, 4 févr. 1854, 28 nov. 1868 (Bull. de la Cour d'appel, n. 1731). V. Cass., 16 août 1864.

(2) Rennes, 9 avril 1851.

(3) Bédarride, n. 26; Dalloz, n. 176.

(4) Dalloz, *Société*, n. 178.

(5) Paris, 11 juill. 1836; Cass., 24 août 1844. — En sens contraire, Duvergier, n. 63; Bédarride, n. 27; Dalloz, n. 178.

se trouve reproduite dans l'art. 18, C. comm., ainsi conçu :
« Le contrat de société se règle par le droit civil, par les lois
« particulières au commerce et par les conventions des par-
« ties. »

45. Les règles que nous avons exposées sous les deux premières sections sont entièrement communes aux sociétés civiles
et commerciales, et il en est de même de la plupart de celles
qui vont être établies pour la société civile particulière, *infrà*,
chap. IV, sect. III, car le droit civil est la loi primordiale de la
société de commerce (1).

46. Il existe cependant certaines dissemblances qui se mani-
festent plus particulièrement : 1º dans les formes constitutives
de la société ; 2º dans l'habitude d'opérer avec les tiers sous une
raison ou une dénomination sociale; 3º dans le mode d'administration ; 4º dans la responsabilité qui, dans les sociétés civiles,
n'est pas solidaire entre les associés, et qui dans les sociétés
commerciales est tantôt solidaire et tantôt limitée aux mises
sociales; 5º dans les formes de la liquidation (2).

47. On verra ressortir la plupart de ces diversités lorsque
nous établirons les règles spéciales à chacune des sociétés de
commerce, *infrà*, chap. v; et en traitant de la société civile
particulière, nous aurons soin d'indiquer les points où elle
diffère d'avec les sociétés commerciales.

48. Le contrat de société ne peut avoir lieu entre époux (3)
même séparés de biens (4), alors surtout qu'il a en vue des
avantages excédant la quotité disponible, ou de rétablir la
communauté sous une forme déguisée, et de soustraire aux
créanciers du mari le produit éventuel de son travail (5).

En conséquence, si un homme et une femme associés ensemble viennent à se marier, leur société est virtuellement dissoute
par le mariage, et la dissolution est opposable aux tiers (6).

Jugé cependant : 1º que la femme, qui gère l'industrie commune pendant les fréquentes absences de son mari, est réputée
associée de son mari et dès lors personnellement obligée envers
les tiers (7); 2º que des époux séparés judiciairement de biens

---

(1) Troplong, n. 4070; *Contrà*, Frémery, ch. II; Delamarre et Lepoitvin,
Cont. de commission, I, 6, II, 12, 14, 19.
(2) Comp. Troplong, n. 4072 et s.
(3) Duranton, XVII, 347; Massé, *Dr.
comm.*, III, 347; Cass., 9 août 1854 ;
Paris, 14 avril 1856; Comp. Cass., 7 fév.

1860; Amiens, 3 avril 1854; Trib.comm.
Bruxelles, 14 mars 1853 ; *Contrà*, Bou-
net, *Disp. par cont. de mar* , III, 1106.
(4) Paris, 9 mars 1859.
(5) Paris, 24 mars 1870 (D.72.2.43).
(6) Dijon, 27 juill. 1870 (Pal.71.850).
(7) Cass., 44 janv. 1869 (D.69 4.208).

sont réputés associés de fait pour l'exploitation d'un fonds de commerce attribué à la femme par la liquidation, si cette exploitation continue sous le nom du mari (1).

Mais deux époux, mariés sous le régime de la communauté, peuvent former une société commerciale avec des tiers, à la condition d'avoir des intérêts communs et un compte unique dans la société (2).

49. Les associations faites sans fraude entre un successible et son auteur sont valables, et aucun rapport n'est dû à la succession de celui-ci, si l'acte de société a été rédigé en la forme authentique (art. 854, C. civ.).

Les juges, en annulant une société entre un père et un de ses fils, comme n'ayant pas été publiée et comme n'ayant pas été constatée par un acte authentique, peuvent accorder au fils une indemnité proportionnée à ses peines et aux risques qu'il a courus dans cette société de fait (3).

Lorsque des héritiers ont exécuté volontairement et sans réserve un acte de société passé entre leur auteur et l'un d'eux, ils ne peuvent être admis à prétendre, lors même que les conditions de la société n'auraient pas été réglées par un acte authentique, que cette société aurait eu pour résultat d'assurer à leur cohéritier des avantages prohibés (4).

50. Une promesse de s'associer serait valable, en ce sens que le refus d'exécution donnerait lieu à des dommages-intérêts (5), à moins qu'elle ne fixe pas les conditions essentielles de la société (6).

---

(1) Trib. Lyon, 31 juill. 1867, D.67. 3.87).

(2) Trib. com. Seine, 24 fév. 1876 (*le Droit*, 17 mars 1876).

(3) Paris, 26 août 1868 (Bull. de la Cour d'appel, n. 1627) ; Dijon, 26 mars 1874 (D.76.2.203).

(4) Cass , 9 juill. 1869.

(5) Dalloz, n. 855 ; Molinier, n. 271.

(6) Paris, 24 fév. 1860; Comp. Bourges. 2 juin 1821 ; Lyon, 24 juin 1870 (D.72.2.198) ; Toulouse, 22 juin 1872 (D.72.1.456).

CHAPITRE QUATRIÈME.

DES SOCIÉTÉS CIVILES.

Section Iʳᵉ. — Forme et preuve du contrat.

51. Toutes les sociétés doivent être rédigées par écrit, lorsque leur objet est d'une valeur de plus de 150 fr.; la preuve testimoniale n'est point admise contre et outre le contenu en l'acte de société, ni sur ce qui serait allégué avoir été dit avant, lors et depuis cet acte, encore qu'il s'agisse d'une somme ou valeur moindre de 150 fr. (C. civ., 1834).

La prorogation d'une société à temps limité ne peut être prouvée que par un écrit revêtu des mêmes formes que le contrat de société (C. civ., 1866).

52. Cette dernière règle, malgré les termes dans lesquels elle est conçue, n'est, aussi bien que la première, qu'une application du droit commun (C. civ., 1345). D'où il suit que les actes de société ou de prorogation peuvent avoir lieu sous signatures privées ou en la forme authentique, au choix des parties, et qu'à défaut d'acte, la convention peut être prouvée par l'un des modes admis par la loi pour la preuve des obligations, c'est-à-dire, soit par un commencement de preuve par écrit, corroboré par la preuve testimoniale (C. civ., 1341, 1347), ou par des présomptions précises, graves et concordantes (C. civ., 1353) (1); soit par l'aveu (C. civ., 1354), soit par le serment (C. civ., 1357), soit au moyen de l'interrogatoire sur faits et articles (C. proc., 324 et suiv.) (2), soit par la correspondance des parties (3). Toutefois les sociétés commerciales doivent être prouvées par écrit à peine de nullité, *infrà*, chap. V, sect. I.

53. Une société purement verbale, ou de fait, peut même se prouver par témoins (4), mais seulement pour le passé et afin de liquider les opérations accomplies (5).

54. Lorsque la société ne résulte pas d'un acte fixant les

---

(1) Duranton, XVII, 336; Duvergier, n. 66; Troplong, n. 200; Cass., 12 déc. 1825, 19 juill. 1852, 17 fév. 1858; Nancy, 21 déc. 1829; Nimes, 27 mai 1851. — *Add.* Orléans, 26 août 1869 (D.69.2.185).

(2) Duranton, XVII, 336; Duvergier, n. 66; Troplong, n. 200.

(3) Troplong, n. 204; Massé et Vergé, § 714, note 2; Cass., 3 et 10 août 1808.

(4) Troplong, n. 208; Bastia, 16 juin 1840.

(5) Duvergier, n. 82.

droits et obligations des associés, il y est suppléé par l'application des règles de droit commun (1).

Toutefois les sociétés fromagères, qui existent dans le Jura et quelques autres départements de l'Est, sont régies par des usages spéciaux, à défaut de règlement civil (2).

55. Relativement aux tiers, ils peuvent toujours, lorsqu'ils y ont intérêt, prouver par témoins l'existence d'une société (3).

Section II. — Des sociétés universelles.

56. On distingue deux sortes de sociétés universelles : la société de tous biens présents, et la société universelle de gains (C. civ., 1836).

57. La simple convention de société universelle faite sans autre explication n'emporte que la société universelle de gains (C. civ., 1839).

58. Nulle société universelle ne peut avoir lieu qu'entre personnes respectivement capables de se donner ou de recevoir l'une de l'autre, et auxquelles il n'est point défendu de s'avantager au préjudice d'autres personnes (C. civ., 1840). Ainsi elle serait nulle entre un père et son enfant incestueux ou adultérin, dont la filiation serait légalement établie (4) ; entre un mineur devenu majeur et son tuteur, avant l'apurement du compte de tutelle ; entre un malade, pendant la maladie dont il meurt, et son médecin ou son confesseur. Elle serait nulle également si elle était contractée avec une personne réputée légalement interposée (5). Mais elle serait valable avec un successible réservataire, sauf réduction des avantages constatés à la quotité disponible (6).

59. La plupart des règles établies pour la société particulière, et concernant l'administration de la société, sa dissolution, sa liquidation, les engagements des associés, etc,, étant applicables aux sociétés universelles, nous n'indiquerons ici que les

---

(1) Troplong, n. 205; Duvergier, n. 80 et s.; Dalloz, *Société*, n. 268.

(2) Chambéry, 20 mai 1870 (D.72.2. 16).

(3) Troplong, n. 210 et s.; Comp. Duvergier, n. 78; Cass., 23 fév. 1875 (D.75. 1.370).

(4) Duranton XVII, 380, Troplong, n. 310.

(5) Duvergier, n. 120.

(6) Duranton, XVII, 381 ; Troplong, n. 304 et s.; Massé et Vergé, § 745, note 45 ; Dalloz, *Société*, n. 282 ; Cass., 25 juin 1839. — *Contrà*, Duvergier, Duvergier, n. 119 ; Zachariæ, *loc. cit.*

règles spéciales à ces dernières sociétés, en nous référant pour les autres à la section suivante.

§ 1er. — Sociétés universelles de tous biens présents.

60. La société de tous biens présents est celle par laquelle les parties mettent en commun tous les biens meubles et immeubles qu'elles possèdent actuellement et tous les profits qu'elles pourront en tirer (C. civ., 1837). Mais elle ne comprend pas de plein droit les fruits des biens à venir (1).

61. Les parties peuvent y comprendre toute autre espèce de gains. Mais les biens qui pourraient leur advenir par succession, donation ou legs, n'entrent dans cette société que pour la jouissance. Toute stipulation tendant à y faire entrer la propriété de ces biens est prohibée, sauf entre époux, et conformément à ce qui est réglé à leur égard (C. civ., 1837). Cette exception est purement relative aux conventions matrimoniales, et elle ne signifie nullement que les époux pourraient, pendant le mariage, former une société universelle de biens présents (2).

62. Si une société comprenait les biens présents et à venir, elle ne pourrait être validée pour les biens présents, et serait nulle pour le tout, le contrat ne pouvant être scindé (3).

63. La société de tous biens présents est chargée de plein droit des dettes contractées antérieurement par chacun des associés, aussi bien que de celles qu'ils ont contractées depuis dans l'intérêt de la société (4). Mais elle n'est pas tenue de subvenir aux dépenses de nourriture et d'entretien des associés et de leur famille, et encore moins aux dots des filles, comme autrefois dans les sociétés tacites ou *taisibles*, qui comprenaient les biens présents et à venir (5).

§ 2. — Sociétés universelles de gains.

64. La société universelle de gains renferme tout ce que les

---

(1) Duvergier, n. 93; Troplong, n. 269; Massé et Vergé sur Zachariæ, § 745, note 6. — *Contrà*, Delvincourt, III, p. 120; Duranton, XVII, n. 351, Zachariæ, *loc. cit.*

(2) Duvergier, n. 102. — *Contrà*, Duranton, XVII, 347.

(3) Duvergier, n. 103; Troplong, n. 276; Massé et Vergé sur Zachariæ, § 745,

note 5. — *Contrà*, Duranton, XVII, n. 350; Zachariæ, *loc. cit.*

(4) Duranton, XVII, 356; Duvergier, n. 96; Troplong, n. 276 et 277; Massé et Vergé sur Zachariæ, § 745, note 12.

(5) Duvergier, n. 99 et 100; Troplong, n. 281 et 282; Massé et Vergé sur Zachariæ, § 745, note 14.

parties acquerront par leur industrie, à quelque titre que ce soit, pendant le cours de la société. Les meubles que chacun des associés possède au moment du contrat y sont aussi compris; mais leurs immeubles personnels n'y entrent que pour la jouissance seulement (C. civ., 1838).

65. Une société universelle de gains ne saurait résulter du seul état de concubinage, quelque longue qu'ait été sa durée; mais la preuve de la convention de société pourrait être fournie en la forme légale, *suprà* n° 52, même au moyen d'un interrogatoire sur faits et articles (1); et à défaut de cette preuve, le juge allouerait valablement à la femme, à titre de tempérament d'équité, une certaine portion des choses communes, pour lui tenir lieu de ce qu'elle justifierait avoir apporté (2).

Si la concubine a prêté son concours à l'exploitation de l'industrie du concubin, elle est fondée à réclamer une somme représentant le prix de son travail; alors même qu'en l'absence de tout écrit, elle ne pourrait prouver l'existence d'une société de gains (3).

Ainsi l'homme marié qui a vécu en concubinage avec une fille peut demander le partage de tout l'actif mobilier et immobilier acquis pendant leur existence commune, même sous le nom de la fille.

Aucun des concubins ne peut réclamer l'attribution exclusive de l'un de ces biens, s'il ne prouve par écrit le consentement de l'autre à cette attribution. Mais chacun doit prélever les sommes par lui versées dans l'actif social, et lui provenant de la succession d'un parent (4).

66. Tous les biens acquis à titre onéreux par chacun des associés, même en son nom personnel, pendant le cours de la société, en font partie de plein droit, à moins qu'il ne soit établi que l'acquisition a eu lieu des deniers propres de l'acquéreur. Mais celui-ci, vis-à-vis des tiers, est réputé seul propriétaire et l'aliénation par lui faite est valable vis-à-vis de la société (5), sauf répétition du prix contre le vendeur, si le bien vendu lui provenait de son industrie.

67. Quoique la jouissance des propres soit mise en société,

---

(1) Dalloz, *Société*, n. 307; Paris, 19 août 1851 ; *Add.*, Bordeaux, 19 mars 1868 (D.68.2.222) ; Paris, 13 juin 1872 (D. 73.2.169).

(2) Rennes, 19 déc. 1833. V. Paris, 6 fév. 1868, *le Droit*, 11 fév.
(3) Cass., 17 mai 1870 (D.74.1.52).
(4) Paris, 13 juin 1872 (D.73.2.169).
(5) Troplong, n. 292.

les associés conservent le droit de les aliéner, mais ils sont tenus de faire jouir la société du prix qu'ils en ont retiré (1).

68. La société est chargée de toutes les dettes que les associés avaient lors du contrat, ainsi que de celles contractées pendant sa durée pour chacun des associés, dans l'intérêt social, et comme charges des fruits auxquels elle a droit (2). Il en est de même des dépenses de nourriture et d'entretien des associés et de leur famille, des frais d'éducation des enfants, le tout dans une mesure convenable et modérée (3); mais les dots des filles ne sont pas supportées par la société (4).

Section III. — Société particulière.

69. La société particulière, beaucoup plus usitée que les sociétés universelles, est celle qui ne s'applique qu'à certaines choses déterminées, à leur usage, ou aux fruits à en percevoir (C. civ., 1841).

70. Le contrat, par lequel plusieurs personnes s'associent, soit pour une entreprise déterminée, soit pour l'exercice de quelque métier ou profession, est une société particulière (C. civ., 1842).

71. Cette dernière définition, quoiqu'elle ne soit pas incompatible avec une société purement civile, semble avoir en vue la société commerciale, qui en effet est toujours une société particulière, et qui, comme nous l'avons fait remarquer, *suprà*, n°s 44 et suiv., est régie par les mêmes principes généraux que la société civile. Ce qui va suivre peut donc être regardé comme le type commun auquel se rapportent les sociétés commerciales, toutes les fois qu'il n'y aura pas été dérogé par les lois ou les usages du commerce. Ces dérogations ont été résumées *suprà*, n°s 46 et suiv., et nous les signalerons d'ailleurs au fur et à mesure qu'elles se présenteront.

§ 1er. — Commencement et durée de la société.

72. La société commence à l'instant même du contrat, s'il

(1) Troplong, n. 289; Massé et Vergé sur Zachariæ, § 745, note 10. — *Contrà*, Duvergier, n. 440; Comp. Duranton, XVII, 367.
(2) Duvergier, n. 441, Troplong, n. 295 et 296; Zachariæ, § 745, note 13.

(3) Troplong, n. 297; Massé et Vergé sur Zachariæ, § 745, note 14. — *Contrà*, Duvergier, n. 442.
(4) Troplong, n. 290 et 298; Massé et Vergé, *loc cit.*

ne désigne une autre époque (C. civ., 1843), sauf ce qui sera dit pour les sociétés en commandite par actions, et pour les sociétés anonymes, *infrà*, *Deuxième partie*, titre I et II.

73. Toute société civile ou commerciale, du moment où elle a commencé, fonctionne comme corps moral, sauf la participation, *suprà*, n° 27 ; elle a un domicile social qui est au lieu de son principal établissement (art. 59, C. proc.) (1), et peut avoir d'autres domiciles distincts aux lieux où elle a un centre important d'opérations ou d'administration.

Les sociétés sont donc compétemment assignées devant le tribunal dans le ressort duquel est établi ce centre d'affaires, si elles y ont un agent qui les représente, et s'il s'agit d'actes passés avec lui, ou de faits accomplis dans sa circonscription (2), ou de titres déposés dans ces agences (3). Cette compétence a lieu même après la dissolution de la société, et pendant sa liquidation (4).

Mais le tribunal du siége social est seul compétent, si les faits se sont accomplis sur une ligne de chemin de chemin de fer en construction, et n'atteignant pas encore une gare assez importante pour être considérée comme maison sociale (5), ou si le procès est intenté par un agent à sa compagnie (6).

Si le procès a lieu contre des administrateurs ou des associés, pour des faits qui leur sont personnels, c'est le tribunal du domicile du défendeur qui est compétent (7).

Le siége social indiqué dans les statuts n'est pas nécessairement le domicile social, lequel est fixé par la loi, non par la convention. Lorsque le lieu de l'administration est celui de l'exploitation, il appartient aux tribunaux de fixer, par appréciation des faits, le domicile social, au lieu qu'ils considèrent comme étant celui du principal établissement (8).

74. S'il n'y a pas de convention sur la durée de la société, elle est censée contractée pour toute la vie des associés, sous la modification portée en l'art. 1869, C. civ.; ou, s'il s'agit d'une

---

(1) Troplong, n. 522.
(2) Cass., 3 arrêts du 7 avril 1866 ; Bordeaux, 28 août 1867 (D.67.5.407) ; Chambéry, 1er déc. 1866 (Pal. 67. 702).
(3) Lyon, 29 juill. 1869.
(4) Paris, 2 fév. 1870 (Pal.70.779).
(5) Orléans, 19 juin 1867 (Sirey 68.2. 78).
(6) Orléans, arrêt cité à la note précéd.

Cass., 3 janv. 1870 (Pal. 73.132). *Contrà*, Orléans, 20 nov. 1868 (D.69.2 21); Dijon, 1er avr. 1874 (D.75.2.81).
(7) Cass., 4 déc. 1871 (D.72.1.121) ; Cass., 26 mars 1873 (Pal 73,934).
(8) V. la *Seconde partie*, titre II, du présent traité, où j'ai traité ces questions au point de vue des Sociétés étrangères.

affaire dont la durée soit limitée, pour tout le temps que doit
durer cette affaire (C. civ., 1844).

§ 2. — Des apports.

75. Chaque associé doit appporter à la société, ou de l'argent,
ou d'autres biens, ou son industrie (C. civ., 1833).

76. L'apport peut consister dans certaines choses déterminées, ou dans leur usage, ou dans les fruits à en percevoir (C.
civ., 1841 et 1851). Mais il faut un apport quelconque par chacun des associés, c'est-à-dire la mise en commun d'une chose
qui coure les chances sociales, afin que tous aient droit à une
part des bénéfices ; autrement, la société ne serait pas contractée
dans l'intérêt commun des parties ; elle serait léonine.

77. Peuvent être l'objet d'un apport social : 1o des choses in-
corporelles, comme une clientèle, un brevet d'invention, un secret de fabrique ; 2o les choses futures ; même une succession
non ouverte, pourvu qu'il s'agisse d'une personne incertaine
(C. civ., 1130) (1) ; 3o la destination vénale d'une chose, abs-
traction faite de la propriété de cette chose (2) ; 4o le crédit
commercial, pourvu qu'il soit accompagné d'une certaine coopération aux affaires de la société (3). Le nom abstrait d'une
personne ne peut être mis en société ; il faut qu'il s'y joigne un
concours réel de la personne (4).

78. Chaque associé est débiteur envers la société de tout ce
qu'il a promis d'y apporter (C. civ., 1845). Les principes de la
vente sur la transmission de l'apport à la société, sur la délivrance, sur la garantie, sont applicables au contrat de société
(arg. C. civ., 1845) ; aussi nous nous bornerons à cet égard à
de courtes observations.

79. Si l'apport consiste en un corps certain, comme tel immeuble, tel objet déterminé, la société en devient immédiatement propriétaire (5). Ainsi celui qui apporte un fonds de commerce n'a pas le droit, à l'expiration de la société, de reprendre

---

(1) Bédarride, n. 30 ; Troplong, n. 109 ;
Massé et Vergé sur Zachariæ, § 743,
note 6.
(2) Troplong, n. 12 ; Championnière
et Rigaud, III, 2770 ; *Contrà*, Duvergier.
n. 46.
(3) Malepeyre et Jourdain, p. 38 ; Delangle, I, 60 ; Massé et Vergé, *loc. cit.*
(4) Duvergier, n. 20 ; Locré, XIV,
p. 491 ; Dalloz, n. 89 et 90.
(5) Troplong, n. 529 ; Dalloz, n. 334 ;
Contrà, Malepeyre et Jourdain, p. 39 ;
Pardessus, IV, 998 ; Delangle, n. 69 et
suiv.

ce fonds, devenu valeur sociale et figurant à ce titre dans les inventaires annuels (1). Si l'apport comprend des choses indéterminées, comme une somme d'argent, une certaine quantité de vin, de blé, etc., la propriété n'en est transmise que par la tradition (2).

80. Lorsqu'il s'agit d'un corps certain, si la société en est évincée, l'associé en est garant comme un vendeur envers un acheteur, avec cette différence toutefois que la société n'a pas à réclamer la restitution d'un prix qui n'existe pas ; mais elle a le droit de réclamer la résiliation du contrat et des dommages-intérêts (3). La résiliation a en principe un effet rétroactif ; cependant, si jusque-là des bénéfices ont été réalisés, il sera souvent équitable que l'associé garant en ait sa part comme les autres (4).

L'apport d'une universalité de biens entraîne de plein droit la charge des dettes (5).

81. L'associé qui devait apporter une somme dans la société, et qui ne l'a pas fait, devient, de plein droit et sans mise en demeure, débiteur des intérêts de cette somme à compter du jour où elle devait être apportée (C. civ., 1846), sans préjudice de plus amples dommages-intérêts s'il y a lieu (même art. *in fine*, ce qui est une double dérogation au droit commun établi par l'art. 1153, C. civ. (6). Si la chose produit des fruits, la société y a droit du jour du contrat (arg. C. civ., 1852).

Les intérêts de l'apport promis sont dus, quoiqu'il ait été stipulé dans l'acte de société que les associés prélèveraient l'intérêt de leurs mises avant tout partage de bénéfices (7).

La prescription de cinq ans, édictée par l'art. 2277 C. civ., n'est pas applicable aux intérêts de la mise sociale (8).

En cas d'appel de fonds au cours de la société, l'intérêt court du jour de cet appel (9).

82. Les associés qui se sont soumis à apporter leur industrie

---

(1) Paris, 25 mars 1863.
(2) Duvergier, n. 147 et 148 ; Delangle, n. 62 et s.
(3) Duvergier, n. 160 et 162 ; Troplong, n. 537 ; Massé et Vergé sur Zachariæ, § 716, note 4.
(4) Duvergier, n. 160 et 162 ; Dalloz, n. 344 ; *Contrà*, Troplong, n. 537 ; Massé et Vergé, IV, § 716, note 4. V. Cass., 15 janv. 1858, 3 mai 1865.

(5) Cass., 21 nov. 1848, 13 juin 1866 (D.49.1.252 ; 68.1.37) ; Aix, 14 mai 1873 (Ann. Lebir. janv. 1874). V. aussi Cass., 28 juin 1865 (D.65.1.360).
(6) Cass., 3 mars 1856.
(7) Aix, 1er mars 1869 (D.70.2.219).
(8) Cass., 17 fév. 1869 (D.69.1.143) ; *Contrà*, Rennes, 23 juin 1870 (D.71.2.112).
(9) Paris, 15 juill. 1871 (D.72.2.242).

à la société lui doivent compte de tous les gains qu'ils ont faits
par l'espèce d'industrie qui est l'objet de cette société (C.
civ., 1847). En sorte que s'ils exercent une autre industrie, les
gains qu'ils en recueillent leur restent propres (1), à moins
qu'il ne s'agisse d'une société universelle. Cependant, s'ils
avaient promis tout leur temps aux affaires sociales, ou même
s'ils ne consacraient pas à ces affaires tout le temps qu'elles
exigent, ils s'exposeraient à des dommages-intérêts envers la
société (2).

83. Il est possible que la jouissance seule d'un corps certain
ait été mise en société, *suprà*, n° 77; mais il est souvent difficile
de distinguer si la jouissance seulement ou si la propriété même
a été comprise dans l'apport : cette question, qui déjà avait appelé l'attention des interprètes du droit romain, n'a pas cessé
de se présenter, grâce à l'obscurité persistante des actes de société sur ce point important. Nous ne saurions donc trop recommander aux notaires de mettre fin à cette éternelle difficulté,
soit au moyen de cette simple énonciation qu'il est fait apport
de la propriété (ou de la jouissance) de telle chose, soit en stipulant, dans le premier cas, que l'associé ne reprendra pas, et
dans le deuxième cas, qu'il reprendra son apport à la dissolution de la société.

84. Dans le silence du contrat, c'est à l'intention présumée
des parties qu'il faudra toujours s'attacher (3). En général, et
sauf les circonstances particulières, on devra décider que la
déclaration d'apport d'une chose quelconque, sans réserve, implique l'abandon de la propriété (4).

85. Si l'un des associés apporte un capital, en numéraire, en
immeubles, etc., et que la mise de l'autre consiste uniquement
dans son industrie, l'apport sera-t-il censé fait en propriété ou
en jouissance? Dans l'ancienne jurisprudence on penchait pour
ce dernier parti (5), et l'industrie de l'un était considérée comme
n'équivalant qu'à l'intérêt du capital de l'autre; mais cette solution nous semble aujourd'hui devoir être rejetée; l'industrie
a fait des progrès dont il faut tenir compte, et sa valeur relative

(1) Duvergier, n. 242; Troplong, n. 558;
Lyon, 18 juin 1856.
(2) Pardessus, n. 989; Duvergier, n.
242.
(3) Duvergier, n. 202; Pardessus, n.
990; Troplong, n. 126.

(4) Pothier, *Société*, n. 16; Duranton,
XVII, 408; Duvergier, n. 196; Paris,
8 mai 1868.
(5) Troplong, n. 124; *Contra*, Pothier,
loc. cit.

s'est accrue; l'abandon de la propriété devrait donc se présumer, à moins qu'il n'y ait une inégalité palpable et considérable entre le capital et l'industrie (1).

86. Il en serait ainsi alors même que le capitaliste aurait stipulé qu'il prélèverait l'intérêt de son capital avant partage, *infrà*, n° 94; mais si en même temps l'industriel avait stipulé le prélèvement de son salaire, l'association ne porterait que sur les bénéfices, et le capital serait prélevé à la dissolution de la société (2).

87. Cependant, si l'associé capitaliste a fait un apport en propriété, l'industriel n'a un droit égal que par la prestation complète de sa mise, c'est-à-dire en fournissant pendant toute la durée de la société le travail promis; en cas de dissolution anticipée par un motif quelconque, il subit une réduction proportionnelle (3).

Mais cette réduction n'aurait pas lieu si l'apport consistait dans des procédés de fabrication, dans un nom commercial, un achalandage, etc. L'évalution donnée à cet apport servirait de base pour la liquidation (4).

88. Si les associés avaient déclaré s'associer seulement pour les profits et pertes, on verrait dans cette clause l'intention d'exclure la propriété des apports (5); mais s'ils avaient dit simplement qu'ils auraient telle part dans les bénéfices et dans les pertes, la règle générale de l'apport en propriété devrait l'emporter (6).

89. Relativement aux sociétés universelles nous avons vu que la loi elle-même a réservé la propriété des biens à échoir à titre gratuit, *suprà*, n° 61.

90. Dans les sociétés par actions, la part de l'industrie sera toujours fixée d'une manière précise, soit par l'attribution d'une partie des actions de capital, soit par la création spéciale d'actions industrielles, *infrà*, n° 102.

91. Si les choses dont la jouissance seulement a été mise dans la société sont des corps certains et déterminés qui ne se consomment pas par l'usage, elles sont aux risques de l'associé

---

(1) Duvergier, n. 224; Troplong, n. 123 et 124; *Contrà*, Pardessus, IV, 990; Duranton, XVI, 408; Lyon, 2 juill. 1871.
(2) Duvergier, n. 206, 208, 472; Dalloz, n. 375 et 376.
(3) Duvergier, n. 209; Dalloz, n. 377. Lyon, 2 juill. 1871.
(4) Cass., 14 juin 1865.
(5) Duvergier, n. 200; Dalloz, n. 372.
(6) Duvergier, n. 199.

propriétaire (C. civ., 1851), à moins, bien entendu, qu'elles n'aient péri en tout ou en partie par la faute de la société; mais, sauf le cas de faute, l'associé reprend sa chose en nature à la fin de la société dans l'état où elle se trouve (1).

92. Toutefois les corps certains mis en société pour la jouissance sont aux risques de la société dans les quatre cas suivants (C. civ., 1851, 2e alin).

Premier cas. Si ce sont des choses qui se consomment par l'usage même qui en est fait, comme le vin, l'huile, l'argent monnayé, etc.; car il est de règle que la simple tradition des choses fongibles en transmet la propriété même; en pareil cas la société en devient propriétaire, et par suite elle est débitrice envers l'associé qui a fait l'apport de choses de même nature et qualité, ou de leur valeur (*arg.* C. civ., 587) (2).

Deuxième cas. Si elles se détériorent en les gardant, comme des meubles meublants, des voitures, etc.; la propriété de ces choses est également transmise à la société qui devient débitrice de leur valeur (3).

Troisième cas. Si elles sont destinées à être vendues, ce qui implique aussi l'abandon de la propriété en faveur de la société, sauf répétition du prix.

Quatrième cas. Si enfin elles sont mises en société sur une estimation faite par inventaire ou autrement; cette estimation vaut vente à la société, sans distinguer entre les meubles et les immeubles apportés (4).

93. L'ensemble des choses apportées à la société compose le *fonds social* (C. civ., 1853), qui augmente ou diminue selon la prospérité ou la décadence des affaires de la société. Le fonds social originaire reçoit le nom de *capital social* dans les inventaires qui ont lieu pour déterminer le chiffre des bénéfices ou des pertes. On distingue aussi quelquefois le capital versé en espèces des autres valeurs apportées, et qui, réunies à ce capital, forment le fonds social originaire.

94. Lorsque les apports sont égaux, le fonds social appartient aux associés par égale portion après la dissolution de la société;

---

(1) Pothier, n. 126; Troplong, n. 58.
(2) Troplong, n.588; Duvergier, n.473.
(3) Pothier, n. 126; Troplong, n.589; Duvergier, n.479 et 480; Massé et Vergé, IV, § 721, note 4; *Contrà*, Duranton, XVII, 409.

(4) Duranton, XVII, 409; Duvergier, n. 485; Troplong, n.596; Massé et Vergé, *loc. cit.*; *Contrà*, Malepeyre et Jourdain, p. 46.

jusque-là il est réputé la propriété de l'être moral. Mais dans
quelle proportion doit-il être partagé s'ils sont inégaux? Dans
la proportion des mises comme les bénéfices (*arg.*, 1853 C. c.) (1).
D'où il suit que chaque associé prélève sa mise avant partage,
surtout si les mises inégales étaient productives d'intérêts pendant
le cours de la société (2). Mais le prélèvement n'a pas lieu, malgré l'inégalité des apports, s'il a été stipulé que les bénéfices et
les pertes seraient réparties par parts égales entre les associés.
Une telle interprétation du pacte social échapperait du moins à
la censure de la Cour de cassation (3).

Le partage proportionnel aux mises ne s'appliquerait, suivant
un arrêt (4), qu'aux sociétés dont il a été passé acte par écrit, et
non aux sociétés verbales ou de fait (4).

En cas d'abandon de l'actif social aux créanciers de la société,
il y a lieu pour les associés de parfaire leur mise sociale incomplétement versée, afin de rétablir l'égalité voulue par le pacte
social (5).

95. L'apport peut être pur et simple, ou conditionnel; mais
la condition peut le faire dégénérer en un autre contrat : ainsi
un associé qui, en échange de l'apport d'un immeuble, reçoit de
la société une somme d'argent est un véritable vendeur à l'égard
de la société; si cette somme d'argent ne représente pour les
associés qu'une partie de la valeur de l'immeuble, la disposition
a un caractère mixte : c'est une vente jusqu'à concurrence de la
somme reçue, et un apport social pour le surplus. Le même effet
se produit si, au lieu d'être touchée par celui qui fait l'apport,
la somme est stipulée payable en son acquit à l'un de ses créanciers. Dans un cas comme dans l'autre, il y a vente, et il est dû
à l'enregistrement un droit proportionnel de mutation.

96. Mais il en est autrement lorsque l'associé reçoit en représentation de son apport des titres d'actions ou des parts d'intérêts, *infrà*, n° 100. Ces titres ne lui confèrent aucun avantage
exceptionnel, et ne lui donnent comme aux autres qu'un droit
de copropriété dans le fonds social.

97. L'acte de société qui contient un apport immobilier doit
être transcrit au bureau des hypothèques; car, en vertu de la
fiction qui crée l'être moral, il s'opère une transmission de pro-

(1) *Infrà*, § 10.
(2) Cass., 11 janv. 1865 (Dalloz, 65.
1.9).

(3) Cass., 27 mars 1861 (Ann. Lehire).
(4) Cass., 11 nov. 1873 (D.74.1.375).
(5) Cass., 25 août 1869 (D.69.1.467).

priété qui n'est opposable aux tiers ayant des droits sur l'immeuble qu'à compter du jour de la transcription. De même la cession d'une universalité de droits doit être notifiée aux débiteurs des créances dépendant de cette universalité (1).

§ 3. — De la division du fonds social en actions.

98. La société civile peut diviser son capital en actions nominatives, ou au porteur, soit en empruntant à la loi commerciale l'une des formes qu'elle a consacrées, *suprà*, nos 11 et suiv., soit même en conservant la forme d'un contrat purement civil (2).

99. On l'a contesté dans ce dernier cas, à cause de l'obligation indéfinie qui doit peser sur les associés civils et de la difficulté qu'éprouveraient les tiers dans l'exercice de cette obligation; mais on ne saurait conclure de cette difficulté à l'empêchement de la combinaison; d'ailleurs, si l'action est nominative, l'actionnaire sera toujours connu par le livre des transferts tenu au siége social; si elle est au porteur, le souscripteur originaire, toujours responsable, *infrà*, no 109, sera également connu par l'acte de souscription, demeuré au siége social; il n'y aura donc de difficulté réelle que pour les porteurs intermédiaires, dont la responsabilité est contestée (3).

100. Une action n'est, au fond, autre chose qu'une part d'intérêt dans la société; la première dénomination est plus spécialement employée lorsque l'action indique le capital versé, comme une action de 100 fr., 500 fr., etc.; et la seconde, lorsque le fonds social est divisé en parts aliquotes, sans indication de somme; alors les parts sont de 1/1000, 1/10,000, etc. On appelle encore ces deux sortes de titres : actions de capital, et actions de quotité. L'action, comme la part d'intérêt, donne droit à la copropriété du fonds social.

101. Ce qui caractérise l'action, c'est que de plein droit elle est négociable par les voies commerciales, c'est-à-dire : 1° si elle est nominative, par une déclaration de transfert inscrite sur les registres de la société, et signée du cédant (C. comm., 36),

---

(1) Paris, 20 mars 1868, *Droit*, 10 avril; *Add.* Rejet, 28 avril 1869 (D.69. 1.445). — *Contrà*, Bordeaux, 5 août 1868 (D.68.2.114).

(2) Troplong, n. 143 et 1073; Duvergier, n. 435, et 436 où est rapportée une consultation en ce sens de M°° Hennequin, Crémieux, Horson, Scribe, Juge et Philippe Dupin; Bédarride, n. 93; Nouguier, II, p. 273; *Contrà*, Sirey, 44, II, 482; Vincens, *Législ. comm.*, I, p. 353; Delangle, I, n. 34 et s., Paris, 8 déc. 1842.

(3) V. 2° partie, titre I°.

ou encore, ce qui toutefois est contestable, par le simple endossement autorisé par les statuts (1) ; 2° si elle est au porteur, par
la tradition du titre. Lorsque le fonds social a été divisé en parts
d'intérêts, qui sont stipulées négociables de la même manière,
les parts d'intérêts ne diffèrent en rien des actions ; mais dans
le silence du contrat, leur transmission serait régie par la loi
civile (C. civ., 1689 et 1861).

102. On distingue plusieurs sortes d'actions, et notamment :
1° les actions de *capital*, et les actions industrielles, les premières
attribuées aux bailleurs de fonds, et les autres remises aux associés qui n'apportent que leur industrie : celles-ci ne donnant
droit qu'au partage des bénéfices (2) ; 2° les actions de *jouissance*
ou *bénéficiaires*, destinées à remplacer les actions de capital
après leur amortissement (3).

103. Dans les sociétés civiles, toute liberté appartient aux
parties pour régler le mode, le taux et l'émission des actions ;
ce qui peut sembler une lacune législative, si l'on songe aux
précautions minutieuses prises à cet égard par les lois sur les
sociétés en commandite et anonymes (4).

104. Les actions sont indivisibles, à l'égard de la société, en
sorte que les héritiers de l'actionnaire décédé sont tenus de se
faire représenter par l'un d'entre eux pour exercer leurs droits,
et que chacun d'eux, si l'action n'était pas libérée, pourrait être
poursuivi pour tout ce qui resterait à verser (5).

105. En cas de perte, de vol ou de destruction d'actions nominatives, l'actionnaire peut exiger la délivrance d'un duplicata ;
mais s'il s'agit d'actions au porteur, le droit de l'actionnaire se
borne à faire déposer les dividendes à la caisse des consigna-
tions, pour ne les retirer qu'après la prescription accomplie,
c'est-à-dire après chaque période de cinq ans (6).

106. Les actions sont meubles par la détermination de la loi
(C. civ., 529), et la maxime : En fait de meubles, possession
vaut titre, est applicable aux actions au porteur.

107. La souscription des actions doit, comme tout contrat ordinaire, être acceptée pour engager le souscripteur. Si elle ré-

---

(1) Dalloz, 1167. — Comp. Troplong,
n. 146; Rivière, n. 41.— V. 2ᵉ partie, tit. I.
(2) Troplong, n. 133.
(3) Troplong, n. 136.
(4) V. mon *Projet de loi sur les sociétés* (Paris 1876).

(5) Molinier, n. 449; Dalloz, n. 1443.
(6) Trib. de comm. de Paris, 14 fév.
1853, 20 nov. 1860, 24 janv. 1864, 16
sept. 1864. Comp. Cass., 45 nov. 1841.
— V. loi du 15 juin 1872, sur les titres
au porteur, perdus, volés ou détruits.

sülte non d'un acte en double original (1), mais d'un simple acte unilatéral, l'acceptation doit lui être notifiée par une réponse spéciale (2) ; il ne suffirait pas d'une inscription sur les registres (3), ni d'un visa apposé sur la lettre de demande à l'insu du souscripteur (4).

108. Il peut être stipulé que l'actionnaire en retard de faire un versement sera déchu de ses droits, et que les sommes par lui déjà versées seront acquises à la société à titre de dommages-intérêts (5). Mais l'actionnaire lui-même ne pourrait invoquer cette clause contre la société (6), et il peut être poursuivi, si la société le préfère, sur tous ses biens ; les actions qu'il possède peuvent être saisies et vendues dans les formes légales (C. proc., 636 et suiv.), ou, si les statuts le permettent (7), après une simple mise en demeure ou des publications dans les journaux. En tout cas, les dividendes échus sont acquis aux actions, quoique non libérées des versements exigibles (8).

109. Le souscripteur originaire, après la cession de ses actions, même au porteur, reste obligé au paiement des versements non effectués (9), infrà, nos 190 et 203. Quant aux porteurs actuels des actions, ils sont évidemment débiteurs de ce qui reste à verser (10). Toutefois, pour les sociétés anonymes et celles en commandite, voir infrà, 2e partie, titre I et II.

§ 4. — Des bénéfices et des pertes.

110. Lorsque l'acte de société ne détermine pas la part de chaque associé dans les bénéfices ou pertes, la part de chacun est en proportion de sa mise dans le fonds de la société (C. civ., 1853).

Les associés peuvent donc déroger à cette règle, pour adopter celle du partage égal ; et, dans les sociétés de pur fait, leur intention à cet égard peut résulter des simples présomptions (11)

---

(1) Paris, 22 janv. 1853; Rouen, 12 avril 1862.

(2) Paris, 10 août 1850, 22 janv. 1853, 16 nov. 1853, 11 janv. 1854.

(3) Paris, 10 août 1850.

(4) Paris, 17 avril 1852, 16 novembre 1853.

(5) Comp. Dalloz, n. 1161; Molinier, p. 366, note 1.

(6) Bédarride, n. 239 et s. ; Molinier, p. 552; Lyon, 31 janv. 1840 et 9 avril 1856. — Contrà, Troplong, n. 179; Paris, 8 déc. 1840 et 18 août 1851.

(7) Dalloz, n. 1153 ; Cass., 10 mai 1859. Comp. Cass., 17 avril 1855.

(8) Paris, 8 nov. 1865.

(9) Troplong, n. 177, Delangle, II, 450; Molinier, n, 417; Lyon, 9 avril 1865; Paris, 8 avril 1865. — Contrà, Pardessus, n. 1042-2°; Malepeyre et Jourdain, p. 200 et s.; Paris, 22 mai 1852.

(10) Dalloz, n. 1152.

(11) Cass., 11 nov. 1873 (D.74.1.375).

111. L'état de la société se constate par des inventaires périodiques, au moyen desquels on obtient, par la balance de l'actif et du passif, le résultat en bénéfices ou en pertes. Au passif, on fait figurer le capital social originaire, avec les augmentations qu'il a pu recevoir, soit par de nouveaux versements faits par les associés, soit par des gains accumulés et laissés dans ce but à la caisse sociale (1).

112. A chaque inventaire, et pour éviter des mécomptes à la liquidation sociale, on doit avoir soin de ne porter à l'actif que les valeurs réellement existantes ; c'est ainsi que l'estimation du matériel servant à l'industrie doit être progressivement diminuée et amortie en raison de l'usure qu'il subit. Dans les sociétés en commandite par actions, et dans celles anonymes, il est même expressément défendu de distribuer des *dividendes non réellement acquis*, v° *infrà*, 2° partie.

113. On a prétendu qu'en règle générale la distribution des bénéfices ne doit avoir lieu qu'à la fin de la société (2) ; mais cette règle comporte tant d'exceptions (3), et elle est si peu suivie dans la pratique qu'il est plus vrai de dire que les bénéfices sont, par leur nature même, destinés à être répartis périodiquement et consommés ; ce sont des fruits ou revenus soit du capital mis en société, soit de l'industrie sociale.

114. Les bénéfices ont reçu de l'usage le nom de *dividendes*. Si quelquefois on stipule au profit des associés qui font un apport en argent le paiement d'un *intérêt* à prélever avant le partage des bénéfices, on se sert d'un terme impropre et qui ne pourrait appartenir qu'à un capital prêté ; car cet intérêt n'est pas autre chose qu'un dividende privilégié.

115. Les créanciers qui, par suite des pertes éprouvées par la société, ne pourraient être payés sur le fonds social, seraient-ils fondés à exiger des associés le rapport des bénéfices antérieurement touchés ? Cette question n'a d'intérêt réel que pour les associés tenus seulement jusqu'à concurrence de leurs mises, comme dans les sociétés en commandite et anonymes. La loi du 24 juillet 1867 contient, à cet égard, une innovation importante qui sera indiquée *infrà*, 2° partie ; mais la législation antérieure conservant un effet transitoire, il est utile de la faire connaître : en principe, il était admis que les associés ne sont pas

---

(1) Duvergier, n. 220 ; Pardessus, IV, 999.

(2) Pardessus, IV, 100 ; Duvergier, n. 220 et 221.

(3) Troplong, n. 622.

tenus à restitution lorsqu'ils ont reçu de bonne foi et en temps non suspect des bénéfices réellement acquis (1), que les créanciers soient antérieurs ou postérieurs à la distribution (2).

116. Mais l'excuse de la bonne foi n'est admissible que si les bénéfices résultent d'un inventaire exact, ne comprenant que l'actif certain et réalisé (3). Le rapport serait dû si les associés, de bonne foi, avaient reçu des bénéfices fictifs sur un inventaire inexact ou faussé par le gérant (4), et alors même qu'il serait dit dans les statuts que les dividendes distribués ne seront pas soumis au rapport (5).

117. Les dividendes distribués sous le nom d'intérêts, et reçus de bonne foi, même avant la réalisation de tout bénéfice, ne sont pas sujets à restitution lorsque la distribution en a été autorisée par les statuts (6) ; mais cette autorisation doit être mentionnée dans les publications légales (7). Toutefois, si l'affaire présentait des pertes, le gérant ne pourrait être contraint de payer cet intérêt (8), ni le syndic, en cas de faillite (9).

118. Il pourrait être valablement stipulé (10) que, pendant une période transitoire, nécessaire à la création de l'entreprise, ou à l'expérimentation de procédés nouveaux, et même, suivant quelques arrêts, pendant toute la durée de la société (11), l'intérêt sera prélevé sur le capital social ; le Conseil d'Etat admettait cette clause dans les statuts des sociétés anonymes, lorsqu'elles étaient sujettes à autorisation, et, à notre avis, elle n'est pas défendue dans les nouvelles sociétés anonymes (12).

119. La répartition des bénéfices entre les associés a lieu proportionnellement à leurs mises ; c'est une règle d'égalité relative

---

(1) Frémery, p. 53; Troplong, n. 846; Delangle, n. 345 et s.; Molinier, n. 555; Bédarride, n. 226 et s.; Alauzet, n. 455; Cass., 14 fév. 1840. — *Contrà*, Persil, p. 107 et s.; Paris, 11 fév. 1841.

(2) *Contrà*, Duvergier, n. 398.

(3) Delangle, n. 354; Molinier, n. 556; Cass., 25 nov. 1861, 3 mars 1863; Rouen, 25 nov. 1864; Caen, 16 août 1864; Angers, 18 janv. 1865, 11 janv. 1867.

(4) Delangle, n. 360; Bédarride, n. 234. — *Contrà*, Aix, 22 juill. 1862.

(5) Rouen, 25 nov. 1864.

(6) Bédarride, n. 225; Dalloz, n. 1397; Cass. 14 fév. 1840, 19 mai 1847, 25 nov. 1861; Paris, 18 août 1860 ; Angers, 18 janv. 1865. Comp. Lyon, 8 juin 1864.

(7) Troplong, n. 494; Molinier, n. 557; Lyon, 9 juin 1864; Caen, 16 août 1864. — *Contrà*, Angers, 18 janv. 1865.

(8) Delangle, n. 365; Bédarride, n. 225; Alauzet, n. 456; Trib. comm. de la Seine, 27 oct. 1858; Trib. comm. de Marseille, 30 mai 1859. — *Contrà*, Rouen, 30 mars 1831, 26 janv. 1841; Paris, 2 août 1855.

(9) Paris, 14 août 1868 (D.68.5.376).

(10) Troplong, n. 491; Molinier, n. 557.

(11) Lyon, 9 juin 1864; Caen, 16 août 1864; Angers, 18 janv. 1865; Cass., 8 mai 1867.

(12) Surtout ce qui précède, on trouvera dans la *seconde partie* de ce Traité des développements plus étendus.

ou proportionnelle qui est ainsi et très-justement substituée (1) à la règle d'égalité absolue qu'on avait cherché à faire prévaloir dans l'ancien droit. Des auteurs modernes (2) soutiennent encore aujourd'hui, malgré les termes si formels de l'art. 1853, que les parts des associés doivent être égales lorsque les mises, d'une valeur indéterminée, n'ont pas été évaluées. Le défaut d'évaluation peut, sans doute, en certains cas, par exemple dans une société universelle, être l'indice de l'intention du partage égal des bénéfices ; mais il est si facile de suppléer à cette évaluation par une expertise amiable ou judiciaire qu'une telle intention ne doit être admise qu'avec la plus grande circonspection ; il faudra le plus souvent que d'autres circonstances se réunissent à celle-ci pour faire consacrer le système d'égalité absolue par les tribunaux, qui, d'ailleurs, ont sur ce point un pouvoir discrétionnaire (3).

120. Lorsque le fonds social est divisé en actions ou en parts d'intérêts, il n'y a aucune difficulté sur le partage des bénéfices, chaque action ou part d'intérêt donnant droit à une portion égale des bénéfices et du fonds social.

121. A l'égard de l'associé qui n'a apporté que son industrie, sa part dans les bénéfices ou dans les pertes est réglée comme si sa mise eût été égale à celle de l'associé qui a le moins apporté (C. civ., 1853).

122. S'il n'y a que deux associés, dont l'un apporte son industrie et l'autre un capital, chacun doit avoir une part égale (4).

123. Si un associé apporte son industrie et un capital, l'industrie doit toujours être estimée à la valeur de la mise de celui des autres associés qui a le moins apporté (5).

124. Si la société est seulement composée de deux personnes n'apportant que leur industrie, les parts sont égales entre elles en vertu de la présomption de l'art. 1853.

La même présomption subsiste lorsque deux associés, ayant promis leur industrie et des fournitures à faire par chacun dans une proportion indéterminée, si les fournitures de l'un

---

(1) Duvergier, n. 224 et 225; Troplong, n. 645.

(2) Pardessus, n. 985;Duranton, XVII, 360 et 426;Malepeyre et Jourdain, p. 88.

(3) Troplong, n. 645. — *Suprà*, n. 110.

(4) Duvergier, n. 231; Troplong, n. 618.

(5) Troplong, n. 619; Massé et Vergé, sur Zachariæ, t. IV, § 747, note 3. Comp. Duvergier, n. 232; Duranton, XVII, n. 433.

ont été supérieures à celles de l'autre. Mais, en pareil cas, le premier est créancier de la société pour l'excédant par lui livré (1).

125. Si les associés sont convenus de s'en rapporter à l'un d'eux ou à un tiers pour le règlement des parts, ce règlement ne peut être attaqué, s'il n'est évidemment contraire à l'équité. Nulle réclamation n'est admise à ce sujet s'il s'est écoulé plus de trois mois depuis que la partie qui se prétend lésée a eu connaissance du règlement, ou si ce règlement a reçu de sa part un commencement d'exécution (C. civ., 1854).

126. Si le tiers désigné pour faire ce règlement refuse sa mission ou décède avant de l'avoir remplie, la société est nulle de plein droit (2). Il en serait de même si les associés, sans désigner le tiers, s'étaient seulement réservé de le nommer plus tard (3), à moins qu'ils ne s'entendent ultérieurement sur ce choix (4).

127. La convention qui donnerait à l'un des associés la totalité des bénéfices est nulle (C. civ., 1855). C'est la première espèce de *sociétés léonines.*

128. L'un des objets essentiels de la société étant un partage de bénéfices, celui qui n'y prend aucune part n'est pas un associé véritable, et le contrat de société est comme inexistant à son égard. Mais d'ailleurs toute liberté est laissée par la loi pour la répartition proportionnelle des bénéfices ; pourvu, bien entendu, qu'il ne soit pas attribué à l'un des associés une part tellement minime qu'elle devrait être assimilée à une privation réelle des bénéfices (5).

129. Ainsi, bien que les mises soient égales, les parts peuvent être inégales ; et à l'inverse, avec des mises inégales, il peut y avoir égalité dans les parts. En un mot, aucune égalité absolue ni proportionnelle n'est prescrite dans le partage des bénéfices (6).

130. Ce n'est que l'attribution pure et simple de tous les bénéfices à l'un des associés qui est proscrite par la loi ; et il pourrait être valablement convenu que la totalité des bénéfices

---

(1) Nancy, 14 mars 1868 (D.69.2.92).

(2) Duvergier, n. 245; Troplong, n. 625; Delangle, n. 122; Massé et Vergé, *loc. cit.* — *Contrà*, Pardessus, n. 998 ; Malepeyre et Jourdain, p. 89.

(3) Troplong, n. 626. — *Contrà*, Duranton, XVII. 425, Duvergier, n. 248.

(4) Massé et Vergé, *loc. cit.*; Dalloz, *Société*, n. 406.

(5) Troplong, n. 635.

(6) Troplong, n. 634 et s.; Delangle, n. 118; Bédarride, n. 36; Massé et Vergé, IV, § 713, note 11; Cass., 27 mars 1861. — *Contrà*, Duvergier, n. 259 et 266.

appartiendra à l'un des associés si l'autre prédécède sans enfants (1), ou au survivant des associés; l'attribution pourrait
même comprendre avec les bénéfices les mises sociales (2). Ce
qui valide ces clauses, c'est l'aléa qui en est la base et qui,
non-seulement ne répugne ni à l'équité ni à la loi, mais qui est
en quelque sorte textuellement autorisé par l'art. 1525, C. civ.

131. Un associé peut être privé de toute participation aux
bénéfices par une clause pénale, qu'il est en son pouvoir de
prévenir et d'éviter (3). Il est également permis de répartir les
bénéfices dans une autre proportion que les pertes (4).

132. C'est même une clause licite que d'attribuer à l'un des
associés, pour sa part de bénéfices, une somme fixe une fois
payée, ou payable annuellement, même en cas de perte; c'est
ce qu'on appelle l'assurance des bénéfices; un tel pacte, incontestablement valable avec un tiers, ne l'est pas moins avec un
associé (5), sans qu'il y ait à distinguer s'il est contemporain
de l'acte de société ou s'il lui est postérieur (6). Mais le gain
seul doit être assuré et la participation aux risques doit subsister quant au capital.

133. Il existe une seconde espèce de société léonine; c'est
celle qui contient une stipulation affranchissant de toute contribution aux pertes les sommes et effets mis dans le fonds de
la société par l'un des associés (C. civ., 1855); car il doit y
avoir communication des pertes aussi bien que des bénéfices.

134. On s'est demandé si la mise, consistant uniquement
dans une industrie, peut être affranchie des pertes; mais la
question est mal posée, et l'associé industriel concourt forcément à la perte qui survient, puisque en pareil cas, il n'a pas
de bénéfices à recevoir et qu'il se trouve avoir livré gratuitement son travail (7).

135. Tout associé, industriel ou capitaliste, peut être affranchi des pertes qui excéderaient sa mise (8). C'est la convention

---

(1) Massé et Vergé, *loc. cit.;* Trop-
ong, n. 645.

(2) Malepeyre et Jourdain, p. 85; Troplong, n. 646; Delangle, n. 449; Championnière et Rigaud, III, 2769; Massé et
Vergé, *loc. cit.;* Molinier, n. 394. —
Contra, Delvincourt, III, note 3 sur la
page 422.

(3) Cass., 16 nov. 1858.

(4) Pardessus, IV, 996; Troplong,

n. 634; Malepeyre et Jourdain, p. 84;
Molinier, n. 390.

(5) Troplong, n. 636; Dalloz, *Société,*
n. 448; Cass., 7 déc. 1836. — *Contra,*
Duvergier, n. 266 et 267.

(6) Troplong, n. 639. — *Contra,* Pothier, n. 27.

(7) Troplong, n. 648; Bravard, p. 52;
Alauzet, n. 107.

(8) Duvergier, n. 256; Troplong, n.
655 et 656; Malepeyre et Jourdain, p. 84.

de droit commun dans les sociétés en commandite ou anonymes. Mais est-elle opposable aux tiers dans les sociétés civiles et en nom collectif? V. *infrà*, §7, et chap. V, sect. II.

Il peut aussi être stipulé qu'un associé ne prendra part aux pertes qu'à partir d'un chiffre déterminé (1).

136. Dans le silence des statuts sur la contribution aux pertes, cette contribution est proportionnelle au partage des bénéfices (2). Il y a perte lorsque le capital social est entamé ou absorbé (3), à moins de conventions contraires.

137. Un associé ne peut faire assurer par son coassocié tout à la fois sa part de bénéfices et sa mise; cependant ce pacte pourrait être maintenu, mais à titre de prêt, s'il ne paraissait pas entaché d'usure (4).

La garantie de toute perte, consentie purement et simplement par un associé à l'autre, est nulle, alors même que celui-ci déclarerait vouloir ne l'invoquer que relativement aux pertes causées par les malversations du gérant (5).

Si la société léonine a été annulée par les parties elles-mêmes, l'obligation prise postérieurement par un associé de rendre à l'autre sa mise intégrale, franche des pertes, est valable et opposable aux créanciers personnels du premier, si elle a été contractée sans fraude (6).

Si le fonds social est divisé en actions, il peut être créé deux séries d'actions, dont l'une, privilégiée, sera amortie, capital et intérêts, par préférence à la seconde (7).

138. En restant soumis aux risques quant aux bénéfices, l'associé peut faire assurer sa mise, en abandonnant, par exemple, une plus grande part de bénéfices (8). Toutefois cette solution est critiquée par quelques auteurs (9) comme contraire à l'art. 1855; cependant il est facile d'interpréter cette clause dans un sens favorable à sa validité, c'est de la considérer comme n'ayant eu pour but que la mise en société de la simple jouissance de la chose (10).

---

(1) Paris, 27 juill. 1869 (Pal.70.226).

(2) Duvergier, n. 240; Bédarride, n. 460; Amiens, 27 mai 1840; Lyon, 27 août 1851. Cass. 11 janv. 1865 (D.65.1.9).

(3) Cass. 11 janv. 1865; Paris, 16 fév. 1862 (Dalloz, 65.1.9).

(4) Troplong, n. 652; Duvergier, n. 270.

(5) Cass. 16 janv. 1867 (Pal. 1867, p. 401).

(6) Cass. 24 mai 1869 (D.69.1.321).

(7) Paris, 10 janv. 1867 (D.69.2.239). Comp. Dalloz, note sous cet arrêt.

(8) Troplong, n. 653; Dalloz, *Société*, n. 429.

(9) Duranton, XVII, 418; Pardessus, n. 998; Duvergier, n. 274.

(10) Troplong, n. 659.

139. Est également licite la stipulation que l'un des associés prélèvera sa mise avant partage (1), et qu'il y aura droit même en cas de perte ; on se trouve alors dans l'hypothèse qui vient d'être examinée, où la mise n'est que de la simple jouissance et est assurée par les autres associés (2) (arg. C. civ., 1851). Mais l'assurance doit être positivement stipulée, surtout s'il s'agit d'une somme d'argent ou de choses fongibles, à défaut de quoi l'associé qui a fait la mise devrait contribuer comme associé au retrait qu'il opérerait comme créancier (3).

140. Résumons ce qui précède par des exemples : Un associé apporte un capital de 100,000 fr. et ne veut pas courir toutes les chances de l'industrie sociale ; voici les stipulations qui lui seront permises : il pourra, à son choix : 1° ou assurer ses bénéfices en stipulant de ses coassociés, soit une somme unique fixée à forfait pour sa part de tous les bénéfices à recueillir pendant la durée de la société, soit une somme annuelle représentative des bénéfices annuels ; 2° ou assurer sa mise en capital, en obligeant ses coassociés à la lui rembourser à tout événement ; 3° ou même stipuler le remboursement de son capital, et le paiement de bénéfices n'excédant pas 5 ou 6 pour 100 ; au delà la convention serait entachée d'usure (4).

141. L'assurance par un tiers est licite. Ainsi est valable l'engagement pris par le banquier qui émet les actions d'une société, de garantir des dividendes déterminés et le remboursement du capital si l'entreprise ne produit pas ces dividendes. Un tel engagement peut résulter des circulaires répandues dans le public lors de l'émission (5).

142. Lorsqu'une société est réputée léonine par l'insertion de l'une des clauses prohibées que nous avons signalées, elle est annulée tout entière, et non pas seulement la clause qui a un caractère léonin. C'est une application du principe général consacré par l'art. 1172, C. civ. (6).

§ 5. — De l'administration de la société.

143. L'associé chargé de l'administration par une clause

---

(1) Delvincourt, III, note 5 sur la page 123.
(2) Troplong, n. 657 et s.
(3) Idem, n. 660.
(4) Troplong, n. 661 ; Cass., 17 avril 1837.

(5) Paris, 3 août 1868 (Am. Leher)
(6) Duvergier, n. 277 et 103 ; Malepeyre et Jourdain, p. 82 ; Troplong, n. 662 ; Molinier, n. 386. — *Contrà*, Delvincourt, III, note 2 sur la p. 122.

spéciale du contrat de société peut faire, nonosbtant l'opposition des autres associés, tous les actes qui dépendent de son administration, pourvu que ce soit sans fraude. Ce pouvoir ne peut être révoqué sans cause légitime tant que la société dure ; mais s'il n'a été donné que par acte postérieur au contrat de société, il est révocable comme un simple mandat, même dans les sociétés en commandite (C. civ., 1856) (1).

144. La loi fait donc une différence essentielle entre l'administrateur ou gérant nommé par le contrat, et celui qui n'est choisi que postérieurement. Mais cette distinction est étrangère aux sociétés anonymes, dont les administrateurs sont toujours révocables.

145. Toutefois la révocation du gérant statutaire peut avoir lieu : 1° pour une cause légitime (C. civ., 1856) ; 2° sans cause, c'est-à-dire *ad nutum*, si elle est autorisée dans ces termes par le contrat de société (2) ou par une modification postérieure acceptée du gérant.

146. Les causes légitimes de révocation sont : l'infidélité, la malversation, l'incapacité manifestée par des fautes lourdes, etc. ; la gravité de ces causes est laissée à l'appréciation des tribunaux (3), qui peuvent être saisis de la contestation par un seul des associés, sans qu'il soit nécessaire de recourir à la majorité (4). Jugé toutefois que l'appréciation des causes de révocation peut être remise par les statuts à la majorité des associés qui prononce souverainement (5) ; et que la clause statutaire portant que le gérant peut être révoqué pour causes graves suffit pour conférer ce pouvoir à la majorité, à l'exclusion des tribunaux (6).

147. On a vu que le gérant nommé pendant le cours de la société est révocable *ad nutum ;* mais il peut être déclaré irrévocable, soit par les statuts, si c'est en vertu d'une clause statutaire qu'il a été nommé, soit même par l'acte postérieur qui l'a désigné (7) ; mais, à notre avis, la déclaration d'irrévocabilité

---

(1) Cass., 28 avril 1863; Paris, 28 fév. 1850, 19 mars 1862.

(2) Duvergier, n. 294; Troplong, n. 669; Massé et Vergé sur Zachariæ, IV, § 748, note 1; Cass., 9 mai 1868; Paris, 5 juill. 1859.

(3) Delangle, n. 173; Troplong , n. 676; Paris, 28 fév. 1850.

(4) Troplong, n. 676; Bravard, p. 53 · Paris, 23 déc. 1848.

(5) Cass., 9 mai 1859; Douai, 14 déc. 1858. Comp. Paris, 29 juin 1850.

(6) Cass., 3 mai 1859 (D.59.1.498), 25 nov. 1872 (D.75.1.479).

(7) Duvergier, n. 294; Troplong, n. 669; Massé et Vergé, § 748, note 1.

contenue dans cet acte devrait être consentie par l'unanimité des associés.

148. Lorsque le gérant est révocable *ad nutum*, l'unanimité n'est pas exigée pour la révocation; la simple majorité suffit (1).

149. Le gérant statutaire ne peut donner sa démission sans motif légitime; sinon il est passible de dommages et intérêts (2). Au contraire, celui qui est nommé postérieurement est toujours libre de renoncer à son mandat (arg. C. civ., 2003) (3), à moins qu'il n'ait pris un engagement contraire.

150. La révocation du gérant, de même que l'abandon de ses fonctions, entraîne la dissolution de la société (4), à moins que les autres associés ne soient d'accord pour le remplacer (5); mais il faut dans ce cas l'unanimité, sans en excepter le gérant révoqué ou démissionnaire (6), si les statuts n'ont pas conféré ce pouvoir à la majorité (7).

Après sa révocation, le gérant, même créancier de la société, ne peut retenir les livres, papiers et documents sociaux (8).

151. L'autorité du gérant est plus ou moins étendue, selon qu'il est irrévocable ou révocable *ad nutum*. Dans le premier cas, l'opposition des autres associés ne saurait entraver son administration, s'il n'a pas pas commis de fraude ou faute grave (9). Dans le deuxième cas, n'étant qu'un simple mandataire, il doit s'arrêter si les autres associés déclarent s'opposer à un acte qu'il est dans l'intention de faire (10). Si le cas est urgent, l'opposition d'un seul pourra suffire; mais, en général, il faudrait une décision de la majorité (11). On voit par là qu'une différence est à faire entre les sociétés en commandite, où le gérant statutaire est inamovible à moins de convention contraire, et les sociétés anonymes, où il est nécessairement révocable.

152. Lorsque plusieurs associés sont chargés d'administrer sans que leurs fonctions soient déterminées, ou sans qu'il ait été exprimé que l'un d'eux ne pourrait agir sans l'autre, ils peuvent

---

(1) Duvergier, n. 293. — *Contrà*, Troplong, n. 680; Duranton, XVII, 434. Comp. Dalloz, n. 447.

(2) Malepeyre et Jourdain, p. 123; Dalloz, n. 443.

(3) Pothier, n. 74; Duvergier, n. 292, Molinier, n. 296.

(4) *Contrà*, Cass., 9 mai 1860. Comp. Cass., 12 janv. 1852.

(5) Troplong, n. 677; Malepeyre et Jourdain, p. 122; Massé et Vergé, § 748,

note 4. Comp. Duvergier, n. 295; Delangle, n. 173 et 175.

(6) Malepeyre et Jourdain, p. 123; Dalloz, *Société*, n. 443.

(7) Paris, 28 fév. 1850.

(8) Cass. 29 nov. 1871, de Paris 1 mai 1868 (D.71.1.209).

(9) Troplong, n. 673 et s.

(10) Duvergier, n. 298.

(11) Troplong, n. 673 et s.

faire chacun séparément tous les actes de cette administration (C. civ., 1857).

153. En cas de dissentiment, c'est la majorité d'entre eux qui décide ; à égalité de voix, ils doivent s'abstenir, ou soumettre la difficulté à l'assemblée générale des sociétaires, qui se prononce également à la majorité.

154. S'il a été stipulé que l'un des administrateurs ne pourra rien faire sans l'autre, un seul ne peut, sans une nouvelle convention, agir en l'absence de l'autre, lors même que celui-ci serait dans l'impossibilité actuelle de concourir aux actes de l'administration (C. civ., 1858), à moins qu'on ne se trouve dans un cas d'urgence (1). En pareil cas, la majorité ne ferait pas loi ; le *veto* d'un seul empêcherait l'opération, sauf aux autres à demander la dissolution de la société, et, s'il y a lieu, des dommages-intérêts contre l'opposant (2).

155. Dans les sociétés par actions, civiles ou commerciales, les statuts organisent presque toujours le mode d'administration, et, à cet égard, la loi laisse aux parties toute liberté, sauf dans les sociétés en commandite et anonymes. Ainsi il peut y avoir un administrateur unique, recevant en général le titre de directeur, ou plusieurs administrateurs formant un conseil d'administration, déléguant tout ou partie de ses pouvoirs à son président ou à plusieurs de ses membres ; à côté du conseil, il peut être institué un comité d'exécution pour l'expédition des affaires. Au-dessus des administrateurs, il y a l'assemblée générale des actionnaires, qui elle-même n'a que des pouvoirs d'administration, si les statuts ne lui en ont pas donné de plus étendus (3).

156. Quels sont les pouvoirs des administrateurs et gérants ? Les actes de société en contiennent souvent une longue énumération, qui a toujours l'inconvénient d'être nécessairement incomplète, et il est préférable de rester dans les termes du droit commun, sauf à conférer certains pouvoirs qui, tout exceptionnels qu'ils sont, comme ceux de transiger, compromettre, faire mainlevée sans paiement, sont fort utiles dans la pratique. Mais quelle est la mesure des pouvoirs de droit commun ?

---

(1) Duvergier, n. 303; Delangle, n. 108; Molinier, n. 497; Massé et Vergé, § 948, note 5.

(2) Duvergier, n. 304; Troplong, n. 778; Massé et Vergé, *loc. cit.*; Molinier, n. 298.

(3) V. *infrà*, pour certaines règles spéciales aux sociétés commerciales, en nom collectif, en commandite et anonymes.

157. L'art. 1859. C. civ. pose les quatre règles suivantes, que toutefois il ne déclare obligatoires qu'à défaut « de stipulations spéciales sur le mode d'administration » :

158. *Première règle.* « Les associés sont censés s'être donné « réciproquement le pouvoir d'administrer l'un pour l'autre. Ce « que chacun fait est valable même pour la part de ses asso- « ciés, sans qu'il ait pris leur consentement ; sauf le droit qu'ont « ces derniers, ou l'un d'eux, de s'opposer à l'opération avant « qu'elle soit conclue. »

159. Ainsi, dans toute société, civile ou commerciale, ce sont des pouvoirs d'administrateur qui appartiennent soit à tous les associés, si aucun n'a été spécialement désigné, soit à ceux qui ont été formellement choisis. Ces pouvoirs sont à peu près semblables à ceux résultant d'un mandat général donné par une personne à une autre pour administrer ses biens (C. civ., 1988) (1) ; en remarquant toutefois que la société a un but précis et déterminé, que les administrateurs sont chargés de poursuivre, de sorte que leurs pouvoirs embrassent naturellement tout ce qui peut conduire à ce but (2).

160. Les administrateurs peuvent donc acheter les choses nécessaires, vendre les choses vénales, payer, recevoir, louer (3), régler tous comptes (4). Mais le droit d'aliéner dépasse les pouvoirs d'un mandataire général ; et il n'appartient aux administrateurs d'une société que pour les choses qui, d'après l'objet de la société, sont destinées à être vendues, comme les produits d'une usine, les marchandises d'un commerce ; il ne s'étendrait pas, bien entendu, jusqu'à l'usine ou au fonds de commerce lui-même (5).

161. Si la société a pour objet la spéculation sur l'achat et la revente des immeubles, le gérant a de plein droit le pouvoir de vendre et d'acheter des immeubles (6). S'il y a plusieurs gérants ou administrateurs, chacun isolément a le même droit, sauf convention contraire, tant qu'il n'y a pas d'opposition de la part des autres (C. civ., 1859) (7).

162. Les administrateurs d'une société excéderaient leur

---

(1) Pothier, n. 66.

(2) Troplong, n. 984 ; Duvergier, n. 340 ; Massé et Vergé, § 748, note 2.

(3) Troplong, n. 714.

(4) Paris, 12 août 1809.

(5) Pardessus, n. 1014 ; Malepeyre et Jourdain, p. 54 ; Duvergier, n. 310 ;

Troplong, n. 682 ; Delangle, n. 454 ; Massé et Vergé, *loc. cit.* ; Cass., 10 mai 1808, 24 avril 1844.

(6) Maleypere et Jourdain, p. 54 ; Dalloz, n. 465.

(7) Dalloz, n. 503 ; Cass., 10 mars 1818. — *Contrà*, Rennes, 22 avr. 1843.

mandat : en faisant remise d'une dette (1), en transigeant, en signant un compromis (2), à moins que ce ne soit sur les choses dont ils ont la disposition (3), en hypothéquant les immeubles sociaux (4).

163. Ils peuvent faire, à moins de stipulation contraire, des emprunts, pourvu qu'ils ne soient pas excessifs et qu'ils paraissent en rapport avec les besoins présumables de l'administration (5). Ils peuvent aussi, à moins de convention contraire, souscrire et endosser des effets négociables pour les besoins de la société (6).

164. Ils ont qualité pour intenter toutes actions judiciaires au nom de la société et y défendre, sauf celles relatives aux choses dont l'aliénation leur est interdite (7), et qui ne peuvent être exercées qu'avec une autorisation au moins tacite (8) des associés. Mais dans les sociétés commerciales cette restriction n'est pas admise (9).

165. Il suffit d'indiquer dans les actes de la procédure les noms des administrateurs, si la société est civile (10), et la raison sociale, si elle est commerciale (11) (C. proc., 68, § 6).

166. L'assemblée générale des associés n'a elle-même, avons-nous dit, *suprà*, n° 155, dans le silence des statuts, que des pouvoirs d'administration, et elle ne pourrait autoriser les administrateurs ou gérants à faire des actes de disposition ; néanmoins, pour tout ce qui n'est pas expressément ou virtuellement défendu par les statuts, la majorité donnerait valablement les autorisations nécessaires. Ainsi jugé qu'elle peut : 1° autoriser

---

(1) Pothier, n. 69 ; Duvergier, n. 313 ; Troplong, n. 689; Delangle, n. 138.

(2) Pothier, n. 68; Delangle, n. 150 : Cass., 8 août 1825.

(3) Pardessus, IV, n. 1014; Malepeyre et Jourdain, p. 55 et 56 ; Molinier, n. 306 et 308 ; Duvergier, n. 320 ; Troplong, n. 690; Rouen, 19 août 1841.

(4) Troplong, n. 686; Delangle, n. 646 et 647 ; Massé et Vergé, § 718, note 2; Cass., 21 avril 1841. — Comp. *infrà*, 2ᵉ partie, tit. II.

(5) Troplong, n. 684 et s.; Massé et Vergé, *loc. cit.*; Paris, 26 juin 1841. — *Contrà*, Duvergier, n. 314; Delangle, n. 140; Douai, 15 mai 1844. Comp. Malepeyre et Jourdain, p. 55.

(6) Cass., 10 mars 1841 ; Riom, 21 janv. 1842 ; Toulouse, 22 juill. 1841 ; Cass., 16 avril 1844. Comp. *infrà*, n. 166.

(7) Duvergier, n. 315 et 318 ; Troplong, n. 694 ; Massé et Vergé, *loc. cit.*; Cass., 14 fév. 1859.

(8) Cass., 14 fév. 1859.

(9) Troplong, *loc.cit.*; Bordeaux, 9 janv. 1826. Comp. Cass., 30 vent. an XI, 29 janv. 1839.

(10) Duvergier, n. 317; Troplong, n. 694; Bonnier, I, 550 ; Massé et Vergé, § 718, note 2; Dalloz, n. 289; Douai, 17 déc. 1844; Cass., 18 nov. 1865. — *Contrà*, Boncenne, II, 133; Pigeau, I, p. 174; Carré, n. 286 *bis*; Delangle, n. 20; Cass., 8 nov. 1836, Comp. Cass., 29 juin 1853 (D.54.1.288). — *Add.* Nancy, 18 mai 1872 (D.73.2.103).

(11) Duvergier, n. 317; Troplong, n. 692 et 693 Delangle, n. 18; Molinier, n. 304.— *Contrà*, Boncenne, II, p. 134.

4

un emprunt hypothécaire non prévu dans l'acte de société (1) ;
2° modifier la forme des actions, et les remplacer par des parts
d'intérêts (2) ; 3° transiger sur l'action sociale intentée contre
les administrateurs, c'est-à-dire basée sur une faute commise
dans l'exécution de leur mandat, et qui a porté préjudice à la
société tout entière (3) ; 4° établir un fonds de prévoyance en
dehors du fonds de réserve statutaire (4) ; 5° convertir en actions de 200 fr. des actions de 100 fr., dans le but de compléter
le capital annoncé, et de faire cesser le mensonge des publications (5).

167. Mais l'unanimité est exigée toutes les fois qu'il s'agit de
déroger aux conditions de l'acte de société (6), à moins que les
statuts n'aient conféré ce pouvoir à l'assemblée générale ; et un
pouvoir spécial et formel serait nécessaire pour des modifications
portant sur les bases fondamentales de la société, comme l'augmentation ou la diminution du capital, l'objet de la société, sa
durée, etc. (7). Lorsque les statuts portent que les associés ne
peuvent être soumis à aucun appel de fonds, la majorité n'a pas
le droit de décider que les dividendes échus seront portés au
crédit de chaque associé pour ne pas diminuer le fonds de roulement (8).

Ainsi encore l'assemblée générale ne peut, sans un pouvoir
spécial inscrit dans les statuts : 1° employer les bénéfices à l'a-
chat d'un immeuble (9) ; 2° émettre des actions de priorité (10) ;
3° étendre l'objet social, en fusionnant avec d'autres sociétés ou
entreprises (11) ; 4° restreindre cet objet, par exemple, à une ligne
de chemin de fer, lorsque deux ont été concédées (12) ; 5° changer une taxe proportionnelle aux produits, dans les sociétés fromagères, en une taxe égale et par tête (13) ; 6° dissoudre la so-

---

(1) Cass., 7 mai 1844 ; 3 mai 1853 ;
Bordeaux, 24 déc.1840. — *Contrà*, Douai,
15 mai 1844.

(2) Cass., 29 mars 1864 ; Paris, 1er
mars 1862 (S.64.1.489).

(3) Paris, 22 avr. 1870 et Rejet, 7 mai
1872 (D.70.2.121-72.1.133).

(4) Paris, 23 mars 1870 (Bull. de la
C. d'appel, n. 2204 ; Paris, 9 mai 1876
(Le Droit, 17 mai).

(5) Cass., 11 mars 1868 (D.68.1.207).

(6) Cass., 22 août 1844; Bruxelles,
9 fév.1842; Paris, 18 mars 1862 ; Angers,
26 avril 1866.

(7) Pardessus, IV, n. 980; Duvergier,

n. 287; Troplong, n. 721 et 724 ; Cass.,
14 fév. 1853, 17 avril 1855; Orléans, 20
juill. 1853, 12 août 1863; Lyon, 9 janv.
1870 (P.70.910.-D.71.2.111). Comp. Paris, 26 avr. 1850, 4 janv. 1853.

(8) Angers, 26 avril 1866.

(9) Rouen, 8 août 1868 (D.69.2.211].

(10) Paris, 19 avr. 1875 (D.75.2.464).

(11) Paris, 8 avr. 1872 (Bull. de la C.
d'appel, n. 2664).

(12) Cass., 14 fév.1853, et 17 avr.1855
(D.53.1.44.-55.1.213).

(13) Chambéry, 20 mai 1870 (D.72.2.
16).

ciété avant son terme, alors même que, s'agissant d'une commandite, le conseil de surveillance aurait donné sa démission (1); 2° obliger les commanditaires à verser au delà de leur première mise (2).

Cependant le pouvoir général conféré par les statuts à l'assemblée générale pourrait être conçu en termes tels qu'il en résulterait un droit de modification plus étendu. Ainsi, avec la formule statutaire que nous proposerons plus loin (3), donnant à l'assemblée le pouvoir « d'opérer toutes modifications, portant même sur l'objet social, mais sans l'altérer dans son essence », l'assemblée déciderait valablement des changements qui auraient pour unique résultat d'étendre l'objet de la société, sans en altérer en aucune façon l'essence (4).

L'approbation des comptes par l'assemblée générale vaut ratification des actes de l'administration, alors qu'elle a eu lieu en connaissance de cause (5), surtout si les associés ont, depuis, touché les dividendes fixés par ces comptes (6). Mais elle ne saurait absoudre les administrateurs d'un quasi-délit qu'ils auraient commis (7).

Cette approbation peut être sujette à révision, ou tout au moins à redressement, par exemple sur les dépenses personnelles d'un directeur (8). Jugé cependant qu'après l'approbation des comptes, les associés ne sont pas fondés à demander communication des pièces de comptabilité (9).

168. Il pourrait être valablement stipulé par les statuts que toutes les contestations touchant l'intérêt général de la société ne seraient valablement dirigées qu'au nom de la masse des actionnaires, et en vertu d'une autorisation de l'assemblée générale (10).

169. Lorsqu'il ne s'agit que d'actes d'administration, la loi des majorités qui domine dans toute opération collective (11),

---

(1) Paris, 20 mai 1869 (D.70.2.12).
(2) Paris, 27 juin 1873 (Bull. de la C. d'appel, n. 3375).
(3) V. à la fin du Traité.
(4) Paris, 28 mars 1869 (D.69.2.147).
(5) Paris, 16 déc. 1871 (Bull. de la C. d'appel, n. 2293).
(6) Cass., 11 mars 1868 (D.68.1.207).
(7) Paris, 14 mars 1868 (Bull. de la C. d'appel, n.1468).

(8) Cass., 24 mai 1870 (D.70.1.407).
(9) Paris, 26 août 1850 (D.50.2.130).
(10) Paris, 8 déc. 1847. V. Dalloz, n. 1235; Paris, 16 juill. 1872 (Bull. de la Cour d'appel, n. 2886).
(11) Pardessus, IV, 979; Malepeyre et Jourdain, p. 61; Duvergier, n. 286; Troplong, n. 720 et 721; Molinier, n. 310; Bravard, p. 77.

sauf en matière de simple *communauté* ou indivision (1), doit
recevoir son application, soit entre les administrateurs, lorsqu'ils sont plus de deux, soit entre tous les associés eux-mêmes.
Mais, à égalité de voix, l'avis des opposants l'emporte et condamne la société à l'abstention (2).

170. Les voix se comptent par tête, sans égard à l'importance
de l'intérêt de chaque associé, à moins de stipulation contraire (3) ; car il peut être convenu, ou que chacun aura un nombre de voix proportionnel au chiffre de ses actions, ou même
qu'il faudra posséder tel nombre d'actions pour avoir voix délibérative, ou encore que l'assemblée générale sera composée, par
exemple, des cent plus forts actionnaires (4).

171. *Deuxième règle.* « Chaque associé peut se servir des
« choses appartenant à la société, pourvu qu'il les emploie à la
« destination fixée par l'usage, et qu'il ne s'en serve pas contre
« l'intérêt de la société, ou de manière à empêcher ses associés
« d'en user selon leur droit (C. civ., 1859, 2°). » L'usage individuel des choses sociales a dû, avec raison, être soumis à
tant de restrictions qu'il ne peut guère profiter aux associés que
dans les sociétés peu nombreuses, fondées sur la confiance et
l'amitié plus que dans un but lucratif.

172. *Troisième règle.* « Chaque associé a le droit d'obliger ses
« associés à faire avec lui les dépenses qui sont nécessaires pour
« la conservation des choses de la société (C. civ., 1859, 3°). »
Ici, à l'inverse de ce que nous avons vu tout à l'heure, où un
seul associé pouvait tout arrêter par son *veto, suprà*, n° 154, le
droit d'agir et de contraindre est donné à tous et à chacun. Mais
ce droit est expressément limité à tout ce qui est nécessaire pour
la conservation de la chose, et il ne s'étendrait pas jusqu'à des
dépenses voluptuaires, ni même à des améliorations (5).

173. *Quatrième règle.* « L'un des associés ne peut faire d'in-
« novations sur les immeubles dépendant de la société, même
« quand il les soutiendrait avantageuses, si les autres associés
« n'y consentent (C. civ., 1859, 4°). » Nous revenons sur ce

---

(1) Troplong, n. 725 ; Pardessus, Duvergier, *loc. cit.*
(2) Troplong, n. 717 et 720 ; Malepeyre et Jourdain, p. 64 ; Molinier, n. 313 ;
Bravard, p. 77. — *Contrà*, Pardessus,
loc. cit.
(3) Pardessus, *loc. cit.;* Duvergier, n.
288 ; Troplong, n. 722,

(4) V. Cass., 27 et 28 déc. 1853. —
Voir sur la réglementation spéciale des
assemblées générales, dans les Sociétés
anonymes, 2° partie, tit. II.
(5) Troplong, n. 735 et s. Comp. Duvergier, n. 303.

point au *veto* individuel ; il faut l'unanimité des associés pour décider des innovations qui n'ont pas été prévues et qui sont une véritable modification du pacte social, *suprà*, n° 167. Cependant la simple majorité pourrait autoriser des travaux qui, sans altérer la nature de la chose, la rendraient plus commode ou plus productive (1).

174. Les fonctions des administrateurs et gérants, étant celles de mandataires, sont gratuites, s'il n'y a convention contraire (arg. C. civ., 1986) (2) ; et cette convention, en matière commerciale, peut résulter des circonstances (3).

175. Une personne qui administre deux sociétés distinctes a qualité pour contracter, au nom de l'une, des engagements envers l'autre, notamment par voie de compte courant, et pour arrêter les comptes respectifs des deux sociétés (4). De même, l'un des administrateurs d'une société pourrait aussi contracter avec cette société, alors surtout qu'il n'aurait pas pris part à la délibération autorisant le contrat (5). — V. toutefois, pour les sociétés anonymes, *infrà*, 2ᵉ partie, tit. II.

§ 6. — Des obligations réciproques des associés entre eux.

176. L'associé qui a pris des fonds dans la caisse sociale, pour les employer à ses affaires personnelles, devient, de plein droit et sans demande, débiteur des intérêts de ces sommes à compter du jour où il les en a tirées (6), sans préjudice de plus amples dommages-intérêts, s'il y a lieu (C. civ., 1846).

177. Cette règle et celles qui vont suivre dérivent de l'esprit de confraternité qui doit présider dans les relations sociales, et qui exige que l'intérêt individuel ne soit pas préféré à l'intérêt commun (7) ; ce principe a même été étendu au cas de simple communauté ou indivision (8).

178. C'est ainsi que les associés doivent également à la société les intérêts des sommes exigibles dont ils sont débiteurs envers elle (9), et de celles qu'ils ont touchées pour son

---

(1) Dalloz, n. 527 ; Alauzet, n. 289 ; Duvergier, n. 363 ; Toulouse, 30 mai 1828.
(2) Rennes, 21 juin 1821.
(3) Nancy, 24 août 1841.
(4) Cass., 4 déc. 1854. Comp. Cass., 14 déc. 1874 (*le Droit*, 17 déc. 1874). — *Contrà*, Dalloz, n. 947.

(5) Cass., 7 mai 1844.
(6) Rennes, 27 janvier 1826.
(7) Nimes, 2 janv. 1839 ; Paris, 26 avril 1850 ; Alger, 26 juin 1854.
(8) Grenoble, 7 mai 1831.
(9) Massé et Vergé sur Zachariæ, § 746, note 6 ; Grenoble, 4 mars 1826. — *Contrà*, Zachariæ, *loc. cit.*

compte (1). Toutefois l'associé administrateur ou gérant ne doit pas les *intérêts des sommes qu'il conserve* en caisse pour les besoins de la société (2), à moins que le défaut d'emploi ne provienne d'une incurie bien démontrée.

179. Lorsque l'un des associés est, pour son compte particulier, créancier d'une somme exigible envers une personne qui se trouve aussi devoir à la société une somme également exigible, l'imputation de ce qu'il reçoit de ce débiteur doit se faire *sur la créance de la société et sur la sienne* dans la proportion des deux créances, encore qu'il eût par sa quittance dirigé l'imputation intégrale sur sa créance particulière ; mais s'il a exprimé dans sa quittance que l'imputation sera faite en entier sur la créance de la société, cette stipulation sera exécutée (C. civ., 1848).

180. L'imputation proportionnelle aurait lieu alors même que l'imputation exclusive sur la créance de l'associé émanerait du débiteur (3), à moins qu'il n'y ait eu un intérêt réel (C. civ., 1256) (4).

181. Si l'une des deux créances n'était pas exigible, l'imputation aurait lieu en général sur celle qui serait exigible (5). Si aucune ne l'était, on devrait avoir égard à l'intérêt du débiteur pour déterminer l'imputation (6).

182. Ce qui précède n'est pas applicable à la compensation légale qui s'opérerait de plein droit, entre l'un des associés et un tiers son débiteur en même temps que celui de la société (7) ; ni à l'associé non administrateur, qui, en touchant sa propre créance, fait son affaire personnelle, et n'est pas tenu de faire celle de la société qu'il n'a pas le droit d'administrer (8).

183. Lorsqu'un des associés a reçu sa part entière de la créance commune, cet associé est tenu de rapporter à la masse commune ce qu'il a reçu, encore qu'il eût spécialement donné

---

(1) Duvergier, n. 345 ; Cass., 28 juin 1825.

(2) Duvergier, n. 344 et 345 ; Troplong, n. 544. — *Contrà*, Delangle, n. 458.

(3) Duvergier, n. 336 et 338 ; Zachariæ, *éd.* Massé et Vergé, § 716, note 10.

(4) Les mêmes et Pardessus, n. 1046 ; Delangle, n. 468 ; Troplong, n. 559.

(5) Duvergier, n. 334 ; Troplong, n. 555.

(6) Dalloz, n. 548. Comp. Duranton, XVII, 401.

(7) Les mêmes et Duvergier, n. 339. — *Contrà*, Massé et Vergé, § 716, note 10.

(8) Pardessus, n. 1048 ; Duvergier, n. 344 ; Troplong, n. 558. — *Contrà*, Malepeyre et Jourdain, p. 68 ; Delangle, n. 470 ; Massé et Vergé, *loc. cit.*

quittance pour sa part (C. civ., 1849) (1). Il en est ainsi, que le débiteur soit ou non devenu depuis insolvable (2).

184. Il devrait aussi rapporter le prix de la vente qu'il aurait faite d'une chose sociale, ou de sa part dans cette chose (3), à supposer que la vente soit reconnue par les autres associés ; car un associé, administrateur ou non, ne peut aliéner ni engager les choses, même mobilières, qui dépendent de la société (C. civ., 1860).

Si le gérant, au cours de la société, se fait renouveler un bail à son profit personnel des locaux de la société, pour en prendre la jouissance à son expiration, la société a-t-elle le droit de revendiquer ce bail comme lui appartenant ? Oui, car l'associé doit préférer la société à lui-même, quoique le contraire ait été jugé par interprétation des clauses de l'acte social (4).

185. Chaque associé est tenu envers la société des dommages qu'il lui a causé par sa faute, sans pouvoir compenser avec ces dommages les profits que son industrie lui aurait procurés dans d'autres affaires (C. civ., 1850).

186. C'est aux tribunaux d'apprécier équitablement d'après les circonstances (5), et même d'après les personnes (6), ce qui constitue une faute (7). Mais un associé ne pourrait donner comme excuse la négligence habituelle qu'il apporte à ses propres affaires ; il doit à la société les soins et la vigilance que les autres associés ont dû raisonnablement espérer (8).

187. La soustraction frauduleuse d'effets de la société par un associé non gérant constitue un vol (C. pén., 401) (9) ; le détournement par un administrateur constitue un abus de confiance (C. pén., 408) (10), dont les autres sont responsables, s'ils n'ont surveillé (11).

188. Un associé a action contre la société, non-seulement à raison des sommes qu'il a déboursées pour elle, mais encore

---

(1) Cass., 17 déc. 1823.
(2) Duvergier, n. 343 ; Troplong, n. 561.
(3) Pothier, n. 122; Duvergier, n. 342; Troplong, n. 563.
(4) Cass., 16 nov. 1870 (D.70.1.350). Mais v. la note de l'arrêtiste, qui critique la doctrine trop absolue de cet arrêt.
(5) Duvergier, n. 324 et s.
(6) Delangle, n. 164.
(7) Bédarride, n. 39; Troplong, n. 567 et s.

(8) Molinier, n. 335 ; Massé et Vergé; § 746, note 9. — *Contrà*, Duvergier, n. 326; Troplong, n. 573 ; Delangle, n. 464, Duranton, XVII, 403. Comp. Cass., 3 messidor an VIII.
(9) Dalloz, n. 564; Cass., 22 niv. an XII.
(10) Delangle, n. 320; Molinier, n. 533; Cass., 13 juin 1845, 8 août 1845, 6 juill. 1849, 31 juill. 1851 ; Rouen, 18 mars 1842.—*Contrà*, Bédarride, I, 213; Dalloz, n. 1323 ; Cass., 15 janv. 1842, 16 janv. 1866.
(11) Paris, 21 janv. 1852.

à raison des obligations qu'il a contractées de bonne foi pour les affaires de la société, et des risques inséparables de sa gestion (C. civ., 1862).

Ainsi un associé qui n'a apporté que son industrie a droit d'être indemnisé des frais de voyage et autres faits dans l'intérêt commun (1), encore bien que, par l'événement, ces dépenses se trouvent n'avoir pas profité à la société (2).

Les déboursés produisent intérêt de plein droit à compter du jour où ils ont été faits (arg. C. civ., 1846 et 2001) (3).

§ 7. — Des engagements des associés à l'égard des tiers.

189. Les associés sont engagés vis-à-vis des tiers de manières bien différentes, selon la nature de la société qu'ils ont contractée.

Dans les sociétés civiles, ils ne sont pas tenus solidairement des dettes sociales (C. civ., 1862), mais ils sont obligés envers le créancier avec lequel ils ont contracté chacun pour une somme et part égale, encore que la part de l'un d'eux dans la société fut moindre, si l'acte n'a pas spécialement restreint l'obligation de celui-ci sur le pied de cette dernière part (C. civ., 1863). Ces règles sont applicables aux sociétés civiles par actions lorsqu'elles n'ont pas emprunté la forme commerciale, *suprà*. n° 99). Toutefois il peut être stipulé que la responsabilité est limitée aux mises ; et cette clause, toujours valable entre les associés, est opposable aux tiers si elle a été portée à leur connaissance (4) ; mais elle ne peut être applicable qu'à l'un ou à quelques-uns des associés, car, si elle était généralisée, la société deviendrait en quelque sorte anonyme, en dehors des conditions légales (5). Au contraire, lorsque la société civile emprunte une forme commerciale, *suprà*, n°ˢ 9 et suiv., les actionnaires ne sont tenus que selon le mode commercial, les tiers étant avertis par les publications légales (6). Dans les sociétés de commerce, ou les associés sont tenus solidairement, comme dans la société en nom collectif, ou ils ne sont

---

(1) Troplong, n. 602; Massé et Vergé, § 747, note 6.

(2) Les mêmes et Duvergier, n. 349; Duranton, XVII, 412.

(3) Duvergier, n. 448; Troplong, n.603; Delangle, n. 452 ; Zachariæ, Massé et

Vergé, § 747, note 6. Comp. Cass., 24 juin 1819.

(4) Duvergier, n. 397 et 482 ; Dalloz, n. 2389. V. Paris, 15 mars 1866; J. N. 18503.

(5) Duvergier, n. 483.

(6) Duvergier, n. 486.

obligés que jusqu'à concurrence de leurs mises comme dans les sociétés en commandite et anonymes, *infrà*, chap. V.

190. Peut-il être valablement stipulé, dans les statuts d'une société civile, que l'associé qui cède sa part est par là même libéré de tous les engagemeuts sociaux antérieurs à la cession, lesquels incomberont à son cessionnaire ? Cette stipulation a été jugée licite et opposable aux tiers, à moins que la cession ne soit entachée de simulation ou de fraude (1) ; en dehors de ce cas exceptionnel, on suppose que les tiers, en traitant avec la société, ont connu ses statuts et su que les associés primitifs pouvaient, à un moment donné, se trouver dégagés vis-à-vis d'eux. Toutefois nous ne saurions admettre une telle doctrine, les statuts de sociétés civiles ne sont pas publiés, et ien n'autorise la présomption que les tiers ont pris connaisonce des statuts. N'est-il pas vraisemblable, au contraire, qu'ils ont contracté dans la pensée qu'il n'y avait dans les statuts aucune clause dérogatoire au droit commun ? (2) L'obligation qui pèse sur le cédant en vertu de l'art. 1863, C. civ., ne serait éteinte que par une novation, pour laquelle les art. 1271 et 1275, C. civ., exigent le consentement formel du créancier, *infrà*, nº 203.

191. Au contraire, dans les sociétés commerciales, la clause aurait été opposable aux tiers si elle avait été publiée. Mais elle a été défendue par la loi du 17 juillet 1856 ; et, depuis la loi de 1867, elle ne peut avoir d'autre effet que celui déterminé et limité par l'art. 3 de cette loi (3).

On avait, avant ces lois nouvelles, soutenu que, sans stipulation, la cession emportait de plein droit la décharge du cédant (1). La question était controversée en doctrine et en jurisprudence ; mais nous n'hésitons pas à préférer l'opinion contraire : un souscripteur d'actions est un débiteur ordinaire, et il ne peut à lui seul, en dehors du créancier, opérer une novation qui l'affranchisse de sa dette en se substituant un autre débiteur (2).

192. Il existe des règles communes aux diverses sociétés,

(1) Paris, 28 janv. 1868 (D.68.2.244).
(2) V. en ce sens, note de M. Thiercelin, sous cet arrêt. — V. aussi note de M. Lyon-Caen, sous le même arrêt (Pal. 69.468).
(3) Beslay, n. 328 et s.; Pont, *Rev. du not.*, n. 4983.

(4) Pardessus, n. 1043 ; Malepeyre et Jourdain, p. 200 et s. Paris, 22 mai 1852 (D.53.2.263).
(5) Troplong, n. 477 ; Dalloz, vº *Société*, n. 1150; Lyon, 9 avril 1856 (D.56.2.198).

que nous devons faire connaître ici : l'un des associés ne peut obliger les autres si ceux-ci ne lui en ont conféré le pouvoir (C. civ., 1862). A défaut de pouvoirs, la stipulation que l'obligation est contractée pour le compte de la société ne lie que l'associé contractant (C. civ., 1864), lequel se trouve personnellement engagé envers les tiers (arg. C. civ., 1997) (1).

193. Deux conditions sont donc nécessaires pour obliger la société. Il faut : 1° que l'associé ait agi au nom de la société, *nomine sociali*, ce qui peut résulter des circonstances, en l'absence de toute formule quelconque (2); 2° qu'il ait eu le pouvoir d'obliger la société, pouvoir qui n'a besoin d'être exprès qu'en dehors des limites de l'administration, *suprà*, n° 159 (3).

194. Néanmoins, quoique l'associé qui a traité au nom de la société soit sans pouvoir, elle est obligée si la chose a tourné à son profit (C. civ., 1864), en vertu de ce principe que nul ne peut s'enrichir aux dépens d'autrui (4).

195. En serait-il de même si l'associé avait traité en son nom personnel? Non; la présomption que l'associé a voulu que l'affaire fût sienne doit l'emporter; et, en pareil cas, les tiers, au lieu d'une action directe contre la société, n'auraient que l'action oblique conférée à tout créancier par l'art. 1166, C. civ. (5). Toutefois il n'en serait ainsi que dans les rapports de la société avec les tiers, et sauf le recours contre la société de l'associé qui aurait fait une dépense dont elle aurait réellement profité (6).

196. Tout associé autorisé à gérer, et qui abuse de ses pouvoirs en s'appropriant le résultat de l'opération, oblige néanmoins la société envers les tiers. Ainsi un gérant qui emploie la signature sociale à souscrire ou endosser des effets négociables, oblige valablement la société, quoiqu'il en garde le montant (7).

197. Mais il en serait autrement si les tiers étaient de mau-

---

(1) Douai, 12 déc. 1840 et 15 mai 1844.

(2) Cass., 12 juillet 1825, 12 juillet 1835.

(3) Duvergier, n. 385; Troplong, n. 807; Massé et Vergé, § 719, note 4.

(4) Duvergier, n. 404 et 403; Troplong, n. 813; Grenoble, 19 janvier 1854. V. Cass., 7 juill. 1868 (D.69.1.349), 8 juin 1869 (D.72.1.435).

(5) Troplong, n. 772 et s; Delamarre et Lepoitvin, II, 250 et 252; Dalloz,

n. 612 et 935; Delangle, n. 232; Cass., 28 août 1828, 13 mai 1835, 16 fév. 1853; Angers, 28 janv. 1841; Besançon, 6 fév. 1865.— *Contrà*, Merlin, *Société*, § 2, Duranton, XVII, 449; Malepeyre et Jourdain, p. 97; Duvergier, n. 404. Comp. Bordeaux, 11 avril 1845; Cass., 8 février 1846, 12 mars 1850.

(6) Bordeaux, 24 nov. 1854. Comp. Cass., 19 août 1846.

(7) Malepeyre et Jourdain, p. 95; Delangle, n. 244 et s.; Bédarride, n. 152.

vaise foi (1). D'après une jurisprudence qui semble devoir s'établir, malgré la résistance qu'elle trouve dans la doctrine, les tiers ne seraient pas constitués en mauvaise foi par la seule connaissance qu'ils auraient que l'affaire est personnelle au gérant ; car ils ont pu croire que c'est avec l'assentiment de ses coassociés qu'il a fait un usage personnel de la signature sociale (2). Cependant, suivant un arrêt (3), la société ne serait pas engagée si, par une clause des statuts, reproduite dans l'extrait publié, les dettes personnelles des associés avaient été formellement laissées à leur charge. Suivant un autre arrêt (4) la société ne serait pas engagée, si le billet portait en lui-même la preuve qu'il a été souscrit dans l'intérêt exclusif du gérant.

Dans les société civiles, la restriction statutaire des pouvoirs qui de droit commun appartiennent aux administrateurs n'est pas opposable aux tiers, à moins qu'il ne soit prouvé qu'ils ont connu cette restriction (5).

198. Toute société est responsable envers les tiers du dol commis par ses administrateurs ou gérants dans l'exercice de leurs fonctions (6).

199. Les administrateurs, ou gérants responsables de toute société, civile ou commerciale, ne peuvent, lorsqu'ils ont agi dans la limite de leurs pouvoirs, être poursuivis individuellement et sur leurs biens propres qu'autant que la société ne satisfait pas à ses obligations (7). Ils ne sont en quelque sorte que les cautions de la société, et pour agir contre eux il ne suffirait pas d'une mise en demeure adressée à la société (8), ni même d'une condamnation obtenue contre elle (9) ; il faut qu'avant tous les biens de la société soient épuisés (10) : toutefois, après la dissolution de la société. V. infrà, § 10.

200. Dans toute société (11), civile (12) ou commerciale, les

---

(1) Cass., 22 avril 1845, 7 mai 1851, 24 janv. 1853 ; Lyon, 26 juin 1851 ; Paris, 12 juill. 1849, 14 août 1852.

(2) Cass., 11 mai 1836, 22 avril 1845, 7 mai 1851 ; Paris, 12 juill. 1849 ; Rouen, 23 fév. 1847 ; Amiens, 10 juill. 1862. — Contrà, Pothier, n. 101 ; Pardessus, n. 1023 ; Delangle, n. 247 et suiv. ; Massé, Droit comm., V, 54 ; Bédarride, n. 159 et s. ; Alauzet, n. 131 ; Paris, 14 août 1852.

(3) Cass., 21 fév. 1860.

(4) Bordeaux, 12 août 1868 (P.69.564).

(5) Lyon, 31 août 1872 (Ann. Lehir).

(6) Cass., 15 janv. 1872 (D.72.1.165).

(7) Douai, 4 janv. 1854. Comp. Cass., 10 août 1831. Cass., 10 avr. 1877 (le Droit, n. du 11 avril).

(8) Contrà, Molinier, n; 354

(9) Contrà, Pardessus, n. 1026 ; Malepeyre et Jourdain, p. 131 ; Delangle, n. 263 ; Bédarride, n. 165.

(10) Delamarre et Lepoitvin, n. 240 ; Alauzet, n. 130 ; Dalloz, Société, n. 940.

(11) Duvergier, n.405 ; Troplong, n.865 ; Delangle, n. 14 et s. ; Massé et Vergé, § 719, note 10 ; Cass. 14 mars 1848, 24 janv. 1853, 8 août 1859.

(12) Contrà, Vincens, Des Soc.par act., p. 6 et s., Frémery, p. 32.

créanciers sociaux sont préférables aux créanciers personnels des associés sur l'actif social. Mais ceux-ci ont le droit de faire des saisies-arrêts sur les bénéfices revenant à leur débiteur, et même, suivant un arrêt (1), de faire saisir et vendre ses droits dans la société, dans les formes établies pour les rentes constituées (C. pr., 636); ce qui, bien entendu, n'aurait pas pour effet de rendre l'acquéreur sociétaire, *infrà*, n° 202, mais lui permettrait de toucher la part de l'associé exproprié dans les bénéfices périodiques et dans les produits de la liquidation (2), sans pouvoir demander la dissolution de la société avant le terme fixé (3).

Toutefois le droit de saisir et de faire vendre la part d'un associé n'a été reconnu que pour le cas où cet associé est décédé, et où il a été stipulé dans l'acte que la société continuerait entre ses représentants et les autres intéressés (4), ou s'il a été dit que le défunt pourrait être remplacé par ses héritiers ou tous ayants cause. Cette dernière clause impliquerait le droit de vente pure et simple de la part sociale (5).

Les créanciers sociaux n'ont un droit de préférence sur l'actif social qu'autant que la société a une existence régulière. Si la société est annulée ou n'existe qu'en fait, il n'y a pas d'être moral, pas de patrimoine social; l'avoir personnel des associés responsables est confondu avec celui de la société; dès lors les créanciers sociaux et les créanciers personnels viennent en concurrence sur le tout (6).

Malgré le droit de préférence concédé aux créanciers sociaux, l'hypothèque constituée sur les immeubles sociaux par un associé, pour une dette personnelle, mais du consentement de tous les autres associés, est valable (7).

§ 8. — Des cessionnaires et croupiers.

201. Chaque associé peut, sans le consentement de ses associés, s'associer une tierce personne relativement à la part qu'il a dans la société (C. civ., 1861); le tiers ainsi associé se nomme *croupier*. Mais il ne peut pas, sans ce consentement, l'associer à

---

(1) Paris, 13 août 1834.
(2) Duvergier, n. 408.
(3) Dalloz, *Société*, n. 642. — *Contrà*, Besançon, 14 janv. 1840.
(4) L'arr. de Paris du 13 août 1834, ci-dessus cité.

(5) Alger, 14 juin 1866 (Pal.1867.221).
(6) Aix, 9 avril 1867; Cass. 11 mai 1870 et sur renvoi Grenoble, 28 déc. 1871 (D. 67.5.406; 70.1.406; 71.2.206).
(7) Paris, 14 déc. 1866 (D.67.2.165); Rej., 27 janv. 1868.

la société, lors même qu'il en aurait l'administration (C. civ., même article).

202. Toutefois l'introduction des tiers dans les sociétés n'est défendue que pour celles qui sont fondées sur la considération des personnes ; car toute société qui divise son capital en actions ou parts d'intérêts négociables admet nécessairement et par là même (1) le droit de négocier, c'est-à-dire de céder ces actions ou parts à des tiers ; cela est vrai, à moins de clause contraire, des actions nominatives aussi bien que des actions au porteur (arg. C. comm., 35 et 36).

203. Les cessionnaires, subrogés aux droits des associés, ne peuvent être affranchis de leurs obligations (2) ; ils deviennent de plein droit sociétaires, alors même que, par une clause des statuts sociaux, ils n'auraient voix délibérative qu'avec le consentement des autres associés (3). Ils sont donc responsables des versements non opérés sur les actions, de même que les souscripteurs originaires, *suprà*, n°ˢ 99, 109 et 190.

204. Le mode de cession des actions, établi par la loi pour les sociétés en commandite et anonymes, peut être considéré comme facultativement applicable à toutes les sociétés par actions.

205. Dans une société qui n'a pas créé de titres négociables, la cession peut être autorisée par une clause de l'acte de société ; à défaut de clause, le consentement tacite des autres associés pourrait résulter des circonstances (4).

Mais le consentement tacite ne saurait se présumer en présence d'une clause prohibitive. En pareil cas une cession partielle serait aussi bien défendue qu'une cession totale (5).

206. Du reste, la cession non autorisée par la société ne serait pas nulle entre le cédant et le cessionnaire ; celui-ci, moyennant la signification prescrite par l'art. 1690, C. civ., serait même saisi, vis-à-vis des tiers, du droit de toucher la part de son cédant dans les bénéfices annuels et dans le produit de la liquidation ; seulement il ne pourrait s'ingérer dans l'administration de la société ni même exiger directement la reddition des comptes (6).

207. L'acte de société peut, en autorisant la cession, stipuler

---

(1) Vavasseur, *des Soc. à respons. lim.*, p. 41.
(2) Cass., 23 vent. an VIII.
(3) Cass., 1ᵉʳ vent. an X.
(4) Bédarride, n. 21.

(5) Paris, 20 août 1869 (Ann. Lehir).
(6) Vavasseur, *des Soc. à resp. lim.*, p. 42 ; Rouen, 2 janv. 1847. V. toutefois, Paris, 3 juin 1825 et 13 août 1834.

un droit de préférence ou de retrait au profit des autres associés le cédant notifie à la société la cession projetée ou accomplie, et le retrait doit être exercé dans le délai fixé par les statuts (1), sinon dans un délai qui serait imparti par le tribunal.

208. Lorsque aucune sorte de consentement ne lui est donnée, l'associé qui veut disposer de sa part en est réduit à prendre un *croupier*, avec lequel il forme une sous-société, qui demeure tout à fait étrangère à la société mère. Ce n'est pas une simple communauté, mais une véritable société qui se forme avec le croupier (2); celui-ci ne doit pas non plus être confondu avec le cessionnaire et n'a aucune signification à faire à la société principale; mais une signification deviendrait nécessaire à l'époque du partage, pour les créances qui seraient attribuées au croupier (3).

209. Un associé peut former plusieurs sous-sociétés successives sur des portions diverses de ses droits sociaux (4); elles sont étrangères entre elles comme à la société mère; aucune action directe n'appartient aux croupiers les uns contre les autres, ni contre la société principale, ni à celle-ci ou aux créanciers sociaux contre les croupiers (5); l'action oblique résultant de l'art. 1166, C. civ., serait seule recevable.

Si le tiers n'avait part que dans les bénéfices de l'associé cédant, sans être obligé à supporter une part des pertes, la convention ne constituerait pas un contrat de société, mais une simple cession (6).

210. Quant aux créanciers personnels de l'associé, le croupier n'a pas à craindre leur concours, en faisant enregistrer l'acte de sous-société avant toute saisie-arrêt de leur part (7).

211. La sous-société avec le croupier sera civile ou commerciale selon la nature de la société principale; mais elle pourra revêtir tout autre caractère que celle-ci et, par exemple, être en participation, quoique l'autre société soit en nom collectif; mais alors et conformément aux règles de l'association en participa-

(1) Douai, 10 janv. 1839.
(2) Pothier, 94 et s.; Merlin, *Croupier;* Malepeyre et Jourdain, p. 100; Troplong, n. 755 et s.; Delangle, n. 195; Bédarride, n. 23 et s.; Massé et Vergé, § 717, note 9; Vavasseur, *Journal du Notariat,* 20 juin 1863; Cass., 24 nov. 1856. — *Contra,* Duvergier, n. 375.

(3) Troplong, n. 765; Duvergier, n. 378; Duranton, XVII, n. 445.
(4) Troplong, n. 768, 769.
(5) Cass., 8 prair. an XIII.
(6) Cass., 7 avr. 1873 (D.73.1.422).
(7) Duranton, XVII, 445; Duvergier, n. 378; Troplong, n. 764.

tion, le croupier aurait à subir le concours des créanciers personnels de son cédant (1).

§ 9. — Des différentes manières dont finit la société.

212. La société finit :

1° *Par l'expiration du temps pour lequel elle a été contractée* (C. civ., 1865, 1°). Le terme fixé pourra dans certains cas être considéré comme purement démonstratif ou approximatif ; ainsi une société étant formée pour une entreprise non complétement achevée au terme convenu, elle continuerait d'exister assez de temps pour mettre à fin l'entreprise (2).

213. La prorogation d'une société à temps limité ne peut être prouvée que par un écrit revêtu des mêmes formes que le contrat de société (C. civ., 1866) ; ce qui ne doit pas s'entendre trop à la lettre, la loi ayant voulu assujettir la prorogation, non identiquement et matériellement à la forme de la société prorogée, mais seulement aux formes prescrites pour le même genre de société (3).

Ainsi une société formée pour l'exploitation d'une concession administrative, et qui obtient une prolongation de la concession, est censée s'être prorogée pour la même durée (4).

214. La dissolution des sociétés à terme ne peut être demandée par l'un des associés avant le terme convenu qu'autant qu'il y en a de justes motifs ; comme lorsqu'un autre associé manque à ses engagements, ou qu'une infirmité habituelle le rend inhabile aux affaires de la société, ou autres cas semblables, dont la légitimité et la gravité sont laissées à l'arbitrage des juges (C. civ., 1871).

L'appréciation des motifs n'appartient qu'aux tribunaux, et non à une majorité d'associés ; mais les tribunaux peuvent être saisis, même par un seul associé. La majorité n'a le pouvoir de prononcer la dissolution que dans les cas spécialement prévus aux statuts (5).

---

(1) Troplong, n. 767.
(2) Duvergier, n. 414 ; Troplong, n. 871 ; Delangle, n. 633 ; Massé et Vergé, § 720, note 3 ; Bruxelles, 13 janv. 1840 ; Nîmes, 2 janv. 1839 ; Cass., 14 mars 1848.

(3) Duvergier, n. 416 ; Troplong, n. 914 ; Bruxelles, 11 fév. 1819 ; Cass., 12 déc. 1825 et 19 juill. 1834.
(4) Cass., 7 fév. 1870 (D.70.1.303).
(5) Paris, 28 mai 1869 (Bull. de la Cour d'appel, n. 1945).

215. Il y a inexécution des engagements, lorsqu'un associé ne réalise pas son apport, qu'il ne fournit pas le concours promis, etc. (1) ; il se rend passible de dommages-intérêts, mais il ne pourrait lui-même demander la dissolution de la société (2).

216. L'infirmité habituelle, devant être considérée comme résultant d'une force majeure, ne donnerait pas lieu à des dommages-intérêts ; d'ailleurs elle ne serait une cause de dissolution que si l'associé avait promis une coopération personnelle aux affaires de la société; il ne pourrait offrir de se faire remplacer (3), à moins que son travail ne pût être fait indifféremment partout autre. Si, dans ce cas, il refusait de se faire remplacer, ses coassociés pourraient, à leur choix, ou faire exécuter le travail à ses frais ou demander la dissolution de la société (4).

217. L'art. 1871 n'est pas limitatif (5), et la dissolution anticipée devrait encore être prononcée : en cas d'absence prolongée et sans nouvelles de l'un des associés (6); de mésintelligence survenue entre les associés (7), à moins que le demandeur ne l'eût fait naître intentionnellement pour se créer une cause de dissolution (8); d'incapacité manifeste, ignorée lors du contrat; d'inconduite poussée jusqu'au scandale (9) ; de révocation du gérant pour cause légitime (10), *suprà*, n° 145. Cependant, si tous les associés étaient d'accord pour nommer un autre gérant, la société ne serait pas dissoute ; mais il faudrait en pareil cas l'unanimité, à moins que l'acte de société n'eût conféré à la majorité un pouvoir suffisant, *suprà*, n° 150.

218. 2° *Par l'extinction de la chose ou la consommation de la négociation* (C. civ., 1865, 2°).

219. Lorsque le fonds social n'est perdu qu'en partie, la société continue si ce qui reste suffit à ses besoins (11); mais elle doit être dissoute si le fonds social est réduit à une somme insuffisante et si le fonds de roulement est épuisé (12). La dissolu-

---

(1) Troplong, n. 985 et s.; Duvergier, n. 447; Delangle, n. 679; Massé et Vergé, § 720, note 24 ; Bourges, 14 juin 1844 ; Bordeaux, 29 juill. 1857; Cass., 27 mars 1844.

(2) Delangle, n. 676 ; Duvergier, n. 449; Troplong, n. 989 et 990 ; Malepeyre et Jourdain, p. 312; Massé et Vergé, *loc. cit.* — *Contrà*, Lyon, 18 mai 1823.

(3) Colmar, 8 janv. 1820.

(4) Pothier, n. 152 ; Malepeyre et Jourdain, p. 313.

(5) Aix, 18 juin 1822.

(6) Malepeyre et Jourdain, p. 313.

(7) Malepeyre et Jourdain, p. 313 et 314; Troplong, n. 993.

(8) Aix, 18 juin 1822.

(9) Troplong, n. 994; Duvergier, n. 450.

(10) Duvergier, n. 295; Malepeyre et Jourdain, n. 500.

(11) Malepeyre et Jourdain, p. 292 et 317, etc. ; Troplong, IV, n. 940.

(12) Cass., 16 juin 1873 (D.74.1.61).

tion devrait encore être prononcée, alors même qu'il n'y aurait pas de pertes, mais dans le cas de non-réalisation de bénéfices, si cette hypothèse a été prévue par les statuts comme devant amener la dissolution (1); voir *infrà*, 2e partie, tit. II, pour les sociétés anonymes.

220. Si l'un des associés a promis de mettre en commun la propriété d'une chose, la perte survenue avant que la mise soit effectuée opère la dissolution de la société par rapport à tous les associés. Mais la société n'est pas rompue par la perte de la chose dont la propriété a déjà été apportée à la société (C. civ., 1867), à moins, bien entendu, que cette chose ne soit essentielle à son existence (2).

221. La société est également dissoute dans tous les cas par la perte de la chose, lorsque la jouissance seule a été mise en commun et que la propriété en est restée dans la main de l'associé (C. civ., 1867).

222. Deux sociétés qui se fusionnent n'opèrent pas nécessairement leur dissolution par ce fait même pour faire place à une société distincte et nouvelle; elles peuvent continuer de subsister sous la forme nouvelle que les parties leur ont donnée (3), néanmoins la fusion s'opère le plus souvent, soit par voie de société nouvelle, fondée avec les éléments des sociétés fusionnées, lesquelles sont dissoutes, soit au moyen de l'absorption de l'une des sociétés par l'autre, celle-ci continuant de subsister accrue dans son capital, et celle-là étant dissoute (4).

La réunion de toutes les actions d'une société aux mains d'un seul associé emporte la dissolution de la société; le nantissement donné par cet associé sur les actions est sans valeur et n'est pas opposable au créancier qui a reçu de lui une hypothèque sur les immeubles (5).

223. 3o *Par la mort naturelle de quelqu'un des associés* (C. civ., 1866, 3o). Toutefois les opérations commencées doivent être continuées pour le compte et aux risques de la société (6).

224. S'il a été stipulé qu'en cas de mort de l'un des associés

---

(1) Paris, 19 nov. 1872 (Bull. de la Cour d'app., n. 2859).

(2) Troplong, n. 925 ; Delangle, n. 637.

(3) Dalloz, n. 1887 et 1423; Cass., 9, fév. 1858. Comp. Paris, 24 mars 1859; Cass., 16 avril 1872 (D.73.1.73).

(4) V. mon ouvrage intitulé *Questions fiscales*, où j'ai traité cette interessante question avec tous les développements qu'elle comporte, p. 60 et s.

(5) Cass., 10 avril 1867 (D.37.1.397). — V. aussi, Paris 15 fév. 1851, et Cass.. 16 juin 1862 (D.51.2.62. — 62.1.425)

(6) Troplong, n. 895.

la société continuerait avec son héritier, ou seulement entre les sociétaires survivants, ces dispositions sont obligatoires : au second cas, l'héritier du décédé n'a droit qu'au partage de la société, eu égard à la situation de cette société lors du décès, et ne participe aux droits ultérieurs qu'autant qu'ils sont une suite nécessaire de ce qui s'est fait avant la mort de l'associé auquel il succède (C. civ., 1868).

225. La clause de continuation produit son effet avec le successeur de l'associé décédé, qu'il soit héritier légitime, légataire universel ou à titre universel (1), qu'il soit majeur ou mineur (2), qu'il y en ait un seul ou plusieurs (3), et alors même qu'il s'agirait d'une société commerciale en nom collectif (4).

226. S'il a été stipulé que la société continuerait avec l'un des héritiers désigné dans l'acte, celui-ci n'est pas lié par cette désignation à laquelle il n'a pas concouru (5) ; mais son refus pourrait donner lieu à des dommages et intérêts tant contre lui que contre ses cohéritiers, s'il apparaissait que la continuation avait été stipulée soit au profit de l'autre associé, soit dans l'intérêt commun des parties.

227. La mort d'un associé ne dissoudrait pas la société, même en l'absence de toute convention, s'il résultait des circonstances qu'elle a continué en fait avec ses héritiers (6).

228. 4° *Par l'interdiction ou la déconfiture de l'un des associés* (C. civ., 1865).

229. La mort civile était aussi une cause de dissolution, mais elle est abolie (L. 31 mai 1854).

230. L'interdiction légale, résultant d'une condamnation, entraîne la dissolution, aussi bien que celle qui est prononcée pour démence, imbécillité ou fureur habituelles, *suprà*, n° 217 (7), Il en est de même de la nomination d'un conseil judiciaire (8), et de la faillite quoique suivie d'un concordat (9).

231. Toutefois, en cas de faillite ou de déconfiture d'un asso-

---

(1) Duvergier, n. 440; Troplong, n 952; Paris, 13 août 1834.

(2) Duranton, XVII, n. 473; Troplong, n. 954; Massé et Vergé, § 720, note 12. — *Contrà*, Duvergier, n. 441.

(3) Duranton et Troplong, *loc. cit.*

(4) Aix, 16 déc. 1868 (D.74.2.70). — Trib. com. de la Seine, 6 juin 1872 (Ann. Lehir, année 1872, avec les observations critiques de M. Lehir, *infrà*, § 10).

(5) Caen, 10 nov. 1857.

(6) Troplong, n. 959 et 960; Cass., 23 flor. an XIII, 27 déc. 1815, 8 mai 1840; Colmar, 19 juin 1844; Caen, 8 mars 1842, *infrà*, n. 294.

(7) Duvergier, n. 443; Massé et Vergé, § 720, note 15.

(8) Duvergier, n. 444; Zachariæ, *loc. cit.*; Duranton, XVII, 474.

(9) Paris, 5 janv. 1853.

cié, la dissolution est purement facultative pour les autres (1), et les tribunaux peuvent décider, d'après les circonstances, qu'ils ont consenti à la continuation de la société (2) ; mais la faillite de la société elle-même n'entraînerait pas de plein droit sa dissolution ; après un concordat homologué, elle pourrait reprendre ses opérations (3).

232. Dans les sociétés par actions, le décès, l'interdiction, ou la déconfiture d'un actionnaire, non gérant ou administrateur, ne motiverait pas la dissolution, la considération des personnes n'étant en général que purement secondaire dans ces sortes de sociétés (4).

233. 5° *Par la volonté qu'un seul ou plusieurs expriment de n'être plus en société* (C. civ., 1865, 5°).

234. Toutefois cette faculté n'existe que dans les sociétés dont la durée est illimitée, et elle s'opère par une renonciation notifiée à tous les associés, pourvu que cette renonciation soit de bonne foi et non faite à contre-temps (C. civ., 1869).

235. Serait considérée comme illimitée la société contractée jusqu'au décès de l'un des associés (5). Mais une société formée entre propriétaires de navires pour la pêche de la morue serait considérée comme limitée à la durée même des navires (6).

236. La loi proscrit les sociétés perpétuelles ; c'est là une disposition d'ordre public à laquelle il ne serait pas permis de renoncer (7). Cependant jugé que les mines ne pouvant être morcelées sans l'autorisation du Gouvernement (L. 21 avril 1816), les sociétés formées pour leur exploitation sont de leur nature perpétuelles, et que si un terme n'a pas été fixé, elles durent jusqu'à épuisement des matières (8).

237. Une société permettant à chacun de ses membres d'en sortir quand il lui plaît par la cession de ses droits serait-elle valablement constituée à perpétuité ? Nous le pensons ; cette

---

(1) Pardessus, IV, 1066; Malepeyre et Jourdain, p. 298; Troplong, n. 906 et 907.

(2) Orléans, 29 août 1844 ; Cass., 7 déc. 1858, 26 mai 1869.

(3) Cass., 8 fév. 1854; Lyon, 3 juill. 1862; Dalloz, *Société*, n. 988. Add. Cass., 9 mai 1854 (D.54.1.203). — *Contrà*, Pardessus, n. 1066; Troplong, n. 937 ; Persil fils, p. 348 et s. Add. Amiens, 30 janv. 1867 (D.69.1.99).

(4) Pardessus, n. 1087; Malepeyre et Jourdain, p. 300; Troplong, n. 887.

(5) Troplong, n. 967; Dalloz, n. 675. — *Contrà*, Duvergier, n. 415.

(6) Cass., 13 juill. 1868 (D.69.1.137).

(7) Troplong, n. 674; Delangle, n. 667; Marcadé, *sur l'art.* 815; Massé et Vergé, § 720, note 21. — *Contrà*, Lyon, 12 août 1828.

(8) Cass., 7 juin 1850; Lyon, 10 août 1828. — *Contrà*, Cass., 21 avril 1857, 1er juin 1859.

liberté continuelle de quitter la société est un contre-poids suffisant à l'inconvénient de la perpétuité (1).

Les anciennes sociétés *taisibles*, qui étaient d'uue durée perpétuelle, seraient aüjourd'hui sans valeur. Cependant cette nullité ne s'étend pas aux sociétés fromagères établies dans les montagnes du Jura pour la fabrication des fromages de Gruyère. Ces sociétés se prorogent tacitement d'une année à l'autre, et elles sont soumises à d'anciens usages, qui n'ont pas cessé d'être en vigueur, quoique étant en dehors du droit commun (2).

238. La renonciation à la société illimitée n'est pas de bonne foi, lorsque l'associé renonce pour s'approprier à lui seul le profit que les associés s'étaient proposé de retirer en commun. Elle est faite à contre-temps lorsque les choses ne sont plus entières et qu'il importe à la société que sa dissolution soit différée (C. civ., 1870). C'est à celui qui allègue la mauvaise foi ou l'inopportunité qu'il appartient d'en faire la preuve (3).

239. La notification de la renonciation doit en général être faite par écrit, et avoir date certaine pour être opposable aux tiers (4); cependant elle n'a pas besoin d'être expresse et résulterait implicitement d'une demande en liquidation ou licitation (5), ou même de toute autre circonstance (6).

§ 10. — De la liquidation et du partage.

240. Les règles concernant le partage de succession, la forme de ce partage et les obligations qui en résultent entre les cohéritiers s'appliquent aux partages entre associés (C. civ., 1872).

Toutefois cela n'est vrai pour les sociétés commerciales que dans les points qui n'ont rien de contraire aux usages de commerce (C. civ., 1873). Or l'un de ces usages, c'est de faire précéder le partage de la liquidation de la société, pour ensuite opérer ce partage sans aucune formalité de justice (7).

241. Il peut être nommé par le tribunal, avant toute dissolu-

---

(1) Troplong, n. 974; Cass., 6 déc., 1843, 1er juin 1859. — Adde. Cass. 13 juillet. 1868 (D.69.1.137).
(2) Besançon, 12 mars 1866 (D.67.2. 33 et la note), *suprà*, n. 54.
(3) Colmar, 14 juill. 1840.
(4) Troplong, n. 984; Delangle, n. 671;

Massé et Vergé, § 720, note 19. Comp. Cass., 12 juill. 1825.
(5) Colmar, 14 juill. 1840 ; Nancy, 24 avril 1845.
(6) Cass., 10 janv. 1831.
(7) Troplong, n 1002 V. Cass., 28 août 1865, 9 juill. 1866; *Journal des Not.*, 1845.4, 1867.

tion de la société, un administrateur séquestre, à titre de mesure conservatoire (1), mais seulement en cas de péril imminent (2) ; cette nomination met obstacle à toutes poursuites individuelles(3).

Les scellés peuvent aussi être apposés à la requête des créanciers sociaux, malgré toute clause contraire insérée dans les statuts, cette clause n'étant apposable qu'entre associés, et alors même que la liquidation serait commencée (4).

242. La liquidation est faite par les associés eux-mêmes, ou par l'un d'entre eux qu'ils choisissent, ou par un tiers désigné, soit par eux, soit, à défaut d'accord, par le tribunal. Si les associés choisissent eux-mêmes le liquidateur, ce doit être à l'unanimité, à moins que ce droit n'ait été conféré à la majorité par les statuts sociaux (5), ou suivant un auteur (6) ne lui soit reconnu, dans certaines places de commerce, par des usages irrécusables.

C'est même l'universalité des actionnaires qui serait nécessaire dans le silence du contrat, et il ne suffirait pas de ceux qui sont appelés à voter dans les assemblées ordinaires et extraordinaires (7).

Si les statuts ont chargé les associés de liquider en commun, et qu'ils ne s'entendent pas, le tribunal nomme un liquidateur étranger (8).

Si la dissolution de la société est prononcée judiciairement, il n'y a pas lieu d'appliquer la disposition des statuts qui fixe le nombre des liquidateurs et règle le mode de liquidation (9).

Le jugement qui nomme le liquidateur peut être déclaré exécutoire nonobstant appel (10).

Il y a lieu de nommer un liquidateur, alors même que la société est nulle, ou incomplétement constituée, et quelle que soit la cause qui en ait amené la nullité, ou qui empêche sa formation (11).

Jugé pour le cas d'annulation d'une société, que les intéressés

---

(1) Paris, 12 mai 1877 (le *Droit*, n. du 13 mai).

(2) Trib. civ. de la Seine, 9 mars 1873 (le *Droit*, 19 mars).

(3) Lyon, 27 mars 1873 (D.75.2.149).

(4) Cass., 23 juill. 1872 (D.73.1.355).

(5) Troplong, n. 1025; Malepeyre et Jourdain, n. 511; Cass., 15 janv. 1842. — *Contrà*, Persil, p. 380.

(6) Troplong, n. 1027.

(7) Paris, 22 déc. 1871 (Bull. de la C. d'appel, n. 2391).

(8) Paris, 24 août 1862 (Ann. Lebir).

(9) Paris, 3 déc. 1868 (le *Droit*, 20 janv. 1869).

(10) Paris, 30 sept. 1869 (Ann. Lebir).

(11) Cass., 7 fév. 1865, 24 juill. 1867 (Pal.1865.554; 1867.874), Pau, 19 nov. 1867 (D.68.2.12).

peuvent, à la simple majorité, nommer un liquidateur apte à les représenter en justice (1), mais la jurisprudence se prononce avec raison en sens contraire.

243. Le liquidateur a des pouvoirs très-étendus pour réaliser l'actif social et éteindre le passif; il vend les objets mobiliers (2) et même les immeubles, si cela est nécessaire pour payer les dettes, ou s'ils sont impartageables (3), ou encore, suivant M. Troplong (4), si la conservation des immeubles n'est pas dans le but du partage et dans les vues probables des associés. En l'absence de dettes, si l'un de ceux-ci s'opposait à la vente, les immeubles, comme les meubles, devraient être partagés en nature (5),

Il peut, au lieu d'exercer l'action résolutoire sur un immeuble vendu par la société, et dont le prix n'est pas payé, poursuivre l'expropriation de cet immeuble, surtout s'il est impartageable en nature (6).

244. Le liquidateur ne peut hypothéquer les immeubles de la société (7), ni emprunter, même pour payer des dettes exigibles (8). Mais il lui est permis de faire traite en règlement de compte sur les débiteurs de la société, d'endosser à des tiers des effets à elle appartenant (9), et, d'une manière plus générale, de prendre, à l'égard de l'actif mobilier, toutes les mesures qu'autorisent les usages du commerce, et que commandent les nécessités de la liquidation. Jugé même qu'il peut donner en nantissement les valeurs mobilières de la société (10), et donner mainlevée d'une inscription, si l'acte constate l'extinction concomitante, ou même antérieure (11) de la créance.

Mais il ne peut engager la société dans de nouvelles opérations commerciales (12).

C'est une question très-controversée que de savoir s'il peut

---

(1) Orléans, 22 déc. 1860. — *Contrà*, Nimes, 15 juill. 1863; Cass., 13 mars 1866 D.67.1.222).

(2) La Haye, 29 août 1814.

(3) Bédarride, n. 497; Malepeyre et Jourdain, p. 329. — *Contrà*, Delangle, n. 688.

(4) Troplong, n. 1017; Dalloz, n. 1031.

(5) Lyon, 23 juill. 1856. — *Contrà*, 25 août 1834.

(6) Cass., 24 juill. 1874 (D.74.1.199).

(7) Delangle, n.638; Bédarride, n.497; Troplong, n 1022; Cass., 2 juin 1836.

(8) Troplong, n. 1012; Horson, p. 41; Frémery, p. 70; Delangle, n. 688; Bédarride, n. 490; Cass., 3 avril 1819. — *Contrà*, Malepeyre et Jourdain, p. 331.

(9) Rouen, 12 avr. 1845, 26 août 1845; Paris, 29 août 1849; Cass., 19 nov. 1835. — *Contrà*, Dalloz, n. 1042.

(10) Cass., 5 mars 1850; Lyon, 19 mai 1869 (Ann. Lehir).

(11) Toulouse, 2 août 1861 (Ann. Lehir).

(12) Paris, 25 janv. 1870 (Bull. de la C. d'appel, n. 2047).

transiger et compromettre (1). Selon nous, ce pouvoir lui appartient, mais seulement pour les opérations ordinaires du commerce.

Il ne pourrait d'ailleurs attaquer une transaction faite par son prédécesseur, par exemple, avec un souscripteur d'actions, alors même que les tiers auraient ce droit (2).

245. Le liquidateur, étant le mandataire non des créanciers, mais des associés, n'a pas qualité, en principe, pour agir au nom de ceux-là contre ceux-ci (3). Cependant, étant chargé du recouvrement de l'actif pour le distribuer aux créanciers, il est recevable à poursuivre les associés, soit en versement de leur mise encore due, soit en restitution de leur mise indûment retirée (4).

Surtout si l'assemblée générale, en vertu des statuts, lui a conféré ce pouvoir (5).

Jugé même : 1° qu'un liquidateur judiciaire a, en tous cas, le droit de poursuivre, pour faire face aux besoins de la liquidation, l'appel des versements non effectués (6) ; 2° qu'il peut actionner les membres du conseil de surveillance en responsabilité si plusieurs créanciers ont concouru au jugement qui l'a nommé, ou interviennent dans l'instance (7).

C'est au liquidateur et non aux associés qu'appartient l'exercice des actions contre un associé débiteur (8).

246. Dans les sociétés civiles, un liquidateur peut aussi être nommé par l'accord unanime des associés ou par la majorité, si les statuts lui en ont donné le droit, ou, en cas de désaccord, par la justice ; mais il n'aurait que les pouvoirs qui lui seraient spécialement conférés, et sa présence ne dispenserait pas de l'observation des formes prescrites par la loi civile pour la vente et le partage (9) ; seulement il n'y aurait pas lieu à l'apposition des scellés, et les art. 841 et 842 seraient inapplicables (10).

---

(1) *Pour l'affirm.:* Vincens, p. 363 ; Pardessus, n. 1075; Horson, *quest.* 11, p. 49; Alauzet, n. 287; Foureix, n. 236 ; Rennes, 24 mars 1831; Paris, 6 janv. 1854. — *Contrà,* Malepeyre et Jourdain, p. 342; Persil, p. 364; Troplong, n. 1023; Delangle, n. 688; Bédarride, n. 488 et 489; Dalloz, n. 1056; Paris, 18 juin 1828; Cass., 15 janv. 1812.
(2) Aix, 3 mai 1871 (Pal. 72.228).
(3) Cass., 16 fév. 1874 (D.74,1,444, et 16 mai 1877 (*le Droit,* 5 sept.).

(4) Cass., 16 mai 1877, arrêt cité à la note précédente.
(5) Cass., 16 fév. 1874, arrêt cité à la note précédente.
(6) Paris, 4 janv. 1869 (Bull. de la C. d'appel, n. 1756).
(7) Lyon, 14 juill. 1873 (D.74.2.209, note contraire).
(8) Cass., 14 janv. 1867 (Pal. 1867. 401).
(9) Troplong, n. 1056.
(10) Troplong, n. 1057 et s.

247. Au contraire, le liquidateur de la société de commerce, même en présence d'incapables, n'est assujetti à aucune formalité ; après avoir réalisé l'actif, vendu les immeubles, judiciairement toutefois (1), payé les dettes, dressé les comptes personnels des associés, il délaisse ceux-ci à faire juger les contestations pouvant exister sur la liquidation qu'il a établie ; ou il compose la masse, et fait les lots dont les parties se font à l'amiable (2) l'attribution respective.

Le liquidateur porte en dépense ses honoraires, et ce qu'il peut avoir payé à un teneur de livres employé pour la liquidation (3). Toutefois il ne peut rien réclamer au delà de leurs mises aux commanditaires ni aux actionnaires des sociétés anonymes (4).

Il ne doit pas de plein droit l'intérêt des sommes non employées, mais seulement comme tout mandataire, dans les termes de l'art. 1996, C. civ., s'il est justifié que l'emploi en a été fait à son profit personnel (5).

Les créanciers à terme doivent être compris dans la distribution de l'actif, sauf à ne recevoir leurs dividendes qu'à l'échéance du terme (6).

248. Le partage du fonds social se fait, comme celui des bénéfices, en proportion des mises (7), *suprà*, nos 94, 110 et s. Les objets mis en société pour la jouissance seulement sont prélevés pour établir la masse partageable. Lorsqu'un associé a apporté une chose en propriété, et l'autre seulement une jouissance ou son industrie, ce dernier n'a droit au fonds social, si la société est dissoute avant son terme, que dans la proportion du temps qu'elle a duré, *suprà*, n° 87.

Si les actionnaires se sont partagé le fonds social avant le paiement intégral du passif, chacun d'eux est exposé à subir l'action des créanciers non désintéressés, dans la mesure de ce qu'il a retiré, et non pas seulement jusqu'à concurrence du montant originaire de leurs actions (8).

La société anonyme, dont les statuts portent qu'en cas de dis-

---

(1) Bédarride, n. 497; Cass., **3** août 1849, 2 juin 1836. — *Contrà*, Malepeyre et Jourdain, p. 329; Troplong, n. 1007.

(2) Troplong, n. 1007; Vincens, p. 365.

(3) Paris, 18 nov. 1871 (Bull. de la C. d'appel, n. 2152).

(4) Cass., 24 déc. 1862 (Ann. Lehir).

(5) Cass., 5 nov. 1873 (*le Droit*, 25 déc. 1873).

(6) Cass., 24 nov. 1869 (D.71.11.49. — *V.* Cass., 9 fév. 1864, D.64.1.78).

(7) Duvergier, n. 278; Duranton, XVII, 417 et 426; Dalloz, n. 782.

(8) Cass., 14 avril 1869, de Paris, 6 mars 1867 (D.69.1.407).

solution anticipée l'assemblée générale réglera le mode de liquidation et pourra autoriser les liquidateurs à faire le transport à
une autre société des droits, actions et obligations de la société
dissoute, a droit de faire ce transport à la société nouvelle, et
de stipuler comme prix l'attribution d'*actions* libérées de la nouvelle société aux actionnaires de l'ancienne (1).

Jugé qu'une telle cession ne comprend pas les créances dé-
couvertes ultérieurement (2).

En cas d'adjudication, à titre de licitation, d'un fonds de
commerce, à l'un des associés, l'autre a le droit de se rétablir
où bon lui semble, s'il n'y a aucune interdiction dans le cahier
des charges (3).

249. La société commerciale est censée subsister pour sa liquidation; l'être moral lui survit dans la personne du liquidateur, contre lequel les tiers exercent leurs actions, sans préjudice de leur action directe contre les associés (4). En conséquence, l'immeuble social vendu par le liquidateur n'est pas
atteint par des hypothèques provenant du chef personnel des
associés (5).

250. Le liquidateur nommé par les statuts ne peut être révoqué s'il est membre de la société; et, s'il est étranger, il ne
peut l'être qu'à l'unanimité. Nommé depuis, il est révocable
comme tout mandataire, à moins qu'il ne tienne sa mission de
la justice (6).

251. Que la société soit civile ou commerciale, le partage
produit un effet déclaratif et non translatif de la propriété, et
cet effet remonte au profit de chaque héritier abandonnataire
au jour où l'objet abandonné est entré dans la société, et non
pas seulement au jour de la dissolution de la société (7).

252. Lorsqu'il a été stipulé qu'en cas de décès d'un associé,
la part revenant à ses héritiers serait réglée d'après le dernier
inventaire, ceux-ci ne peuvent demander cette part qu'en valeurs
d'inventaire et non en argent (8).

(1) Cass., 17 août 1875 (D.76.1.359),
(2) Cass., 19 mai 1868 (D.69.1.347).
(3) Cass., 24 juill. 1873 (*le Droit*,
26 juill.).
(4) Troplong, n. 1044-1048; Cass.,
27 juill. 1863.
(5) Cass., 29 mai 1865.
(6) Malepeyre et Jourdain, n. 327;

Troplong, n. 1034 et s. — Aix, 11 nov.
1871 (D.73.2.78).
(7) Pothier, n. 179 ; Troplong, n.
1063 et s.; Massé et Vergé, § 721, note
10. — *Contrà*, Duvergier, n. 478; Delangle, n. 707.
(8) Caen, 10 nov. 1857.—Add. Paris,
5 déc. 1872 (Ann. Lehir), Grenoble,
11 juill. 1873 (D.74.2.167).

253. En cas d'annulation, pour inobservation des formes, d'un acte de société, les tribunaux peuvent ou même doivent ordonner que cet acte servira néanmoins de base à la liquidation, quoiqu'il soit sans force pour l'avenir (1). Il en serait de même d'une société annulée comme étant contraire à l'ordre public, telle que celle formée pour un office d'agent de change (2), *suprà*, n° 36 ; et *infrà*, n° 265.

254. Toutes actions contre les associés non liquidateurs et leurs veuves, héritiers ou ayants cause, sont prescrites cinq ans après la fin ou la dissolution de la société, si l'acte de société qui en énonce la durée, ou l'acte de dissolution, a été affiché et enregistré, conformément à la loi, et si, depuis cette formalité remplie, la prescription n'a été interrompue à leur égard par aucune poursuite judiciaire (C. comm., n° 64), ou d'une autre manière, par exemple par la reconnaissance de la dette résultant de paiements partiels (3). Cette prescription, applicable seulement aux sociétés commerciales, ne profite pas à l'associé liquidateur, qui reste exposé, tant en cette qualité que personnellement, et pendant trente ans, aux poursuites des créanciers sociaux, mais sauf son recours, pendant le même temps, contre ses coassociés (4). Mais elle n'est opposable qu'aux tiers, et non aux associés entre eux (5). Elle n'a pas lieu si la liquidation est faite par tous les associés (6) ou par un tiers (7), ou si la société est tombée en faillite (8).

255. La prescription quinquennale court au profit de l'associé qui se retire avant la fin de la société, et du jour où cette re-

---

(1) Pardessus, n. 1007; Troplong, n. 249; Bédarride, n. 364; Delangle, n. 539; Alauzet, n. 232; Cass., 13 juin 1832 ; 31 déc. 1844, 4 janv. 1853, 16 mai 1859, 19 mars 1862; Nancy, 23 nov. 1859, Montpellier, 16 janv. 1841; Bordeaux, 5 fév. 1844; Paris, 14 déc. 1825; 26 janv. 1855. V. Lyon, 27 juill. 1874 (D.74.2. 141. — *Contrà*, Molinier, n. 273; Foureix, n. 31. V. Agen, 10 mars 1858; Angers, 2 août 1865 ; Paris, 27 avril 1866.
(2) Toullier, VI, 127; Alauzet, I, 84 ; Massé et Vergé, § 714, note 8 ; Cass., 24 août 1841, 31 déc. 1844, 15 déc. 1851, 4 janv. 1855, 29 juin 1863; Paris, 9 et 27 mai 1862. Add. Cass., 13 mai 1862 (D.62.1.338). Paris, 10 mai 1860, 27 mai 1862 (D.60.2.289 ; 62.2.199, Lyon, 27 juill. 1874 (D.74.2.141). — *Contrà*, Duvergier sur Toullier, VI, 127;

Bédarride, I, 125, 127; Pardessus, n. 1007; Troplong, n. 102 et 103; Delangle, I, 101; Paris, 1er mars 1850, 4 fév. 1854, (D.50.2.153; 54.2.150), Cass. 10 janv. 1865 (Pal. 1865 250).
(3) Cass. 19 janv. 1859.
(4) Pardessus, n. 1090; Vincens, p. 372; Troplong, n. 1051; Bédarride, n. 702 et s.; Delangle, n. 725. — *Contrà*, Malepeyre et Jourdain. p. 343.; Bravard, p. 94 et s.; Alauzet, n. 290 et s.
(5) Delangle, n. 725; Bravard, p. 99 ; Bédarride, n. 680; Rennes, 20 juill. 1842; Rouen, 8 mars 1871 (D.72.5.418).
(6) Troplong, n. 1032 ; Bédarride, n. 691.
(7) Rouen, 24 mars 1847.
(8) Locré, XVII, p. 277; Bédarride, n. 693; Delangle, n. 724; Cass., 23 mai 1853.

traite est publiée (1). Elle court aussi au profit de l'associé liquidateur régulièrement remplacé, et qui a fait publier ce remplacement (2).

Mais l'associé qui a participé à la liquidation ne peut, pas plus que le liquidateur, invoquer la prescription de cinq ans (3).

Elle peut être opposée aux créanciers par l'associé commanditaire, qui n'aurait pas versé ou complété sa mise à la dissolution de la société (4).

256. Les tiers doivent assigner les liquidateurs au siége des opérations de la liquidation, et, s'il n'y en a pas, à leur domicile personnel (5).

Les liquidateurs doivent assigner les associés au domicile élu dans les statuts (6).

257. Du reste, ils peuvent, malgré la liquidation, poursuivre directement les membres de la société dissoute, mais pourvu qu'ils aient préalablement fait reconnaître et vérifier leur créance par les liquidateurs, soit amiablement, soit judiciairement (7), *suprà*, n° 199.

258. La déclaration de faillite d'une société en liquidation dessaisit le liquidateur, lequel peut cependant intervenir dans une instance introduite par le syndic (8).

---

(1) Delangle, n. 723; Cass., 7 juin 1830, 24 nov. 1845.

(2) Paris, 20 avril 1847; Cass., 8 août 1849.

(3) Cass., 28 mai 1872 (D.72.1.246).

(4) Delangle, n. 723; Cass., 24 juill. 1835, Cass., 27 janv. 1873 (D.73.1.371).

(5) Malepeyre et Jourdain, p. 346 ; Troplong, n. 1055.

(6) Bourges, 24 août 1871 (D.73.2.34).

(7) Delangle, n. 716; Troplong, n. 1044; Cass., 24 août 1858; Lyon, 2 fév. 1864; Cass., 10 avril 1877 (*le Droit*, n. du 11 avril). — *Contrà*, pour le cas de saisie immobilière; Cass., 12 mai 1852.

(8) Paris, 18 déc. 1872 (Bull. de la C. d'appel, n. 2989).

CHAPITRE CINQUIÈME.

259. La loi reconnaît diverses espèces de sociétés commerciales : 1° la société en nom collectif; 2° la société en commandite, simple, ou par actions; 3° la société anonyme (C. comm., 19); 4° la société à capital variable, laquelle n'est, à vrai dire, qu'un mode spécial applicable à chacune des diverses espèces de sociétés. La loi du 23 mai 1863 avait établi une autre espèce de société : la société à responsabilité limitée; mais cette loi a été abrogée par celle du 24 juillet 1867.

260. Nous avons vu, *suprà*, n°ˢ 44 et suiv., quelles sont les règles communes aux sociétés commerciales et civiles, et parmi les dissemblances qui existent, nous avons signalé la forme constitutive du contrat. En effet, la société commerciale doit : 1° être rédigée par écrit; 2° être publiée ; et il en est de même des modifications apportées à l'acte primitif.

261. Sous une 1ʳᵉ section, nous traiterons de ces formalités, qui sont communes à toutes les sociétés commerciales; nous ferons ensuite connaître les règles spéciales à chaque espèce de société (2), puis celles relatives à l'association en participation.

Section Iʳᵉ. — Des formalités communes aux diverses sociétés commerciales.

§ 1ᵉʳ. — Nécessité d'un acte écrit.

262. A la différence des sociétés civiles, toutes les sociétés commerciales doivent nécessairement résulter d'un acte écrit. Cette nécessité résulte des textes suivants : *Les sociétés en nom collectif, en commandite,* ou *anonymes* doivent être constatées par des actes publics ou sous signature privée, en se conformant, pour les sociétés en nom collectif et en commandite simple, à l'art. 1325, C. civ. (C. comm., 39); et pour les sociétés anonymes et en commandite par actions, aux dispositions des art. 1 et 21 de la loi du 24 juillet 1867.

263. Les actes de société en nom collectif et en commandite

---

(1) On n'oubliera pas que les sociétés civiles au fond peuvent adopter la forme des sociétés commerciales, *suprà*, n. 44 et suiv.

(2) En renvoyant toutefois à la IIᵉ partie du présent traité les sociétés en commandite par actions et les sociétés anonymes.

simple, qui ont eu lieu sous signatures privées, doivent être faits en autant d'originaux qu'il y a de parties ayant un intérêt distinct, *suprà*, n° 52. On a considéré que, dans une société en commandite par actions, il n'y avait que deux intérêts distincts, le gérant, d'une part, et les commanditaires, de l'autre ; en sorte que deux originaux suffisent (L. 24 juillet 1867, art. 1). Le même principe a été admis pour les sociétés anonymes (même loi, art. 21). — Du reste, et quelle que soit la forme choisie, l'acte de société peut émaner du gérant ou des fondateurs seuls ; le contrat est complété par les adhésions ou souscriptions postérieures. V. toutefois, *infrà*, 2e partie, tit. Ier, ch. Ier.

264. Aucune preuve par témoins ne peut être admise contre et outre le contenu dans les actes de société, ni sur ce qui serait allégué avoir été dit avant l'acte, lors de l'acte ou depuis, encore qu'il s'agisse d'une somme au-dessous de 150 fr. (C. comm., 41). Malgré cette règle générale, applicable d'ailleurs à tous les contrats (C. civ., 1341 et 1834), une contre-lettre, faite entre les associés, est valable et mutuellement opposable (1). De même les livres sociaux, la correspondance, pourraient servir à prouver, par exemple, une modification apportée dans l'évaluation des apports (2).

265. A défaut d'acte écrit, la convention de société est nulle. Toutefois, si la société a existé en fait, cette nullité ne concerne que l'avenir ; et, pour le passé, la convention peut être prouvée par tous les moyens du droit commun, c'est-à-dire par témoins avec un commencement de preuve par écrit, par la correspondance, par des aveux (3), même par une enseigne portant, de leur consentement, les noms des associés (4). La liquidation de la société de fait a lieu conformément aux conventions arrêtées, si elles sont prouvées, sinon d'après les règles du droit commun et de l'équité, *suprà*, n. 253.

266. La non-existence d'un acte écrit n'est pas opposable aux tiers (5) qui ont traité avec la société de fait, et qui ont, par exemple, un engagement signé de la raison sociale (6) ; ils sont

---

(1) Cass., 20 déc. 1852.
(2) Cass., 21 juin 1864.
(3) Pardessus, n. 107 ; Troplong, n. 226 ; Delangle, n. 509 ; Bédarride, n. 347 ; Paris, 27 janv. 1825, 29 janv. 1841 ; Cass., 22 juill. 1834.
(4) Paris, 1er juin 1872 (Bull. de la Cour d'app., n. 2796).
(5) Pardessus, n. 1009 ; Merlin, *Société*,

§ 1er ; Delangle, n. 516 ; Malepeyre et Jourdain, p. 116 ; Troplong, n. 229 ; Bordeaux, 23 fév. 1836, 15 juill. 1840, 14 déc. 1840 ; Lyon, 30 juin 1827 ; 6 août 1850 ; Nancy, 25 avril 1853 ; Cass., 23 nov. 1812, 25 fév. 1843. Add. Cass., 25 fév. 1875 (D.75.1.370).
(6) Delangle, n. 516. Toulouse, 5 juill. 1867 (D.67.2.117).

admis à prouver l'existence de la société par témoins, même
sans commencement de preuve par écrit, par de simples présomptions, par les livres, par des circulaires et par toutes les
circonstances.

Dans le doute sur le caractère de la société, elle serait considérée comme étant en nom collectif plutôt qu'en commandite (1).

267. En matière de société commerciale, la durée de la société est un élément essentiel du contrat et doit être, à peine de
nullité, fixée par les parties.

Le législateur en cette matière n'ayant pas, comme il l'a fait
en matière de société civile par l'article 1844, (C. civ.), donné
à la société une durée légale à défaut de la convention, le juge
n'a pas le pouvoir de compléter, à cet égard, le contrat que les
parties ont laissé imparfait.

Et l'on ne saurait trouver non plus dans le contrat, à défaut
de détermination de la durée, une promesse de société ayant la
même force qu'un acte de société, ce caractère ne pouvant
appartenir qu'à une promesse dans laquelle tous les éléments
essentiels du contrat se trouveraient réunis (2).

§ 2. — Publication des actes de société.

Cette publication étant maintenant régie par le titre IV de la
loi du 24 juillet 1867, nous renvoyons à la 2e partie du présent
ouvrage nos explications sur cette matière.

[Section II. — Des sociétés en nom collectif.

268. La société en nom collectif est celle que contractent
deux personnes ou un plus grand nombre, et qui a pour objet
de faire le commerce sous une raison sociale (C. comm., 20),
avec la responsabilité personnelle et solidaire de ses membres.

§ 1er — De la raison sociale.

269. La société en nom collectif doit avoir une raison sociale
(arg. C. comm., 20), sans quoi elle pourrait souvent dégénérer
en participation (3). Cependant, si elle a été publiée, l'omission
de la raison sociale ne sera pas une cause de nullité, ni entre
les associés, ni vis-à-vis des tiers (4).

---

(1) Lyon, 1er juill. 1870 (Ann. Lehir)
(2) Lyon, 24 juin 1870 (D.72.2.198).
(3) Troplong, n. 376.

(4) Troplong, n. 376 ; Bédarride, n.
127 ; Dalloz, n. 805.

270. La raison sociale se compose le plus souvent des noms des associés, s'ils ne sont que deux ou trois ; ainsi : *Primus et Secundus ;* ou *Primus, Secundus et Tertius.* Quelquefois on se sert de cette addition *et compagnie,* comme : *Primus et Cᵉ ; Primus, Secundus et Cᵉ,* addition qui est toujours employée lorsque les associés sont plus nombreux.

271. Il ne faut pas confondre la raison sociale avec la dénomination habituellement donnée aux sociétés qui ont une certaine importance ; cette dénomination peut avoir une valeur vénale, elle est attachée à la chose exploitée, et après la dissolution de la société, elle passe avec elle, à la différence de la raison sociale qui n'existe plus que pendant la liquidation, dans les mains des acquéreurs successifs de cette chose (1).

272. Les noms des associés peuvent seuls faire partie de la raison sociale (C. comm., 21), sous peine d'être poursuivis comme coupables d'escroquerie, s'ils ont fait usage d'un nom étranger pour tromper les tiers (C. pén., 405) (2), et même de faux, si la raison sociale contenant ce nom a été apposée au bas d'un engagement quelconque (C. pén., 147 (3). Si un tiers avait autorisé expressément (4) ou tacitement (5) l'emploi de son nom, il deviendrait solidairement responsable envers les créanciers sociaux (arg. C. civ., 1382), alors même que dans l'acte de société il aurait fait des réserves publiées avec l'extrait de cet acte (6).

Toute personne, dont le nom a été usurpé, peut demander qu'il soit supprimé de la raison sociale (7).

273. Après la dissolution publiée d'une société, si un ancien associé continue de mauvaise foi de se servir de la signature sociale, il commet le crime de faux (C. pén., 147) (8) ; il n'engage pas les autres associés (9), à moins que ceux-ci n'aient toléré l'usage de leur nom, et que les tiers n'y aient été trompés (arg. C. civ., 1382 (10).

---

(1) Malepeyre et Jourdain, p. 26 ; Pardessus, n. 978 ; Troplong, n. 374.
(2) Malepeyre et Jourdain, p. 28 ; Delangle, n. 223 ; Bédarride, n. 133.
(3) Malepeyre et Jourdain, p. 28 ; Molinier, n. 259. — *Contrà,* Dalloz, n. 806.
(4) Pardessus, n. 978 ; Troplong, n. 393 ; Alauzet, n. 128 ; Aix, 15 janv. 1874 (Ann. Lehir, 1874).

(5) Bédarride, n. 136.
(6) Comp. Dalloz, n. 806.
(7) Bordeaux, 17 nov. 1873 (D.75.2 82).
(8) Merlin, *Faux,* sect. 1re, § 5 ; Delangle, n. 224 ; Cass., 16 oct. 1806.
(9) Cass., 10 mai 1815.
(10) Aix, 16 janv. 1840. V. toutefois Bédarride, n. 137 et s. ; Dalloz, n. 814.

Si une nouvelle société succède à la première, elle ne peut se servir de la raison sociale de celle-ci qu'avec le consentement de tous les anciens associés (1).

274. En cas de décès ou retraite d'un associé, son nom doit donc disparaître de la raison sociale (2) et ce changement doit être publié.

§ 2.— De la gestion des sociétés en nom collectif.— Signature sociale.— Solidarité.

275. Dans le silence du contrat, tous les associés ont, comme dans les sociétés civiles, un droit égal à l'administration ; si un ou plusieurs gérants ont été désignés, ils ont les pouvoirs qui résultent soit du droit commun, *suprà*, n°ˢ 158 et suiv., soit des conventions sociales.

276. Les clauses dérogatoires au droit commun doivent être publiées, *infrà*, 2ᵉ partie, tit. IV, à peine de n'être pas opposables aux tiers. Est considérée comme valable la stipulation que certains engagements n'obligeront la société que s'ils sont signés de tous les associés ou de plusieurs d'entre eux (3) ; ou encore que toutes les affaires seront faites au comptant (4).

277. Les associés en nom collectif, indiqués dans l'acte de société, sont solidaires pour tous les engagements de la société, encore qu'un seul des associés ait signé, pourvu que ce soit sous la raison sociale (C. comm., 22).

278. C'est le gérant qui a, de plein droit (5), la signature sociale ; mais, à défaut d'associé désigné pour gérer, ou à défaut de publication de l'acte de société (6), elle appartient à chacun des associés.

279. La société est néanmoins engagée quoiqu'il n'ait été fait emploi ni de la raison ni de la signature sociale, s'il résulte de l'acte d'engagement (7), ou même des circonstances extrinsèques à cet acte (8), qu'il a eu lieu au nom et pour le compte de la société. Elle serait aussi engagée, bien entendu, si tous les asso-

---

(1) Bordeaux, 17 nov. 1873 (D.75.2.82).

(2) Delangle, n. 220 et s. ; Molinier, n. 258 ; Cass., 28 mars 1830. Comp. Cass., 7 juill. 1852.

(3) Dalloz, n. 894 ; Cass., 22 déc. 1874 (D.75.1.254). — *Contrà*, Paris, 12 août 1848, 14 août 1873 cassé (ci-dessus).

(4) Troplong, n. 705 ; Frémery, p. 40 ; Horson, t. 1ᵉʳ, p. 23 ; Cass., 24 juin 1829. V. Pau, 3 javn. 1831.

(5) Cass., 30 août 1826 ; 4 déc. 1854.

(6) Delangle, n. 244 ; Cass., 24 juin 1829, 12 mars 1850.

(7) Pardessus, n. 1025 ; Delangle, n. 237 ; Bédarride, n. 48 et s., Troplong, n. 806 ; Cass., 23 avril 1806, 12 mars 1850. — *Contrà*, Cass., 10 janv. 1816.

(8) Bédarride, n. 448 et s. ; Alauzet, n. 133. Comp. Troplong, n. 806.— *Contrà*, Pau, 7 fév. 1827.

ciés avaient concouru à l'engagement (1) ; mais en général l'obligation contractée par un associé en son nom personnel n'oblige pas la société quoiqu'elle ait tourné à son profit, *suprà*, n° 195.

280. Pour le cas d'abus de la signature sociale, nous renvoyons *suprà* n°s 196 et suiv.

281. La gérance d'une société en nom collectif peut être confiée à une personne étrangère à la société (2). Ce gérant a la signature sociale, qu'il n'est pas tenu de faire précéder des mots : *par procuration* (3) ; mais si la société n'avait pas été publiée, cette omission pourrait le faire considérer vis-à-vis des tiers comme un associé responsable (4).

282. La solidarité des associés en nom collectif est de l'essence du contrat, et toute clause, même publiée (5), qui en affranchirait l'un ou l'autre des associés serait nulle. Toute condamnation contre une société en nom collectif emporte de droit solidarité entre ses membres (6). Mais entre les associés est valable toute clause limitant la perte de l'un deux à sa mise (7).

283. Si un associé contracte avec la société et devient par suite son créancier, il peut actionner la société, et subsidiairement ses coassociés solidairement (8) ; mais s'il a seulement fait des avances ou payé des dettes pour la société, son action subsidiaire se divise entre ses coassociés ; car dans le premier cas il agit comme un tiers et dans le second comme associé (9). En conséquence l'insolvabilité de l'un se répartit entre tous (10).

Section III. — Des sociétés en commandite.

284. On distingue deux espèces de sociétés en commandite : 1° la commandite simple ou sans actions ; la commandite par actions. Nous ferons connaître les règles communes à ces deux formes de sociétés, puis les règles particulières à chacune d'elles.

---

(1) Delangle, n. 258; Rennes, 29 janv. 1839; Colmar, 11 déc. 1841.

(2) Delangle, n. 260; Molinier, n. 314; Bédarride, n. 123. — *Contrà*, Malepeyre et Jourdain, p. 124.

(3) Bédarride, n. 144; Dalloz, n. 895. — *Contrà*, Delangle, n. 260 ; Malepeyre et Jourdain, p. 125.

(4) Paris, 3 mars 1831.

(5) Pardessus, n. 1022 ; Malepeyre et Jourdain, p. 128; Delangle, n. 228; Molinier, p. 360 ; Alauzet, n. 129 ; Cass.,

26 avril 1836. Comp. Bordeaux, 31 août 1831.

(6) Cass., 2 août 1853, 28 fév. 1859.

(7) Paris, 15 mars 1866. — *Suprà*, n. 135 et 189.

(8) Delangle, n. 264; Molinier, n. 349; Cass., 28 fév. 1859.

(9) Delangle, n. 265; Molinier, n. 359; Cass., 15 nov. 1831, 8 janv. 1862; Paris, 28 fév. 1850. — *Contrà*, Cass., 17 fév. 1830.

(10) Cass., 16 fév. 1874 (D.74.1.194).

§ 1er. — Règles communes à toutes les sociétés en commandite.

285. I. *Caractères généraux*. La société en commandite se contracte entre un ou plusieurs associés, responsables et solidaires, et un ou plusieurs associés simples bailleurs de fonds, que l'on nomme commanditaires ou associés en commandite (C. Comm., 23).

286. Lorsqu'il y a plusieurs associés solidaires et en nom, soit que tous gèrent ensemble, soit qu'un ou plusieurs gèrent pour tous, la société est à la fois société en nom collectif à leur égard, et société en commandite à l'égard des simples bailleurs de fonds (C. comm., 24). Est donc inexacte la formule, souvent employée, qui donne cette double qualification à la société où il n'y a qu'un seul associé responsable, une telle société étant purement en commandite.

287. La société peut être annulée pour dol commis par le gérant envers le commanditaire ; mais en général la mise du commanditaire resterait affectée à l'exécution des obligations contractées envers les tiers, sauf son recours contre le gérant (1).

288. Le commanditaire fait acte de commerce en s'obligeant à verser sa mise ; dès lors il est justiciable du tribunal de commerce, et il était autrefois soumis à la contrainte par corps (2). Toutefois il n'en serait pas de même des sociétés civiles au fond et qui n'auraient emprunté que la forme commerciale, *suprà*, n° 11. L'obligation de restituer des dividendes fictifs serait aussi de la compétence des tribunaux civils (3).

289. II. *Raison sociale*. La société en commandite est régie sous un nom social qui doit être nécessairement celui d'un ou de plusieurs des associés responsables et solidaires (C. comm., 23).

290. Le nom d'un associé commanditaire ne peut faire partie de la raison sociale (C. comm., 25), à peine d'être de plein droit indéfiniment responsable et solidaire (4). Du reste, alors même que la société ne comprend qu'un gérant et un seul commandi-

---

(1) Lyon, 31 janv. 1840; Paris, 30 juill. 1859; *infrà*, n° 294.

(2) Bédarride, n. 241 ; Malepeyre et Jourdain, p. 138; Cass., 28 fév. 1844, 28 mars 1855, 3 mars 1863; Paris, 27 fév. 1847, 20 nov. 1847, 31 déc. 1847; Amiens, 25 janv. 1856; Grenoble, 25 fév. 1857; Lyon, 21 juill. 1858; Rouen, 3 juin 1859. — 29 nov. 1861. Comp. Cass., 29 août 1859.—*Contrà*, Delangle, I, 312 et s.; Pardessus, V. 1540; Paris, 22 déc. 1846. V. Angers, 18 janv. 1865.

(3) Cass., 2 mai 1867 (D. 67.1.193).

(4) Delangle, n. 335 et s.; Troplong, n. 419. Paris, 13 janv. 1877 (*le Droit*, 14 avril 1877).

taire, la raison sociale peut se composer du nom du gérant avec ces mots *et compagnie*, sans nuire à la qualité du commanditaire (1).

291. III. *De la gérance*. Les pouvoirs des gérants ont été déterminés *suprà*, nos 156 et suiv. Jugé, spécialement en matière de commandite : 1° que le gérant peut emprunter, à moins d'une interdiction statutaire, mentionnée dans les publications légales (2) ; 2° qu'il peut, malgré cette interdiction, se procurer par des opérations de crédit à courte échéance, telles que des reports, les sommes exigées par un grand mouvement d'affaires (3) ; 3° que s'il a reçu le pouvoir général de traiter de tout ce qui serait relatif à la marche des affaires et à l'établissement de la société, cette clause peut être interprétée comme contenant autorisation d'aliéner et d'hypothéquer les immeubles sociaux (4) ; 4° qu'il ne peut acheter valablement qu'au comptant, si les statuts, publiés en ce point, lui en font la condition (5) ; 5° que la clause défendant au gérant de s'engager au delà d'une certaine somme sans le consentement des commanditaires est opposable aux tiers, si elle a été publiée (6), *infrà*, n° 335.

Les droits et les obligations du gérant, fixés par les statuts, ne peuvent être modifiés sans son consentement (7).

292. Celui qui ne devient gérant que pendant le cours de la société n'est pas tenu des dettes antérieurement contractées, à moins qu'il n'ait pas fait dresser un inventaire contradictoire lors de son entrée en fonctions (8). A l'inverse, si le gérant donne sa démission légalement publiée, il n'est pas tenu des dettes postérieurement contractées (9).

293. IV. *Obligations des commanditaires*. Les associés commanditaires sont tenus au versement intégral de leurs mises (C. comm., 26) ; et, après une longue controverse, il paraît aujourd'hui constant que les créanciers sociaux ont contre eux une action directe pour les obliger à ce versement ; qu'ils sont dès lors dispensés de recourir à l'action oblique de l'art. 1166,

---

(1) Pardessus, n. 1032 ; Malepeyre et Jourdain, p. 148 ; Bédarride, I, 204. — *Contrà*, Vincens, *Législat. commerc.*, p. 347.

(2) Paris, 26 juin 1841.

(3) Cass., 18 juin 1872 (D. 72.1.268).

(4) Cass., 8 nov. 1869 (Pal. 70.35).

(5) Orléans, 1er juin 1852, 11 janv.

1853. — *Contrà*, Malepeyre et Jourdain p. 59.

(6) Cass., 24 mai 1859.

(7) Paris, 18 juin 1872 (Bull. de la C. d'app., n. 2674).

(8) Trib. comm. Seine, 14 juill. 1844 — *Contrà*, Paris, 22 août 1849.

(9) Cass., 8 avril 1872 (D.72.1.107)

C. civ. ; et par suite que les exceptions purement personnelles au gérant, par exemple, la fraude de celui-ci (1), ne leur seraient pas opposables (2). Cette action appartient aux créanciers individuellement pendant la société (3), comme après sa dissolution (4), mais s'il y a faillite, elle passe au syndic (5).

294. La faillite de la société rend exigibles les sommes dues par les commanditaires, avec les intérêts au taux commercial du jour de la demande judiciaire (6), et sans qu'ils puissent exciper d'aucune contre-lettre signée du gérant (7), ni de manœuvres frauduleuses pour obtenir leurs souscriptions (8).

295. La commandite étant le gage des créanciers sociaux, le gérant ne peut rendre la mise des commanditaires (9), et il est sans pouvoir pour les délier de leurs engagements, même sous forme d'une prétendue rétrocession d'actions (10).

296. Les bénéfices périodiques, distribués aux commanditaires de bonne foi et en temps non suspect, ne sont pas sujets à rapport. Toutefois voir sur cette question, *suprà*, n° 115 et suiv.

297. L'associé commanditaire n'est passible des pertes que jusqu'à concurrence des fonds qu'il a mis ou dû mettre dans la société (C.comm.,26), mais sauf la responsabilité prononcée contre lui en cas d'immixtion dans la gérance, ainsi qu'on va le voir.

Il ne serait pas engagé au delà de sa mise, alors même qu'il aurait été stipulé qu'il verserait une part de la perte au prorata de son apport un mois après l'inventaire annuel, cette clause devant s'interpréter en ce sens que ce versement serait imputable sur sa mise non intégralement libérée (11).

---

(1) Paris, 30 juill. 1859.

(2) Pardessus, IV, 1034; Malepeyre Jourdain, p. 156; Troplong, II, 828 et s.; Bédarride, n. 237 et s.; Alauzet, n. 158 et 159; Pont, *Rev. crit.*, 1854, p. 304; Dalloz, n. 1332; Cass., 28 fév. 1844, 25 juin 1846; 30 juill. 1854, 24 juin 1861; Paris, 23 fév. 1833, 6 déc. 1850; Rouen, 21 déc. 1844; Grenoble, 19 janv. 1854. — *Contrà*, Delangle, I, 279 et s.; Molinier, n. 547; Foureix, n. 129; Paris, 24 août 1833; Douai, 11 juill. 1846.

(3) Dalloz, v° *Société*, n. 1330 et s. — *Contrà*, Poitiers, 30 janv. 1867 (D. 67.2.142).

(4) Dalloz, v° *Société*, n. 1431; — Poitiers, arrêt susénoncé.

(5) Cass., 25 juin 1846 (D.46.1.134) ; Trib. com. Marseille, 16 nov. 1866 D.75. 5.411).

(6) Paris, 23 juin 1859.

(7) Cass., 11 mai 1863; Paris, 10 janv. 1864.

(8) Cass., 10 fév. 1868; Paris, 20 avril et 9 mai 1877 (*le Droit*, n° des 16-17 août).

(9) Bédarride, n. 221; Alauzet, n. 157; Cass., 13 août 1846; Paris, 22 mai 1844; Angers, 18 fév. 1848 ; Donai, 14 déc. 1843. Jugé que la clause portant que le commanditaire aura droit au remboursement d'une portion de sa commandite sur les biens personnels des associés en nom collectif, n'est pas opposable aux créanciers de la société, non payés sur l'actif social; Cass., 9 mai 1865.

(10) Cass.,10 avril 1844,12 avril 1842, 13 août 1826; Paris, 16 janv. 1862; Dijon, 29 juill. 1862. Add. Cass., 13 avril 1870 (D.74.1.219).

(11) Rouen, 9 juin 1875 (D.75.2.205).

La majorité des commanditaires serait sans pouvoir pour obliger les dissidents au delà de la mise.

298. V. *Défense d'immixtion.* L'associé commanditaire ne peut faire aucun acte de gestion, même en vertu de procuration (C. comm., 27). L'ancien art. 27 modifié par la loi du 6 mai 1863, ajoutait ces mots : *ni être employé pour les affaires de la société,* qui ont été justement supprimés. Déjà un avis du Conseil d'État du 27 avril 1809 avait décidé que la prohibition ne s'appliquait pas « aux transactions commerciales que la maison commanditée peut faire pour son compte avec le commanditaire, et réciproquement le commanditaire avec la maison commanditée, comme avec toute autre maison de commerce. » D'où l'on concluait que le commanditaire pouvait être le commissionnaire (1), et même le commis (2) de la société, mais non son agent ou son représentant (3). Ces décisions sont à plus forte raison exactes aujourd'hui (4).

299. Les actes de gestion défendus sont ceux qui mettraient les commanditaires en rapport direct avec les tiers, et qu'ils feraient *en représentant comme gérants* la maison commanditée (*Avis du Cons. d'Etat 27 avril* 1809). L'immixtion doit être directe et personnelle (5). Ainsi il y aurait immixtion de la part du commanditaire d'une société formée pour la publication d'un journal, s'il se substituait à la gérance en dirigeant le service, donnant des ordres, traitant avec le papetier, l'imprimeur, etc. (6).

300. Les avis et conseils, les actes de contrôle et de surveillance n'engagent point l'associé commanditaire (Loi 6 mai 1863 ; C. comm., 28, 2e alin.).

301. On ne devrait pas considérer comme actes d'immixtion : 1° les mesures de surveillance intérieure (7) ; 2° l'approbation d'actes consommés ou en cours d'exécution (8) ; 3° l'autorisation

---

(1) Troplong, n. 454; Pardessus, IV, 1030; Delangle, I, 382 et s., Cass., 17 janv. 1855.

(2) Troplong, n. 346; Bédarride, n. 254; Molinier, n. 509; Cass., 15 mars 1847; Trib. comm. de la Seine, 14 juill. 1841. — *Contrà,* Malepeyre et Jourdain, p. 134; Pardessus, IV, 1038; Delangle, I, 400.

(3) Dalloz, n. 1376. Jugé que des notaires ne font pas acte d'immixtion en étendant dans leur clientèle les relations d'une compagnie d'assurance : Cass., 9 fév. 1864.

(4) Vavasseur, *Droit comm.*, n. du 19 mai 1863.

(5) Rouen, 9 juin 1875 (D.75.2.205).

(6) Paris, 1er mars 1845.

(7) Troplong, n. 427; Cass., 13 nov. 1844, 25 juin 1846, 24 mai 1850; Lyon, 30 juill. 1844; Riom, 14 janv. 1862; Loi 6 mai 1863 (C. comm., 28, 2e alin).

(8) Cass., 23 mars 1846; Paris, 4 janv. 1844.

de faire des actes dépassant les pouvoirs du gérant (1), à moins
que la prétendue autorisation ne soit une injonction pour le
gérant, privé ainsi de sa liberté d'action (2). Du reste il est
facile d'éviter toute contestation en donnant à la délibération la
forme d'une modification aux statuts et en la publiant comme
telle.

302. La clause des statuts qui rendrait obligatoires pour le
gérant les avis des commanditaires, celle, par exemple, qui
subordonnerait à leur consentement même écrit, les engagements, les emprunts excédant une somme déterminée (3), les
ventes à crédit, les achats dont l'opportunité n'aurait pas été
reconnue par l'un au moins des commanditaires, ne rendrait
pas ceux-ci associés solidaires, si elle ne devait donner lieu qu'à
un simple recours en garantie de leur part contre le gérant (4) ;
il en serait autrement, si, dans la pensée des parties, et d'après
l'appréciation des clauses de l'acte, elle devait être opposable
aux tiers eux-mêmes, *suprà*, nº 291.

303. La réserve faite par les commanditaires de remplacer le
gérant décédé ou démissionnaire, et même de le destituer, est
licite, *suprà* nº 143 et s., ils ne s'immiscent pas dans la gestion
en usant de cette réserve (5) ni en nommant des gérants provisoires, uniquement chargés de faire des actes conservatoires (6),
ni même en désignant, en vertu de l'acte de société, un caissier
sans le visa duquel le gérant ne pourrait faire certaines opérations (7), ni en recevant les comptes du gérant démissionnaire (8), ni en constituant une commission des statuts, chargée
avant la réalisation de la société, des mesures intérieures de
précaution et de surveillance (9). Après la dissolution, ils peuvent consentir à la liquidation et même se charger de la gestion
provisoire (10).

---

(1) Delangle, n. 386; Alauzet, n. 100
et s.; Bédarride, n. 245; Paris, 4 janv.
1841.—*Contrà*, Duvergier, *Rev. étrang.*,
I, p. 739.

(2) Cass., 23 mars 1846; Lyon, 3 août
1843. — *Contrà*, si l'injonction s'est produite en dehors des tiers; Cass., 21 déc.
1863; Paris, 15 juill. 1862.

(3) Cass., 24 mai 1859; Rouen, 20 juill.
1857. Add. Rouen, 9 juin 1875 (D.75.2.
205).

(4) Troplong, n. 429; Pardessus, n.
1031; Dalloz, n. 1356; Cass., 29 juin
1858. — *Contrà*, Malepeyre et Jourdain,

p. 152; Bédarride, n. 248 et 249; suivan
ces auteurs, la clause serait nulle. V
Paris, 16 mai 1808, 26 mars 1840.

(5) Cass., 23 mars 1846; Paris, 11 nov.
1848, Cass., 25 nov. 1872 (D.75.1.479).
— *Contrà*, Troplong, n. 432, pour le cas
de destitution.

(6) Cass., 22 déc. 1845, 5 janv. 1859,
30 avril 1862 (D.62.1.527).

(7) Cass., 25 juin 1846.

(8) Cass., 5 janv. 1859.

(9) Paris, 9 juin 1866.

(10) Troplong, n. 1045 et 1046 ; Delangle, n. 396; Bédarride, n. 251; Alau-

304. L'immixtion du commanditaire peut être prouvée par témoins (1), et les faits qui la constituent sont appréciés souverainement par les juges du fond (2).

305. Le commanditaire peut déléguer à un tiers le droit de vérifier les livres et les écritures de la société (3).

306. VI. *Responsabilité en cas d'immixtion.* En cas de contravention à la prohibition mentionnée dans l'art. 27, C. comm., l'associé commanditaire est obligé, solidairement avec les associés en nom collectif, pour les dettes et engagements de la société qui dérivent des actes de gestion qu'il a faits ; et il peut, suivant le nombre et la gravité de ces actes, être déclaré solidairement obligé pour tous les engagements de la société ou pour quelques-uns seulement (Loi 6 mai 1863, C. comm., 28, 1er alin.).

307. L'ancien art. 28, C. comm., plus rigoureux pour l'associé commanditaire, le déclarait *pour un fait unique d'immixtion*, solidairement obligé avec les associés en nom collectif, *pour toutes les dettes et engagements de la société ;* et l'on décidait que cette obligation s'étendait aux dettes antérieures comme à celles postérieures à l'immixtion (4).

308. La solidarité prononcée contre le commanditaire qui s'est immiscé ne peut être invoquée par ses coassociés, mais seulement par les tiers (5). Elle ne saurait en aucun cas le faire considérer comme commerçant et le soumettre à la faillite (6), s'il n'y a eu que des faits isolés d'immixtion. Néanmoins ils profitent du concordat accordé à la société en faillite (7).

§ 2. — De la société en commandite simple.

309. Dans cette société, la part de l'associé commanditaire n'est pas transmissible sous forme d'action nominative ou au porteur, comme dans la société en commandite par actions. Néan-

---

zèt, n. 161 ; Cass., 26 déc. 1842, 17 avr. 1843 ; Paris, 23 fév. 1829 ; Nancy, 25 janv. 1845.

(1) Pardessus, IV, n. 1037 ; Troplong, n. 437 ; Delangle, I, n. 404 ; Bédarride, n. 257.

(2) Cass., 6 mai 1835, 6 fév. 1843, 7 mars et 24 mai 1859.

(3) Poitiers, 22 mars 1854.

(4) Troplong, n. 429 ; Persil, sur l'article 28, n. 3.

(5) Pardessus, IV, 1038 ; Malepeyre et

Jourdain, p. 167 ; Troplong, n. 440 ; Lyon, 27 mai 1859 ; Bordeaux, 4 déc. 1850 Caen, 16 août 1864. — *Contrà*, Paris, 9 janv. 1836. Comp. Delangle, I, n. 412 et s. ; Bédarride, n. 259 et s.

(6) Pardessus, n. 1037 ; Troplong, n. 438 ; Dalloz, n. 1382 ; Bourges, 2 août 1828. — *Contrà*, Malepeyre et Jourdain, p. 164 et s. ; Molinier, n. 504 ; Delangle, n. 407.

(7) Cass., 5 déc. 1864.

moins le capital social peut être divisé en parts d'intérêts représentant, soit une fraction aliquote de ce capital, comme un 1/100,
un 1/1000, etc., soit une certaine somme, 500 fr., 1000 fr., etc.,
pourvu que ces parts d'intérêts ne soient pas négociables
par la voie commerciale, mais seulement dans la forme des transports ordinaires (C. civ., 1690 et suiv.). Dans le silence du
contrat, ce transport ne produirait d'effet qu'entre le cédant et
le cessionnaire, lequel resterait étranger à la société, *suprà*,
n° 206 ; mais il pourrait être expressément autorisé par les statuts sans faire dégénérer la société en une commandite par
actions (1).

310. Il n'y a pas de termes sacramentels pour établir une
société en commandite ; mais le doute s'interpréterait contre le
commanditaire (2) qui deviendrait un associé en nom collectif,
si, par exemple, il avait le droit de s'immiscer, vis-à-vis des tiers,
dans tous les actes, ou dans la plupart des actes de la gestion (3),
ou s'il était exposé aux pertes sociales au delà de sa mise.
Il en serait ainsi alors même que l'acte serait qualifié de commandite (4).

311. La société en commandite simple a été souvent confondue avec le prêt à intérêt, *suprà*, n° 32 ; ce qui fera prédominer
e caractère de société, ce sera la chance de pertes courue par
le capital ; cependant, le capital pouvant n'être mis en société
que pour la jouissance, il y aurait encore société dans ce cas,
quoique cette jouissance seule fût soumise aux pertes sociales,
suprà, n° 83.

Dans la société en commandite simple, un conseil de surveillance n'est pas obligatoire. Mais si un conseil est nommé, les
membres en sont responsables, en vertu des principes généraux
sur le mandat, c'est-à-dire non-seulement en cas de dol, mais
encore de faute (art. 1992, C. civ.) (5).

---

(1) Paris, 20 avril 1850
(2) Merlin, *Société*, sect. 2, § 3, art. 2 ;
Troplong, n. 444 ; Alauzet, n. 149 ; Delangle, n. 269 et s.
(3) Comp. Dalloz, n. 1094 ; 7 fév. 1827.
Comp. Cass., 17 janv. 1755 : Paris, 23
uill. 1828 ; Bordeaux, 20 août 1839.

(4) Delangle, n. 274 ; Bédarride, n.
186 et s. ; Comp. Bordeaux, 7 fév. 1832.
(5) Douai 7 août 1873. Pour la société
en commandite par actions et la société
anonyme. V. la II° partie du Traité.

CHAPITRE SIXIÈME.

DE L'ASSOCIATION EN PARTICIPATION.

312. Indépendamment des quatre espèces de société ci-des-sus, la loi reconnaît les associations commerciales en partici-pation (C. comm., 47). Néanmoins l'association en participa-tion n'est pas exclusivement réservée aux opérations de commerce, et elle peut s'adapter à des entreprises essentiellement civiles, comme l'achat et la revente des immeubles (1).

313. I. *Caractères de l'association en participation.*—Ces asso-ciations sont relatives à une ou plusieurs opérations de commerce (C. comm., 48). Mais cette définition légale, trop rigoureuse-ment suivie par les premiers commmentateurs du Code de commerce (2), a jeté dans la jurisprudence une incertitude qui a duré longtemps. C'est ainsi que de nombreux arrêts ont refusé d'admettre la participation si les entreprises avaient pour objet une série indéfinie d'opérations, un genre particulier d'indus-trie, comme : le transport des voyageurs, l'exploitation d'un théâtre, d'une maison de commerce, etc. (3).

314. D'autres arrêts, se renfermant moins rigoureusement dans le texte, admettaient la participation si la série d'opérations se rattachait à une même exploitation, comme un établissement de bains publics (4), une maison de commission (5), un office de courtier (6), un brevet d'invention (7). Mais là n'était pas la véritable ligne de démarcation entre la participation et la société en nom collectif, avec laquelle cependant il importait beaucoup d'éviter la confusion, puisque celle-ci est soumise à des formalités irritantes, *suprà*, n°s 262 et suiv., dont l'autre est affranchie comme on le verra bientôt.

315. L'hésitation dans la jurisprudence, comme dans la doc-trine, fut à un moment si marquée que M. Pardessus (8) avouait

---

(1) Troplong, n.542; Bédarride, n.548; Dalloz, n. 1682; Cass. 1er juin 1834; 19 juin 1838, 17 juill. 1861; Douai, 3 janv. 1859.

(2) Locré, sur l'art. 47 ; Pardessus, n. 1046. V. dans le même sens Persil, sur l'art. 47; Malepeyre et Jourdain, p. 260.

(3) V. notamment : Bordeaux, 5 mai 1829 ; Grenoble, 9 juillet 1831 ; Colmar, 25 fév. 1840; Caen, 13 janv. 1841; Paris, 29 janv. 1844.

(4) Cass., 5 juill. 1825.
(5) Cass., 18 juill. 1822.
(6) Rennes, 15 janv. 1831.
(7) Amiens, 18 janv. 1843. Add. Trib. Sancerre, 6 mai 1874 (D.76.1.173).
(8) N. 1046.

qu'il n'y avait en cette matière d'autre règle à poser que de s'en rapporter, sur chaque espèce, à l'appréciation des tribunaux. Mais heureusement, cette solution arbitraire, quoique consacrée plusieurs fois par la Cour suprême (1), fit bientôt place aux véritables principes. Il fut enfin reconnu que le caractère essentiel et dominant de la participation était d'être occulte, de ne point se manifester aux tiers, de se résumer dans un compte de bénéfices ou pertes entre les associés (2); et qu'il n'y avait à considérer ni son objet ni sa durée; d'où il résulte, notamment: 1° que l'associé qui traite avec les tiers le fait toujours en son nom personnel : cet associé reçoit entre les associés le nom de gérant de la participation ; 2° que, dans la participation, il n'y a pas de mise en commun, pas de capital social, chacun restant propriétaire de son apport, quoique cependant ce qui en forme l'objet puisse appartenir par indivis aux associés (3); 3° qu'il n'y a pas de raison sociale; 4° qu'il n'y a point de siége social, quoique les associés puissent choisir un domicile commun pour y centraliser leurs opérations (4) ; 5° et finalement, que la participation n'est pas une vraie société se personnifiant dans un corps moral. Ces diverses conséquences semblent aujourd'hui admises par la jurisprudence (5).

316. Quelle que soit la qualification employée par les parties, le caractère réel de la convention doit l'emporter. C'est ainsi que de prétendues associations en participation ont été reconnues par les tribunaux constituer : tantôt des sociétés anonymes, s'il y avait un capital divisé en actions (6), tantôt des sociétés en nom collectif, s'il y avait une raison sociale (7), tantôt des sociétés en commandite (8). Et dans ces divers cas, la conven-

---

(1) Cass. 1er juin 1836, 7 déc. 1836, 8 janv. 1840. Add., 10 août 1859, 8 mai 1867 (D.59.1.360; 67.1.225).

(2) Troplong, n. 499; Bédarride, n. 431; Vincens, I, p. 379; Alauzet, n. 247. Comp. Delangle, n. 600.

(3) Troplong, n. 501; Alauzet, n. 247 ; Cass., 7 août 1838; 20 nov. 1861. Add., Rouen, 31 juill. 1869 (D.70.1.242) Cass. 22 déc. 1874 (D.76.1.72).

(4) Rennes, 28 janv. 1856 ; Orléans, 16 nov. 1859; Cass., 4 juin 1860, 16 et 22 août 1865. Add., Cass., 6 mars 1877 (le Droit, 21-22 mai).

(5) Cass., 7 août 1838, 11 mai 1857, 4 déc. 1860, 20 nov. 1861, 29 juill.1863, 21 juin 1864, 18 février 1868; Paris, 1er

juill. et 12 nov. 1852, 7 fév. 1863, 22 déc. 1865, 27 mars 1866; Douai, 17 juill. 1847 ; Rennes, 19 janv. 1863; Bruxelles, 18 juill. 1829, 27 nov. 1830, 30 nov. 1831, 11 déc. 1841. Add., Paris, 25 mars 1866 (Bull. de la C. d'app., n. 1602), et 27 janv. 1876 (Ann. Lehir, 1876, p. 262). V. mes deux articles dans le Droit commercial, 13 oct. 1863 et 7 juin 1864.

(6) Liége, 26 déc. 1818 ; Toulouse, 16 juill. 1825; Cass., 12 juillet 1842.

(7) Nancy, 22 mars 1831; Bordeaux, 6 fév. 1849; Colmar, 23 juin 1857; Cass., 29 juill. 1863. Même sans raison sociale: Cass., 10 août 1859.

(8) Paris, 22 mai 1841 ; Cass., 20 nov. 1861.

tion a été déclarée nulle, en l'absence des formalités prescrites pour ces diverses natures de société.

317. II. *Formes.* — Les associations en participation ont lieu pour les objets, dans les formes, avec les proportions d'intérêt et aux conditions convenues entre les participants (C. comm., 48, 2e alin.). Elles ne sont pas assujetties aux formalités prescrites pour les autres sociétés (C. comm., 50). Et elles sont affranchies non-seulement de toute publicité légale, mais encore de tout acte écrit, sauf la preuve de leur existence, ainsi qu'on va le dire.

318. III. *Preuves.* — Les associations en participation peuvent être constatées par la représentation des livres, de la correspondance, ou par la preuve testimoniale, si le tribunal juge qu'elle peut être admise (C. comm., 49). — Des livres, même irréguliers, pourraient être pris en considération par les tribunaux (1). Mais la preuve testimoniale ne serait admise que pour les associations commerciales en participation (arg. 47 et 39, C. comm.) ; elle devrait être fortifiée d'un commencement de preuve par écrit pour établir une association purement civile (2), *suprà*, no 52 et suiv. Ces divers modes de preuve sont permis aux tiers comme aux participants eux-mêmes (3), et aussi bien pour les conventions modificatives de la participation que pour sa formation (4).

319. IV. *Conditions.* — A défaut de convention formelle, la participation est soumise entre les associés aux principes généraux qui régissent le contrat de société. Cependant la participation n'étant pas une société véritable, il en résulte que : 1o le participant ne doit pas de plein droit, *suprà*, no 81, l'intérêt de la somme qu'il a promis de verser dans l'affaire (5) ; ni des fonds qu'il aurait employés ou conservés à son profit personnel (6) ; 2o et réciproquement qu'il n'a droit à l'intérêt de ses avances que du jour d'une demande judiciaire (7).

320. La loi donne une grande latitude aux participants pour régler leurs conventions (C. comm., 48). C'est ainsi qu'il a été jugé : 1o que l'un deux peut stipuler le prélèvement de sa mise,

---

(1) Aix, 1er mai 1848 ; Metz, 24 août 1858 ; Cass., 11 mai 1859. Add., Cass., 18 mars 1874 (D.76.1.279).
(2) Nancy, 9 janv. 1826.
(3) Dalloz, n. 1638 ; Paris, 19 avril 1833. Comp. Bédarride, n. 462.

(4) Delangle, n. 629, 630 ; Troplong, n. 913 ; Alauzet, n. 255.
(5) Dalloz, n. 1645. — *Contrà*, Delangle, n. 647 ; Poitiers, 15 mai 1822.
(6) Dalloz, n. 1647 ; Cass., 11 mai 1857. — *Contrà*, Rennes, 6 mai 1835.
(7) Poitiers, 15 mai 1822.

en capital et intérêts, avant tout partage de bénéfices (1), *suprà*, n°s 137 et suiv. ; 2° que, même en certains cas, il pourrait en stipuler le remboursement par son coparticipant (2). Toutefois cette dernière clause tendrait à faire en général dégénérer la convention en prêt usuraire, *suprà*, n°s 32 et 140 ; et il ne faut pas oublier que le principe de répartition des bénéfices et des pertes posé dans l'art. 1853, C. civ., est applicable à l'association en participation, et que tous les participants, même ceux qui restent inconnus, sont tenus indéfiniment des pertes chacun pour sa part vis-à-vis les uns des autres, sauf limitation aux mises, *suprà*, n° 189, ou à une somme quelconque (3). Les comptes de la participation peuvent être exigés périodiquement, chaque année par exemple, ainsi que la répartition des bénéfices et des pertes (4).

Entre eux les associés ont un droit égal à la gestion, surtout s'il est stipulé que chacun d'eux aura voix délibérative (5).

321. Mais, vis-à-vis des tiers, le gérant est le seul maître, et la participation est soumise à des règles toutes spéciales, qui peuvent se résumer en une seule : elle doit rester occulte et être considérée comme inexistante, ce qui donne lieu aux conséquences suivantes, outre celles déjà signalées *suprà*, n° 315.

322. Les créanciers n'ont d'action directe que contre le participant qui a traité avec eux ; il ne saurait donc y avoir, comme quelques auteurs l'ont prétendu, des créanciers sociaux réclamant, à l'encontre des créanciers personnels des associés, un droit de préférence sur les biens d'un corps moral qui n'existe pas (6). Néanmoins, sur les bénéfices de la participation, ils seraient préférables aux coparticipants qui voudraient exiger leurs parts dans ces bénéfices (7). Mais les créanciers ont l'action oblique contre les participants inconnus (C. civ., 1866), *suprà*, n° 293 (8) ; et à ce titre ils ne peuvent, comme le gérant leur débiteur, que

---

(1) Rouen, 19 janv. 1844.
(2) Cass., 11 avril 1849.
(3) Troplong, n. 515; Bédarride, n. 455.
(4) Rouen, 31 juill. 1845.
(5) Cass., 18 nov. 1873 (*le Droit*, 12 déc.).
(6) Troplong, n. 82, 512, 864 ; Delangle, n. 593 et s., Bédarride, n. 443 et s.; Delamarre et Lepoitvin, *Contrat de comm.*, n. 244 et s.; Alauzet, n. 247 et s.; Cass., 2 juin 1834, 19 mars 1838; Paris, 9 avril 1831, 17 nov. 1848. —

Contrà, Pardessus et Merlin, *Consult.*, *rapp. par Delangle*, n. 596 et 597; Malepeyre et Jourdain, p. 264 et s.; Bravard, p. 88; Persil, p. 238; Paris, 26 juin 1824, 9 août 1831, 22 nov. 1834, ces deux derniers arrêts cassés par ceux des 2 juin 1834 et 19 mars 1838, cités plus haut ; Bordeaux, 2 avril 1832.
(7) Cass., 7 août 1864.
(8) Pardessus, n. 1049; Bédarride, n. 443 ; Rennes, 9 juin 1845; Metz, 21 juill. 1821 ; Cass., 11 avril 1849.

faire établir le compte de la participation sans pouvoir jamais invoquer la solidarité contre les participants restés inconnus (1), encore que la convention ait tourné au profit de ces derniers (2). Réciproquement le participant inconnu n'aurait aussi contre les tiers qu'une action oblique s'il était créancier du gérant, et non une action personnelle et directe (3). Mais les tiers auraient une action personnelle et solidaire contre les participants qui auraient agi conjointement vis-à-vis d'eux (4), ou comme mandataires les uns des autres (5), ou qui, par l'ensemble de leur conduite, auraient laissé croire au public qu'ils s'engageaient solidairement (6) comme des associés en nom collectif.

Le gérant a bien entendu une action contre les autres participants pour les obliger à fournir les sommes nécessaires à l'entreprise (7).

323. Le gérant de la participation est réputé vis-à-vis des tiers, seul propriétaire des objets qui lui ont été confiés par ses coparticipants (8) : il les aliène valablement (9), alors même que les objets auraient été achetés par lui avec les fonds de ces derniers (10); il peut les donner en gage (11); et ses créanciers peuvent les saisir, mais sauf, dans ce dernier cas, revendication de la part du participant propriétaire (12). La revendication

---

(1) Troplong, n. 780 et s.; Delamarre et Lepoitvin, II, 243 et s. ; Delangle, n. 603 et s. ; Malepeyre et Jourdain, p. 265; Alauzet, n. 250 et s.; Bédarride, n. 441 et s.; Cass., 9 janv. 1821, 8 janv. 1840; Paris, 22 nov. 1834 ; Bruxelles, 18 nov. 1845, 15 avril 1848 ; Lyon, 26 janv. 1849; Bordeaux, 25 juin 1853 ; Agen, 23 nov. 1853. — Contrà, Merlin, Société, § 2; Pardessus, loc. cit., Metz, 7 fév. 1822; Bordeaux, 31 août 1831, 23 fév. 1836; Caen, 9 fév. 1824. Add., Cass., 11 avril 1849, 8 mars 1875, 21 mars 1876 (D.54.5.719; 76.1.369 et 499).

(2) Cass., 16 fév. 1813; Bordeaux, 13 avril 1848. V. Cass., 19 nov. 1829.

(3) Bruxelles, 18 nov. 1845; Bastia, 25 avril 1835.

(4) Pardessus, n. 1049; Frémery, p. 21; Bravard, p. 89; Troplong, n. 855; Delangle, n. 603 ; Delamarre et Lepoitvin, II, 253; Bédarride, n. 442 ; Alauzet, n. 259 et s.; Paris, 3 fév. 1809, 24 fév. 1842; Bordeaux, 19 juill. 1830; Colmar, 29 avril 1850; Metz, 29 nov. 1854.

(5) Bordeaux, 15 nov. 1870 (Ann. Lehir), Rouen, 31 mars 1874 (D.76.2.71).

(6) Bédarride, n. 463; Dalloz, n. 1668; Limoges, 19 juill. 1839; Nancy, 3 fév. 1848; Riom, 1er mai 1852. Add., Nancy, 5 fév. 1848 (D.48.2.183); Poitiers, 6 avr. 1870 (D.70.2.192); Cass., 23 juill. 1877 (le Droit, 28 juill.); Comp., Alger, 10 janv. 1871 (D. 72.2.207).

(7) Aix, 16 mai 1868 (D.70.2.48).

(8) A plus forte raison s'il a seul acheté et payé de ses deniers la marchandise. Cass., 23 fév. 1864, 13 avril 1864.

(9) Delangle, n. 620; Troplong, n.505; Bédarride, n. 449; Cass., 26 mai 1844, 5 mai 1858.

(10) Troplong, n.540; Rouen, 19 janv. 1844; Paris, 28 déc. 1865. V. Cass., 15 juillet 1846.

(11) Troplong, n. 507 ; Bédarride, n. 445.

(12) Troplong, n. 513; Cass., 7 août 1838, 23 fév. 1854; Lyon, 14 juin 1824. V. Rouen, 20 avril 1840. — Contrà, Paris, 18 janvier 1834; Toulouse, 7 fév. 1845.

serait admise en cas de faillite |(1) au profit de l'associé qui a acheté et payé les marchandises, encore bien qu'elles fussent dans les magasins de l'associé failli et que l'associé failli eût été débité de sa part du prix d'achat (2). Elle serait admise *à fortiori* si les marchandises se trouvaient dans les magasins de l'associé qui les a achetés (3).

324. Celui qui a formé une association en participation avec un commerçant qui se trouvait en état de cessation de paiements, et dont la faillite a été depuis déclarée, est fondé, d'une part, à revendiquer les outils et marchandises trouvés dans les magasins du failli, qu'il justifie avoir acheté et payés lui-même en son nom personnel, et, d'autre part, à réclamer la moitié des créances résultant d'engagements contractés au profit des associés conjointement; mais il n'a pas droit au prélèvement de ses avances sur l'actif de la faillite; il peut seulement produire à la faillite, pour le montant de ses avances au même titre que les autres créanciers (4).

325. *Dissolution et liquidation.* L'association en participation est régie en général, quant à sa dissolution par les mêmes règles que les sociétés, *suprà*, 212 et suiv. Cependant le décès du participant, simple bailleur de fonds, n'opère pas la dissolution de l'association (5).

Il n'y a pas lieu de procéder à sa liquidation dans le sens ordinaire du mot. Si un liquidateur est nommé par les associés, il pourrait sans doute agir et contracter, mais comme un mandataire et avec les seuls pouvoirs qui lui auraient été conférés. En aucun cas, il ne pourrait ester en justice, nul en France n'étant admis à plaider par procureur (6).

Mais quoique la liquidation d'une participation ne soit autre chose qu'un compte de profits et pertes, la restitution des choses qui en faisaient l'objet ne peut être exigée qu'après l'établissement de ce compte (7).

---

(1) Cass., 7 août 1838, 17 juill. 1861, 23 fév. 1864.

(2) Cass., 23 fév. 1864 (D.64.1.437).

(3) Nancy, 5 juin 1869 (D.72.2.445); Aix, 11 fév. 1874 (D.75.2.55). V. tout. Poitiers, 13 juin 1870 (D.70.2.289).

(4) Paris, 22 déc. 1865.

(5) Delangle, n. 645; Dalloz, n. 1688.

(6) Paris, 8 août 1870, Aix, 2 mai 1871 (D.71.2.7; 72.2.165); *Contrà*, Paris, 24 mai 1862 (Ann. Lehir, 1864), p. 338).

(7) Paris, 15 mars 1870 (*Bull. de la C. d'app.*, n. 2110).

DEUXIÈME PARTIE

Des Sociétés régies par la loi du 24 juillet 1867.

TITRE PRÉLIMINAIRE

Notions générales sur les sociétés par actions.

347. — Ou la société civile emprunte les formes commerciales, en commandite ou anonyme. Ce procédé est permis en vertu de la liberté des conventions.
348. — Au fond, il y a diminution de responsabilité, mais les tiers en sont avertis par les publications légales.
349. — Les formes commerciales peuvent couvrir des opérations civiles. Exemple.
350. — La jurisprudence administrative et judiciaire a toujours admis les sociétés civiles à formes commerciales et avec actions.
351. — La question est soumise au Corps législatif, mais non résolue en 1863 et en 1867.
352. — Conséquences de l'adoption par les sociétés civiles d'une forme commerciale.
353. — Distinction entre les sociétés civiles et commerciales. — Nature de la souscription.
354. — L'action serait également permise dans les sociétés en nom collectif.
355. — Mais non dans l'association en participation.
356. — A l'inverse, l'action est-elle nécessaire ou seulement facultative dans les sociétés anonymes et à capital variable? Renvoi.

326. Cette partie du traité a pour objet exclusif l'explication de la législation spéciale aux sociétés dont le capital se divise en actions.

Le Code civil a consacré au *Contrat de société* un titre entier, le titre ix du livre III; c'est là qu'on trouve, à côté ou au milieu des règles particulières aux sociétés civiles, les principes généraux qui dominent les diverses espèces de sociétés, quelle que soit leur nature, quelle que soit leur forme; et il est vrai de dire que toutes les sociétés commerciales, sans distinguer entre celles dont le capital est ou n'est pas divisé en actions, ont leur fondement juridique dans le droit civil, loi primordiale du commerce (1).

Il est difficile de comprendre qu'on ait contesté cette communauté d'origine (2), en présence de l'art. 1873 du Code civil, disposition finale du titre des sociétés, intitulée : *Disposition relative aux sociétés de commerce*, et ainsi conçue : « Les dispo-« sitions du présent titre ne s'appliquent aux sociétés de com-« merce que dans les points qui n'ont rien de contraire aux lois « et usages du commerce », ce qui signifie bien évidemment

(1) Troplong, n. 1070.   Lepoitvin, *Contrat de commission*, 1, 6,
(2) Frémery, chap. 2; Delamarre et 11, 12, 14, 19.

que, toutes les fois qu'il n'y a pas de dérogation dans la loi ou l'usage commercial, la loi civile est applicable.

La même pensée est d'ailleurs reproduite dans l'art. 18 du Code de commerce : « Le contrat de société se règle par le droit « civil, par les lois particulières au commerce et par les con- « ventions des parties. »

C'est donc la loi civile qui est la loi-principe ; c'est elle qu'il faudra interroger sur les caractères constitutifs du contrat de société, sur ce qui peut faire l'objet de ce contrat, et même sur la plupart des questions qui naissent à l'occasion des apports, de la répartition des bénéfices et des pertes, de la dissolution de la société ou de sa liquidation. Il y a sur ces divers points des règles fondamentales, qui survivront à toutes les vicissitudes des lois spéciales, et ce sont ces règles qui ont fait l'objet de la première partie de ce traité.

327. Une première question est à examiner ici : Qu'est-ce qu'une *action* dans une société ? Quel est le sens précis de ce terme d'un usage si universel ? Il importe d'en avoir une définition rigoureuse, pour éviter une confusion facile avec cet autre terme, l'*intérêt*, très-usité aussi dans le langage du droit et des affaires.

La confusion pourrait avoir lieu de deux manières : certaines actions, dites de quotité (un centième, un millième), par opposition à celles qui énoncent une somme fixe (100 fr., 500 fr.), sont généralement connues dans la pratique sous le nom d'*inté-rêt*. D'un autre côté, pour le jurisconsulte, l'action n'est autre chose qu'une part d'intérêt dans une société. On voit qu'il faut une certaine attention pour ne pas tomber dans la logomachie, comme cela est arrivé lors de la discussion qui a eu lieu sur ce sujet même, au sein du Corps législatif, à l'occasion des sociétés anonymes (1).

328. La distinction entre l'action et l'intérêt est nécessaire à plus d'un titre. En premier lieu elle doit servir à reconnaître et à séparer les deux espèces de commandite : la commandite ordinaire, que l'on appelle aussi commandite simple ou par intérêt ; et la commandite par actions. La base de leur constitution est sans doute identique, en ce sens qu'elles sont administrées l'une et l'autre par un gérant responsable, en dehors des commanditaires, obligés seulement au versement de leurs mises.

---

(1) Cette discussion est rapportée au titre II ci-après : *Des sociétés anonymes.*

Mais, pour tout le reste, la commandite simple est abandonnée à la libre convention des parties, tandis que la commandite par actions est soumise, depuis la loi du 17 juillet 1856, remplacée par celle du 24 juillet 1867, à une réglementation sévère corroborée par diverses sanctions civiles et pénales. Or la liberté attire et le règlement éloigne. Il naîtra d'inévitables conflits, comme il s'en est vu déjà, où le ministère public, ami du règlement, prétendra y ramener brusquement l'action, qui, déguisée sous le pseudonyme d'*intérêt*, aura tenté de se réfugier dans le régime de la liberté.

329. Dans la société anonyme, la création et la négociation des actions sont assujetties à une réglementation analogue. A côté de l'anonymat par actions, réglementé par la loi, aura-t-on la liberté de l'anonymat par intérêt? C'est une question délicate et sur laquelle nous aurons à revenir (1). Mais, à supposer que l'action soit une condition essentielle de la société anonyme, ne faut-il pas, pour observer cette condition elle-même, savoir distinguer l'action de l'intérêt?

330. Où sera donc la ligne de démarcation?

Serait-elle dans ce fait que le capital social est divisé en fractions désignées par une quotité au lieu de l'être par une somme fixe (2)? Non, car ces deux modes ne diffèrent qu'en apparence et expriment réellement la même idée : supposons une société au capital d'un million; qu'elle émette mille actions de mille francs, ou mille parts d'intérêt d'un millième chacune, où sera la différence? La valeur de mille francs donnée à l'action ne subit-elle pas toutes sortes de fluctuations, tantôt au-dessus, tantôt au-dessous du pair, et dès lors n'est-elle pas purement nominale, de même que celle attribuée au fonds social? La somme indiquée n'est donc qu'une fiction utile comme renseignement si elle est sincèrement fixée, dangereuse dans le cas contraire; et dans la réalité des faits toute action n'est qu'une fraction aliquote du fonds social, nécessairement indéterminée dans sa valeur jusqu'à la liquidation consommée.

Aussi est-ce avec raison que la loi du 5 juin 1860 sur le timbre assimile les actions de sommes fixes et de quotité (3). Pour ces dernières, il n'y a pas de capital déterminé; mais, ainsi que

---

(1) V. au titre II : *Des sociétés anonymes*.

(2) Demante, *Cours analyt.*, t. 2, p. 424.

(3) Art. 14 de cette loi.

l'explique le rapport de la commission de l'Assemblée nationale, la valeur réelle en est fixée conformément aux règles établies par les lois sur l'enregistrement.

Dira-t-on que la loi de 1867, comme celles de 1856 et de 1863, ne réglemente que les sociétés dont les actions sont d'une somme fixe, puisqu'elle détermine un taux minimum de 100 ou de 500 francs, les autres sociétés dès lors demeurant libres. Mais ne serait-ce pas éluder la loi que de créer sciemment et intentionnellement des actions de quotité d'une valeur réelle inférieure à ce taux ! Et ne serait-il pas facile, au moyen d'une expertise, de vérifier si la loi a été observée ou violée.

331. C'est donc ailleurs qu'il faut chercher le signe distinctif de l'action.

Un savant professeur, M. Bravard-Veyrières, le place dans la faculté de cession, ou *cessibilité*, qui appartient à l'action, tandis que l'intérêt est incessible. « Il n'y a, dit-il, qu'une chose à « examiner, savoir : si le droit est cessible ou s'il ne l'est pas ; « en d'autres termes, s'il y a des rapports de choses ou de per- « sonnes (1). »

Cette théorie, quoiqu'elle semble admise par la généralité des auteurs (2) est, à mon avis, trop absolue, et elle a le tort de maintenir l'incertitude sur la démarcation cherchée : en effet, si l'intérêt que l'on possède dans une société est incessible de sa nature, il ne l'est pas par essence ; et à l'inverse, l'action peut être stipulée incessible, au moins sans l'agrément des autres actionnaires.

L'intérêt n'est pas incessible ; car l'art. 1861, C. civ., en défendant à un associé d'associer un tiers à la société sans le concours de ses co-associés, ne lui reconnaît-il pas par là même la faculté de céder sa part avec ce consentement (3) !

Quant à l'action, la cession peut en être valablement subordonnée à l'agrément, soit de l'assemblée générale des actionnaires, soit des comités de surveillance ou de censure ; la pratique fournit des exemples de pareilles clauses, qui ont été consacrées par la jurisprudence.

Est-ce que la société devrait nécessairement, et indépendamment de la forme des titres, être qualifiée : dans le premier cas,

---

(1) *Traité des sociétés*, annoté par Demangeat, p. 117.
(2) Pardessus, n. 973 et s.; Troplong,

t. 1, n. 128 et 129; Molinier, n. 512 ; Bédarride, t. 1, n. 348.
(3) Bédarride, n. 21; Dalloz, vᵒ Société, n. 584.

société par actions, et dans le deuxième cas, société par intérêt?
Ce serait le renversement de toutes les idées reçues, et cependant il semble bien que telle soit la conclusion de M. Bravard-
Veyrières. Il est obligé de reconnaître en effet que l'intérêt peut
être cédé, mais il soutient qu'il devient alors « ce qu'on appelle
« proprement une action, par opposition à l'intérêt pris *stricto*
« *sensu*, lequel n'est pas cessible ». Puis, pour étayer ce système,
il divise les actions en deux classes, les unes négociables, les
autres non négociables, toutes d'ailleurs également cessibles,
mais les unes dans les formes commerciales, simples, rapides,
propres à la circulation ; les autres, par le mode lent et formaliste du droit civil, c'est-à-dire au moyen d'un acte de transport,
enregistré, signifié par huissier, ou accepté dans un acte authentique (1).

Si cette classification était vraie, il en résulterait cette conséquence que si, dans une société en commandite simple, par
exemple, les associés s'étaient réservé la faculté de céder leurs
parts d'intérêt selon le mode civil, ces parts devraient être ran-
gées dans la classe des actions non négociables, et seraient assujetties aux règles du titre Ier de la loi de 1867, puisque ce titre
est consacré aux sociétés en commandite par actions.

Ne serait-ce pas la confusion de la commandite simple et de
la commandite par actions ! Mais pourquoi déguiser ainsi sous
le nom d'actions non négociables des parts d'intérêts qui ne sont
transmissibles que par des actes enregistrés et signifiés ! Pourquoi ces subtiles distinctions entre l'intérêt cessible et l'intérêt
stricto sensu incessible ! Il y aurait donc un moyen terme, une
situation innomée entre l'intérêt et l'action, et il faudrait créer
une sorte d'*intérêt-action* pour tenir la place intermédiaire. C'est
à cette création artificielle et fausse qu'aboutit en effet le système de M. Bravard-Veyrières (2).

Il argumente de la loi spéciale, qui ne permet de négocier les
actions qu'après versement d'une fraction, pour en conclure que
jusque-là les titres, quoique n'étant cessibles qu'en la forme
civile, constituent néanmoins de véritables actions, ainsi d'ailleurs que la loi les qualifie elle-même.

_____

(1) Art. 1690, C. civ.
(2) Lors de la discussion des art. 21
et 48 de la loi de 1867, M. Em. Ollivier
a également placé dans la cessibilité le
caractère essentiel de l'action, soutenant
d'une manière absolue que l'action était
toujours cessible et l'intérêt toujours incessible. Mais M. Rouher a réfuté victorieusement, à mon avis, cette théorie
(V. le *Moniteur* des 6 et 9 juin 1867).

Il est vrai que d'après la loi de 1856, sous laquelle écrivait M. Bravard-Veyrières, les actions n'étaient négociables, qu'après un versement des deux cinquièmes, quoique la société fût constituée après libération du quart ; en sorte que, pendant un certain intervalle de temps, les actions n'étaient pas négociables. Mais remarquons d'abord qu'il n'en est plus de même depuis la loi de 1867, qui a fait disparaître cette anomalie, en déclarant la société constituée et les actions négociables au même moment, c'est-à-dire après libération d'un quart ; et dès lors l'objection n'a plus de raison d'être, puisque les actions deviennent négociables aussitôt qu'elles sont créées ; avant la constitution de la société, en effet, il n'y pas d'actions, mais seulement des bulletins de souscription et des récépissés provisoires de versement.

C'est donc bien inconsidérément que M. Beslay (1), écrivant depuis la loi de 1867, reproduit l'argument de M. Bravard-Veyrières, lequel d'ailleurs n'avait pas plus de valeur sous la loi de 1856. Sans doute, alors, les titres, libérés d'un quart, pouvaient s'appeler des actions quoiqu'ils ne fussent négociables qu'après versement de deux cinquièmes. Mais comment le savant professeur n'a-t-il pas remarqué que l'obstacle à la négociation était purement accidentel, transitoire, et ne venait pas du titre lui-même, qui avait au contraire toutes les qualités extérieures requises pour circuler rapidement et facilement ; qui, par sa forme, enfin était essentiellement négociable, et qui n'était momentanément retenu par le législateur qu'en vertu de considérations tirées de l'ordre public sans influence sur la nature du titre lui-même !

Dans les sociétés anonymes, les actions affectées à la garantie de la gestion des administrateurs cessent-elles donc d'être effectivement des actions, parce qu'elles sont frappées d'une inaliénabilité temporaire par l'art. 26 de la loi du 24 juillet 1867 !

332. Au surplus, l'argument de M. Bravard-Veyrières nous mène à la solution cherchée : c'est dans le mode de transmission du titre que réside le caractère distinctif de l'action. Est-il susceptible de la négociation commerciale ? C'est une action. Dans le cas contraire, c'est un intérêt.

La cessibilité est une qualité accessoire et contingente qui peut appartenir à l'intérêt aussi bien qu'à l'action. Elle n'exprime

---

(1) T. v , n. 47.

que la faculté de cession, et c'est, répétons-le, le mode de cession qui seul tracera une limite nette et sûre entre l'intérêt libre et l'action réglementée.

333. L'action se présente sous deux formes principales. Elle est nominative ou au porteur, et elle se transmet différemment selon la forme adoptée. Nominative, la cession en est faite par une déclaration de transfert inscrite sur un registre tenu au siége social, et signé du cédant ou de son mandataire. Au porteur, la cession en a lieu par la tradition du titre (1).

· La pratique admet une troisième forme, l'action à ordre, transmissible par endossement, qui a été reconnue et paraît approuvée par la jurisprudence (2).

Les parts d'intérêts créées par un acte de société peuvent, sans doute, aussi être représentées par un titre distinct de l'acte lui-même, tel qu'un récépissé, un certificat, etc.; mais la cession n'en est valable qu'au moyen d'un transport signifié ou accepté dans un acte authentique (art. 1690, C. civ.).

Là est donc le signe distinctif de l'action, dans la forme extérieure du titre, qui permet de le négocier par les voies commerciales : par la simple tradition, s'il est au porteur ; par l'inscription sur un registre ou l'endossement, s'il est nominatif. En dehors de cette distinction, il n'y en a aucune autre qui soit saisissable et sûre.

334. Diverses tentatives ont été faites plus récemment par des jurisconsultes distingués, et elles ont donné lieu à des polémiques, d'où n'est sorti aucun système acceptable (3). Le secret de leur erreur se devine aisément. Dédaigneux des enseignements de la pratique, ils préfèrent planer dans les sphères élevées de la métaphysique judiciaire, où ils se complaisent et s'égarent si bien au milieu des finesses et des subtilités de l'analyse, qu'ils s'accusent mutuellement de tourner dans des cercles vicieux, et même de ne se plus comprendre, comme le dit en terminant l'un des savants docteurs à son contradicteur : « Mon honorable confrère s'est plaint de n'avoir été qu'impar-« faitement compris ; avec combien plus de raison je pourrais « tenir ce langage ! »

Qu'ils reprochent à la doctrine proposée par nous de n'être

·(1) Art. 35 et 36, C. comm.
(2) *Infra*, chap. II.
(3) V. *Revue crit. de légul.*, 1869, | p. 135 et 328, art. de MM. Beudant et Batbie.

qu'une doctrine empirique, dont le vulgaire seul se contente, soit ! Nous n'avons pas à le méconnaître, si l'on entend par là une doctrine basée sur l'expérience, sur l'exacte observation des faits ; et ce sera même pour nous une raison puissante de la préférer aux subtilités plus ou moins ingénieuses auxquelles, de leur aveu, ils sont réduits.

L'un d'eux, M. Beudant, reconnaît que cette doctrine est fort accréditée dans le monde des affaires ; il aurait pu dire qu'elle y était unanimement admise, comme la théorie contraire y est unanimement repoussée.

Vous appelez société par actions celle qui est formée, par exemple, entre un gérant et deux commanditaires, si ceux-ci ont stipulé dans le contrat le droit de céder leurs parts, mais par un acte enregistré et signifié. Eh bien, nous l'affirmons, jamais nul n'a songé dans la pratique à donner le nom d'actions à ces parts d'intérêt. Or, en matière commerciale surtout, la pratique vient de la coutume, et la loi n'est pas autre chose que la coutume consacrée par le législateur.

335. Dans la matière qui nous occupe, le législateur a constamment déclaré, en 1856, comme en 1863 et 1867, que, sauf la réglementation nouvelle qu'il établissait, il n'entendait pas déroger aux principes généraux admis par la tradition et consacrés par le Code de commerce.

« Le projet de loi, dit le rapporteur de la commission légis-
« lative en 1867, est limité aux sociétés par actions, nomina-
« tives ou au porteur, c'est-à-dire à des conventions qui, par
« leur mode de formation, leur nature, leur objet, diffèrent pro-
« fondément des conventions ordinaires. »

Comment douter, en présence de ce commentaire officiel, que les sociétés où il n'y a pas d'actions nominatives ou au porteur demeurent dans le domaine de la liberté des conventions ! Est-ce qu'il y a une équivoque possible dans ce langage ? Le terme *action* est-il né d'hier avec un sens inconnu qu'il soit nécessaire de définir ?

L'action industrielle est connue et pratiquée depuis au moins trois siècles (1). On connaît les anciennes *Compagnies par actions*, créées par édits royaux, et placées en dehors du droit commun. Cette intervention du souverain était exigée par le même motif qui de nos jours a porté l'autorité législative à ré-

---

(1) V. l'*Introduction*.

glementer les sociétés dont le capital est divisé en actions nominatives ou au porteur, c'est-à-dire pour prévenir les dangers de l'agiotage, dont ces titres sont l'instrument indispensable.

Lorsque M. l'avocat général d'Aguesseau faisait une peinture
si énergique et fort exagérée de ces dangers, dans son *Mémoire
sur le commerce des actions*, croit-on qu'il entendait parler des
parts de sociétés constatées uniquement par contrat, et seulement cessibles par le mode lent et formaliste du droit civil?

Un auteur, qui écrivait vers la même époque, Melon, dans
ses *Essais politiques sur le commerce*, nous enseigne ce qu'on
entendait dans ce temps-là, comme aujourd'hui, par le terme
actions : pour combattre les idées de d'Aguesseau, il comparait
la situation de l'actionnaire et du rentier, et il constatait judicieusement les avantages réciproquement attachés à l'action et
au contrat : « L'action, disait-il, n'étant sujette à aucune for-
« malité, est plus *circulante*, est d'une ressource assurée dans
« un besoin pressant et imprévu. Le contrat a des propriétés
« d'un autre genre d'utilité, etc., etc.... »

N'est-ce pas la même différence qu'entre l'action et l'intérêt,
celle-là plus mobile, plus circulante, et par cela même plus dangereuse; celui-ci plus stable et plus ferme, comme le contrat
même auquel il reste attaché !

336. Aussi M. Troplong, à qui nous empruntons cette citation
de Melon (voir sa préface du *Traité des sociétés*), ne manque pas
de remarquer que l'action forme un titre distinct et détaché du
contrat : « Le droit des associés, réduit au partage des béné-
« fices annuels et à l'expectative du partage final, est *formulé*
« *dans des titres individuels* dont on les rend porteurs, et qui,
« susceptibles de négociation par vente ou autrement, repré-
« sentent une valeur mobile...... »

Et pour qu'il ne reste aucun doute sur sa pensée, il ajoute :
« L'un des principaux avantages de cette création de titres né-
« gociables, c'est de permettre aux associés de céder leurs
« droits facilement, sans frais, et de mettre en circulation des
« valeurs qui autrement resteraient en dehors du mouvement
« industriel. »

Le savant commentateur, qui expliquait les règles des sociétés
commerciales aussi bien que civiles, savait assurément, en écrivant ces lignes, qu'il se conformait à la définition, très-nettement
donnée par le Code de commerce, des actions nominatives et

au porteur : — Art. 35. L'action peut être établie sous la forme d'un titre au porteur. — Art. 36. La propriété des actions peut être établie par une inscription sur les registres de la société. — N'est-il pas évident que ce sont là les titres distincts, individuels, dont parle M. Troplong, et soumis par les mêmes articles à des modes de transmission simplifiés, qui en font des titres négociables !

337. La loi sur le timbre du 5 juin 1850 est venue depuis accentuer la définition en décrivant la forme même des titres ; elle porte, dans son article 6, que « les titres ou certificats d'ac- « tions sont tirés d'un registre à souche » ; et par son article 18 elle édicte une sanction pénale contre toute société « qui sera « convaincue d'avoir émis une action en contravention à l'ar- « ticle 16 ».

Au surplus, cette loi n'a fait que légaliser un usage universel, et, par cette raison, ne faut-il attacher aucune importance à l'argument de texte que l'on veut tirer de son article 25, où le mot *action* se trouve reproduit par inadvertance. Ce qu'il faut retenir de cette loi, c'est qu'elle ne soumet au timbre, avec des droits différents, que les deux classes d'actions, nominatives et au porteur, indiquées par le Code de commerce ; et si elle en affranchit les parts sociales cessibles dans les conditions de l'article 1690, c'est qu'à ses yeux ces parts ne constituent pas des actions, mais un simple intérêt, improprement appelé action dans cet article 25.

Lorsque, pour la première fois en 1856, le législateur voulut réglementer les sociétés par actions, il ne pouvait donc avoir en vue que les sociétés dont le capital est représenté par des titres extraits de registres à souche et négociables, soit par l'un des deux modes prescrits par le Code de commerce, soit par l'endossement.

Les divers articles de la loi du 17 juillet 1856, comme de la loi du 23 mai 1863, et de celle du 24 juillet 1867, laissent si peu de doute sur ce point, qu'on se demande en vérité comment la controverse a pu s'élever. Sur quoi, en effet, statuent la plupart de ces articles, sinon sur la *souscription, l'émission, la né- gociation, la publication* des actions, sur la *conversion* des titres nominatifs en titres au porteur ! Est-ce que tout cela peut s'appliquer aux parts d'intérêts transmissibles par contrat enregistré et signifié !

Et dans cette loi de 1867, n'y a-t-il pas l'article 50, qui éta-

blit, dans les sociétés à capital variable, des actions nominatives, négociables par voie de transfert sur les registres de la
société, quoique les statuts puissent donner, « soit au conseil
« d'administration, soit à l'assemblée générale, le droit de s'op-
« poser au transfert ». Voilà donc des actions, qualifiées telles
par la loi, et cependant qui ne sont pas essentiellement cessibles ! La personne de l'actionnaire est prise en considération,
et la société, fût-elle anonyme, ne sera point une pure société
de capitaux.

338. Ajoutons une dernière considération : S'il était vrai,
comme le soutiennent les docteurs, que l'action fût un terme
générique, embrassant toutes les parts d'intérêt social, dès
qu'elles sont cessibles d'une façon quelconque, nous pourrions
répondre encore, tous ces textes si clairs à la main : Soit ! Votre
théorie est très-judicieuse, très-conforme aux principes généraux du droit, nous le concédons, si vous voulez ; mais le législateur contemporain, ne s'inspirant que de l'utilité sociale et de
la justice, a cru qu'il serait inutile et injuste de réglementer
les sociétés qui consentent à s'astreindre au formalisme suffisamment protecteur de la loi civile ; il n'a réservé ses sévérités
et prononcé des sanctions pénales qu'à l'encontre de celles qui
prétendent jeter dans le public ce papier fiduciaire, instrument
habituel et commode de l'agiotage.

En résumé, si ce terme *action* a un double sens, un sens vulgaire et, au dire des docteurs, un sens scientifique, il faut reconnaître que le législateur s'est mis du côté du sens vulgaire,
nous allons dire du sens commun ! Et l'on peut ajouter qu'il
eût été bien déraisonnable et bien coupable en repoussant, sous
prétexte de science, le langage parlé, accepté et compris par
tout le monde.

339. Nous avons dit qu'en dehors de la solution proposée par
nous il n'y avait qu'incertitude ou arbitraire. En voici la preuve
dans le résumé suivant de la controverse élevée entre MM. Beudant et Batbie. Nous citons textuellement :

M. Beudant : « Les cessions que les associés peuvent faire de
« leur droit ont-elles été envisagées comme une éventualité nor-
« male, pouvant se produire d'une façon régulière et constante ?
« La société est par actions.

« Les cessions sont-elles prohibées, ou bien, quoique per-
« mises, n'ont-elles été envisagées que comme l'exercice d'une
« faculté exceptionnelle, n'appartenant aux associés que parce

« qu'ils l'ont réservée dans l'acte de société ? La société est par
« intérêt.

« Telle est la règle à laquelle il faudra toujours revenir. »

Mais M. Batbie trouve cette règle peu sûre et lui répond :
« Comment reconnaître dans quel cas la part d'associé sera
« cessible par sa nature, et dans quel cas il faudra une clause
« expresse ? »

Cette simple question ne laisse pas que d'embarrasser M. Beudant, qui cependant prétend répliquer et s'expliquer de la manière suivante : « Oui, la cessibilité est un des caractères de
« l'action, mais elle n'est pas à elle seule le caractère constitu-
« tif; il faut de plus, mais alors il suffit, qu'elle soit assez large
« pour que les parts d'associés, ou les titres qui les représen-
« tent, soient lancés dans le public, et puissent y devenir l'ob-
« jet de transactions se faisant en dehors de la société. »

Comment faut-il traduire ce langage? S'il signifie que l'action
est toute part d'associé, négociable par les voies commerciales,
nous sommes d'accord, et alors il faut nécessairement admettre
que le titre non négociable ne représente pas une action, mais
une part d'intérêt.

C'est là, en effet, la seule conclusion nette, rationnelle, non
moins que juridique, à laquelle on doive s'arrêter. C'est la
seule qui soit conforme au bon sens, au sens vulgaire trop dé-
daigné, car le sens vulgaire, c'est le sens universel, admis et
consacré d'ailleurs par toutes nos lois civiles et fiscales.

340. La loi belge, sur les sociétés, du 24 mai 1873, qui s'est
inspirée de la nôtre et a puisé aux mêmes sources, a pleinement
consacré notre distinction, en décidant, par son article 24, que,
dans la commandite simple, « la cession des parts ou intérêts
« que le contrat autorise ne peut être faite que d'après les for-
« mes du droit civil ».

341. Il est étonnant que la jurisprudence ne se soit pas encore
prononcée sur cette importante question. La Cour de cassation
en a cependant été saisie (1), à l'occasion d'une société en commandite qui avait divisé son capital en 400 parts d'intérêt, avec
la stipulation suivante : « Les parties n'entendent point former
« une société par actions; en conséquence, les parts d'intérêt
« ne sont, conformément à l'article 1861, C. civ., transmissibles
« qu'à des personnes agréées par les autres associés. » Sur le

(1) L'arrêt de la Cour de cass. est du 8 juill. 1868 (D.68.1.480).

mode de transmission, l'acte gardait le silence, ce qui laissait subsister le mode établi par le droit commun pour les parts d'intérêt (art. 1690, C. civ.). La Cour de cassation a reconnu avec raison, à cette société, le caractère de commandite simple, mais en se fondant sur cet unique motif que « les parties avaient « déclaré ne pas vouloir former une société par actions » ; motif insuffisant, car la volonté des parties n'eût évidemment pu maintenir à l'état de commandite simple une société qui aurait réellement émis des actions (1).

342. Toute société qui se fonde a le choix, pour la forme et la transmission de ses titres, entre le mode civil et les trois autres modes, qu'on appelle des modes commerciaux, parce qu'ils ont été, en effet, empruntés aux usages du commerce.

Niera-t-on cette faculté de choisir, en soutenant que la forme des actes échappe à la convention, et que le mode de cession, civil ou commercial, sera commandé par la nature civile ou commerciale de la société ?

Il y a un premier point hors de contestation : c'est qu'il sera possible d'appliquer le transport civil à certaines sociétés commerciales ; ainsi, par exemple, dans une commandite simple ou par intérêt, il sera certainement permis de stipuler l'intérêt cessible par voie de transport.

La stipulation serait valable, alors même que les parts d'intérêt seraient égales et représentées par des titres énonçant une somme fixe ou une quotité. Ces titres, n'étant pas négociables, ne sont pas des actions.

Qu'arriverait-il si, pour éviter les frais d'un acte de transport, les statuts portaient que le cessionnaire, après avoir été agréé par la société, recevrait un nouveau titre à son nom, en échange de celui délivré au cédant et qui serait annulé ? Ce procédé, souvent usité dans les sociétés coopératives, constituées en commandite simple, est licite, et ne fait point dégénérer l'intérêt en action ; car ce n'est point là un des modes rapides décrits plus haut et qui constituent la négociation commerciale.

343. Nous venons de voir le mode civil de cession appliqué à la société commerciale. Examinons la thèse inverse : les divers modes de négociation commerciale pourront-ils être transportés

---

(1) V., dans le sens de mon opinion, | de l'Enreg., art. 20393).
Trib. de la Seine, 13 avril 1877 (Journ. |

dans la société civile? Cette question se subdivise en deux branches; car elle veut être étudiée 1° à l'égard des sociétés civiles qui conservent la forme habituelle et les conditions légales du contrat civil ; 2° à l'égard des sociétés civiles qui se constituent sous la forme commerciale.

344. Dans les sociétés de la première espèce, les associés sont tenus des engagements sociaux, indéfiniment, chacun pour sa part virile (1). Cette condition est si essentielle, que toute dérogation qui y serait faite n'aurait de valeur qu'entre les associés, et qu'elle ne serait pas opposable aux tiers, à moins de leur avoir été spécialement déclarée en contractant avec eux (2). Cependant, suivant un arrêt (3), la stipulation dans l'acte social que la responsabilité sera proportionnelle aux mises, pourrait être opposée à des créanciers porteurs d'obligations, c'est-à-dire à des tiers. Il est vrai que, dans cette espèce, le créancier obligataire était en même temps actionnaire, et connaissait nécessairement la stipulation, qui ne lui a sans doute été reconnue opposable qu'à raison de cette circonstance. Mais il est facile de concilier l'engagement indéfini des associés avec la division du fonds social en actions, même au porteur, car les souscripteurs primitifs seront toujours connus, et la cession de leurs actions n'aurait aucunement pour effet de les dégager (4).

Reste l'objection qu'en matière civile, le transport des créances et autres droits incorporels doit nécessairement avoir lieu par un acte signifié ou accepté, selon les termes de l'art. 1690, C. civ., ce qui exclut le transfert commercial par voie d'inscription sur un livre, d'endossement ou de simple tradition.

Cette objection serait fondée, si le droit à transférer se manifestait sous une forme exclusivement civile. Mais ici le droit, quoique ayant ses racines dans un contrat civil, se montre sous la forme d'une action, c'est-à-dire d'un titre destiné à une circulation simple et facile, dès lors essentiellement négociable. La forme du titre emporte, ou plutôt impose, le mode de négociation.

Refusera-t-on aux sociétés civiles le droit d'avoir un livre à souche et d'émettre des actions, sous le prétexte que l'action

---

(1) Art. 1863, C. civ.
(2) Duvergier, n. 397 et 402; Dalloz, v° *Société*, n. 239; Pont, *Comm. des Soc. civ. et comm.*, n. 656 et s.

(3) Lyon, 8 août 1873 (D.74.2.201).
(4) *Infrà*, chap. Ier.

n'est mentionnée que dans le Code de commerce ? Mais on verra tout à l'heure que les sociétés civiles peuvent se placer d'une manière complète sous l'empire de la loi commerciale, en empruntant la forme de sociétés en commandite ou anonymes. Or le moins n'est-il pas dans le plus !

Autre considération : avec les sociétés civiles complétement organisées selon le mode commercial, la responsabilité des actionnaires est limitée aux mises ; tandis qu'avec celles qui se bornent à emprunter l'action au Code de commerce, chaque actionnaire demeure indéfiniment engagé pour sa part virile. La sécurité des tiers n'est-elle pas plus assurée avec les dernières qu'avec les premières ! Comment concevoir que celles-ci soient permises et les autres défendues !

345. D'ailleurs, depuis très-longtemps, la pratique s'est emparée de ce procédé, dont la légalité n'a jamais paru douteuse. Il existe d'anciennes sociétés civiles par actions, qui, à défaut du texte légal, ont reçu la consécration des siècles (1).

Il y en a de plus récentes, et en grand nombre, dans les départements où sont exploitées des mines de houille.

Il a été question de ces dernières lors de la discussion de la loi de 1867 au Corps législatif ; on a fait remarquer, il est vrai, qu'elles étaient généralement constituées d'une manière anormale, avec des conseils d'administration irrévocables et se complétant eux-mêmes, avec une responsabilité souvent limitée aux mises, et autres conditions mélangées, empruntées aux divers genres de sociétés. Mais le fait même de la division du capital en actions n'a été l'objet d'aucune critique, et nul n'a déclaré que ce procédé fût inconciliable avec la société civile, constituée conformément aux règles du Code civil.

Quant à la limitation de la responsabilité aux mises, elle n'a pas toujours été facilement admise par les tribunaux qui ont eu à interpréter ces contrats ; c'est ainsi que, dans une espèce où l'acte portait cette clause : « Il n'existe aucune solidarité entre « les associés, lesquels ne sont engagés que pour le montant des « actions qu'ils souscrivent », il a été jugé que la clause devait être interprétée en ce sens que les associés avaient voulu se dégager de la responsabilité légale, basée sur les parts civiles, mais pour y substituer une responsabilité conventionnelle, pro-

_____

(1) Troplong, n. 143 et 1074.

portionnelle à l'intérêt de chacun, c'est-à-dire au nombre d'actions lui appartenant (1).

346. Il y a donc une lacune certaine dans la loi de 1867, qui réglemente minutieusement l'action dans les sociétés en commandite et anonymes, et la laisse libre dans les sociétés civiles. C'est si bien une lacune, qu'un amendement avait été proposé pour soumettre les sociétés civiles à la même réglementation ; mais il a été rejeté par le Corps législatif, sur la promesse faite au nom du Gouvernement de la mise à l'étude et de la présentation prochaine d'un projet de loi destiné à régler le sort des sociétés civiles par actions (2). Si la promesse est tenue, cette dernière liberté devra passer à son tour sous le niveau de la réglementation commune.

347. Il reste la seconde partie de la question posée : les sociétés civiles peuvent-elles diviser leur capital en actions, en se constituant sous la forme commerciale, en commandite ou anonyme ?

L'affirmative, à mon avis, est certaine, et cette solution est commandée par le principe supérieur de la liberté des conventions (3) ; car la liberté existe pour la forme, aussi bien que pour le fond, sous les seules restrictions suivantes : au fond, que la convention ne sera pas contraire à l'ordre public, aux bonnes mœurs et aux lois (4) ; en la forme, qu'il n'y en aura pas une qui soit spécialement prescrite par le législateur, avec prohibition d'en employer une autre.

348. Au fond, objectera-t-on que la limitation de la responsabilité aux mises des associés est contraire à ce principe du droit civil d'après lequel quiconque s'oblige oblige tous ses biens ? Mais ce principe n'est qu'une règle générale, susceptible d'être amendée par la convention ; car il est incontestablement permis de limiter son engagement à certains biens (5) ; cette limitation, qui devient la règle dans les sociétés commerciales, serait valable à titre d'exception, dans les sociétés civiles ordinaires, et obligatoire vis-à-vis des tiers si elle était connue d'eux (6). Or cette connaissance leur sera donnée au moyen de la publicité exigée par la loi commerciale (7).

---

(1) Lyon, 8 août 1873 (D.74.2.201).
(2) V. le *Moniteur* du 8 juin 1867. — V. aussi l'*Introduction*.
(3) Paris, 17 juill. 1866 (*Bulletin de la Cour imp.*. 1866, p. 448)·

(4) Art. 1172, C. civ.
(5) V. l'exposé des motifs de la loi 1867.
(6) *Suprà*, n. 344.
(7) Troplong, n. 1076 ; Dalloz, vº *Société*, n. 239.

349. Quant à la forme, il est admis aujourd'hui, dans toutes les matières du droit, qu'un contrat peut emprunter valablement la forme d'un autre ; la liberté va jusqu'à la simulation, qui n'est défendue que lorsqu'elle a pour but de faire fraude à la loi ou aux tiers. Qui ne connaît la jurisprudence sur les donations déguisées sous la forme de contrats à titre onéreux ! Cependant la donation, lorsqu'elle a lieu directement, exige des formes spéciales, solennelles. Eh bien, ces formes peuvent être abandonnées, si elle emprunte le vêtement d'un autre contrat ; il lui suffit alors des formes propres au contrat apparent (1). Bien plus, elle n'est pas obligée de borner ses emprunts au domaine des contrats civils ; elle peut avoir lieu sous la forme d'un endossement, s'il s'agit d'un billet à ordre, d'une lettre de change, d'une action, et même par la simple tradition, s'il s'agit de titres au porteur. Dans ce dernier cas, elle prend le nom de don manuel.

Si la donation, ce contrat essentiellement civil entre tous les autres, jouit de telles franchises, serait-il rationnel de les refuser à la société, ce contrat du droit des gens ! Elle peut aller jusque dans le droit commercial chercher des formes simplifiées, et la même faveur n'appartiendrait pas à la société civile, qui a tant d'affinités avec la société commerciale ; qui a le même but, réaliser des bénéfices, et par le même moyen, la spéculation !

Enfin, dans le Code de commerce lui-même, ne trouve-t-on pas l'exemple de formes commerciales couvrant des opérations civiles ! Ainsi : le billet à ordre, qui n'est acte de commerce qu'entre négociants, ou s'il a une cause commerciale (2) ; la lettre de change qui peut elle-même avoir une cause purement civile (3), quoiqu'elle soit toujours un acte de commerce.

350. Au surplus, la jurisprudence administrative et civile a toujours admis sans hésitation les sociétés civiles à formes commerciales.

Citons les sociétés formées pour l'exploitation des mines ; elles sont civiles par leur nature, puisque la loi du 21 août 1810 décide que cette exploitation est une opération purement civile. Et cependant jamais l'autorisation gouvernementale ne leur a

---

(1) Dalloz, v° Disp. entre-vifs et test., n. 1673.
(2) Art. 636, C. comm.

(3) Paris, 22 août 1840 ; Bordeaux, 13 déc. 1842 (Rép. Dalloz, v° Acte de commerce, n. 259.

été refusée lorsqu'elles ont voulu se constituer en sociétés anonymes (1).

Il est vrai que si elles viennent à se mélanger d'opérations commerciales et surtout industrielles, qui absorbent leur caractère primitif, elles perdent leur nature et deviennent commerciales ; mais, si elles se bornent à extraire et à vendre les produits de leur fonds, elles restent civiles (2). D'ailleurs le Conseil d'État ne faisait aucune différence entre les unes ou les autres, et les admettait indistinctement à l'anonymat, comme il admettait aussi les sociétés ayant pour objet des spéculations immobilières (3).

Les tribunaux, et à leur tête la Cour de cassation, ont toujours reconnu la validité des sociétés civiles anonymes (4). Pourquoi ne pourraient-elles se constituer également en commandite par actions (5), ou même en nom collectif ? Les tiers ne sont-ils pas mieux garantis avec la responsabilité indéfinie du gérant et des associés en nom collectif ! Toutes les formes sont donc permises à la société civile, comme l'a très-explicitement reconnu la première chambre de la Cour de Paris, par un arrêt ainsi conçu (6) :

« Attendu, porte cet arrêt, que les individus associés civile« ment peuvent régler leurs rapports ainsi qu'ils le jugent con« venable, et notamment adopter pour leurs relations, tant « entre eux qu'avec le public, la constitution formulée par la « loi pour les sociétés commerciales.

« que la société, civile par son objet, n'est point dénaturée ni « rendue commerciale par la forme donnée au pacte social (7).» La Cour de cassation, par son arrêt du 27 mars 1866 (8), généralise elle-même le principe et déclare, en termes absolus, «que « le caractère civil ou commercial d'une société dépend de l'ob« jet de la société et non de la forme qu'il a convenu aux par« ties de lui donner. »

---

(1) Dalloz, n. 248 et 1445.

(2) Troplong, n. 330. V. 1re partie, n. 7 et s., où sont rapportés les arrêts les plus récents.

(3) Supra, 1re partie, n. 11.

(4) V. notamment Cass., 13 mai 1857, 9 nov. 1858, 27 mars 1866 ; Paris, 1er fév. 1858 ; Orléans, 21 juill. 1859 ; Metz, 16 mars 1865.

(5) Pourraient-elles se constituer en participation ? Voir Paris, 7 déc. 1869

(Sous arrêt de rejet du 18 déc. 1871. — Dalloz, 72.1.9). Mais non avec des actions, infra, n. 355.

(6) Cet arrêt est du 17 juill. 1866 (*Bulletin de la Cour de Paris*, 1866, p. 448).

(7) Conf. Troplong, n. 1076. — Toutefois, parmi les auteurs, la question est controversée.

(8) Dalloz, 66.1.428. — V. la note qui résume la doctrine et la jurisprudence.

351. Lors de la discussion de la loi du 23 mai 1863, qui avait créé les sociétés à responsabilité limitée, la commission du Corps législatif avait demandé que cette loi fût, par une disposition expresse, étendue aux sociétés civiles ; mais le Conseil d'Etat avait refusé d'y consentir, et retranché du contre-projet présenté par la commission législative le mot *civiles*, « pour « qu'il demeurât bien entendu que la loi ne pût s'appliquer « qu'aux sociétés commerciales ». Néanmoins, le rapporteur de la commission avait déclaré que, malgré cette rédaction, on avait eu la pensée de laisser tout son effet à la jurisprudence libérale qui s'était établie ; et, dès lors, il semblait permis d'espérer que cette jurisprudence s'étendrait aussi aux sociétés à responsabilité limitée ; mais, en présence du texte formel de l'art. 1 de la loi, qui ne vise que les sociétés commerciales, la Cour de cassation a décidé que la loi de 1863 était exclusivement applicable à ces dernières sociétés (1).

D'où il résulte que, si une société réellement civile par son objet s'est constituée sous la forme d'une société à responsabilité limitée, elle reste soumise à la juridiction civile. Elle n'est d'ailleurs pas nulle, puisque la société civile est valable quelle que soit sa forme ; on doit seulement considérer comme non écrites les dispositions de ses statuts dérivant de la loi de 1863, qui lui est absolument inapplicable (2). Quant aux dispositions de droit commun, sur la durée, le siége, l'administration, le partage des bénéfices, etc., elles conservent leur valeur. Ce serait une société civile par actions, en la forme comme au fond, dans le sens exprimé plus haut.

En 1867, la question a été de nouveau soumise au Corps législatif, par un amendement proposant de déclarer la loi nouvelle « applicable aux sociétés civiles qui se constitueraient dorénavant, soit sous la forme de sociétés en commandite par actions, « soit sous la forme de sociétés anonymes. » L'amendement a été rejeté, non que le Corps législatif ait entendu méconnaître le droit des sociétés civiles ; ce droit a au contraire été constamment affirmé et jamais méconnu dans la discussion (3) ; mais cet amendement avait le tort de s'appliquer aussi aux sociétés de charbonnages, à constitution anormale dont j'ai déjà parlé,

---

(1) Cass., 18 déc. 1871, 26 fév. 1872, 24 juill. 1873 (Dalloz, 72.1.9 et 14 ; 74.1.127).

(2) Paris, 7 déc. 1869. Le pourvoi formé contre cet arrêt a été rejeté le 18 déc. 1871 (V. à la note précédente).

(3) V. le discours de M. Mathieu, rapporteur, au *Moniteur* du 8 mai 1867.

et il fut écarté sur l'annonce, par le Gouvernement, d'un projet de loi sur l'ensemble des sociétés civiles (1).

352. Si aucune controverse ne s'éleva sur le principe, on ne fut pas d'accord sur les conséquences : il fut prétendu (2) que, malgré leur vêtement commercial, les sociétés civiles ne pouvaient revendiquer la limitation de responsabilité aux mises, apanage exclusif des sociétés de commerce ; que la nature civile de la société persistant sous la forme, les associés restaient indéfiniment obligés, chacun pour sa part virile, au paiement des dettes. Mais comment concevoir une société en commandite ou anonyme avec des actionnaires indéfiniment engagés ! N'est-ce pas un résultat contradictoire et qu'il suffit d'énoncer pour faire rejeter la théorie qui l'amène ! Il faut reconnaître que la forme, ici, emporte des effets nécessaires, qu'elle détermine virtuellement la mesure des obligations des associés et le mode d'administration de la société ; car ce sont là précisément les éléments qui la constituent à l'état distinct et sans lesquels elle cesserait d'être (3).

D'ailleurs, sur tout le reste, la nature civile de la société reprend son empire. Ainsi : 1° c'est la juridiction civile qui est compétente ; 2° la société ne peut être déclarée en faillite (4) ; 3° la prescription de cinq ans établie par l'article 64 du Code de commerce n'est pas applicable ; 4° enfin, lorsque la contrainte par corps existait, les associés n'y étaient pas soumis.

353. La distinction entre les sociétés civiles et commerciales a donné lieu à de nombreuses difficultés d'application, comme en témoignent les recueils de jurisprudence (5). On vient de voir que la forme est indifférente à cet égard ; c'est uniquement l'objet de la société, c'est-à-dire la nature des opérations entreprises, qui détermine son caractère civil et commercial. La souscription des actions sera donc elle-même un acte civil ou commercial, selon la nature réelle de la société (6).

354. L'action, permise dans les sociétés civiles, le serait également dans les sociétés commerciales en nom collectif, quoi-

---

(1) *Suprà*, n. 346.

(2) Cette opinion fut émise par l'honorable rapporteur, M. Mathieu (*Moniteur* du 8 juin 1867). — V. aussi le Rapport supplémentaire.

(3) Pont, n. 123; Alauzet, t. 1, p. 332; Lyon, 8 août 1873 (D. 74.2.201) et note sous cet arrêt.

(4) Paris, 17 juill. 1866 (*Bull. de la Cour imp.*, 1866, p. 448).

(5) V. 1re partie, n. 4 et s.

(6) Dalloz, note sous Cass. 3 mars 1863 (63.1.125). — *Contrà*, Angers, 18 janv. 1865 (D.65.2.67).

qu'elles soient généralement appelées et qu'elles soient en effet
des sociétés de personnes. Qu'on suppose, par exemple, une
société composée d'un grand nombre de membres, qui consentent à se soumettre à la règle d'une solidarité absolue et
indéfinie, cette hypothèse n'est pas chimérique ; car il existe en
Allemagne beaucoup de sociétés de crédit qui n'ont pas craint
d'adopter cette règle, et qui, pour faciliter les mutations inévitables dans leur nombreux personnel, ont divisé leur capital en
actions. Or ces sociétés, qualifiées d'après la loi française, ne
seraient autre chose que des sociétés en nom collectif, à capital
variable, où l'action pourrait certainement être introduite, en
vertu des art. 48 et 50 combinés de la loi de 1867 (1).

355. L'association en participation ne pourrait, sans dégénérer, émettre des actions, puisqu'elle n'a pas de capital social et
qu'elle est essentiellement occulte. L'action implique un capital
collectif, et elle révélerait d'ailleurs aux tiers, qui ne doivent
pas la connaître, l'existence publique de la société. Il y a donc
incompatibilité absolue entre la participation et l'action.

356. Après avoir examiné quelles sont les sociétés dont le capital peut être divisé en actions, il reste la thèse inverse : l'action est-elle nécessaire, ou simplement facultative, d'une part,
dans la société anonyme, et d'autre part, dans la société à capital variable? On se borne à signaler ici ces deux questions, qui
trouveront naturellement leur place sous les titres II et III, où
elles seront traitées avec l'intérêt qu'elles méritent.

------

(1) Infrà, titre III, des Sociétés à capital variable.

TITRE PREMIER.

Des sociétés en commandite par actions.

CHAPITRE PREMIER.

CONSTITUTION DE LA SOCIÉTÉ.

SOMMAIRE.

357. La loi établit deux conditions, sans lesquelles la société ne peut être valablement constituée; elle exige :

1º La souscription de la totalité, et le versement du quart au moins du capital social ;

2º La vérification, en assemblée générale, de la valeur des apports qui ne consistent pas en numéraire, et de la cause des avantages particuliers qui ont pu être stipulés.

358. Avant tout, même avant de solliciter des souscriptions, il a fallu rédiger les statuts de la société, et en dresser un acte.

Quelle doit être la forme de cet acte? La loi nouvelle laisse toute liberté à cet égard ; il peut être fait devant notaire, ou simplement sous signature privée.

359. Quelques praticiens s'étaient demandé, avant la loi de 1867, si l'acte de société pouvait émaner du gérant seul; ou si, au contraire, pour former le lien de droit, la masse commandi-

taire ne devait pas y être représentée par un ou plusieurs sous-cripteurs. Ils semblaient craindre que l'acte, dans le premier cas, ne fût considéré comme un simple projet, sans aucune force obligatoire, et que la souscription des actions intervenant sur une pareille base, ne se trouvât à son tour dépourvue de valeur. Il y avait une grande exagération dans cette crainte ; le contrat de société est sans doute un contrat synallagmatique, qui ne peut exister que par l'accord de deux volontés, mais il n'est pas nécessaire que cet accord se manifeste simultanément ; l'acte signé du gérant constitue la première phase de la convention sociale, c'est-à-dire l'offre de s'associer, adressée à tous ceux qui voudront souscrire des actions ; la souscription, qui n'est autre chose que l'acceptation de l'offre, vient compléter le contrat et lui donner la vie.

360. Toutefois il y avait un grave inconvénient (1) dans cette manière de procéder lorsque l'acte de société était sous signature privée ; avec des statuts signés du gérant seul et laissés dans ses mains, l'identité de l'acte devenait douteuse et contestable, puisqu'un gérant malhonnête aurait eu toute facilité pour lui substituer un acte nouveau et dissemblable ; et c'est aux contestants qu'il aurait appartenu de produire la preuve à peu près impossible de la substitution.

361. La loi nouvelle a voulu faire cesser cet inconvénient en exigeant que l'acte sous seing privé fût fait en deux originaux, dont l'un restera déposé au siége social, et dont l'autre sera annexé à la déclaration notariée de constitution de la société. Mais l'inconvénient ne disparaît pas ainsi tout à fait ; car les deux originaux sont dans les mains du gérant jusqu'au moment de la déclaration notariée, c'est-à-dire pendant toute la durée de la souscription.

Si tous les souscripteurs signaient l'acte de société, la fraude ne serait pas possible ; elle serait plus difficile si la signature d'un certain nombre d'entre eux était apposée. Mais la loi n'exige rien à cet égard, et dès lors l'acte sous seing privé pourra toujours être signé du gérant seul. Quoi qu'il en soit, il sera préférable d'y faire intervenir un ou plusieurs souscripteurs ; on se conformera ainsi d'une manière plus stricte au texte nouveau qui semble supposer, en effet, que plusieurs souscripteurs ont signé l'acte avec le gérant ; en effet, l'art. 1er de la loi s'exprime

---

(1) Je l'avais signalé dans mon *Commentaire de la loi du 17 juillet 1856* (n. 5).

ainsi : « L'acte sous seing privé, *quel que soit le nombre des* « *associés*, sera fait en double original.... »

Nous insistons d'autant plus sur cette manière de procéder que la moindre irrégularité serait périlleuse, l'art. 7 frappant de nullité toute société constituée contrairement aux prescriptions de l'art. 1er.

Il suffira d'ailleurs d'un original pour tous les souscripteurs signataires, ce qui déjà semblait résulter de la jurisprudence antérieure (1) ; car la loi nouvelle, ainsi qu'on vient de le voir, n'exige qu'un double original, quel que soit le nombre des associés.

362. La souscription des actions doit être pure et simple ; toute condition présenterait d'ailleurs des dangers (2) : qu'il soit dit dans les statuts, par exemple, que la qualité d'actionnaire résultera seulement du versement ou de la remise des actions ; si la dissolution de la société arrive prématurément, le souscripteur non libéré soutiendra que la condition ne peut plus s'accomplir en temps utile et qu'il est dégagé ; ainsi le contrat ne pourrait plus se former , et il serait même censé n'avoir jamais existé.

C'est ce qui a été jugé par arrêt de la chambre des requêtes du 27 déc. 1853, qui a rejeté le pourvoi formé contre un arrêt de la Cour de Dijon du 27 janvier précédent (3).

Depuis la loi du 17 juill. 1856, une pareille stipulation n'est plus possible ; car cette loi exigeait la souscription de tout le capital, et elle voulait même que tout souscripteur fût responsable du versement de ses actions, nonobstant toute stipulation contraire. C'est ainsi qu'il a été jugé que l'impossibilité où s'est trouvée la société de procurer à ses actionnaires les avantages annoncés par les statuts, ne peut les dégager de leurs obligations à l'égard des tiers (4).

363. Pour que la souscription soit définitive et irrévocable, il faut qu'elle soit parvenue à la connaissance du gérant, qu'elle ait été acceptée par lui, et qu'à son tour l'acceptation ait été notifiée au souscripteur par une réponse spéciale ; car autrement

---

(1) Bordeaux, 23 mai 1828 ; et sur pourvoi, Req. 20 déc. 1830; Cass., 28 fév. 1844. — *Contrà*, Bordeaux, 13 mars 1829 (V. ces arrêts au *Rép.* Dalloz, v° *Société*, n. 1123).— M. Bravard-Veyrières, et M. Demangeat, son annotateur, sont partagés sur cette question (*Traité des sociétés commerciales*, p. 78).

(2) V. Paris, 10 janv. 1861 (Dalloz. 61.5.462).

(3) D.54.1.142.

(4) Paris, 16 janv. 1862 (D.62.2.106).

le concours de volontés, qui seul forme le contrat, ne serait pas
constaté (1).

Ce principe touchant à l'ordre public, il n'y serait pas valablement dérogé par des statuts portant, par exemple, que le visa
apposé par le gérant sur la lettre de demande, à l'insu du souscripteur, suppléerait à l'acceptation et à sa notification (2).

Il y a dans ces exigences légales d'assez grandes difficultés
pratiques, qu'il est heureusement possible d'éviter en employant
au lieu de bulletins de souscriptions rédigés en la forme unila-
térale, des bulletins faits en double original, et signés tout à la
fois par le gérant ou son mandataire et par le souscripteur (3).
Jugé même qu'une souscription d'actions, faite non au gérant,
mais à son mandataire, est valable, quoique la procuration ne
soit pas représentée, le mandat verbal pouvant être valable,
surtout en matière commerciale (4).

Il est vrai que, dans cette dernière espèce, il a été jugé en fait
que la souscription avait été acceptée et ratifiée par le gérant ;
dès lors la ratification, même ignorée des tiers, avait un effet
rétroactif au jour du contrat (5), et ce n'était pas le cas d'appliquer, comme plus haut, le principe sur la pollicitation ou l'offre
de s'engager, qui ne produit l'engagement que du jour où l'acceptation est connue de l'auteur de l'offre.

Le fait par une personne de laisser sans réponse l'avis qu'elle
a été portée pour une ou plusieurs actions sur la liste des souscripteurs, ne saurait bien évidemment l'engager (6).

364. La souscription peut être annulée pour dol ; mais pourvu
que les manœuvres employées aient été telles que sans ces
manœuvres, la souscription n'aurait pas eu lieu (7). Ainsi les
allégations reconnues mensongères d'un prospectus ne seraient
pas suffisantes pour entraîner la nullité de la souscription, si
elles n'avaient pas exercé une influence décisive sur l'esprit du
souscripteur, qui s'est engagé sans vérifier les faits annoncés,
bien qu'il en eût les moyens à sa disposition (8). L'appréciation

(1) Paris, 16 fév. 1850, 10 août 1850,
17 avril 1852, 22 janv. 1853, 16 nov.
1853, 11 janv. 1854. — D.50.2.150 ; 52.
2.497; 52 5.384; 54.2.258; 55.2.126; 54.
2.129.

(2) Paris, 16 nov. 1853.—D.53.2.126.
(3) Paris, 22 janv. 1853.—D.54.2.258.
(4) Cass., 14 mars 1860, 12 nov. 1867.
—D.60.1.258 ; 67.1.408.

(5) Paris, 28 juin 1851. — D.53.2.78.
(6) Cass., 25 mai 1870 (D.70.1.257).
(7) C. civ., art. 1116.
(8) Paris, 29 janv. 1861 ; et sur pourvoi, Rej. 14 juill. 1862 (D.62.1.428);
Paris, 24 juin 1873 (Bull. de la Cour,
n. 3376).

de l'influence des manœuvres appartient souverainement aux juges du fait, dont la décision échapperait à la censure de la Cour de cassation.

La souscription ne serait pas annulable parce que le gérant aurait dissimulé le fait qu'il avait été récemment en faillite; car, ayant obtenu son concordat, il n'était pas tenu de faire connaître son passé commercial (1).

On ne saurait non plus reprocher au fondateur de n'avoir pas indiqué dans les annonces la durée et les conditions d'une concession administrative, le traité de concession devant être soumis, lors de l'approbation des apports à l'assemblée générale des actionnaires (2).

365. D'ailleurs le dol pratiqué par le gérant pour obtenir des souscriptions n'aurait pas pour effet de les annuler au regard des créanciers. Car l'obligation du souscripteur est prise en réalité aussi bien au profit des créanciers futurs de la société qu'au profit de la société elle-même ; le capital social est leur gage, ils ont une action directe contre les actionnaires non libérés; c'est donc le cas d'appliquer l'art. 1116 C. c., qui n'admet pas la nullité du contrat si le dol est pratiqué par un tiers (3).

366. Du reste les souscripteurs ainsi trompés auraient leur recours contre le gérant, mais à notre avis contre le gérant seul et non contre la société; car si celle-ci est en général responsable des fautes, et même des fraudes de son gérant (4), cela ne saurait s'étendre aux faits antérieurs à la constitution même de la société.

367. Le banquier, qui émet les actions n'est pas responsable des manœuvres employées à son insu par la société pour tromper le public s'il a limité son concours à un simple service de caisse. Il peut en être autrement, si dans des circulaires signées de lui, il reproduit des renseignements inexacts ou incomplets émanant de la société; car, fût-il de bonne foi, il a eu le tort de ne pas contrôler ces renseignements, et il doit indemniser les souscripteurs qui prouveront n'avoir été amenés à souscrire que sur la foi de ses déclarations. Toutefois il serait excusable si, étant de bonne foi, il avait, dans ses circulaires mêmes, indiqué au public le moyen facile de s'assurer de l'exactitude des renseignements (5).

---

(1) Paris, 34 janv. 1867 (Ann. Lehir)
(2) Même arrêt.
(3) Cass., 10 fév. 1868 (D.68.1.379).
(4) Cass., 45 janv. 1872 (P.1872.11).

(5) Paris, 3 janv. 1870 (Ann. Lehir). — Comp. Trib. comm. Seine, 15 fév. 1870 (Ann. Lehir).

368. Si un banquier déclare garantir un minimum de dividendes et s'obliger à rembourser les actions au pair dans le cas
où ce minimum ne serait pas atteint dans un délai déterminé,
cet engagement constitue de sa part, non un simple cautionnement, mais une promesse d'achat des actions. Cette promesse
est obligatoire aussi pour les actionnaires qui ont opté pour le
rachat, et qui, en cas de faillite du banquier, sont tenus de livrer
leurs titres au syndic, sauf à produire à la faillite pour le prix
d'achat (1).

SECTION Ire.

**Première condition préalable à la constitution de la société :
{souscription de tout capital et versement d'un quart.**

SOMMAIRE.

369. — Cette condition existait déjà dans la loi de 1856.
370. — Danger de recueillir les souscriptions sans exiger le versement
     du premier quart.
371. — Moyen d'y parer par les statuts.
372. — Option entre deux actions contre le souscripteur en retard de
     ses versements.
373. — L'émission des actions par [séries successives n'est plus per-
     mise.
374. — Un appel de fonds ne pourrait avoir lieu qu'avec l'assentiment
     unanime des actionnaires.
375. — L'augmentation du capital social est valablement stipulée par
     les statuts.
376. — Elle n'est pas soumise à toutes les conditions originaires pres-
     crites pour la constitution de la société.
377. — Doctrine contraire de la Cour de cassation.
378. — *Quid* si le capital social est augmenté par de nouveaux apports
     en nature ?
379. — Le gérant peut souscrire des actions, mais en les libérant tout
     de suite.
380. — Les souscripteurs doivent être connus et sérieux.
381. — Les souscriptions sont définitives. Exemples.
382. — Elles sont irrévocables; et les souscripteurs ne peuvent être
     déliés de leurs engagements.
383. — Une société ne peut racheter ses actions.
384. — Nullité du rachat. Conséquences.
385. — Autres conséquences de la nullité.

---

(1) Paris, 25 juin 1869 (D.70.2.8). — Paris, 3 août 1866 (Ann Lohir).

386. — Le rachat est-il possible sur le fonds de réserve ?

387. — De l'amortissement des actions.

388. — Les souscripteurs ne pourraient, si le capital entier n'était pas souscrit, décider à la simple majorité que la société sera néanmoins constituée.

389. — Cette décision serait valablement prise à l'unanimité.

390. — Néanmoins la majorité pourrait y être autorisée par les statuts.

391. — Le versement préalable du quart doit avoir lieu sur chaque action souscrite.

392. — Il doit être effectué en espèces.

393. — Non en effets de portefeuille.

394. — La stipulation, dans le bulletin de souscription, du paiement en effets, travaux, etc., ne serait pas opposable aux autres actionnaires, ni aux tiers.

395. — En conséquence, le paiement serait exigible en numéraire.

396. — *Quid* si la stipulation était dans les statuts ?

397. — Suite.

398. — Le paiement des trois autres quarts peut avoir lieu par compensation, sinon en numéraire.

399. — Toutefois la jurisprudence admet l'usage de payer en coupons.

400. — Déclaration notariée à passer par le gérant. Pièces à annexer.

401. — Exception.

369. Les sociétés en commandite, porte l'article 1er de la loi nouvelle, qui n'est sous ce rapport que la reproduction textuelle de la loi de 1856, ne peuvent être définitivement constituées qu'après la souscription de la totalité du capital social, et le versement, par chaque actionnaire, du quart au moins du montant des actions par lui souscrites.

370. La souscription de la totalité du capital, et le versement du quart des actions, devront-ils avoir lieu simultanément ? La loi ne le prescrit pas ; toute liberté est donc laissée aux sociétés sur ce point (1) ; mais c'est une liberté dont elles devront rarement user, sous peine de se voir exposées, dès leur début, à des contestations qui auraient pour effet d'ajourner, et souvent de compromettre leur constitution (2).

Qu'arriverait-il, en effet, si un gérant avait l'imprudence de recueillir des souscriptions, sans recevoir en même temps le premier quart ? C'est que, lorsqu'il ferait appel de ce quart, il faudrait, s'il y avait des retardataires, avant de pouvoir constituer

---

(1) Conf. Bravard, p. 20 ; Bédarride, t. 2, app. p. 45 ; Dalloz, v° *Société*, n. 1169.

(2) Conf. Dalloz, n. 1176 ; Rivière, n. 34.

la société, intenter et mettre à fin, contre chacun d'eux, des poursuites judiciaires toujours onéreuses et qui feraient perdre un temps précieux (1).

371. Il n'y aurait qu'un moyen de parer à ce danger : ce serait de le prévoir dans l'acte de société, et d'y stipuler que, huitaine après une mise en demeure infructueuse, la souscription serait considérée comme non avenue. Nous ne saurions recommander cette clause avec trop d'insistance, pour le cas où la société croirait avoir intérêt à recueillir les souscriptions sans les faire accompagner du versement du premier quart.

372. A défaut de cette clause, une demande judiciaire, avons-nous dit, devrait-être formée contre chacun des souscripteurs en retard ; du reste, dans cette situation, le gérant aurait l'option entre deux actions : il pourrait conclure, soit au paiement de la somme exigible, soit à la résolution de la souscription pour inexécution de la condition du versement, sauf à remplacer la souscription par une autre pour compléter le capital social.

Pour ne pas retarder la constitution, le remplacement pourrait avoir lieu tout de suite par une souscription éventuelle qui ne deviendrait définitive qu'en cas d'annulation de la première. L'actionnaire éventuel verserait le premier quart, qui serait acquis à la société dans tous les cas, et il aurait une action en restitution contre le premier actionnaire, si celui-ci était maintenu en vertu du quasi contrat de gestion d'affaires (art. 1236, C. civ.).

373. La loi exige la souscription de la totalité du capital social ; il n'est donc pas possible de l'émettre par séries successives, comme on l'a pratiqué autrefois. Cependant le rapport de M. Langlais (de la Sarthe), sur la loi de 1856, contient un passage qui pourrait faire concevoir des doutes : « On stipule quelquefois, dit-il, dans les actes de société, qu'une portion seulement du capital social sera émise provisoirement, et l'on abandonne au gérant, soit seul, soit avec l'autorisation du conseil de surveillance, la faculté de faire émission d'une nouvelle série d'actions. De là peuvent naître des abus de toute sorte, et nous avions proposé qu'on subordonnât cette émission à la double condition que le capital primitif fût recouvré en totalité, et que l'assemblée générale des actionnaires eût donné

----

(1) Jugé que les souscripteurs ne peuvent se refuser au versement du quart, sous prétexte de l'exagération des avantages faits aux fondateurs, et même de la non-justification des apports (Nîmes, 20 mai 1862). Cependant, s'il était établi que l'apport n'existe pas, le refus de versement deviendrait légitime.

« son autorisation. Le Conseil d'État a rejeté cet amende-
« ment. »

A la lecture de ce passage, on se pose immédiatement ces
deux questions : Pourquoi l'amendement ? Et pourquoi le rejet ?
L'une est aussi embarrassante que l'autre. Pourquoi un amendement qui prévoit la division du capital social en plusieurs séries
d'actions à émettre successivement, lorsque l'art. 1er exige si
formellement la souscription *intégrale* avant la constitution de
la société ? C'est à peine si cette contradiction est explicable par
l'historique de la formation de la loi : le projet du Conseil d'État
n'exigeait pas la souscription intégrale ; il se contentait d'un
versement partiel, sans lequel, dit l'exposé des motifs, « il est
« presque toujours impossible de commencer de sérieuses
« opérations. » Si cet état de choses avait été maintenu, on
aurait compris l'utilité et la logique de l'amendement ; car il
eût été de bonne règle d'empêcher toute émission nouvelle avant
le recouvrement des premières séries émises, et de prescrire en
tous cas l'autorisation de l'assemblée générale.

Mais le projet du Conseil d'État fut modifié par un autre
amendement, qui passa dans l'art. 1er de la loi, et qui a eu pour
but de prescrire la souscription intégrale ; il y a plus : le projet
se bornait à ordonner la réalisation préalable du quart du capital ; cet amendement voulut que la réalisation du quart fût spécialement applicable à chaque portion en particulier. Dès lors,
comment concevoir que de nouvelles séries d'actions puissent
être émises après la constitution de la société ? Et cependant,
le rapport semble considérer comme licite sous la loi nouvelle la
stipulation d'une telle émission ! Il n'est pas possible de supposer
dans ce document, d'ailleurs fort remarquable, une erreur sur le
fond du droit ; il ne peut y avoir qu'inadvertance de rédaction ;
le rapporteur a probablement interverti l'ordre dans lequel ont
dû être présentés les deux amendements ; celui relatif aux émissions de série a été évidemment le premier ; en présence du projet de loi intact, il avait *sa raison d'être* ; et ce n'est qu'après le
rejet de cet amendement que la commission a sans aucun doute
présenté celui qui prescrit la souscription intégrale.

Il n'y a donc aucun argument à tirer, en faveur de l'émission
par séries, ni des termes du rapport, ni du rejet par le Conseil
d'État de l'amendement qui devait réglementer cette émission.
Le second amendement, passé dans l'art. 1er de la loi, prescrit
d'une manière absolue la souscription intégrale du capital social

avant la constitution de la société, et s'oppose ainsi à toute émission ultérieure (1).

La division des actions en séries est cependant une combinaison qui a été trouvée ingénieuse, et qui a été souvent employée avec avantage. Un société, à son origine, ne saurait prévoir le développement que prendront ses opérations ; fixer à l'avance le capital nécessaire dans toutes les éventualités doit être toujours chose délicate ; un capital émissible par séries, c'est-à-dire suivant la progression des besoins, résolvait parfaitement la difficulté ; et les lois nouvelles, en s'opposant absolument à la constitution de la société avant la souscription intégrale de son capital, ont enlevé à l'industrie un procédé qui a rendu et pouvait rendre encore d'utiles services.

374. Ce procédé est d'autant plus regrettable qu'en cas d'insuffisance du capital, un appel de fonds ne pourrait avoir lieu sans l'assentiment unanime des actionnaires ; la majorité ne pourrait contraindre les dissidents (2), et peut-être se trouverait-on réduit à la dure extrémité d'une dissolution inopportune et ruineuse.

375. Cependant des statuts prévoyants pourraient sauver la société de cette crise en autorisant une augmentation de capital social, qu'il serait juste de réserver par préférence aux premiers actionnaires. Cette augmentation serait votée en assemblée générale, et la majorité ferait loi dans la circonstance.

Dira-t-on que ce serait là une infraction à l'art. 1er, qui exige la souscription de tout le capital, dès l'origine ? que ce serait un moyen détourné d'émettre de nouvelles séries d'actions après la constitution de la société ? Cette objection serait sans fondement, car la loi serait respectée dans son esprit, aussi bien que dans sa lettre ; pourquoi, en effet, la loi veut-elle que le capital soit entièrement souscrit ? Parce que « c'est vraiment, disait le rap- « porteur de la loi de 1856, un des signes auxquels on reconnaît « qu'une société est sérieuse. » Ah ! sans doute, s'il y avait combinaison frauduleuse d'un capital primitif intentionnellement amoindri, avec cette réserve d'augmentations ultérieures, il y aurait violation de l'esprit de la loi, et la société serait infailli-

---

(1) Conf. Dalloz, n. 1483 ; Rivière, n. 31.

(2) M. Troplong, *Des sociétés*, n. 181. — MM. Dalloz (n. 1483) pensent que la majorité pourrait voter une augmentation, qui serait demandée, non aux actionnaires eux-mêmes, mais au public. Cette question se rattache à celle qui touche l'étendue des pouvoirs de l'assemblée générale. *Infra*.

blement annulée, à la demande des intéressés. Mais si les choses se sont loyalement passées, la stipulation sera valable et la société maintenue.

376. Suivant quelques jurisconsultes, la clause autorisant une augmentation de capital est légale en effet; mais l'émission des actions nouvelles resterait soumise (1), comme celle du capital primitif, aux conditions rigoureuses exigées par l'art. 1er, c'est-à-dire : souscription de la totalité du nouveau capital, puis versement effectif du quart des nouvelles actions. Cette opinion est inadmissible : d'une part, le texte de l'art. 1er est inapplicable, puisqu'il a en vue la société à son origine, et qu'il prescrit les conditions de sa constitution; d'une autre part, il n'y a aucune analogie entre cette situation et celle d'une société, d'ailleurs régulièrement et loyalement constituée, qui a déjà fonctionné et fait ses preuves, et qui a besoin d'un supplément de capital, soit à cause de l'extension de ses affaires, soit même, si on le veut, pour faire face à des obligations exigibles. Ce qui a porté le législateur à exiger à l'origine la souscription du capital et le versement du quart, c'est qu'il a voulu proscrire ces sociétés factices, mort-nées, appelant avec fracas un capital considérable, puis se constituant hâtivement avec une somme insignifiante, pour ne laisser que des ruines quelques mois après. Est-ce que de pareils motifs existent pour une société en marche? Ne serait-ce pas lui créer des entraves inutiles et souvent funestes que de l'obliger à n'user du capital supplémentaire que s'il était intégralement souscrit ! Il n'y a pas heureusement dans la loi de disposition restrictive sur ce point; laissons donc agir la liberté naturelle des conventions.

D'ailleurs la fraude serait aisément déjouée par les tribunaux; c'est ainsi que la Cour de Paris, par un arrêt que j'ai rapporté dans le *Droit commercial* du 4 août 1863, a annulé une société, dont le capital avait été fixé par les statuts à 250,000 francs avec réserve de le porter à 1,000,000. Attendu, porte l'arrêt, « que les fondateurs n'ont pas eu l'intention, à l'origine, de « limiter le capital à 250,000 francs, et n'ont pas été amenés « loyalement à l'augmenter après en avoir reconnu l'insuffisance; « mais qu'ils ont voulu, par une combinaison frauduleuse, se

---

(1) Dalloz, vo *Société*, n. 1483; Alauzet, sur l'art. 1er; Rivière, n. 17; Bouguignat, note sous Cass., 8 mars 1876 (Sir., 76.1.409). — La question a été renvoyée le 16 mai 1877 à l'examen de la chambre civile de la Cour de cassation (*le Droit*, 18 mai 1877); *Contrà*, Beslay, n. 149.

9

« procurer un capital d'un million, et s'assurer les avantages
« personnels qui devaient en résulter pour eux, en ne suppor-
« tant que les charges afférentes à un capital de 250,000 francs,
« et qu'ils ont ainsi essayé d'échapper aux prescriptions de la
« loi (1). »

377. Cependant la Cour de cassation, après une certaine hésitation, manifestée par des arrêts qui révèlent des tendances contradictoires (2), s'est prononcée nettement, par un arrêt du 27 janvier 1873 (3) contre l'opinion qui vient d'être développée. Les
prescriptions initiales, suivant cet arrêt, doivent encore être observées au cours de la société, et les augmentations de capital sont
soumises aux mêmes conditions que le capital originaire. Cette
doctrine est-elle destinée à prévaloir? Il est permis d'en douter,
car elle s'appuie sur des raisons législatives plutôt que légales ;
le texte n'est pas interprété, mais corrigé par le juge se substituant au législateur, et se méprenant sur sa pensée, au point
d'assimiler deux situations entièrement différentes. Le rapporteur de la loi de 1856 avait parfaitement aperçu cette différence
lorsqu'il disait : « C'est surtout à l'origine des sociétés qu'il
« faut saisir l'agiotage, car c'est alors que le charlatanisme agit
« avec succès. On est encore dans l'inconnu, dans la période
« des illusions et des entraînements ; plus tard, le capital versé,
« l'entreprise aura marché, on saura ce qu'elle a produit. »

Est-ce à dire qu'aucune des conditions originaires ne devienne
applicable au cours de la société? Non, et l'on verra plus
loin (4) que les règles concernant le taux et la forme des actions
sont obligatoires pour toutes les actions de la société, quelle
que soit la date de leur émission. Là, il y a des raisons, tirées du
texte, aussi bien que de l'esprit de la loi, qui manquent dans le
premier cas.

378. La même question s'élèverait, si l'augmentation du capital social avait lieu par voie d'apports en nature, et l'on se
demanderait en pareil cas si les apports seraient, comme ceux

---

(1) Autre arrêt semblable, Paris, 20
avril 1865 (Ann. Lehir).— V. aussi Trib.
comm. de la Seine, 3 fév. 1864 (le Droit,
1864, p. 356. — Sic, Beslay, n. 185 et
suiv.

(2) Comp. not. les deux arrêts du 10 fév.
1868 et du 26 mai 1869 (D. 68.1.389,
69.1.401), avec ceux du 24 mai 1869
(D.69.1.323) et du 29 juin 1869 (le Droit,

n° du 1er juill. 1869). Ce dernier arrêt
décide qu'en cas d'augmentation de capital par émission d'actions, un souscripteur ne peut demander la nullité de sa
souscription sous le prétexte qu'elle serait
conditionnelle et subordonnée à la souscription intégrale du nouveau capital.

(3) D.73.1.331.

(4) Infrà, chap. II.

faits à l'origine de la société, soumis à l'examen de deux assemblées générales. Ils en seraient, selon nous, affranchis, à moins qu'il n'en résulte la création d'une société nouvelle, au lieu d'une simple modification statutaire ; et ce serait là un point de fait laissé à l'appréciation des tribunaux (1).

379. Le gérant peut-il souscrire en son nom une partie du capital social ? La question a été examinée avant la loi de 1856, et un auteur a prétendu que le gérant, devant toute sa responsabilité personnelle aux tiers, et ceux-ci étant en outre autorisés à compter sur le capital social entier, fourni ou à fournir par les commanditaires, la souscription du gérant avait pour effet d'amoindrir l'un ou l'autre de ces gages ; d'où il résultait que les commanditaires avaient le tort de laisser promettre par le gérant une partie de la commandite, et qu'en cas de non-paiement par celui-ci, ils étaient responsables envers les tiers, en vertu du principe général de l'art. 1382, C. civ. (2). Cette opinion était combattue par M. Frémery (3) et par M. Delangle (4) ; et elle a été également repoussée depuis la loi de 1856 par MM. Dalloz (5), qui invoquent, comme argument *a fortiori*, l'annexion de la liste des souscripteurs à la déclaration notariée du gérant, ce qui permet aux tiers, avant de contracter avec la société, de connaître les actions souscrites par le gérant. Cette raison a sa valeur ; cependant elle ne détruit pas entièrement celles données à l'appui de la première opinion ; il ne faut pas sans doute créer au gérant une incapacité dont il n'est pas atteint ; et j'admets sans peine qu'il pourra souscrire des actions s'il les libère en totalité, comme il arrive le plus souvent, pour garantir les faits de sa gestion ; ou encore qu'il pourra pendant le cours de la société acquérir et posséder des actions non libérées, parce que les versements à faire seront, dans la mesure fixée par la loi et les statuts, garantis par le souscripteur primitif ; mais, à l'origine de la société, il y aurait un danger sérieux à laisser souscrire par le gérant des actions sans les libérer ; car, si ce droit lui était reconnu, qui l'empêcherait d'élever sa souscription jusqu'à la moitié, jusqu'aux deux tiers du capital social ? Suffirait-il, en pareil cas, de répondre aux créanciers de la société : Vous avez pu consulter la liste des souscripteurs ? Ne seraient-ils pas fon-

(1) *Infrà*, sect. III.
(2) Molinier, n. 524.
(3) P. 54 et s.

(4) N. 505.
(5) V° *Société*, n. 1162.

dés à dire que c'est là rétorquer contre eux une faveur que la loi leur a offerte ; que la loi, en adoptant cette mesure de précaution contre le gérant, n'a pu vouloir par là même déroger à son profit aux conditions essentielles de la commandite, et qu'ils ont dû avant tout compter sur un capital garanti en dehors de la fortune personnelle du gérant !

380. Dans une espèce jugée le 25 juin 1861 par la Cour d'Aix, dont l'arrêt a été cassé le 19 août 1863 (1), le gérant avait souscrit un certain nombre d'actions non libérées, et avait figuré sur la liste, en ces termes : *pour divers*. La société se trouvait ainsi irrégulière et nulle à mon avis ; car, d'un côté, le gérant ne peut être souscripteur en son nom, et, d'un autre côté, la liste des souscripteurs doit indiquer leurs noms, prénoms et demeures, pour l'exercice du recours accordé contre eux par la loi ; il ne suffisait donc pas au gérant de s'annoncer comme mandataire d'autres personnes, il devait s'effacer pour indiquer les noms de ses mandants. Mais la question de nullité de la société n'a pas été agitée dans cette affaire (2), et le débat a porté sur un autre point : après la constitution définitive de la société, le gérant avait traité avec un tiers qui s'était obligé conditionnellement à prendre un certain nombre des actions souscrites par lui ; la condition avait défailli, et il s'agissait de savoir si ce tiers pouvait être considéré comme souscripteur originaire des actions et, à ce titre, obligé purement et simplement au versement en numéraire de leur montant ; ou au contraire s'il n'était pas étranger à la société, par suite de la non-réalisation de la condition stipulée entre lui et le gérant ; et si dès lors il ne devait pas être déchargé de son engagement conditionnel. La Cour d'Aix s'était prononcée dans le premier sens ; mais la Cour de cassation a adopté la seconde opinion, en visant dans son arrêt ce motif très-exact que la loi de 1856 « ne reconnaît « comme actionnaire d'une société en commandite, et comme « tel, soumis à la responsabilitée édictée par son art. 3, « que celui qui a pris nominativement, soit par lui-même, « soit par mandataire, une part effective à la souscription « des actions de cette société. » La Cour ajoute, qu'il est constant en fait que le tiers « n'a souscrit par lui-même « aucune des actions formant le capital social ; que son nom

---

(1) Dalloz, 63.4.387.

(2) Ni lors d'un arrêt de Bordeaux du 20 nov. 1865 (D.67.2.7).

« ne se trouve ni sur la liste des souscripteurs primitifs, ni sur
« l'état des versements que ces souscripteurs étaient censés
« avoir opéré au moment de la constitution de la société ; que
« d'ailleurs les termes de l'arrêt attaqué sont exclusifs d'un
« mandat, en vertu duquel le tiers aurait autorisé le gérant à
« souscrire pour le compte de celui-ci un nombre quelconque
« d'actions. »

D'un autre côté, les souscripteurs doivent être sérieux, et la
société serait annulée si la liste annexée portait des prête-noms
complaisants, alors même que plus tard, après la constitution
trop hâtive, on leur aurait substitué des souscripteurs réels (1).

381. La souscription, devant avoir lieu purement et simplement (2), devient définitive après la constitution de la société ;
s'il en était autrement, l'annulation des souscriptions rétro-
agirait sur la constitution, et le capital social se trouverait
n'avoir plus été intégralement souscrit, ce qui amènerait la nullité de la société elle-même. C'est ainsi que serait annulable une
société dans les statuts de laquelle il aurait été stipulé qu'il
serait, aussitôt après la constitution, créé des obligations pour
rembourser une partie des actions, une telle stipulation devant
avoir pour effet d'amoindrir immédiatement le capital social,
annoncé comme devant former la garantie des tiers (3).

C'est ainsi encore que l'employé qui a souscrit des actions en
vue et pour la garantie des fonctions qui lui sont confiées, et
qui vient à cesser de remplir ces fonctions, est tenu de verser en
espèces le montant des actions par lui souscrites (4). Le capital
social est promis aux tiers par les publications légales ; ce serait
leur faire grief que de l'entamer par des conditions occultes et
qu'ils n'ont pu connaître. Il n'en serait autrement que si la souscription conditionnelle avait été autorisée par les statuts et publiée (5). En l'absence d'une clause statutaire, ni l'assemblée
générale ni le liquidateur n'auraient le droit d'annuler des
souscriptions consenties par des employés, même à titre de
cautionnement, encore bien que le liquidateur soit autorisé par

---

(1) Aix, 16 mai 1860, et sur pourvoi, Rej. 24 avril 1861. — Dalloz, 60.2.118, 61.1.428.
(2) V. *suprà*, n. 362.
(3) Cass., 22 nov. 1869 (D.70.1.22).
(4) Paris, 10 janv. 1861 (D. 61.5. 462).

Add. Paris, 9 mai 1868 (D.68.2.173) ; Comp. Paris, deux arrêts du 29 nov. 1861 (Ann. Lehir) ; Cass., 14 déc. 1869 (D. 70.1.179).
(5) Cass., 11 mai 1853 (D.53.1.297). V. *infrà*, n. 395.

les statuts, à régler, par voie de transaction, le solde du compte
des employés (1).

Il en serait ainsi, alors même que le gérant, autorisé par une
clause spéciale des statuts, aurait garanti à l'employé, soit la
durée, soit l'inamovibilité de ses fonctions. S'il était destitué
arbitrairement et sans motif, il aurait une action en dommages-
intérêts contre la société, mais il resterait débiteur du montant
de sa souscription (2).

Toutefois le souscripteur d'actions d'une société peut demander la nullité de sa souscription et le remboursement de la
somme par lui versée, avec les intérêts à compter du jour du
versement, lorsque la constitution statutaire de cette société a
été modifiée sans son consentement (3).

382. La souscription des actions est irrévocable, et le souscripteur ne peut s'en dégager d'aucune façon; il peut encore
moins se faire rembourser par la société les versements par lui
effectués. Toutes les tentatives faites en ce sens ont toujours été
réprimées par la justice, alors même que le remboursement
avait lieu sous le prétexte de transaction sur procès, de rétrocession des actions, etc. (4). Si la cession des actions avait lieu
au profit, non de la société, mais du gérant pour son compte
personnel, elle devrait être maintenue; car il n'en est pas ici de
même que dans le cas où le gérant souscrit à l'origine de la
société une partie du capital de la commandite; cette souscription peut avoir pour effet d'induire les tiers en erreur, ainsi
qu'il est établi plus haut. Mais, pendant le cours de la société,
le gérant a pleine capacité pour agir et contracter avec tous,
pour administrer sa fortune à sa guise; et il est impossible de
trouver une raison sérieuse pour lui interdire de placer ses capitaux en achats d'actions de sa société, le souscripteur restant
toujours d'ailleurs responsable des versements à faire. Cependant le contrat serait annulé s'il apparaissait, comme dans une
espèce jugée par la Cour de Paris le 16 janvier 1862 (5), que la

(1) Cass., 9 août 1869 (D.69.1.404).
(2) Contrà, Paris, 10 janv. 1861 (D.
61.5.462).
(3) Paris, 24 avril 1873 (Bull. de la
Cour d'appel, n. 3372).
(4) Cass. 16 avril 1841, 12 avril 1842,
15 août 1856, 12 août 1863, 6 nov. 1865
(Dalloz, v° Société, n. 1389; 42.1.246;
56.1.343; 64.1.380; 65.1.479; Add.

Cass. 18 fév. 1868 (D.68.1.503 et la note)
et sur renvoi, Riom, 22 fév. 1870 (D.
71.2.66); Paris, 10 nov. 1868 (Ann.
Lchir); Bull. de la Cour d'appel de
Paris, n. 1729; Cass., 14 déc. 1869 (D.
70.1.479); Bourges, 20 déc. 1870 (D.
72.2.222); Rennes, 31 déc. 1867 (D.70.
2.14); Cass., 3 mai 1875 (D.76.1.116).
(5) Dalloz, 62.2.184.

cession n'était pas sérieuse, « et qu'il n'est en réalité intervenu
« entre les parties qu'un remboursement illicite des sommes ou
« valeurs versées par les commanditaires » ; la fraude serait
palpable si le gérant avait payé le prix de son prétendu achat
avec des deniers puisés dans la caisse sociale, à la connaissance
de son soi-disant vendeur.

383. Jusqu'ici la jurisprudence n'a eu à se prononcer que sur
des rachats d'actions opérés dans des circonstances suspectes,
et alors que la société en désarroi n'avait plus assez d'actif pour
payer ses dettes. Mais supposons une société en pleine prospérité, pourvue de ressources si abondantes qu'une partie de son
capital est improductif et qu'elle n'en a pas l'emploi dans l'industrie sociale. Pourquoi, en une telle situation, ne pourrait-
elle placer ce capital inactif en actions de sociétés, et pourquoi
le placement ne pourrait-il de préférence porter sur ses propres
actions ? La légalité de l'opération a été soutenue (1). Une
société qui agirait ainsi, a-t-on dit, ne causerait de tort à personne ; elle ne ferait autre chose qu'un placement sur elle-
même, placement loyal, temporaire peut-être, car elle ne ra-
chète pas ses actions pour les amortir, elle ne poursuit pas une
réduction de son fonds social ; ces actions prendront place dans
son portefeuille pour être vendues quand cela deviendra nécessaire ou utile ; en un mot, c'est un achat plutôt qu'un rachat
qu'elle a fait. Si les sociétés étaient privées de ce droit, elles
verraient leurs actions exposées aux fluctuations calculées de la
Bourse, et il faut leur laisser l'achat comme moyen de légitime
défense contre les manœuvres de compagnies rivales, intéressées
à déprimer les cours.

Ces arguments appartiennent à un ordre d'idées plutôt économique ou financier que juridique, et c'est sur ce dernier terrain que nous devons exclusivement rester. Si nous interrogeons
les principes qui régissent le contrat de société, nous reconnaissons que le rachat ou l'achat par une société de ses propres
actions ne peut s'expliquer autrement que comme étant une
vraie dissolution partielle de la société, opérant une diminution

---

(1) V. au *Moniteur universel* du 4 juin
1867 la discussion de l'amendement proposé par M. Fabre sur l'art. 15 de la loi,
infrà, chap. V. Dans cette discussion, il
a été déclaré, à plusieurs reprises, par les
orateurs officiels, que le rachat pouvait
être licite en certains cas. Malgré l'autorité qui s'attache à ces déclarations, on
reconnaîtra qu'elles n'ont que la valeur
d'opinions individuelles ; elles doivent
donc être rejetées, si elles sont contraires
aux principes du droit.

du capital social. L'associé vendeur est mis en dehors de la société, où il n'est remplacé par personne. Son titre est anéanti et sans valeur; qu'importe qu'il soit matériellement conservé par la société! que celle-ci se paie à elle-même fictivement des dividendes! Ce titre, c'était une part de la copropriété sociale; la société ne peut devenir copropriétaire ni associée avec elle-même. Si elle revend les titres d'actions, c'est une association nouvelle qu'elle contracte avec l'acheteur, ou si l'on veut, c'est l'accession, l'adhésion d'un nouvel associé qu'elle reçoit dans son sein.

384. D'où il suit que l'achat comme la revente des actions sont soumis, à peine de nullité, aux deux conditions suivantes : 1º l'assentiment unanime des actionnaires, car il s'agit d'une de ces modifications fondamentales des statuts pour lesquelles, dans le silence du contrat, le gérant, le conseil de surveillance et la majorité de l'assemblée elle-même sont sans pouvoir (1); 2º la publication par les voies légales de la modification survenue dans le capital social.

Les conséquences de la nullité s'aperçoivent aisément : si la société a souffert un dommage de l'opération, le gérant doit l'en indemniser; et le conseil de surveillance qui aurait sciemment toléré ou approuvé l'opération, en serait responsable. En outre, il serait permis de revenir sur l'opération elle-même, comme entachée d'excès de pouvoir : l'associé, vendeur d'actions, devrait donc en rendre le prix à la société. Par contre, les tiers auxquels la société aurait revendu les actions, ne devenant pas membres de la société, pourraient en réclamer le prix au gérant, mais au gérant seul; si toutefois les titres étaient au porteur et avaient été acquis par eux à la Bourse par le ministère d'agent de change, et conséquemment sans pouvoir connaître leur vendeur, ils auraient une action en restitution du prix contre la société, coupable après tout d'avoir laissé remettre en circulation par son gérant des titres éteints (2).

385. D'autres conséquences de la nullité se sont révélées et ont été appliquées par les tribunaux. C'est ainsi qu'il a été jugé : 1º Que le rachat fait par le gérant d'actions non libérées ne libère pas le cédant, alors même que le cessionnaire a été accepté par la société comme nouveau débiteur (3);

---

(1) Cass., 18 fév. 1868, et sur renvoi, Riom, 22 fév. 1870 (D.74.2.66); Bourges, 26 déc. 1870 (D.72.2.222).

(2) *Infrà*, chap. X.
(3) Paris, 15 juill. 1871 (D.74.2.42).

2° Que si un commanditaire a cédé ses actions libérées, mais par un acte occulte et en laissant subsister son nom sur les livres de la société, le syndic de la société tombée en faillite peut lui demander le remboursement des sommes retirées par son cessionnaire qui aurait revendu les actions à la société (1).

Néanmoins la Cour de cassation, par un arrêt du 11 décembre 1866 (2), a jugé que le remboursement par la société à des actionnaires du montant de leurs actions pouvait être valide, si elles avaient été revendues par la société à des tiers, et si le prix de cette revente avait couvert le déficit momentané du capital social (3). Dans le cas où le prix de vente aurait été inférieur aux sommes remboursées, les actionnaires devraient simplement la différence.

386. Le rachat des actions serait-il encore illicite, si, au lieu d'être opéré avec le capital social, il l'était avec le fonds de réserve? Non, au regard des tiers; car le capital de la société n'est point entamé par là; il reste en entier affecté à leur garantie. Il y a sans doute un associé ou des associés exclus; la société est comme dissoute à leur égard; mais ce résultat est obtenu sans bourse délier, de la part au moins du compte Capital. De quoi donc les tiers se plaindraient-ils? Diront-ils que la création et le maintien du fonds de réserve sont le plus souvent obligatoires dans les statuts des sociétés en commandite, et le sont toujours, en vertu de la loi, dans les sociétés anonymes? Mais cette obligation n'est point contractée ou imposée en faveur des tiers et pour leur procurer une garantie supplémentaire; elle ne concerne que les associés, auxquels elle a pour but de procurer d'utiles ressources en cas de revers inattendus.

Quant aux actionnaires restants, il n'en est pas de même que pour les tiers. Leur situation subit un changement qui n'est pas sans importance; si, en effet, leurs droits sont augmentés dans le fonds social, ils sont diminués dans le fonds de réserve; et dans cette opération il y a deux choses: un emploi de fonds qui appartiennent à la réserve, et une modification du contrat de société. A supposer que l'emploi n'excède pas les pouvoirs du gérant, la modification du contrat dépasse certainement ses

---

(1) Rouen, 1er mai 1869 (D.71.2.68). V. aussi Poitiers, 30 janv. 1867 (D.67.2. 142).

(2) D.67.1.499.
(3) Dans le même sens, Paris, 29 nov. 1861 (Ann. Lehir).

attributions. Cette modification ne peut être niée ; car les actionnaires restants se trouvent avoir dans la société un intérêt plus considérable qu'ils ne l'ont voulu ; leurs souscriptions se trouvent en quelque sorte augmentées de toute la somme tirée du fonds de réserve pour faire l'achat d'actions. Dès lors cet achat doit être autorisé par eux pour être valable, et comme il s'agit de l'une des bases du contrat, l'autorisation doit être donnée à l'unanimité.

387. Du reste, rien n'empêcherait de stipuler, dans les statuts, que l'amortissement total ou partiel des actions aura lieu, soit sur les bénéfices accumulés pour constituer le fonds de réserve, soit même sur les bénéfices annuels. L'amortissement pourrait être définitif ou donner droit, comme il arrive le plus souvent, à des actions de jouissance destinées à remplacer les actions remboursées (1).

La publication de l'amortissement serait-elle nécessaire ? Non, dans ce dernier cas, car il n'y aurait ni réduction de capital ni retraite d'associés. Mais la publication deviendrait exigible s'il n'était pas créé d'actions de jouissance, ou encore si l'amortissement était opéré sur une portion du capital reconnue inutile pour l'objet social.

388. La nécessité de la souscription intégrale fait naître une autre question : le capital n'étant souscrit qu'en partie, les souscripteurs, réunis en assemblée générale, pourraient-ils, d'accord avec les fondateurs et à la simple majorité, réduire le capital à la portion souscrite, et passer outre à la constitution de la société ? La négative a été jugée avec raison par la Cour de Paris le 24 mars 1859 (2). En effet, jusqu'à la constitution légale et définitive de la société, il n'y a pas d'actionnaires, et conséquemment des assemblées générales d'actionnaires sont impossibles ; il n'y a que des souscripteurs sans aucun lien juridique entre eux, et l'un ne peut contraindre l'autre à modifier un contrat auquel celui-ci a entendu donner son adhésion. Ainsi, par exemple, tout souscripteur qui n'accepterait pas cette modification serait délié de son engagement ; mais il ne pourrait, bien entendu, demander que la nullité de sa souscription, et non celle de la société (3).

389. Cette réduction du capital social ne serait valablement

---

(1) *Infrà*, chap. **II.**
(2) Dalloz, 59.2.46.

(3) Paris, 28 mai 1872 (Bull. de la Cour d'appel, n. 2674).

consentie que par l'unanimité des souscripteurs. M. Bédarride (1) approuve l'arrêt de la Cour de Paris ; mais, suivant lui, le seul moyen de régulariser une pareille situation, ce serait de refaire l'acte de société, d'en déterminer le nouveau capital, et de l'offrir à la signature des souscripteurs adhérant au capital réduit. On se demande pourquoi une telle exigence ; ne suffirait-il pas, par exemple, de faire signer par les souscripteurs le procès-verbal de leur délibération et d'annexer ce procès-verbal à la déclaration notariée à faire par le gérant pour constituer la société, avec l'acte de société, la liste des souscripteurs et l'état des versements !

390. L'unanimité des souscripteurs étant souvent difficile à obtenir, pourrait-il être stipulé par les statuts que la majorité des souscripteurs aurait le pouvoir de réduire le capital ? On cherche en vain les motifs qui s'opposeraient à une telle convention : il n'y a rien qui lui soit contraire dans le texte de la loi ; car la défense de constituer la société avant la souscription du capital entier est respectée, puisque le capital social se trouve fixé par les souscripteurs eux-mêmes avant la constitution. Rien non plus dans les principes généraux du droit : dans tout contrat, de société ou autre, formé entre plusieurs individus, la majorité peut recevoir le droit d'engager la minorité. C'est une sorte de mandat réciproque qu'ils se donnent, mandat irrévocable, puisqu'il se rattache à un contrat principal dont il forme la condition. Rien enfin dans les principes de la loi spéciale de 1867 ; car elle remet à la majorité un pouvoir bien autrement considérable, bien plus dangereux, c'est celui de discuter avec les fondateurs les avantages concédés à ceux-ci. Est-on sûr d'avoir toujours une majorité désintéressée? Lorsqu'il s'agit simplement de fixer le capital, l'intérêt de la minorité est identique à celui de la majorité, et l'abus des influences est peu à craindre. Si chaque souscripteur est ainsi lié à l'avance à une société dont le capital définitif lui est inconnu, il ne saurait s'en plaindre, car il a accepté l'éventualité d'une réduction en signant sa souscription.

D'ailleurs et jusqu'à un certain point, la loi de 1867 ne serait d'aucune considération dans la question : car cette stipulation, qui rend la majorité maîtresse, n'est pas, à vrai dire, une convention sociale. Elle est antérieure à la société, c'est un contrat

---

(1) *Le Droit commercial*, 19 janv. 1864.

particulier, innomé, si l'on veut, destiné à régir une situation transitoire, à préparer la société. Lorsque les souscripteurs sont convoqués pour la première fois, ce n'est qu'une collection d'individus formant une réunion préparatoire ; ce n'est pas encore une assemblée générale d'associés, régie par la loi du pacte social, qui n'existe encore qu'à l'état de projet. La loi des souscripteurs, c'est l'acte de souscription qui, avant l'adhésion aux statuts sociaux, renferme une adhésion virtuelle à la stipulation transitoire dont nous parlons.

Serait-il sage, au surplus, d'ajouter aux rigueurs de la loi de 1867 un obstacle non prévu ou sciemment évité ! Qu'on se reporte aux exposés des motifs, qu'on étudie les discussions qui ont eu lieu au Corps législatif, et l'on se convaincra que la loi n'a voulu que deux choses : d'une part, empêcher les sociétés mortnées, qui se constitueraient avec un capital insignifiant, voué à une perte assurée, sans profit pour personne : c'est là un danger qui ne résulte en aucune façon de la combinaison proposée; d'autre part, protéger les souscripteurs, isolés à l'origine, en les contraignant à se grouper, à opposer leur force collective aux fondateurs de la société, pour discuter avec eux, sur le pied de l'égalité, les avantages qu'ils se sont attribués par les statuts. La clause que nous examinons ajoute à cette protection légale, en déférant aux souscripteurs le droit de régler eux-mêmes un autre point non moins essentiel des statuts, et en amoindrissant d'autant la puissance des fondateurs. A ce titre elle est en parfaite harmonie avec l'esprit de la loi (1).

391. La loi exige, avant la constitution de la société, le versement du quart au moins des actions. Il faut remarquer, à cet égard, que ce qui est ordonné par la loi, ce n'est pas le versement du quart du capital social, opéré indifféremment par tels ou tels souscripteurs, c'est le versement par *chaque actionnaire* du quart des actions par lui souscrites (2). Elle a voulu des associés sérieux, tous engagés par un premier versement. D'un autre côté, toute simulation prouvée serait réprimée par les

---

(1) Nous avons proposé une formule (*infrà*, à l'appendice) pour réaliser cette combinaison. M. Beslay (n. 108) l'a reproduite en y donnant sa pleine adhésion. Au contraire, M. Bédarride (n. 25) se prononce contre la validité de la clause, mais en invoquant à tort deux arrêts rendus pour des cas différents. L'arrêt de la Cour de Paris du 24 mars 1859, notamment (D. 59.2.146) a statué dans une espèce où la majorité des souscripteurs avait réduit le capital, mais sans y avoir été autorisée par les statuts.

(2) Conf. Dalloz, n. 1176; Rivière, n. 34.

tribunaux, qui ne manqueraient pas d'annuler la déclaration notariée comme fausse, et la société elle-même comme irrégulièrement constituée (1).

392. Ce versement doit avoir lieu en espèces. La Cour de cassation, par un arrêt du 11 mai 1863 (2), a jugé qu'il n'était pas valablement opéré en valeurs de portefeuille ni en d'autres titres ne pouvant pas être réputés de l'argent comptant. Cet arrêt est conforme au texte aussi bien qu'à l'esprit de la loi ; car le mot *versement* s'entend d'un paiement effectif, et le but de la loi a été de faire cesser l'abus du paiement fictif des actions, afin d'assurer à la société un fonds de roulement suffisant pour sa mise en activité. Tel est du moins le motif donné par l'arrêt ; mais si l'on peut admettre qu'il soit entré dans la pensée du législateur, il y en a un autre plus important et qui est signalé au numéro précédent, c'est que les actionnaires soient engagés non-seulement par leur signature, mais par un commencement d'exécution, par un premier versement. On verra tout à l'heure que le premier quart peut être représenté par un apport en nature ; il ne servirait donc pas en pareil cas au fonds du roulement, qu'on devrait alors se procurer dans le versement des trois autres quarts ; quoi qu'il en soit, et sauf ce cas particulier, c'est en numéraire, ou en valeurs équivalentes, telles que les billets de la Banque de France, les bons du Trésor payables à vue, ou même, suivant un arrêt de la Cour de Paris, des valeurs d'un recouvrement incontestable et immédiat (3), que le versement du premier quart doit être opéré.

393. La validité du paiement en effets de portefeuille avait été admise par la Cour d'Agen (4), dont la décision a été cassée par l'arrêt ci-dessus. M. Bédarride (5), examinant ces deux arrêts, se prononce pour celui de la Cour d'appel ; si, dit-il, les valeurs données en paiement sont bonnes et sûres, elles équivalent à du numéraire ; il n'y aurait lieu d'annuler la société que si les parties s'étaient proposé, par de tels moyens, de faciliter l'abus que les lois nouvelles ont voulu proscrire ; et il ajoute que la preuve de cette intention ne doit résulter que du non-paiement des valeurs. C'est là un tempérament arbitraire et dangereux ;

---

(1) V. comme exemple de simulation annulée. Paris, 28 mai 1869 (D.69.2.145).

(2) Dalloz, 63.1.243.

(3) Paris, 28 mai 1869, cité à la note précédente. — Rej. 27 janv. 1873 (Sirey, 73.1.161).

(4) Arrêt du 6 déc. 1860 (D.61.2.60).

(5) *Le Droit commercial*, 19 janv. 1864.

car, si ce procédé venait à se généraliser, il tendrait à substituer aux versements en numéraire des valeurs souvent douteuses, dont le non-recouvrement serait un obstacle au fonctionnement de la société; c'est cette éventualité que la loi n'a pas voulu subir en exigeant le versement préalable d'un quart sur les actions.

394. Que devrait-on décider si le bulletin de souscription stipulait le versement de l'action en valeurs de portefeuille, ou en fournitures et travaux à faire? Cette stipulation ne serait opposable ni aux autres actionnaires ni aux tiers, comme dérogeant tout à la fois aux statuts et à la loi. Une telle souscription constituerait une sorte d'apport en nature, extrastatutaire, occulte, et dont le défaut d'approbation emporterait même la nullité de la société. Cette irrégularité radicale serait inutilement déguisée sous un jeu d'écritures, indiquant le versement au crédit de l'associé, puis débitant le même compte à titre de paiement anticipé des travaux et fournitures (1).

395. En pareil cas, les créanciers seraient fondés à exiger le paiement en espèces de la souscription; le souscripteur dirait en vain qu'on ne peut diviser contre lui son engagement; il s'est rendu complice de la faute commise par le gérant, qui a constitué une société illégale, en laissant croire que le capital était intégralement souscrit dans les conditions ordinaires; il a même coopéré à cette faute, il en est coauteur, et le moyen de la réparer, ce sera le versement en espèces (2).

Les autres actionnaires auraient, par identité de raison, le même droit que les créanciers; que la société soit ou non annulée, ils pourraient, dans tous les cas, exiger le versement en espèces, à moins qu'ils n'aient connu et approuvé les souscriptions conditionnelles.

396. En serait-il encore de même si la condition relative au mode de paiement se trouvait, non pas seulement dans le bulletin de souscription, mais dans les statuts? A cet égard, il y aurait une distinction à faire: si les statuts autorisaient d'une manière générale le versement des actions en valeurs de portefeuille ou autres non déterminées, la clause serait illicite et entraînerait la nullité de la société; car le recouvrement de ces

---

(1) Aix, 16 mai 1860; et sur pourvoi, Rej. 24 avril 1861 (Dalloz 60.2.118; 61. 1.428).

(2) Aix, 13 août 1860, et sur pourvoi, Rej. 24 juin 1861 (Dalloz, 60.2.223; 61. 1.435).

valeurs n'étant point assuré, le capital annoncé aux tiers et formant leur garantie se trouverait exposé à une réduction; et la clause fût-elle publiée, le capital étant incertain dans sa quotité, ne serait point le capital intégralement souscrit, tel que le veut la loi. Le recouvrement ultérieur, quoi qu'en pense M. Bédarride, ne couvrirait pas le vice de la constitution; car la clause, nulle *ab initio*, ne saurait revivre après coup, et la validité d'un contrat ne peut être subordonnée aux effets qu'il aura produits.

397. Mais il en serait autrement si les statuts permettaient à un ou plusieurs actionnaires dénommés de se libérer, soit du premier quart, soit aussi des trois autres, en valeurs déterminées, même en travaux ou fournitures faites ou à faire, et spécifiés dans l'acte; car, de cette manière, la société saurait sur quelle portion du capital en numéraire elle doit compter; et les tiers, avertis par les publications légales, qui feraient connaître cette stipulation, ne pourraient se plaindre d'une réduction du capital annoncé (1). En pareil cas, c'est un véritable apport en nature qui aurait été fait par ces actionnaires, et à leur égard il y aurait attribution plutôt que souscription d'actions. Aussi cet apport serait-il sujet à l'approbation de l'assemblée générale; le défaut d'approbation serait pour la société une cause de nullité (2).

La jurisprudence admet, en effet, que des apports en nature, dûment approuvés, peuvent tenir lieu du versement du quart, ou être imputés sur le premier quart; c'est ce qui résulte de la doctrine consacrée par l'arrêt de la Cour de Paris du 28 mai 1869, explicitement adoptée par l'arrêt de rejet du 27 janvier 1873 (3); car on lit dans ces arrêts que s'ils annulent la société qui leur était déférée, c'est « parce que le versement n'avait pu « être remplacé, soit par des apports en nature non vérifiés, « soit par des passations d'écritures ne présentant pas les ca- « ractères d'une compensation légale (4). »

398. Après le versement du premier quart, le gérant pourrait recevoir le surplus par compensation avec des travaux exécutés par la société ou avec toutes autres créances des actionnaires contre la société, surtout si ces créances étaient exigibles. La

---

(1) *Suprà*, n. 392.
(2) Paris, 21 déc. 1871 (Bull. de la Cour d'appel, n. 2315).
(3) *Suprà*, n. 392.

(4) V. dans le même sens, Cass., 13 mars 1876, Rej. de Bordeaux du 9 mars 1874 (*le Droit*, 15 mars 1876).

compensation aurait même lieu de plein droit, si elles étaient tout à la fois liquides et exigibles (1). Mais s'il recevait en paiement des billets ou valeurs quelconques autres que du numéraire, l'actionnaire ne serait pas libéré : on a dit à tort que la libération lui serait acquise, sauf la responsabilité du gérant envers la société (2). Que le gérant puisse faire une novation avec un débiteur ordinaire, c'est ce qui serait déjà contestable ; mais alors qu'il s'agit de réunir le capital social, qu'il accepte, de son autorité privée, des valeurs peut-être mauvaises, au lieu d'espèces, il n'est pas possible de l'admettre. Il ne s'agit pas là d'un acte d'administration, et ce n'est pas le cas de rechercher quelle est l'étendue de ses pouvoirs vis-à-vis des tiers ; il est en présence de coassociés qui tous ont promis du numéraire ; l'égalité serait rompue si quelques-uns pouvaient être ainsi favorisés au détriment des autres ; et le capital social pourrait être compromis par des décharges multipliées, qui viendraient faire échec au but essentiel de la société.

399. L'obligation du paiement en numéraire résultait déjà de la jurisprudence dès avant la loi de 1856 (3). Il est à remarquer toutefois que la Cour de cassation, en déclarant par son arrêt du 11 mai 1863 (4) rejeter un versement, en « valeurs d'un re- « couvrement plus ou moins sûr, en factures, mémoires de tra- « vaux, quittances de primes de fondation, ou autres titres ne « pouvant pas être réputés de l'argent comptant », admettrait par là même certains titres qui tiennent lieu véritablement de monnaie, tels que les coupons échus, payables au porteur, des actions ou obligations industrielles, ou de rentes et effets publics. Ainsi se trouve consacré un usage devenu rapidement universel, à cause des facilités qu'il procure sans donner lieu à aucun inconvénient.

400. Lorsque le gérant a recueilli toutes les souscriptions et encaissé le quart au moins de chaque action, il doit se présenter chez un notaire et produire :

1° La liste complète des souscripteurs, avec leurs prénoms et demeures ;

2° L'état des versements opérés ;

---

(1) Cass., 4 mars 1867 (D.67.1.425).
(2) M. Paignon, *Commentaire de la loi du 17 juillet 1856.*
(3) Paris, 29 avril 1845 ; Cass. 25 juin 1846 ; Rennes, 3 mai 1849 (Dalloz, 45. 2.138 ; 46.1.314 ; 51.1.93).
(4) *Supra*, n. 392.

3º L'un des doubles de l'acte de société, s'il a été dressé sous signatures privées, ou une expédition, s'il est notarié.

Ces trois pièces, certifiées par lui, sont annexées à la minute de l'acte qu'il fait dresser, pour rendre authentique sa déclaration que le capital est entièrement souscrit et le quart des actions versé.

Si l'acte de société avait été dressé en la forme notariée, l'annexe d'une expédition de cet acte serait superflue, si la déclaration du gérant était passée devant le même notaire.

401. Ces formalités ont été indiquées par la loi comme répondant au cas le plus ordinaire où les souscriptions et versements n'ont lieu qu'après l'acte de société. Mais, s'il arrivait que le capital fût souscrit et le quart versé au moment même de l'acte de société, et que l'acte passé en la forme notariée par tous les souscripteurs contînt l'état des souscriptions et versements, il est évident qu'il deviendrait inutile de dresser postérieurement la déclaration prescrite par la loi pour les cas ordinaires, comme aussi d'annexer des documents qui se trouveraient dans l'acte même de société. La société se trouverait donc immédiatement constituée, comme elle le serait par la déclaration notariée, sauf les apports en nature à soumettre à la vérification de l'assemblée générale des souscripteurs, ainsi que nous allons l'expliquer.

SECTION II.

Deuxième condition préalable à la constitution : approbation des apports et avantages particuliers.

§ 1ᵉʳ. — Mission et pouvoirs de l'assemblée générale.

SOMMAIRE.

10

410. — Quels sont les avantages particuliers à faire approuver?

411. — Le traitement du gérant est-il soumis à l'approbation?

412. — Le dol caractérisé annulerait la société.

413. — Il en serait de même d'une erreur sur la substance de la chose.

414. — L'apport n'est pas soumis à vérification, si la société a lieu seulement entre ceux qui ont fait l'apport.

415. — En pareil cas, il peut être émis des actions comme des obligations, sans contrôle contradictoire.

416. — *Quid* si les apports sont non indivis, mais faits individuellement par les fondateurs?

402. Jusqu'ici, dans cette première phase de la constitution, les actionnaires sont restés isolés les uns des autres. Avant d'aller plus loin et d'être définitivement engagés, la loi veut qu'ils se réunissent pour examiner en commun et apprécier la valeur des apports qui ne consistent pas en numéraire, ou la cause des avantages stipulés au profit du gérant ou des fondateurs. Telle est la prescription impérative de l'art. 4.

Constatons-le d'abord : deux délibérations doivent toujours avoir lieu, le texte est formel; pourtant, dans plus d'une circonstance, il arrivera qu'un premier examen sera suffisant pour éclairer les actionnaires, dont la plupart auront d'ailleurs pris au moins quelques renseignements avant de souscrire; l'assemblée générale pourra-t-elle, dans ce cas, se dispenser d'une seconde réunion, et voter, séance tenante, l'approbation du chiffre des apports et des avantages particuliers?

403. Je réponds négativement sans hésiter (1). Qu'a voulu la loi nouvelle? Protéger les actionnaires contre leur propre entraînement; leur donner, malgré eux-mêmes, la liberté de l'examen, le loisir de la réflexion et l'occasion d'un débat contradictoire. Elle a voulu les placer dans la situation où se trouve tout particulier au moment où il va contracter : la sollicitude de son intérêt est assez puissante pour le porter à s'éclairer et à réfléchir avant de s'engager définitivement; or il est constant qu'il n'en est point de même des actionnaires, que trop souvent on cherche à éblouir au mirage de prospectus pompeux; qui, pris iso-

---

(1) La loi de 1856 contenait une disposition semblable, sur laquelle MM. Dalloz (n. 1193) se prononçaient dans le même sens, en faisant remarquer que l'opinion contraire émise par M. Bédarride (t. 2, append. n. 65) est inadmissible, non-seulement à cause des termes impératifs de l'art. 4, mais aussi et surtout par suite de la sanction de nullité contenue dans l'art. 7 de la loi. — Conf. Paris, 31 janv. 1867 (*Bulletin de la Cour de Paris*, avril-mai 1867).

lément, n'ont ni les moyens ni le temps de faire les vérifications indispensables, cependant, pour donner une valeur morale à toute résolution libre, à tout consentement raisonnable,

404. Ce que la nature des choses ne permettait pas d'obtenir de l'individu, la loi le demande à la collection ; les actionnaires se réuniront pour faire en commun l'examen. Mais, à la première réunion, ils ne peuvent prendre aucune décision qui les engage, émettre aucun vote définitif ; car ils sont alors, comme au moment de la souscription, sous l'empire des annonces et des prospectus, livrés peut-être aux plus chimériques illusions ; et ils ne sont pas en état de délibérer avec maturité, de résister à une parole habile et séduisante. Quel est donc l'objet de cette première réunion des actionnaires ? C'est d'entendre les explications des gérants ou fondateurs, de se communiquer leurs impressions, d'interroger, de discuter, puis, s'ils le jugent convenable, de nommer parmi eux une commission chargée de s'entourer de tous les documents nécessaires pour faire un rapport et donner son avis lors de la réunion prochaine.

405. Un amendement soumis au Corps législatif proposait d'ordonner, comme mesure obligatoire, la nomination par la première assemblée générale, d'une commission de contrôle composée de trois personnes prises soit dans son sein, soit en dehors. C'était préciser bien rigoureusement les formes de vérification : aussi l'amendement fut-il repoussé. Que résulte-t-il de là ? Que la commission de contrôle pourra être organisée par la première assemblée générale comme celle-ci l'entendra ; mais il n'en résulte pas que le vote pourra avoir lieu séance tenante ; car la loi nouvelle décide que la seconde assemblée ne pourra statuer qu'après un rapport imprimé, et tenu à la disposition des actionnaires cinq jours au moins avant la réunion de cette assemblée.

Cette formalité, étant de celles qui sont prescrites par l'art. 7 à peine de nullité de la société, voudrait être constatée d'une manière irrécusable et en quelque sorte authentique ; cependant je ne vois guère pour cela d'autre moyen pratique que la mention de son accomplissement dans le procès-verbal de la seconde assemblée.

406. Une seconde convocation de l'assemblée générale aura donc lieu pour approuver ou rejeter l'évaluation des apports, ainsi que les avantages particuliers alloués aux fondateurs. En cas de rejet, la constitution de la société sera impossible ; mais cette impossibilité sera-t-elle absolue, en ce sens que les gérants

ou fondateurs diminueraient en vain leurs prétentions, si la diminution n'était pas acceptée par l'assemblée ? Sans nul doute, puisque les chiffres réduits devraient encore être approuvés par les actionnaires. En sorte qu'il est vrai de dire qu'à moins d'un accord immédiat et constaté, séance tenante, un vote de rejet équivaudrait à l'annulation des souscriptions et, par suite, de la société elle-même.

407. Mais cet accord immédiat, séance tenante, sera presque toujours impossible, s'il exige l'unanimité des actionnaires, qui ne sont jamais tous présents à l'assemblée. C'est donc le cas d'examiner si l'accord dont nous venons de parler pourrait être répudié par la minorité de l'assemblée ? Au nom de la minorité, on dira que la mission de l'assemblée générale est déterminée et limitée par la loi ; que son vote doit uniquement porter sur les chiffres fixés par les statuts sociaux ; qu'elle doit les accepter ou les rejeter purement et simplement ; qu'admettre d'autres chiffres, même réduits, c'est faire une transaction pour laquelle elle est sans pouvoirs, ou du moins, c'est modifier le contrat dans l'une de ses bases essentielles ; que du moment où il est démontré que les gérants ou fondateurs ont voulu exagérer leurs droits et avantages, chacun doit être libre de ne pas rester engagé vis-à-vis d'hommes qui débutent ainsi par une tentative de fraude. La minorité invoquera le texte de la loi : « A défaut d'approbation, la société reste sans effet à l'égard de toutes les parties. » Ce qui semble bien n'admettre aucun moyen terme entre l'approbation ou le rejet.

La majorité répondrait, sans doute, avec l'adage — Qui peut le plus peut le moins — que, si elle a reçu de la loi le pouvoir d'approuver le chiffre intégral de l'apport, elle peut, *a fortiori*, accepter un chiffre moindre ; que ce n'est pas là une transaction, mais un acte nécessaire, découlant virtuellement de son droit d'appréciation, avantageux d'ailleurs pour la masse commanditaire qui n'a aucun intérêt à le contester ; qu'on ne saurait tirer argument d'une prétendue tentative de fraude, qui peut n'être qu'une erreur parfaitement loyale, et qui, jusqu'à preuve du contraire, doit être présumée telle ; que le texte de la loi laisse la question indécise ; et enfin que vouloir, dans ces circonstances, empêcher l'association de se former, ce serait profiter d'une occasion illégitime pour retirer un engagement dont la raison et l'équité réclament le maintien.

Entre ces deux opinions, je penche pour la première, quoique la plus rigoureuse. En effet, si la majorité peut obliger la minorité, ce n'est que dans les actes d'administration ; si elle peut même, sous certains rapports et dans certaines limites assez étroites, modifier les statuts sociaux, ce n'est que lorsque la société est constituée ; mais à l'origine même, et alors qu'il s'agit de former le contrat, il faut l'assentiment unanime. La loi, sans doute, aurait pu conférer à l'assemblée générale le pouvoir d'accepter une modification dans le chiffre des apports et des avantages particuliers ; mais elle aurait dû s'expliquer formellement, et elle ne l'a point fait. D'où je conclus qu'en cas de refus d'approbation, la société ne peut se constituer que du consentement unanime, non pas seulement de l'assemblée, mais de tous les actionnaires sans exception (1).

408. Lors de la discussion de la loi nouvelle au Corps législatif, il s'est élevé sur ce point un débat très-long, très-confus, où l'on peut puiser des arguments pour et contre la solution qui précède, et qui, même pour l'esprit le plus attentif, a laissé la question indécise et controversée. On ne saurait trop déplorer que le Corps législatif, en cet état, et malgré les protestations de plusieurs députés, ait émis un vote ; car en présence des interprétations diverses qui se sont produites au cours du débat, sur laquelle a porté le vote ? Est-ce sur celle qui a été donnée par le rapporteur et par les organes du gouvernement, ou sur celle qu'ont soutenue MM. Fabre, Marie, Pinard, Picart et autres ? Qu'on ne l'oublie pas, les arguments développés de part et d'autre n'ont qu'une valeur purement doctrinale, et ils ne sauraient s'imposer que par voie de raisonnement, non par autorité. C'est donc à la lueur des principes généraux, comme je l'ai fait tout à l'heure, qu'on doit les apprécier ; dès lors je n'ai rien à modifier à l'opinion que déjà j'avais exprimée dans mon commentaire de la loi de 1856, et que je viens de reproduire.

Il sera possible, du reste, d'éviter le grave inconvénient de cette situation ; ce sera d'insérer dans les statuts une clause autorisant la majorité de l'assemblée à accepter toute diminution sur les évaluations contenues ou les avantages alloués dans l'acte social ; cette stipulation sera assurément licite et liera la minorité (2).

---

(1) Conf. Dalloz, n. 1191.

(2) Plusieurs systèmes s'étaient produits au sujet de la vérification des apports ; il est inutile de les rappeler. Constatons seulement que la combinaison adoptée est la plus simple et celle qui

409. Il faut se garder de confondre la vente avec l'apport. Ainsi un immeuble entre dans l'actif de la société aux termes des statuts eux-mêmes, mais à titre de vente ferme, il n'y aura pas lieu à la vérification de la valeur de cet immeuble, cette vérification n'étant ordonnée par la loi que pour le cas d'apport (1).

410. La loi ordonne l'approbation des avantages particuliers qui seraient concédés à l'un des associés. Ces avantages peuvent avoir pour but, soit la compensation ou le paiement de services rendus à la société, soit une prime ou gratification aux fondateurs, soit la rémunération du travail du gérant, sous forme de traitement fixe, ou de prélèvement sur les bénéfices (2). A quelque titre qu'ils soient alloués, ils doivent dans tous les cas être soumis au vote de l'assemblée générale de la même manière que l'évaluation des apports.

Mais il n'en serait pas de même des jetons de présence alloués aux membres du conseil de surveillance; car cette allocation n'est point un avantage particulier stipulé au profit de personnes déterminées; c'est l'indemnité attachée à l'exercice d'une fonction amovible, à laquelle chacun des associés peut prétendre à tour de rôle.

S'il y avait doute sur le point de savoir ce qui constitue un avantage particulier soumis à vérification, ce n'est pas à l'assemblée générale qu'il appartiendrait de se prononcer, car il

atteint le mieux le but qu'on se proposait : éclairer les actionnaires et ne les laisser s'engager qu'en connaissance de cause, tout en respectant le principe de la liberté des conventions. Cependant on a élevé de vives critiques contre ces combinaisons; on a particulièrement déploré l'obligation imposée à celui dont l'apport consisterait dans une invention d'en faire la divulgation, pour la soumettre à une assemblée générale qui pourrait capricieusement rejeter l'apport; en sorte, dit-on, « que cet homme se trouverait ainsi dépouillé de sa propriété la plus intime et la plus sacrée ». Ces plaintes sont en réalité sans aucun fondement : s'il s'agit d'une invention brevetée, ce ne sont pas seulement les actionnaires qui auront le secret de l'inventeur, c'est le public tout entier, puisque le brevet n'aura été délivré qu'à la condition d'une description minutieuse et fidèle sur un registre public. S'il s'agit d'une invention non brevetée, d'une idée quelconque,

d'une combinaison financière, est-ce que, sous le Code de commerce, la divulgation ne devait pas en être faite aussi bien que sous la loi nouvelle? La seule différence, c'est qu'au lieu d'être faite en assemblée générale, elle avait lieu pour chaque actionnaire individuellement au moment de la souscription : à moins qu'on ne veuille soutenir que les actionnaires souscrivaient les yeux fermés, et sur la seule affirmation du merveilleux procédé! Ce qui serait assez pour faire préférer le prétendu inconvénient d'une divulgation, qui d'ailleurs pourra être évitée quand il y aura nécessité réelle. En effet, si l'apport consiste dans un secret de fabrication non breveté, qui empêchera de déposer chez un notaire, dans un pli cacheté, la formule du secret? Les produits obtenus ne suffiront-ils pas par eux-mêmes pour attester l'excellence du procédé?

(1) Cass., 14 juill. 1873 (D.76.1.160).
(2) Bordeaux, 20 nov. 1865 (Dalloz, 67.2.7); Boslay, n. 404 et s.

s'agirait là d'une question contentieuse du ressort des tribunaux (1).

Du reste, que les avantages particuliers soient concédés même à un simple actionnaire, non gérant, ni fondateur, ils sont néanmoins soumis à la vérification, la loi prescrivant cette mesure à l'encontre de tout associé avantagé, sans distinction (2).

411. On a soutenu que le traitement alloué au gérant par l'acte de société était dispensé d'approbation. Ce traitement, a-t-on dit, n'est autre chose que la rémunération d'un travail, et lorsqu'il est, comme dans l'usage, compris parmi les frais généraux, il n'est que le prix d'un louage de services. Mais il est impossible de séparer la qualité de gérant de celle d'associé, pour voir mélangé à l'acte de société un contrat accessoire de louage de services. Le gérant doit son temps à l'entreprise, c'est là une obligation inhérente à la société ; c'est donc bien un avantage social qui lui est fait lorsqu'il est appointé et logé aux frais de la société. C'est pourquoi la Cour de cassation a décidé, par un arrêt du 29 novembre 1869 (3), contrairement d'ailleurs aux prétentions de la régie, qu'aucun droit d'enregistrement n'est dû sur cette stipulation qui est inhérente au contrat de société.

Le texte de la loi est d'ailleurs absolu ; il s'applique aux avantages concédés à tout associé, quel qu'il soit ; et le gérant plus que tout autre doit être soumis à cette disposition, parce que souvent il est le fondateur de la société, et que les précautions législatives ont eu précisément pour but de protéger les actionnaires contre les fondateurs de la société.

412. Si, malgré les précautions protectrices prises par le législateur, les actionnaires avaient été trompés sur la valeur des apports ou la cause des avantages particuliers, ils seraient en droit de revenir sur leur approbation. La loi contient à cet égard une disposition expresse qui n'est qu'une application du droit commun des contrats ; le consentement surpris par dol est nul, et le contrat est vicié dans son essence. Toutefois on conçoit qu'après la double réunion de l'assemblée, après l'examen de la commission, après le rapport imprimé, les tribunaux n'admettront que rarement et difficilement les articulations de dol ; l'exagération des avantages fût-elle constatée, devrait être maintenue, si le gérant et les fondateurs n'avaient pas eu recours à des

---

(1) Cass., 18 déc. 1867 (D.67.1.474).   (3) Dalloz, 70.1.270
(2) Douai, 12 avril 1867 (Ann. Lehir).

manœuvres caractérisées pour les obtenir (1) ; car la constitution des sociétés ne peut être légèrement mise en question ; les
actionnaires, après tout, sont tenus de se livrer à un examen
sérieux, et s'ils se trompent eux-mêmes dans des appréciations
trop superficielles, ils ne peuvent s'en prendre à autrui.

413. Toutefois, s'il avait été commis des erreurs de calcul, ou
autres, portant sur la substance de la chose (2), il y aurait lieu
à l'annulation du contrat pour défaut de consentement. C'est le
droit commun qui le veut ainsi ; et l'on ne saurait l'écarter sous
le prétexte que l'art. 4 ne mentionne que le dol ; la loi à cet
égard est énonciative, non restrictive. Cependant l'erreur ne
pourrait être admise comme portant sur la substance de la
chose que si elle atteignait des proportions considérables de
nature à renverser ou, tout au moins, à compromettre les
bases du contrat.

414. L'art. 4 contient une disposition qui ne se trouvait pas
dans la loi du 17 juillet 1856, et qui a en vue l'hypothèse où
plusieurs personnes, copropriétaires par indivis d'un objet quelconque, mobilier ou immobilier, le mettraient en société, sans
recourir à des capitaux étrangers. La société pouvant être, en
pareil cas, constituée en commandite par actions, on avait dû
se demander si elle était soumise à l'obligation de la vérification
des apports, et comment aurait lieu cette vérification ; tout
contrôle contradictoire étant impossible, la société ne se trou-
vait-elle pas en dehors des prévisions du législateur, et dès lors
affranchie de toute réglementation ? La loi nouvelle a voulu
parer à cette lacune en déclarant inapplicables aux sociétés de
ce genre celles de ses dispositions qui sont relatives à la vérification des apports, ce qui est évidemment les soumettre à cette
loi dans ses autres parties.

415. Une société ne pouvant fonctionner sans capital, il arrivera, dans l'hypothèse précédente, de ces deux choses l'une : ou
les copropriétaires fourniront eux-mêmes le fonds de roulement,
ou ils se réserveront de faire appel à des capitaux étrangers, en
émettant, par exemple, des obligations, nominatives ou au porteur. Dans l'un comme dans l'autre cas, il semble que la loi
aura manqué le but dont elle s'est si constamment préoccupée,
c'est-à-dire la protection de l'intérêt des tiers. En effet, les
copropriétaires indivis, qui recevront des actions en représen-

---

(1) Art. 1116, C. civ. | (2) Art. 1110, C. civ.

tation de leurs apports, auront un intérêt commun à forcer les évaluations afin d'obtenir le plus grand nombre possible d'actions. Ces actions seront ainsi émises sans aucun contrôle contradictoire, et l'abus qu'on a voulu réprimer sera toujours possible.

Il en sera de même si, au lieu d'actions, les associés émettent des obligations. Les obligataires dans ce cas seront aussi peu protégés que les actionnaires dans l'autre ; ce qui prouve une fois de plus que la réglementation la plus serrée laisse toujours échapper quelques libertés. Quoi qu'il en soit, les deux procédés que nous venons d'indiquer sont parfaitement licites, et les tribunaux n'hésiteraient pas à les sanctionner en cas de contestation.

Toutefois, ici comme en toute matière, la fraude fait exception, et s'il était démontré que cette combinaison n'a été imaginée que pour tourner la loi et permettre une exagération manifestement dolosive de la valeur des apports indivis, si surtout l'exagération était telle que cette valeur fût réellement insignifiante, comparée au montant des obligations émises, on devrait annuler une telle société comme irrégulièrement et frauduleusement constituée (1).

De même, la société serait annulable en cas de simulation d'une copropriété indivise, au moyen de certaines combinaisons ayant pour objet, par exemple, de faciliter la vente à la société, pour un prix excessif, d'un immeuble appartenant exclusivement à l'un des associés (2).

416. Que devrait-on décider si plusieurs personnes propriétaires, non par indivis, mais individuellement, de divers biens meubles ou immeubles, les mettent en société pour les exploiter ou les vendre ? L'estimation contradictoire ne serait pas impossible, puisque chacun des associés aurait intérêt à contrôler et à réduire la valeur donnée par ses coassociés aux biens par eux apportés. Serait-ce le cas de réunir les deux assemblées générales prescrites par la loi, sauf bien entendu à faire voter distinctement sur les apports individuels, et à exclure chacun des associés à son tour du vote relatif à son apport ? Nous ne le pensons pas, et nous en dirons les raisons lorsque nous aurons à nous expliquer sur les formalités à remplir en cas de fusion entre deux ou plusieurs sociétés (3).

----

(1) *Infrà*, sect. III, § 4.
(2) Paris, 24 avril 1877 (*le Droit*, | 20 sept. 1877).
| (3) *Infrà*, sect. III, § 1.

§ 2. — Organisation des deux premières assemblées générales.

417. L'organisation des assemblées chargées d'approuver l'apport et les avantages particuliers, et qui recevraient avec vérité le nom d'*assemblées constituantes*, est réglée comme il suit par l'art. 4 :

« Les délibérations sont prises par la majorité des action-
« naires présents. Cette majorité doit comprendre le quart des
« actionnaires et représenter le quart du capital social en
« numéraire.

« Les associés qui ont fait l'apport, ou stipulé des avantages
« soumis à l'appréciation de l'assemblée, n'ont pas voix délibé-
« rative. »

418. Pour la validité des deux délibérations qui doivent précéder la constitution de la société, la loi exige la majorité des
suffrages des membres présents, ou représentés par des mandataires ; car le mandat est permis en toute matière, à moins
d'une prohibition formelle dans la loi. L'opinion contraire,
exprimée par un auteur (1), semble n'être que le résultat d'une
inadvertance (2).

419. Mais la loi exclut du vote les associés qui ont fait l'apport à évaluer ou stipulé les avantages à apprécier, et c'est justice, car autrement ils seraient en même temps juges et parties,
C'est avec d'autant plus de raison que leurs voix ont été écartées
qu'elles eussent presque toujours représenté une portion considérable du capital social : aussi la loi a-t-elle attaché à leur

---

(1) M. Bravard, p. 35. | (2) Dalloz, v° *Société*, n. 1198.

exclusion la plus grande importance. L'alinéa précédent du même article, calculant la majorité sur le capital en numéraire, suffisait peut-être ; elle a voulu une disposition formelle qui ne laissât même aucune prise au doute.

Il importe peu que les associés, ainsi tenus à l'écart, aient reçu des actions ou une part des produits, ou même de l'argent, ils n'ont jamais voix délibérative ; le motif de leur exclusion subsiste dans tous les cas (1). Ils seraient même exclus quoiqu'ils eussent souscrit des actions payables en espèces. S'ils réunissent en pareil cas deux qualités, ils ne peuvent scinder leur personne en deux parts, ni s'affranchir de la partialité qui les porterait toujours à approuver les avantages stipulés à leur profit. Il y aurait donc à défalquer leurs actions sur le capital-espèces, pour calculer le quart en nombre et en somme exigé par l'art. 4.

Ils sont seulement admis à assister à l'assemblée et à prendre part à la discussion : là se borne leur droit.

420. Le vote a lieu par tête, et tout souscripteur, n'eût-il qu'une action, a le droit de voter. C'est le suffrage universel introduit dans le régime des assemblées d'actionnaires ; mais il n'y a pas à s'en plaindre : c'était le seul moyen d'empêcher le retour des abus qu'on voulait détruire ; car on sait parfaitement qu'à l'origine les fondateurs, leurs clients et amis, souvent se partagent une grande partie des actions, et forment ainsi un noyau qui aurait emporté la majorité, s'il était permis d'exclure ceux qui n'auraient souscrit qu'une seule action.

Toutefois la loi a pris soin d'éviter l'écueil contraire : elle n'a pas voulu qu'une majorité de petits actionnaires, ne réunissant peut-être qu'une fraction minime du capital social, pût émettre un vote valable ; de même que la majorité doit comprendre un quart de tous les actionnaires, de même aussi elle doit représenter, au minimum, un quart du capital social en numéraire.

421. Comment les voix seront-elles comptées ? Dans le silence des statuts, chaque actionnaire n'aurait qu'une voix, quelle que fût le nombre des actions par lui souscrites (2). Dans les socié-

---

(1) Conf. Foureix, n. 443 ; Dalloz, n. 1199. M. Paignon, dans le travail déjà cité, semble accorder le droit de vote à l'associé qui aurait reçu des actions en représentation de son apport ; c'est là une erreur manifeste et vraiment inexplicable, en présence des termes absolus de l'art. 4.

(2) Conf. Dalloz, n. 1196 ; Foureix, n. 143.

tés anonymes (1), les statuts peuvent accorder plusieurs voix aux souscripteurs de plusieurs actions, sans toutefois qu'un seul souscripteur puisse réunir plus de dix voix ; et l'on peut se demander si une telle stipulation serait permise dans les statuts des sociétés en commandite. Je m'étais prononcé pour la négative sous l'empire de la loi de 1856 ; mais il faut reconnaître qu'il y a dans la loi nouvelle une puissante raison d'analogie qui, dorénavant, ferait valider cette clause, dans les sociétés en commandite. Une telle clause, après tout, n'est pas dépourvue d'équité ; et l'on a même soutenu que le seul mode réellement et complétement équitable, c'était le vote proportionnel à l'intérêt ; autant d'actions, autant de voix : tel est l'idéal poursuivi et recommandé par certaines personnes (2). Mais, aller jusque-là, ce serait annihiler en fait les petits actionnaires, et organiser au sein des sociétés une aristocratie toute-puissante, pour le bien sans doute, mais aussi pour le mal ; et à supposer que la liberté des conventions oblige à laisser passer une pareille organisation, ce ne pourrait être que pour les assemblées générales ordinaires, et non pour les assemblées constituantes qui exigent, pour l'élaboration et la formation du contrat, une plus grande égalité entre les contractants.

Toutefois si l'analogie permet d'étendre à la commandite la stipulation concédée à la société anonyme, c'est à la condition que la stipulation insérée sur ce point dans les statuts soit formelle et spéciale. Ainsi la pluralité des voix, stipulée pour les assemblées extraordinaires, ne serait pas applicable aux assemblées initiales chargées de constituer la société ; ce serait une nouvelle analogie ajoutée à la première et qui n'aurait pas la même raison d'être. Celle-ci est une analogie légale et le juge doit toujours suppléer au silence de la loi ; l'autre est une analogie tirée de la convention, à laquelle le juge ne doit rien ajouter (3).

422. Je ne saurais partager les doutes qu'on a émis sur la possibilité de réunir une assemblée assez nombreuse pour former la majorité légale ; ce n'est jamais à l'origine d'une entreprise, quelle qu'elle soit, que le zèle fait défaut.

S'il arrivait, cependant, que l'assemblée ne fût pas en nombre

---

(1) Art. 27 de la loi de 1867. *Infrà*, titre II.

(2) V. le discours de **M** Michel Cheva-

lier au Sénat, au *Moniteur* du 20 juillet 1867.

(3) Paris, 1er août 1868 ; Soc. du Créd. mobil. (D.69.2.65).

pour délibérer, qu'en résulterait-il? Devrait-on assimiler à un refus d'approbation l'absence de la majorité des actionnaires, et la constitution de la société se trouverait-elle dorénavant impossible? Non, assurément (1); il faut qu'il y ait délibération et vote d'approbation ou de rejet; jusque-là le gérant est lié; les souscripteurs le sont aussi, et les engagements réciproques subsisteraient toujours malgré l'insuffisance d'une seconde, d'une troisième réunion. Car dès lors qu'on admet ce point comme constant, et il est impossible de ne pas l'admettre, que la défaillance de la première assemblée n'équivaut pas à un vote de rejet, on est invinciblement conduit à décider que celle des assemblées postérieures ne produira pas plus d'effet. Nous objectera-t-on qu'on pourrait ainsi provoquer des réunions à l'infini sans sortir de l'impasse? Sans doute, le champ des hypothèses est vaste, mais il est limité par l'absurde. Or est-il permis d'attribuer à une résolution systématique cette abstention persistante des actionnaires? Non; car ils formeraient la majorité, puisque ce sont eux qui mettent obstacle à la constitution d'une assemblée régulière; dès lors leur intérêt évident n'est-il pas de se présenter pour en finir tout de suite par un vote de rejet et retirer les versements par eux effectués? Qu'on se rassure donc; l'intérêt personnel sera un aiguillon assez pressant pour amener, dès la seconde réunion, un nombre suffisant de votants. Les statuts, d'ailleurs, pourraient déclarer la société rompue pour le cas d'une seconde ou d'une troisième réunion sans résultat.

423. Si néanmoins l'abstention persistait au point de rendre impossible la constitution de la société (2), elle autoriserait les fondateurs, d'un côté, les souscripteurs de l'autre, à se considérer comme déliés. Mais qui supporterait les frais, souvent considérables, d'annonces, de prospectus, d'actes, de commissions et autres, faits en vue de la constitution de la société? M. Foureix (3) laisse ces frais à la charge des fondateurs. Je crois cette solution injuste pour le cas où la société ne peut se constituer par suite de l'abstention des souscripteurs; il y a de la part de ceux qui s'abstiennent une négligence qui constitue un fait dommageable dont ils doivent la réparation, et il est bien naturel que la réparation consiste tout au moins dans le rembourse-

---

(1) Conf. Foureix, n. 114; Dalloz, n. 1200.

(2) Dalloz, n. 1201; Foureix, n. 143.
(3) Nᵒ 144. — Conf. Dalloz, n. 1200.

ment des dépenses qui se trouvent, à cause d'eux, avoir été faites en pure perte. Les statuts pourraient, sur ce point, contenir une clause qui serait parfaitement licite et obligatoire. Mais il n'en serait plus de même si un vote formel de rejet émanait d'une assemblée régulièrement constituée ; il y a là une éventualité qu'ont acceptée les fondateurs et dont ils doivent subir les risques. Les souscripteurs agissent dans la liberté de leur droit ; une clause qui mettrait les frais à leur charge pourrait même être considérée comme une atteinte à cette liberté, et comme étant dès lors sans valeur (1).

Au contraire, serait valable la clause qui, prévoyant que le capital ne pourra pas être intégralement souscrit, ferait contribuer les souscripteurs aux frais exposés en vue du projet non réalisé. Si les souscriptions obtenues n'atteignaient qu'un chiffre peu élevé, leur remboursement pourrait subir une réduction assez importante. Mais ne serait-il pas injuste de laisser ces frais à la charge de fondateurs qui auraient apporté un loyal concours à l'entreprise ! C'est aux souscripteurs à peser l'éventualité attachée à la souscription, et à la compenser avec les avantages que leur promet la société ; s'ils se décident, c'est en connaissance de cause, prévenus qu'ils sont par la stipulation statutaire.

424. La loi nouvelle ne dit rien sur le mode de convocation des deux assemblées préalables à la constitution, ni sur le mode de votation dans ces assemblées.

De quelle manière aura lieu la convocation ? Personne, à coup sûr, n'imaginera que ce soit par des actes extrajudiciaires. Fort heureusement pour la simplicité des affaires, la jurisprudence ne méconnaît pas la puissance des usages en matière de commerce ; or il y a ici un usage si général et si ancien qu'il devrait être évidemment suivi : c'est la convocation par la voie des journaux (2). Toutefois, le principe admis, il reste les détails d'exécution : dans quels journaux et combien de fois l'avis de convocation devra-t-il être inséré ? Rigoureusement, il semble qu'un seul avis dans les feuilles d'annonces judiciaires de la localité sera suffisant. Il faut pourtant reconnaître que, dans le silence de la loi, ce serait une pure question d'apprécia-

(1) *Contrà*, Beslay, n. 476.
(2) Conf. Dalloz, n. 1202. M. Foureix, (n. 443) est d'avis que la convocation à domicile est nécessaire. C'est encore là une exigence ultralégale qu'il est impossible d'admettre, et contraire d'ailleurs à l'art. 30 de la loi de 1867.

tion laissée à l'arbitraire des tribunaux, et nous ne saurions trop engager les intéressés à ne pas faire une économie de publicité qui pourrait leur être imputée à faute. Au surplus, pour éviter toute contestation, il sera bien de régler par les statuts le mode de convocation.

425. Il y a moins de difficulté sur la manière de voter ou de recueillir les votes, qui sera celle consacrée par un usage plus uniforme.

426. Quant aux assemblées postérieures à la constitution de la société, elles s'organiseront et délibéreront de la manière prévue par les statuts ; il eût été vivement à désirer que la loi nouvelle présentât un ensemble de dispositions qui eût été comme la charte des sociétés en commandite, et qui eût réglé tout ce qui se rattache au mode de réunion, de délibération et de vote des assemblées générales, et même des conseils de surveillance ; les rapports de ces deux corps entre eux et avec les gérants ; la limite exacte des attributions respectives. Ces dispositions, sans doute, n'auraient pas été tyranniquement imposées par la loi, mais elles auraient formé le droit commun des sociétés dans le silence du contrat ; en sorte que tous les statuts de sociétés, considérablement simplifiés, n'eussent dorénavant contenu tout au plus que quelques articles modificatifs dont l'opportunité et la loyauté eussent pu être facilement jugées en les comparant aux dispositions-types de la loi. Mais le passé est maintenu ; chaque société en particulier demeure chargée de faire la loi qui lui convient. Bornons-nous à faire remarquer que le vote légal, en assemblée générale, est le vote par tête, à la majorité des membres présents (1), et que si les statuts veulent prendre pour base le nombre de parts d'intérêts ou d'actions il doivent s'en expliquer (2). Ils peuvent même enlever le droit de vote à tout actionnaire ne possédant pas un nombre déterminé d'actions (3). Sous le titre II de la loi de 1867, il a été établi pour les sociétés anonymes certaines dispositions relatives à la tenue des assemblées générales ordinaires. Ces dispositions, quoique non obligatoires pour la commandite, seraient, dans le silence des statuts, justement invoquées et appliquées par analogie.

---

(1) *Supra*, n. 420.
(2) M. Troplong, *des Sociétés*, n. 722.
(3) Art. 24 de la loi de 1867. — *In-fra*, titre II.

SECTION III.

De quelques modes particuliers de constitution des sociétés.

Nous avons découvert, en analysant les premières dispositions de la loi de 1867, trois formes différentes suivant lesquelles les sociétés peuvent avoir à se constituer, selon qu'il y a des apports en numéraire seulement, ou des apports en numéraire et en nature tout à la fois, ou seulement aussi des apports en nature.

Mais en dehors de ces hypothèses, prévues par la loi elle-même, il s'est révélé, dans la pratique des affaires, d'autres circonstances où il n'est pas toujours facile de faire rentrer la constitution sociale dans l'un des cadres légaux ; ainsi par exemple :

Lorsqu'une société vient à fusionner avec une ou plusieurs autres ;

Lorsqu'une société se reconstitue, au moyen d'une autre qui lui succède, mais sans changer de forme.

Ou lorsqu'une société se transforme, c'est-à-dire se convertit en une autre de forme nouvelle, comme une commandite en société anonyme.

Dans ces divers cas, il y a toujours deux questions principales qui se présentent, et qu'il faut résoudre tout d'abord si l'on veut procéder régulièrement :

La première, c'est la vérification des pouvoirs nécessaires pour passer le nouvel acte ;

La seconde a trait aux formalités et conditions à observer pour que cet acte soit inattaquable.

Ce sont ces questions que nous voulons étudier dans chacune des situations que nous venons d'énumérer.

Ensuite nous aurons à signaler, à titre d'exemple, certaines combinaisons frauduleuses employées pour tourner la loi, qui aurait gêné des spéculations déshonnêtes.

§ 1er. — De la fusion des sociétés.

SOMMAIRE.

427. — Le traité de fusion est licite.
428. — Capacité nécessaire pour ce contrat.
429. — Mode de composition et de délibération des assemblées générales qui ont à statuer sur la fusion.
430. — Formes du contrat.

427. Le traité de fusion, au moyen duquel deux ou plusieurs sociétés conviennent de se réunir et de confondre leurs intérêts, est un contrat moderne, innomé dans la langue du droit, à peine mentionné dans les livres de doctrine ou de jurisprudence.

Il est donc placé dans le domaine de la liberté des conventions: « Les conventions légalement formées tiennent lieu de loi à ceux qui les ont faites. » (Art. 1134, C. c.)

Une convention est légalement formée, lorsque la cause en est licite, lorsque les parties sont capables de contracter, et lorsque l'acte, ou l'instrument dressé pour la constater, est revêtu des formalités prescrites par la loi.

Un traité de fusion a une cause licite; car il n'est pas prohibé par la loi, ni contraire aux bonnes mœurs ou à l'ordre public (Art. 1131, C. c.). Il ne deviendrait illicite que s'il avait pour but une de ces coalitions prévues et punies par l'article 419 du Code pénal.

428. Quant à la capacité des contractants, elle dépend des statuts des sociétés qui fusionnent. Si les statuts se taisent, la fusion est impossible, à moins de réunir l'unanimité des actionnaires, et alors c'est un contrat absolument nouveau qui prend naissance. Si, au contraire, ils ont autorisé les assemblées générales à consentir à la fusion, le traité devient possible (1).

L'assemblée générale de chaque société délibère à part pour donner pouvoir, soit au conseil d'administration, soit à des mandataires spéciaux, de débattre avec l'autre société les conditions de la fusion et d'en passer le contrat. Ou bien, un projet de contrat pourrait être d'abord élaboré et arrêté par les conseils d'administration des deux sociétés, puis soumis à la ratification des deux assemblées générales.

429. Si les statuts ont prescrit un mode spécial de composition et de votation pour les assemblées générales extraordinaires, on doit, bien entendu, s'y conformer pour les délibérations relatives à la fusion, et l'on doit, dans tous les cas, observer l'article 31 de la loi du 24 juillet 1867, qui exige que la moitié au moins du capital soit représentée dans les assemblées délibérant sur la modification des statuts.

430. Le traité de fusion n'est en lui-même assujetti à aucune forme spéciale; il peut être passé devant notaires ou sous signatures privées, à la condition, dans ce dernier cas, qu'il soit fait en deux originaux signés par les représentants des deux sociétés.

431. Mais n'y a-t-il pas des formalités ultérieures à remplir, et les dispositions prescrites par la loi de 1867, soit pour la constitution des sociétés anonymes, soit pour leur publication, ne deviennent-elles pas exigibles en tout ou en partie ?

Il y a là un fait nouveau, né de la fusion. Deux sociétés, qui jusque-là avaient vécu d'une vie propre et indépendante, n'ont plus qu'une seule et même administration, un seul et même siége, une seule et même dénomination ; un titre nouveau est remis aux actionnaires, qui ont des droits égaux dans l'avoir réuni des deux sociétés. Quel est le caractère juridique de ce fait, et quelles en sont les conséquences ? Quel est le sort des deux sociétés fusionnées ?

_____

(1) Comp. Bédarride, *Droit commerc.*, n° du 19 janv. 1864.

L'une a-t-elle absorbé l'autre?

Ou sont-elles toutes les deux virtuellement dissoutes et remplacées par une société nouvelle?

Ou, enfin, continuent-elles à vivre, liées l'une à l'autre, et simplement modifiées dans leur existence antérieure ?

Ce sont trois modes distincts que nous allons successivement examiner :

432. *Premier mode.* — La fusion s'accomplit dans le sein de l'une des sociétés, qui est maintenue. L'autre vient s'y annexer, mais en s'y absorbant, et se dissolvant par là même. Elle se livre corps et biens, apportant à l'autre l'ensemble de ce qu'elle possède, l'avoir et les dettes. Il y a pour la société survivante simple accroissement du fonds social, c'est-à dire simple modification de ses statuts, mais pas de société nouvelle. L'être moral qui la personnifiait continue d'exister, agrandi et fortifié aux dépens de l'autre qui est mort.

433. Nul doute que cette modification statutaire doive, à peine de nullité, être soumise aux publications légales. Mais, comme elle donne lieu à une augmentation du capital et à une émission d'actions nouvelles, dira-t-on aussi que c'est le cas de procéder à une vérification d'apports dans les termes de l'article 4 de la loi du 24 juillet 1867 ? Une telle prétention serait, suivant nous, inadmissible, car elle serait repoussée par le texte aussi bien que par l'esprit de la loi. Les diverses formalités qu'elle prescrit ont en vue la société à son origine : « La société, porte l'article 4, n'est définitivement CONSTITUÉE qu'après l'approbation de l'apport. » D'ailleurs il n'y a aucune analogie de situation entre une société qui a fonctionné déjà depuis un certain temps et une société qui se crée. C'est celle-ci uniquement que le législateur a visée; il a voulu, nous l'avons dit déjà, empêcher ces sociétés factices, mort-nées, s'annonçant avec un capital considérable, pour se constituer avec une somme insignifiante et ne laisser que des ruines quelques mois après.

Cependant nous devons reconnaître qu'il y a une regrettable tendance, dans certains arrêts, à étendre à l'augmentation du capital les conditions prescrites pour la constitution de la société. Il y a notamment un arrêt de la Cour de cassation, du 27 janvier 1873 (1), dans les considérants duquel on lit qu'aucune distinction n'est à faire, sous ce rapport, entre le capital origi-

---

(1) Dalloz, 73.1.334 ; déjà cité n. 377.

naire et le capital nouveau. Mais, malgré l'appui que cette exagération du pouvoir judiciaire trouve dans une partie de la doctrine, nous espérons que la jurisprudence s'arrêtera dans cette
voie pour s'en tenir à la seule exacte et logique observation de
la loi.

434. *Second mode.* — Une société nouvelle naît de la fusion.
Nulle prééminence n'étant accordée à l'une des anciennes sociétés sur l'autre, elles meurent et se dissolvent toutes les deux ;
c'est de leurs éléments réunis et confondus que se trouve créé le
nouvel être moral.

Ce mode d'opérer donne lieu à une rédaction de nouveaux
statuts, qui ne doit être que la combinaison aussi exacte que possible de ceux des sociétés fusionnées.

Ces statuts seront évidemment publiés. Mais comment se constituera la société nouvelle ? Suffira-t-il de faire nommer les
administrateurs et commissaires dans une assemblée générale,
et la société sera-t-elle constituée à partir de leur acceptation, en
conformité de l'article 25 de la loi de 1867 ?

435. Ou l'article 4, qui ordonne de faire apprécier la valeur
des apports dans deux assemblées générales successivement réunies, sera-t-il en outre applicable ? Non ; et cela pour deux raisons :

D'une part, parce qu'à vrai dire il n'y a pas d'apports dans
le sens habituel du mot ; les apports ont été faits primitivement
à chacune des deux sociétés, ils ont été régulièrement vérifiés,
et il n'y a plus aujourd'hui qu'une simple union contractée sur
le pied de l'égalité, entre deux sociétés qui mettent en commun
leur avoir pour diminuer leurs frais généraux.

D'une autre part, parce qu'à supposer cette convention impli-
quant de véritables apports sociaux, il serait moralement, sinon
matériellement, impossible de procéder à leur vérification dans
les formes prescrites par la loi de 1867.

La loi de 1867, en exigeant l'observation de certaines conditions pour la constitution des sociétés, avait en vue les cas ordinaires : *De eo quod plerumque fit statuit lex ;* c'est ainsi qu'il y a
presque toujours un capital en espèces, destiné à fonder et à
faire marcher l'entreprise ; puis quelquefois, à côté du capital,
des apports en nature. De là deux conditions fondamentales
correspondant à ces deux ordres de faits. Il faut, d'abord, que
le capital soit souscrit en entier et réalisé pour un quart, et qu'il
en soit passé déclaration notariée par les fondateurs. En second

lieu, les apports en nature doivent être vérifiés par les souscripteurs d'actions.

Est-ce donc à dire que toute société qui ne rentrerait pas dans le cadre légal ne pourrait se constituer par actions, ni en commandite, ni sous la forme anonyme ? Ce serait, en vérité, interpréter la loi nouvelle d'une façon bien étroite et bien judaïque ; mais elle porte, dans son texte même, la preuve qu'une telle interprétation n'est point entrée dans l'esprit du législateur ; le dernier alinéa de l'article 4 a prévu, en effet, le cas où il n'y aurait pas de capital souscrit en numéraire, mais seulement un apport en nature ; et, pour ce cas, il déclare inapplicables les dispositions relatives à la vérification : « Ces dispositions, dit-il, « ne sont pas applicables au cas où la société à laquelle est fait « ledit apport est formée entre ceux seulement qui en étaient « propriétaires *par indivis* (1). »

436. Mais l'exception est-elle unique ou limitative ? Évidemment non. Elle était « commandée par la force des choses », ainsi que le fait remarquer le Rapport au Corps législatif ; car l'élément de contradiction manquait, et elle n'avait pas même besoin d'être écrite dans la loi ; c'est une véritable superfétation législative que d'avoir déclaré inapplicables des dispositions qui le sont matériellement. La nature des choses échappe au législateur, et elle apporte des exceptions nécessaires aux règles générales du droit positif.

L'exception écrite dans la loi n'a donc pu l'être et ne l'a été qu'à titre d'exemple. Le Rapport, au besoin, ne laisserait aucun doute à cet égard : on s'est demandé, dit-il, s'il fallait faire de la vérification des apports « une règle *absolue*, s'il n'y avait pas des exceptions possibles et *nécessaires* ». Puis il ajoute qu'un membre de la Commission a présenté diverses hypothèses où il n'y a pas besoin de faire appel à des capitaux étrangers, et que tous ces cas ne pouvaient rentrer dans la règle générale. La formule adoptée pour la dispense de vérification n'a donc pas entendu prévoir un cas unique, et elle a voulu, au contraire, régir les cas analogues, en embrassant toutes les exceptions nécessaires.

437. Ainsi, supposons un apport collectif, ou indivis, selon les termes du texte, mais possédé dans des proportions très-inégales. L'élément de contradiction ne manquerait pas tout à fait ;

---

(1) *Suprà*, n. 414 et s.

cependant on conviendra sans difficulté que les propriétaires de l'apport ne seront pas contraints de se réunir à deux ou trois fois, selon des formes spéciales, pour un contrôle qu'ils peuvent faire entre eux simplement et naturellement.

Allons plus loin, et supposons des apports en nature, possédés non indivisément, mais distinctement, par les fondateurs de la société :

Ainsi sept personnes, c'est le nombre *minimum* exigé pour créer la société anonyme, apportent chacune un immeuble, un bien quelconque, mais sans aucun versement de numéraire, ni par elles ni par des tiers : nous disons que cette hypothèse rentrera dans l'exception, et non dans la règle : *Ubi eadem ratio idem jus.*

438. Quelles sont, en effet, les raisons qui ont porté le législateur à faire vérifier la valeur des apports en nature par les souscripteurs en espèces ? Il y en a deux principales, exposées dans les travaux préliminaires de la loi, et très-nettement résumées par M. Bravard-Veyrières (1). La première, c'est que les souscripteurs n'ont pas concouru à la rédaction des statuts ; et la seconde, c'est que chacun, en souscrivant séparément, les a en quelque sorte acceptés de confiance. Absents à la première phase de l'affaire, isolés à la seconde, ils n'ont pas eu l'occasion de se livrer à un examen sérieux, réellement contradictoire, comme dans les sociétés en nom collectif ou en commandite simple ; or cette garantie qui existe dans les sociétés de personnes, on a voulu, autant que le comportait la nature des choses, l'étendre aux sociétés de capitaux. D'où l'obligation imposée aux souscripteurs de se grouper, même à deux reprises, pour constituer une collectivité capable de résister aux influences et aux entraînements. De cette façon, fondateurs et souscripteurs sont mis en présence ; l'égalité est établie entre eux dans la mesure du possible, une discussion éclairée peut s'ouvrir, et le consentement interviendra en pleine connaissance de cause.

Il n'y a plus ainsi, selon la remarque du rapport, « d'action-« naires trompés par de fausses apparences, ou des stipulations « qu'ils n'ont ni vues ni contrôlées ». La création de la société est ramenée aux proportions d'un contrat ordinaire, et ce n'est plus une fiction de dire qu'elle s'opère par l'accord des deux

---

(1) *Sociétés commerciales*, p. 137 et suiv.

parties sur la chose et sur le prix. Nous disons à dessein sur le prix, car l'apport en nature fait à une société de capitaux ressemble à une vente à prix débattu, au profit des souscripteurs, avec cette différence que le prix est payé en actions au lieu de l'être en argent.

439. Si tel est le but cherché par la loi, un accord librement manifesté par les parties, ce but n'est-il pas atteint lorsque la société est exclusivement fondée par ceux-là même, et par ceux-là seuls, qui font des apports en nature ? Car ils ne sont pas, comme les souscripteurs d'actions, absents ou isolés lors de la formation du contrat. Ce sont eux-mêmes qui le rédigent ou le font rédiger, qui le signent en commun en présence les uns des autres. Ne sont-ils pas aptes à donner un consentement ? Faut-il les obliger à se réunir une seconde, puis une troisième fois, pour décider solennellement, après lecture d'un rapport imprimé, qu'ils ne se sont pas trompés la première fois ? En vérité, ce serait faire injure au législateur que de lui imputer l'idée d'aussi ridicules cérémonies.

Le contrat a été parfait dès le premier jour, et d'ailleurs les parties n'ont traité qu'à bon escient ; elles ont donc évidemment fait, avant, ce que la loi impose, après, aux souscripteurs d'actions. Si ce sont deux sociétés qui fusionnent, elles se seront livrées à l'examen réciproque de leurs livres, à la vérification de leur avoir ; elles auront fait dresser des bilans pour fixer la valeur respective de leurs actions. Tout ce travail préliminaire devait nécessairement précéder, et non suivre le traité. D'où il suit, qu'en allant au fond des choses, on trouve que les prescriptions légales ont été observées dans le moment opportun, au seul moment où elles étaient logiquement possibles.

Veut-on une dernière preuve que la vérification des apports en nature n'est exigée que de la part des souscripteurs d'actions ? qu'on jette les yeux sur l'article 4, troisième alinéa de la loi de 1867 ; il dispose que les assemblées générales, chargées de procéder à la vérification, doivent représenter le quart du capital *en numéraire*. Il est inutile d'insister davantage, car nous touchons à l'évidence.

440. Cependant un commentateur de la loi de 1867, M. Beslay (1), a soutenu que la dispense de vérification des apports devait être restreinte au seul cas où les associés en sont proprié-

_____

(1) Nos 483 et suiv.

taires par indivis ; car, dit-il, une exagération frauduleuse n'est pas à craindre de leur part, puisqu'elle profiterait à tous ; tandis que si les apports sont distincts, elle ne profiterait qu'à quelques-uns au détriment des autres. Mais, en vérité, n'est-ce pas là un étrange argument, et n'est-il pas vrai, au contraire, que les propriétaires indivis se mettront bien plus aisément d'accord pour l'exagération que ceux qui font des apports différents? Ceux-ci ont un intérêt à se contrôler et à se limiter réciproquement ; les autres, non.

Est-il étonnant que M. Beslay se contredise aussitôt après (1), en avouant que la fraude est facile aux propriétaires indivis qui peuvent, à leur gré, grossir le capital pour avoir chacun un plus grand nombre d'actions à placer dans le public! La commission du Corps législatif avait constaté cette facilité et tenté d'y remédier, en proposant d'interdire, en pareil cas, l'émission publique des actions ; mais c'était une restriction nouvelle ajoutée à tant d'autres ; le Conseil d'État n'a pas voulu l'admettre, et la commission a dû y renoncer. Au surplus, répétons-le, le danger est beaucoup moindre avec des apports distincts, et c'est *a fortiori* qu'on doit appliquer à cette hypothèse l'exception édictée pour les apports indivis ; c'est donc par une véritable inadvertance, il est permis de le croire, que l'honorable jurisconsulte a déclaré l'exception limitative.

441. Il est entendu, d'ailleurs, que les autres formalités prescrites pour la constitution des sociétés anonymes doivent être observées. Ainsi une assemblée générale, composée des actionnaires des deux sociétés fusionnées, doit être réunie pour nommer les premiers administrateurs et les commissaires, ou seulement les commissaires, si les statuts désignent les administrateurs, comme la loi le permet. A cette assemblée doivent être appelés tous les actionnaires, chacun votant avec le nombre de voix déterminé par les statuts, mais au maximum dix voix (art. 27, loi de 1867). La Cour de Lyon l'a ainsi jugé, par un arrêt du 6 février 1868 (2), au sujet de la transformation d'une société en commandite par actions en société anonyme ; et nous approuvons sa doctrine, mais en faisant remarquer toutefois que l'arrêt n'a pas su faire une distinction entre le vote émis sur le principe de la transformation et le vote sur la nomination des administrateurs et commissaires ; que ce dernier vote fut soumis au suf-

---

(1) Nº 486.　　|　(2) Dalloz, 68.2.63.

frage universel des actionnaires, rien de plus juste ; mais il n'en est pas nécessairement de même du premier, qui devait avoir lieu suivant le mode prévu dans les statuts pour la transformation, selon les termes de l'art. 19 de la loi de 1867.

De même, en cas de fusion de deux sociétés, le vote sur le traité de fusion peut n'être pas universel, ainsi que nous l'avons expliqué plus haut, tandis qu'il doit l'être pour la nomination des administrateurs et commissaires.

442. Quant au capital résultant de la fusion, il doit être indiqué dans les statuts nouveaux, pour satisfaire aux prescriptions des articles 57 et 64 de la loi de 1867. Et s'il ne représentait plus exactement le capital réuni des deux sociétés, par suite de pertes qu'elles auraient éprouvées l'une ou l'autre, il devrait subir une réduction équivalente aux pertes constatées par les inventaires. Autrement, les tiers seraient exposés à être trompés, et la société se créerait un crédit fictif au moyen d'une réticence blâmable qui engagerait la responsabilité des administrateurs.

Il a même été jugé que les actionnaires étaient responsables du capital annoncé aux tiers, dans un cas où il y avait eu reconstitution d'une société en commandite simple sous forme de société à responsabilité limitée (1). Il est vrai que l'espèce était très-favorable à la réclamation des tiers ; car l'ancienne société était en faillite, et néanmoins les associés et créanciers, qui avaient opéré la reconstitution, s'étaient fait attribuer, sans apport de nouveaux fonds, sans établir un inventaire probablement en déficit, des actions pour une somme égale au montant de leurs droits. C'est donc avec raison que, d'une part, la société a été considérée comme nouvelle, et que, d'autre part, les actionnaires ont été déclarés responsables du montant réel de leurs actions, en vertu de l'article 3 de la loi du 23 mai 1863. Il y a sans doute un autre motif visé par l'arrêt, c'est que l'apport des valeurs de la société en faillite n'avait pas été apprécié et approuvé en assemblée générale ; mais une telle appréciation, en l'absence de nouveaux bailleurs de fonds, les seuls qui eussent pu être des contradicteurs sérieux, n'eût pas dégagé la responsabilité des actionnaires ; elle eût donc été inutile autant que moralement impossible.

Quoi qu'il en soit, il ne résulte nullement de cet arrêt que le défaut de vérification ait été considéré comme entraînant la nul-

---

(1) Cass., 10 mai 1869 (D.69.1.523), Rej. de Besançon, 29 mars 1867.

lité de la société (1). Les nouveaux créanciers n'ont pas cru sans doute pouvoir invoquer ce moyen, qui leur eût été cependant plus avantageux que l'autre en leur permettant, au cas de succès, de faire déclarer solidairement responsables les fondateurs et les premiers administrateurs, au lieu d'obtenir une condamnation individuelle éparpillée sur tous les actionnaires.

443. *Troisième mode.* — Les deux sociétés fusionnées continuent d'exister, simplement modifiées dans leur existence.

Les deux premiers modes sont d'une incontestable légalité, et les parties ont le choix libre entre l'un ou l'autre, mais en est-il de même du troisième ?

Avec le premier mode, l'une des sociétés est dissoute ; avec le second, elles le sont toutes les deux pour faire place à la société nouvelle. Mais, avec le troisième, peuvent-elles continuer de vivre parallèlement, à côté l'une de l'autre, comme deux corps autonomes ayant contracté une alliance plutôt qu'une association ?

Si le droit n'était pas embarrassé de fictions juridiques en opposition absolue avec les réalités pratiques, il ne serait peut-être pas impossible d'admettre un tel résultat, qui présenterait de sérieux avantages, en faisant disparaître, avec les apports, toute cause de difficulté, en même temps que toute occasion de perception fiscale.

Mais il est convenu que toute société se personnifie dans un être moral, ayant une individualité propre, un nom, un patrimoine ; devant, pour agir, contracter, posséder, avoir une existence nettement accusée, et non obscurément confondue dans nous ne savons quelle incompréhensible dualité.

444. Dès lors, comment concevoir la coexistence de deux êtres moraux personnifiant les deux sociétés fusionnées ? Il n'y a plus qu'une seule administration, une seule caisse, une seule et même dénomination. Si les deux êtres moraux ont disparu, n'est-ce pas qu'ils sont virtuellement dissous et remplacés par un autre qui vient personnifier une société nouvelle ?

Prenons un exemple dans la nature physique :

La Marne est un affluent de la Seine, et le fleuve, grossi des eaux de la rivière, continue de couler en gardant son nom : voilà le premier mode de fusion.

Au contraire, la Garonne et la Dordogne viennent, en s'unis-

---

(1) V. pour le cas de transformation de société, *infrà*, § 3.

sant au bec d'Ambez, former un fleuve nouveau, qui s'appelle la Gironde : c'est le second mode.

Mais en quelle partie du monde trouver deux fleuves se réunissant sans mélanger leurs eaux, qui continuent de couler parallèlement dans le même lit ?

Le principe, éminemment respectable, de la liberté des conventions, sera-t-il assez puissant pour opérer ce miracle dans le domaine des matières juridiques ?

445. MM. Dalloz (1) n'hésitent pas à le penser, et à dire que les sociétés fusionnées ne sont pas dissoutes, que leurs conditions d'existence sont simplement modifiées, et qu'elles continuent de subsister sous la forme nouvelle que leur a donnée la *volonté commune* de leurs membres. C'est ce que l'on peut induire, disent-ils, d'un arrêt rendu par la Cour de cassation, le 9 février 1848, dont nous n'avons pu nous procurer le texte.

Si cette doctrine venait à s'établir, ce serait tout au moins à la condition de résister à la confusion absolue des deux sociétés, en conservant les deux dénominations sociales ou en adoptant une dénomination nouvelle qui impliquât le maintien des sociétés unies.

Après tout, quel inconvénient peut-il y avoir dans cette prépondérance accordée à la volonté des contractants sur la fiction légale ? Lorsque la loi est franchement prohibitive, il faut sans doute que les volontés individuelles s'inclinent ; mais ici il n'y a aucun texte, et pourquoi dès lors s'arrêter devant les subtilités de la métaphysique judiciaire ?

446. Reconnaissons-le d'ailleurs ; la jurisprudence est loin, jusqu'ici, de se montrer défavorable à l'opinion de MM. Dalloz.

Un arrêt de la Cour de cassation du 18 juillet 1865 (2) dit, il est vrai, que, « *en général*, la société nouvelle est un être moral distinct des sociétés dont elle représente la fusion ». Mais, si cet effet ne se produit qu'en vertu d'une règle générale, non d'un principe absolu, n'y aurait-il pas des exceptions possibles, ou nécessaires ?

Dans l'espèce de cet arrêt, la fusion avait été opérée entre treize compagnies de bateaux à vapeur, et il semblait bien que l'intention présumable des parties dût conduire à l'application de la règle. Mais d'autres situations ne peuvent-elles se présenter, qui doivent rentrer dans l'exception ? MM. Dalloz, au sujet

---

(1) Rép. v° *Société*, n. 1187 et 1423. | (2) Dalloz, 66.1.88.

de cet arrêt (1), font remarquer, en persistant dans l'opinion émise au Répertoire, que « la solution sera susceptible de varier « selon les circonstances, alors surtout que la fusion a été pré-« vue par les statuts des sociétés originaires ; les circonstan-« ces de fait et d'intention pourraient amener à reconnaître « que les associations antérieures ont continué légalement de « subsister, et que les conditions de leur existence se trouvent « seulement modifiées. »

Ces circonstances exceptionnelles, elles se sont en effet rencontrées dans une espèce jugée par un arrêt de la Cour d'Aix, le 5 juillet 1871 (2), décidant que la fusion entre deux sociétés, « prévue par les statuts originaires, » n'entraîne par légalement la création d'une société nouvelle.

Précédemment, la Cour de Paris (3) avait aussi jugé qu'une société dans laquelle vient se fusionner une autre société ne forme pas nécessairement une société nouvelle ; qu'elle ne continue pas moins de subsister malgré quelques modifications sans importance introduites dans ses statuts, et alors que sa raison sociale, son objet, sa durée et son capital sont restés les mêmes : « Attendu, porte l'arrêt, qu'une société régulièrement constituée « forme une personne civile qui continue de subsister tant « qu'elle n'est pas dissoute par une des causes prévues par la « loi ; que dans l'espèce les parties ont expressément manifesté « l'intention de maintenir la première société telle qu'elle exis-« tait . . . . ; « qu'il faut donc uniquement rechercher si les stipulations faites « par les parties ont eu pour résultat nécessaire de mettre fin, « contrairement à leur volonté, à cette société. . . . . » (Suit l'énoncé des raisons qui portent la Cour à décider que la fusion n'a été qu'une modification de la société première, sans donner lieu à une société nouvelle). Dans cette espèce, il s'agissait d'une société fondée pour des opérations immobilières à Paris, quartier des Champs-Élysées ; et celle qui venait s'y annexer avait en vue des opérations semblables dans le bois de Boulogne ; en sorte qu'il y avait simple extension de la circonscription dans laquelle auraient lieu les opérations sociales.

---

(1) Rec. pér. 1873, 1.73, en note sous un arrêt de la Cour de cassation du 16 avril 1872, qui a rejeté le pourvoi formé contre l'arrêt de la Cour d'Aix du 5 juill. 1871, énoncé à la note suivante.
(2) V le texte de cet arrêt (D.1873.1.

73), avec les observations présentées par M. Guillemard, conseiller rapporteur à la Cour de cassation lors de l'arrêt du 16 avril 1872, cité à la note précédente.
(3) Arrêt du 21 août 1860, et sur pourvoi, Rej. 8 fév. 1861 (Pal. 1862.346).

447. Quelles seraient les formalités à observer avec ce troisième mode de fusion ?

Il y aurait, d'abord, à mettre en harmonie les statuts des sociétés, qui fusionnent, en rédigeant un nouveau texte qui leur fût dorénavant commun.

Ce texte nouveau serait soumis, soit à une autorisation préalable, soit à une approbation postérieure de l'assemblée générale de chacune des deux sociétés, composée et votant de la manière fixée pour les modifications statutaires.

Comme il n'y a pas de société nouvelle, il n'y a pas d'apports à soumettre à l'approbation de l'assemblée générale des actionnaires. Le capital social, après la fusion, c'est le capital réuni des sociétés fusionnées. Néanmoins il conviendrait de n'exprimer que le capital réel, justifié par les inventaires, auxquels ne manqueront pas d'ailleurs de faire procéder les sociétés avant de contracter le traité d'union. Si le capital n'était plus intact, et que cependant il fût maintenu pour son chiffre nominal, les tiers lésés trouveraient aisément dans la loi les moyens de recours ; ce ne serait pas sans doute la nullité du traité de fusion ; ce ne serait pas non plus, comme dans l'espèce toute différente jugée par la Cour de cassation, le 10 mai 1869, la responsabilité individuelle de tous les actionnaires assimilés aux souscripteurs primitifs ; mais les administrateurs de sociétés anonymes étant, selon une jurisprudence aujourd'hui bien établie, responsables même envers les tiers, soit en vertu de la loi spéciale sur les sociétés, soit aux termes du droit commun, les tiers seraient certainement admis à arguer contre eux de l'inexactitude des inventaires, et, au besoin, du principe général de responsabilité édicté dans les art. 1382 et 1383, C. c.

La publication des nouveaux statuts devrait, bien entendu, avoir lieu dans los formes prescrites par la loi du 24 juillet 1867 pour la modification des statuts sociaux.

448. Nous pourrions ajouter un quatrième mode de fusion ; c'est le cas où les sociétés fusionnées font appel à un nouveau capital, par voie de souscription d'actions. Ce cas s'est présenté dans une espèce jugée par la Cour de Paris le 24 mars 1859 (1), où il a été décidé que cette émission d'actions combinée avec l'adoption d'une raison sociale commune, constituait une société nouvelle, et non une simple modification des sociétés primitives

_____

(1) D. 59.2.146.

comme on avait essayé de le soutenir ; que dès lors devenaient
applicables, à peine de nullité, toutes les conditions prescrites
par la loi, pour la souscription intégrale du capital, le versement du quart et l'approbation des apports. En fait, il y avait
eu une première société fondée en 1854 pour l'exploitation de
brevets relatifs à la fabrication du caoutchouc durci, sauf certaines applications qui faisaient l'objet de sociétés particulières
concernant le doublage des navires, la baleine et la tabletterie ;
il est intervenu un traité dont les effets ont été, indépendamment
d'une notable extension de la fabrication : 1º la fusion des quatre
sociétés en une seule, et la réunion de tous leurs actionnaires
sous une raison sociale commune ; 2º l'élévation du capital primitif de la société de 3 millions à 5 millions, avec des actions
nouvelles de 500 fr., tandis que les anciennes restaient fixées à
100 fr. L'arrêt, après avoir ainsi établi les faits, ajoute « que
« l'acte qui renferme ces conditions les qualifie de modification
« des statuts primitifs de la Société générale du caoutchouc
« durci, mais que la transformation que de semblables condi-
« tions faisaient subir à cette société ne saurait être envisagée
« ainsi ; que c'était un changement profond et essentiel dans les
« choses comme dans les personnes, qui substituait une société
« nouvelle à l'ancienne ». Cette décision a-t-elle tenu suffisamment
compte de la volonté manifestée par les parties ? Pour effacer cette
volonté et rejeter comme fausse la qualification employée, il faut
que le fait lui soit absolument opposé, et cette opposition était-
elle assez marquée dans l'espèce pour prononcer l'annulation du
contrat ? C'est là une de ces appréciations de fait sur lesquelles
les divergences sont faciles. L'augmentation du capital est une
innovation de plus dans le fait déjà considérable en lui-même
de la fusion, et comme les tribunaux se préoccupent toujours du
danger que présentent les émissions publiques d'actions, il est
vraisemblable qu'en pareil cas ils se prononceront le plus souvent dans le sens d'une société nouvelle pour contraindre les
parties à l'observation des prescriptions de la loi de 1867.

§ 2. — De la reconstitution des sociétés.

SOMMAIRE.

449. — Dans quels cas il y a reconstitution de société,
450. — La reconstitution fait surgir des questions de diverses natures.
451. — Exemples tirés de la jurisprudence.
452. — Il peut n'y avoir qu'une simple modification de statuts. Exemple.

449. Le terme que nous employons en tête de ce paragraphe ne vient pas du texte légal, et nous l'empruntons à la pratique des affaires, où il sert à désigner un certain mode de constitution de société qui, en lui-même, ou par ses conséquences, donne naissance à beaucoup de difficultés.

Il y a reconstitution de société, lorsqu'une société succède à une autre et prend la suite de ses affaires, ce qui arrive le plus généralement lorsque la première n'a pas prospéré, quelquefois même après qu'elle a été déclarée en état de faillite. Alors on fonde, soit avec les seules épaves de l'ancienne, et en réduisant le capital à son chiffre réel, soit au contraire en faisant appel à de nouveaux bailleurs de fonds, une nouvelle société qu'on espère devoir être plus habile ou plus heureuse, et devoir regagner le crédit perdu par la première.

450. De là, des questions délicates, dont quelques-unes à résoudre immédiatement, au moment même où l'on procède; par exemple, sur le point de savoir s'il y a nécessité de créer une société nouvelle, ou s'il ne serait pas possible de se borner à une modification de la société actuelle, et quelles seront, dans l'un ou l'autre cas, les formes et conditions à observer.

D'autres surgissent plus tard, soit de la résistance des dissidents qui n'ont pas voulu entrer dans la combinaison nouvelle, soit du conflit entre les anciens et les nouveaux créanciers.

451. Parmi les exemples variés fournis par la jurisprudence, nous avons choisi quelques types dont la connaissance pourra aider, en des circonstances analogues, à trouver les solutions pratiques ou même juridiques.

1re espèce. — Une société en commandite est formée avec un capital divisé en actions de 100 fr. libérées. Plus tard, une délibération de l'assemblée générale décide que les actions de 100 fr. seront portés à 200 fr. dont 100 fr. resteront dus pour servir de capital de garantie. Puis, sans que cette société soit dissoute ni liquidée, une autre se fonde pour prendre la suite de ses affaires entre de nouveaux bailleurs de fonds et des membres délégués par l'assemblée générale des premiers actionnaires. Mais elle tombe en faillite, et le syndic réclame le paiement des 100 fr., non versés sur les premières actions.

De là deux questions: 1° La première assemblée générale avait-elle eu le pouvoir de doubler le chiffre des actions? En cas d'affirmative, l'augmentation de 100 fr. ne devait-elle pas profiter exclusivement aux créanciers de la première société?

Sur la première question, il a été jugé que la délibération de l'assemblée générale était valable, parce qu'elle avait eu pour objet d'exécuter les statuts sociaux en portant le capital au chiffre, resté incomplet, qui avait été mensongèrement annoncé au public ; et par cette seconde raison que l'actionnaire poursuivi avait été présent à la délibération, qu'il n'avait pas protesté, et qu'il l'avait depuis ratifiée par une exécution volontaire en recevant pendant plus de dix ans ses intérêts et dividendes (1).

Mais sur la seconde question, il a été décidé qu'il y avait eu deux sociétés distinctes et que les actionnaires de la première, non entrés individuellement dans la nouvelle, ne devaient le complément de leurs actions qu'aux créanciers de l'ancienne (2).

2e espèce. — Une société en commandite par actions est créée pour succéder à deux sociétés existantes et les liquider. X... tout à la fois commanditaire et créancier des anciennes sociétés, souscrit des actions, et au lieu d'en verser le montant en espèces, il se libère par voie de compensation avec ce qui lui revenait comme ancien commanditaire et créancier. La nullité de la société est demandée et justement prononcée, la libération des actions par voie de compensation étant contraire aux prescriptions de la loi du 17 juillet 1856 sous l'empire de laquelle avait été fondée cette société (3).

On remarquera que la nullité eût pu être évitée si, au lieu de souscrire des actions payables en espèces, X... eût fait apport à la nouvelle société de ses droits dans les anciennes. Il est vrai que cet apport eût été soumis au contrôle de l'assemblée générale, auquel on avait eu peut-être l'intention de se soustraire, au risque d'une irrégularité de nature à vicier la constitution de la société (4).

3e espèce. — Une société en commandite est dissoute et mise en liquidation, son actif est saisi. Néanmoins une société anonyme est fondée de concert entre le liquidateur et l'assemblée générale des actionnaires ; dans les apports à cette société figure tout l'actif de l'ancienne. Mais elle tombe en faillite, et le syndic en fait prononcer la nullité : 1° parce que l'actif de la première

---

(1) Nimes , 27 nov. 1862, et Rejet 11 mars 1868 (Ann. Lehir)

(2) Cass., 11 mars 1868 de l'arrêt de Nimes du 27 nov. 1862, et sur renvoi,

Aix, 16 juill. 1868 (Ann. Lehir).

(3) Paris, 5 août 1869 (Bull. de la Cour d'appel, n. 2011).

(4) *Suprà*, n. 394 et s.

société, frappé d'indisponibilité par la saisie, n'avait pas été valablement transmis à la seconde sans le consentement du créancier saisissant, 2° parce que cette transmission exigeait l'unanimité des membres de la première société (1).

4° *espèce.* — C'est l'affaire dont nous avons rendu compte au § précédent (2), et dans laquelle il a été jugé, par arrêt de la Cour de cassation du 10 mai 1869, que l'actif d'une première société, apporté à une seconde pour sa valeur nominale originaire, devrait être soumis à une expertise et complété, s'il y avait déficit, pour faire face aux dettes sociales.

5° *espèce.* — Une société se dissout par anticipation ; et en vertu d'une clause de ses statuts, l'assemblée générale décide que, comme moyen de liquidation, l'actif social sera transporté à une société nouvelle. Mais il y a une lacune dans les statuts qui n'ont pas dit si les anciens actionnaires seraient payés par la nouvelle société en actions nouvelles ou en argent. Pour obvier à cette lacune, l'assemblée générale stipule dans sa délibération que ceux des anciens actionnaires qui ne consentiront pas à l'échange des titres recevront le prix de leurs actions vendues à la Bourse. Cette disposition a été validée par arrêt de la Cour de Paris du 14 novembre 1874, et le pourvoi formé contre cet arrêt a été rejeté par la Cour de cassation le 17 août 1875 (3).

452. Quelquefois, au lieu d'une reconstitution de la société, il n'y a que de simples modifications statutaires ; et la distinction, souvent difficile, est fort importante puisque dans le premier cas on doit procéder à l'accomplissement de toutes les formalités prescrites pour la constitution même des sociétés, tandis qu'elles ne sont pas toutes également exigibles dans le deuxième cas (4).

Dans les deux espèces suivantes, il a été décidé qu'il n'y avait pas eu société nouvelle, mais seulement modification des statuts.

1re *espèce.* — Une société à responsabilité limitée augmente son capital, prend une nouvelle dénomination, et donne même une certaine extension à l'objet pour lequel elle a été créée, mais sans toutefois l'altérer dans son essence (5). C'est la même société qui continue malgré ces changements, surtout si les parties ont manifesté leur volonté à cet égard (6).

---

(1) Trib. comm. de la Seine, 25 janv. 1873 (Ann. Lehir).
(2) *Suprà,* n. 442.
(3) Dalloz, 76.1.359. V. encore Grenoble, 11 déc. 1872 (D.74.2.33).

(4) *Suprà,* n. 376, 433 ; *infrà,* chapitre VII.
(5) *Suprà,* n. 167.
(6) Paris, 28 mai 1869 (D.69.2.145).

2ᵉ *espèce*. — Il en est de même lorsqu'une société en commandite par actions augmente son capital en vertu d'une autorisation contenue aux statuts, encore bien qu'il soit procédé, mais bien entendu sans dissolution prononcée, à la liquidation de l'exercice antérieur pour en attribuer le bénéfice exclusivement aux premiers actionnaires (1).

§ 3. — De la transformation des sociétés.

SOMMAIRE.

453. La loi de 1867 a prévu trois espèces de transformation ou conversion des sociétés antérieures à sa promulgation:

1º Des sociétés en commandite par actions en sociétés anonymes (art. 19).

2º Des sociétés anonymes autorisées en sociétés anonymes libres, c'est-à-dire seulement assujetties au régime de la loi nouvelle (art. 46).

3º Des sociétés à responsabilité limitée en sociétés anonymes libres (art. 47).

Cette transformation, que la loi nouvelle a vue avec faveur, a été facilitée par l'adoption de certaines règles spéciales que nous aurons à étudier en nous occupant des dispositions transitoires (2).

454. Mais il y a des règles communes à toutes les sociétés, antérieures ou postérieures à la loi de 1867, et disons plus à toutes les transformations quelconques de société, prévues ou non prévues par cette loi. En dehors des modes de transformation qui viennent d'être rappelées, il y en a d'autres possibles en effet,

---

(1) Aix, 9 avril 1867 ; Cass., 11 mai 1870, et sur renvoi, Grenoble, 28 mai 1871 (D.70.1.401 ; 72.2.206).— V. aussi Cass., 7 janv. 1873 (D.74.1.470).

(2) *Infra*, tit. I, chap. VII ; et tit. II, chap. XII.

telle que la conversion de la société anonyme en société en commandite par actions, c'est l'hypothèse inverse de celle prévue en 1867. On peut même poser en thèse absolue que toute société, quelle qu'elle soit, est apte à revêtir une forme nouvelle ; ainsi une société en commandite simple peut se convertir en commandite par actions ou en société anonyme, et pourquoi n'en serait-il pas de même d'une société en nom collectif ? Pourquoi une société civile, déjà existante, n'aurait-elle pas la faculté comme on le lui reconnaît à son origine, d'adopter l'une des deux formes commerciales, la commandite par actions et l'anonymat ? Si toutes ces conversions sont permises, il doit être permis aussi de les opérer en sens inverse, et, dans un cas comme dans l'autre, le droit des parties résulte du silence de la loi qui ne défend pas, c'est-à-dire du principe même de la liberté des conventions.

455. Toutefois, avant d'opérer la transformation, une question préalable est à résoudre : les parties ont-elles reçu du contrat le pouvoir de l'accomplir à la simple majorité d'entre elles ? Et dans le cas contraire est-il indispensable de réunir le consentement unanime des intéressés ? Il est évident que, dans le silence du contrat, la conversion ne sera valable que si elle a lieu d'un accord unanime ; il en serait encore de même s'il avait prévu et autorisé des modifications statutaires, sans spécifier nommément la conversion ; et l'indication d'un mode particulier de conversion serait considéré comme excluant les autres. C'est le cas, en effet, d'appliquer ici cette règle, consacrée par la jurisprudence, que l'unanimité des contractants doit être exigée pour modifier le contrat dans ses conditions essentielles ou fondamentales, à moins d'un pouvoir spécial et formel conféré par le contrat lui-même (1).

Si le pouvoir de transformer ne prescrit pas une majorité spéciale, le vote aura lieu dans les conditions établies pour les modifications statutaires, soit par les statuts mêmes, soit par l'art. 31 de la loi du 31 juillet 1867 s'il s'agit d'une société anonyme.

Tout ce qui vient d'être dit est subordonné, quant aux transformations prévues par la loi de 1867, aux dispositions particulières des articles 19, 46 et 47 de cette loi.

456. Etant reconnu le pouvoir de transformer la société, soit

(1) Nº 467.

antérieure, soit postérieure à la loi de 1867, cette transformation opère-t-elle virtuellement une société nouvelle, ou n'en
résulte-t-il qu'une simple modification statutaire? C'est en ce dernier sens que nous nous prononçons. Quelque grave que soit en
effet la modification, elle laisse subsister la collectivité des biens
telle qu'elle existait ; les engagements personnels, respectés pour
le passé, vont seuls changer dans l'avenir selon la nouvelle
forme choisie, et les tiers avec qui l'on va contracter en seront
avertis par les publications légales.

Le changement porte donc moins sur le fond que sur la forme ;
c'est un vêtement nouveau que prend l'être moral, mais en restant identique à lui-même, avec tous ses éléments actifs et pas-
sifs qu'il conserve (1).

Il n'y aurait création de société nouvelle, et conséquemment
naissance d'un nouvel être moral, que si la transformation s'o-
pérait avec des éléments nouveaux, soit quant aux personnes,
soit quant aux choses, et d'une assez grande importance pour
faire considérer que la société est reconstituée en même temps
que transformée (2).

457. Quoiqu'il n'ait été procédé qu'à une transformation pure
et simple, non à une reconstitution de la société, il y a cependant certaines formalités à remplir, certaines conditions à observer pour mettre la société, sous sa nouvelle forme, en harmonie
avec les exigences légales.

Ainsi la forme nouvelle amènera des changements nécessaires
dans l'administration et le contrôle, et il y aura lieu de procéder
à la nomination des gérants ou administrateurs, à l'institution
des conseils de surveillance ou d'administration. Rappelons, si
la forme nouvelle est une société anonyme, que la nomination
des premiers administrateurs et des commissaires doit être votée
dans une assemblée à laquelle doit être appelée l'universalité
des actionnaires, ainsi que nous l'avons expliqué au sujet de la
fusion des sociétés (3).

Ainsi encore, s'il s'agit de sociétés en commandite par actions,
ou anonymes, le capital social, s'il n'a pas été intégralement
souscrit, doit être complété ; les actions doivent être libérées
d'au moins un quart , une liste des souscripteurs doit être annexée

---

(1) Besançon, 15 juin 1669 (D.70.2.
13). — Contrà, Lyon, 6 fév. 1868 (D.
68.2.63).

(2) Suprà, n. 449 et s.
(3) Suprà, n. 441.

à l'acte de conversion, etc. En un mot, toutes les formalités exigées pour la validité de la nouvelle forme choisie doivent être
remplies en tant qu'elles ne sont pas incompatibles avec le maintien d'une société qui fonctionne déjà depuis longtemps, et qui
au fond ne doit subir aucun changement. La loi de 1867, dit
excellemment la Cour de Besançon dans son arrêt du 15 juin
1869 (1), n'est pas applicable d'une manière absolue, mais seulement « dans toutes les dispositions qui peuvent s'approprier à
« une situation préexistante ».

458 Cependant que devrait-on décider si le capital social
n'était plus intact? Devrait-on réduire le capital nominal au capital réel, et dans la même proportion le taux des actions? La
question est délicate, lorsqu'il s'agit d'une société en commandite par actions, ou anonyme. La loi de 1867 a voulu un capital
réel, en exigeant, d'une part, la souscription intégrale des actions
payables en espèces et, d'autre part, un contrôle contradictoire
des apports en nature. Ce capital doit être non-seulement publié,
mais inscrit sur les factures et autres documents sociaux (art. 64).
Il forme, dans la société anonyme, la seule garantie des tiers.
Ceux-ci ne seraient-ils pas trompés en voyant se constituer une
société anonyme avec un capital qui en partie ne serait plus que
fictif?

La Cour de Besançon, par l'arrêt déjà cité du 15 juin 1869,
a décidé qu'il n'y avait pas lieu de faire connaître la perte
subie par le capital, « attendu qu'une société qui a son
« capital et ses actions souscrites ne saurait être régie par
« l'art. 1 de la loi de 1867, qui se réfère à une société à naître
« et détermine les conditions de son existence ; que la société
« ayant été légalement établie, la diminution survenue pendant
« son cours dans le capital social et la valeur des actions n'in-
« valide pas ce qui était régulier à son origine ; que le fonds
« social et les actions doivent être comparés et appréciés eu
« égard à l'époque où la société se fonde, non à celle où elle se
« transforme. »

Et il n'y a pas contradiction entre cet arrêt et celui rendu par
la même Cour le 29 mars 1867 (2) qui oblige les associés à compléter le capital annoncé aux tiers, car cet arrêt a statué pour
le cas, non d'une transformation, mais d'une reconstitution de
société, cas tout différent puisque alors il y a société nouvelle.

---

(1) N° 456. | (2) Cité plus haut, n. 442.

Nous inclinons à croire exacte la doctrine de l'arrêt du 15 juin 1869. Les tiers ne sont-ils pas avertis, par les publications légales, qu'il s'agit, non d'une société nouvelle, mais d'une société ancienne qui se transforme ! Que dès lors le capital nominal ne correspond peut-être plus au capital réel ! L'indication permanente du capital social sur les factures ne prouve rien, par cela même qu'elle est permanente et immuable ; car la loi n'oblige pas à la modifier si le capital vient à être réduit par des pertes, elle se contente du capital initial et nominal. D'ailleurs comment déterminer le chiffre de la réduction à faire subir au capital nominal et aux actions ? Par l'inventaire ? Mais l'inventaire n'est pas une liquidation, et tel exercice en perte peut être compensé par un exercice ultérieur en bénéfices.

Quoi qu'il en soit, si la perte était considérable et paraissait à peu près irrémédiable, nous n'hésiterions pas à conseiller, comme mesure de prudence et même de loyauté, de réduire d'autant le chiffre du capital et des actions.

459. Quant à une estimation contradictoire des apports, il n'y faudrait pas songer. Car dans cette opération, qui consiste en un pur changement de forme de la société, il n'y a pas d'apports nouveaux, et d'ailleurs la contradiction serait impossible, comme dans le cas où une société est fondée par ceux-là seulement qui sont propriétaires par indivis des apports. L'exception consacrée par le dernier alinéa de l'art. 4 de la loi de 1867 serait donc ici applicable. Elle ne cesserait de l'être que si la transformation, comme nous l'avons déjà prévu, était, par suite d'une augmentation de capital ou d'autres modifications importantes, compliquée d'une véritable reconstitution de la société. Dans cette hypothèse, on considérerait qu'il y a apport en nature à la société nouvelle de l'actif *in globo* de l'ancienne, et cet apport pourrait et devrait être vérifié par les souscripteurs du nouveau capital (1).

§ 4. — *Des sociétés à constitution frauduleuse.*

SOMMAIRE.

460. — La fraude fait exception à toutes les règles. Exemples de combinaisons frauduleuses.

461. — Premier exemple : capital-espèces souscrit par un syndicat qui se partage les actions d'apports.

_____

(1) Rivière, p. 333.

460. La fraude fait exception à toutes les règles : c'est là un aphorisme juridique que la loi de 1867 s'est explicitement approprié, en décidant, dans son article 4, que l'approbation des apports ne fait pas obstacle à l'exercice ultérieur de l'action qui peut être intentée pour dol ou fraude.

Si ce cas est seul protégé par la loi spéciale, ce n'est pas à dire que l'impunité soit acquise aux autres. Le législateur le plus perspicace et le plus délié s'épuiserait en vain à chercher tous les cas particuliers, l'esprit de fraude étant assez subtil pour passer à travers les énumérations les plus réfléchies et en apparence les plus complètes. La loi la mieux faite ne saurait donc, dans ses formules, ni tout prévoir, ni tout empêcher ; contre certaines manœuvres, il n'est pas de mesures préventives, et elle doit se borner à réprimer le fait accompli, ce qui est d'ailleurs conforme à la pure théorie libérale qui entend respecter la liberté des actes, sous la responsabilité civile ou pénale de leurs auteurs.

La répression pénale sera quelquefois possible, si les manœuvres employées constituent ou l'escroquerie ou l'un des délits nouveaux définis et spécialement punis par la loi de 1867.

Sinon le juge civil n'hésitera pas à démasquer les simulations, et à frapper de nullité toutes les combinaisons qui auraient pour effet de détruire ou diminuer les garanties établies par la loi en faveur des actionnaires ou des tiers, et de procurer à leurs auteurs des avantages ou bénéfices illicites. Le juge est armé d'un pouvoir discrétionnaire qui lui permet de constater et de réprimer les fraudes à la loi aussi bien que les fraudes aux particuliers.

Déjà les exemples de ces combinaisons frauduleuses ne manquent pas.

461. Voici une société qui se constitue avec des apports en nature et un capital-espèces ; les souscripteurs du capital approuvent les apports. En apparence, tout est régulier, la loi est observée, mais que s'est-il passé en réalité? Le capital statutaire avait été fixé aussi bas que possible, car on se réservait de le compléter par des obligations, et il a été souscrit par quelques personnes formées en syndicat, qui ont reçu comme prix de leurs concours une partie des actions attribuées aux apports. Que vaut dès lors la vérification soi-disant contradictoire!

462. Autre combinaison, plus compliquée, et d'invention plus récente, car ce sont des faits que nous racontons sous forme d'hypothèses : une société se forme pour la construction d'un chemin de fer; la concession est apportée gratuitement par ceux qui l'ont obtenue, et le capital social se compose uniquement de numéraire; les actions sont souscrites, libérées pour un quart, et la société est constituée. Est-il rien de plus loyal, de plus désintéressé, pourrait-on dire, de la part des fondateurs, et, en apparence, de plus régulier? Puis un marché est passé avec des constructeurs, et comme ceux-ci, souscripteurs de la plus grande partie du capital social, font partie du conseil d'administration, le projet en est soumis, en vertu de l'art. 40 de la loi de 1867, à l'assemblée générale qui l'autorise. Ainsi la loi est tout à fait satisfaite et toutes ses prescriptions scrupuleusement observées.

Mais tout cela n'est qu'un trompe-l'œil, car le surplus du capital a été souscrit par un syndicat de quelques personnes en parfait accord avec les constructeurs; le marché passé de gré à gré avec ceux-ci porte des prix si démesurément surélevés que les bénéfices doivent égaler au moins le capital social, et il est convenu que ces bénéfices appartiendront à tous les actionnaires proportionnellement au nombre d'actions souscrites par chacun d'eux.

Au moyen de cette ingénieuse participation, les intérêts contradictoires sont confondus et la contradiction éteinte; les propriétaires du chemin de fer en sont en même temps les entrepreneurs; ce qu'ils paieront d'une main, ils le reprendront de l'autre, et tel est bien en effet leur but; ils sont donc assurés de rentrer dans le premier quart qu'ils ont versé sur leurs actions; et ils n'auront à faire pour les trois autres quarts qu'un versement momentané, ou même fictif, car ils n'auront pas manqué d'émettre une somme d'obligations devant suffire, avec la subvention obtenue, aux dépenses de la construction.

Puis, lorsque le chemin de fer sera terminé, avec l'argent de l'État ou des obligataires, les actions, ainsi obtenues gratuitement, seront écoulées par le syndicat, peut-être au pair quoique sans valeur, sinon avec prime. Et ce ne sont pas seulement les acheteurs de ce papier qui auront été trompés, mais les obligataires aussi, qui auront reçu un gage surfait et resteront seuls en réalité à courir les risques de l'entreprise.

463. Un autre procédé, plus nouveau, tend à s'introduire dans la création des sociétés par actions. Il consiste à former la société entre les seuls propriétaires de l'apport en nature, de manière à ne pas émettre d'actions de capital, c'est-à-dire contre espèces; il n'y a que des actions d'apport ou de fondation. Puis, au lendemain de la société, on demande au public, par émission d'obligations, le capital dont on a besoin.

Quelquefois, les fondateurs offrent en prime aux obligataires ces actions de fondation : par exemple, une action gratuite pour cinq ou dix obligations. Générosité suspecte et qui, le plus souvent, ne leur aura pas coûté beaucoup.

Le procédé, en soi, n'est pas illicite. Il a été prévu et autorisé par le dernier alinéa de l'art. 4 de la loi du 24 juillet 1867, ainsi conçu :

« Les dispositions du présent article, relatives à la vérification de l'apport qui ne consiste pas en numéraire, ne sont pas applicables au cas où la société à laquelle est fait ledit apport est formée entre ceux seulement qui en étaient propriétaires par indivis. »

C'était, dans la pensée des auteurs de la loi, une exception à la règle posée, qui exige le contrôle des apports en nature par les souscripteurs d'actions en espèces. Or cette exception va devenir la règle, s'il n'y est mis obstacle, soit par la jurisprudence, soit par une réforme de la loi, et la porte va se rouvrir à tous les abus qu'on avait voulu empêcher (1).

Qui empêche les fondateurs, en l'absence de toute contradiction, d'estimer un million ce qui vaut 10,000 fr. ? Alors nous aurons des sociétés sans capital réel, ou comme on les a justement nommées, *à capital fictif.*

464. La loi est-elle impuissante et le magistrat désarmé devant de tels abus? Suffira-t-il aux créateurs de sociétés à capital fictif de répondre, pour être impunis : Nous avons pour nous le texte légal ; il nous a formellement autorisés à agir comme

---

(1) La question a été renvoyée le civile de la Cour de casssation (*le Droit,* 16 mai 1877 à l'examen de la chambre 18 mai 1877).

nous l'avons fait : nous n'avons donc pu commettre aucune infraction ?

Oui, sans nul doute, la loi est observée dans sa lettre, mais indignement violée dans son esprit, et violée à dessein, pour estimer à sa guise, avec une exagération dolosive, des apports dont nul ne contrôle la valeur.

Toutefois, qu'on le remarque bien, c'est ici l'intention que j'incrimine, et j'admets volontiers une distinction qui obligera le juge à rechercher si les fondateurs ont été ou non de bonne foi. Il peut se faire, après tout, qu'il n'y ait pas eu d'exagération frauduleuse dans l'estimation des apports, et que, si les fondateurs ont demandé le capital à des obligataires plutôt qu'à des actionnaires, ce soit uniquement à cause du discrédit dans lequel est tombée l'action, et pour plaire au goût du public qui préfère l'obligation. Si les fondateurs sont des hommes honorables, d'ailleurs en état par leur crédit personnel, de soutenir l'entreprise, on reconnaîtra qu'ils ont pu se placer dans l'exception prévue par la loi de 1867, et que leur société a été régulièrement constituée.

Lors de la discussion de la loi de 1867, on avait pressenti que l'exception pourrait être une porte ouverte à la fraude, et la commission du Corps législatif avait demandé qu'il fût interdit aux sociétés créées sous le régime de l'exception de placer leurs actions par voie d'appel au public. On n'avait pas songé aux obligations ; mais le Conseil d'État repoussa l'interdiction. Il y a vu, a dit le rapporteur de la loi, « une restriction dont les limites précises étaient difficiles à déterminer. Si l'appel au public par voie de prospectus de la part des fondateurs est suspect au lendemain de la société, en sera-t-il de même six mois, un an plus tard ? Ce n'est pas tout. Que faudra-t-il entendre par souscription publique ? *La fraude, si elle existe, pourra être poursuivie ;* mais, il ne faut pas l'oublier, la fraude ne se présume pas, et il est impossible, sous prétexte qu'elle pourra se servir de l'exception pour tourner les prohibitions de la loi, de condamner des intérêts loyaux et respectables à ne point user des facultés du droit commun. »

C'est la distinction même que nous venons de faire. La fraude, si elle est reconnue et constatée par le juge, sera donc poursuivie, comme étant contraire, non pas seulement à l'esprit général de la loi de 1867, mais au texte sainement compris de l'art. 13, qui punit l'émission d'actions de toute société irrégulièrement constituée.

465. Or, dans l'hypothèse proposée, la société est irrégulière sous deux rapports: 1° parce que l'estimation des apports n'a pas été contrôlée; 2° parce qu'à vrai dire le capital social n'a pas été souscrit avant la constitution de la société, comme l'exige l'art. 1 de la loi.

Le capital réel, en effet, c'est celui qui a été obtenu des obligataires et sous forme d'obligations, mais après la constitution. Ce capital était indispensable à la marche, à l'existence même de la société, qui sans cela n'était pas viable. Une société qui se fonde pour se créer ou exploiter une industrie, et qui ne peut vivre sans un capital fourni par le public, parce que ses fondateurs ne le possèdent pas par eux-mêmes, est une société imparfaite, incapable d'atteindre son but, de remplir l'objet même pour lequel elle a été formée. Elle manque d'un élément essentiel, le capital, sans lequel elle n'est rien qu'un projet d'une réalisation incertaine.

En vain les auteurs de ce projet diront qu'ils obtiendront le capital en l'empruntant par voie d'obligations. La chose n'est rien moins que sûre, la souscription peut n'être pas couverte, ou ne l'être que dans une proportion dérisoire. D'ailleurs ce n'est pas après l'événement qu'il faut se placer pour savoir si la société sera pourvue de tous ses éléments essentiels et légaux, mais au jour même où la société est annoncée comme constituée; et ce jour-là on ne trouve qu'une société incomplète, attendant du lendemain son existence, et conséquemment une société non réellement constituée.

Cette vérité devient surtout sensible lorsque les actions sont remises gratuitement aux obligataires; car ceux-ci se trouvent avoir deux qualités: ils sont à la fois obligataires et actionnaires, et cette dernière qualité absorbe l'autre. Si, en effet, toutes les actions sont ainsi remises aux obligataires, il s'opère une confusion qui éteint nécessairement l'obligation, car on ne peut être créancier de soi-même; l'actionnaire étant propriétaire des choses sociales ne saurait être en même temps créancier; en sorte que les obligataires se trouvent, en réalité, avoir souscrit, mais souscrit après coup les actions de la société.

Déjà la jurisprudence a eu à se prononcer sur une question analogue. Deux arrêts rendus par la Cour de Paris le 4 août 1863 et le 20 avril 1865 (1) ont annulé des sociétés constituées avec

_____

(1) *Suprà*, n. 376.

un capital notoirement insuffisant pour accomplir l'objet social, et qui n'avait été ainsi amoindri que pour constituer hâtivement la société dont on se réservait de compléter le capital au moyen d'une augmentation demandée après sa constitution. C'était tourner la loi qui exige la souscription intégrale dès l'origine, comme on veut le faire plus encore aujourd'hui en se passant même d'une souscription partielle.

La loi de 1867 suffit donc par elle-même à réprimer de pareilles tentatives, d'autant mieux qu'elle trouvera souvent un énergique auxiliaire dans l'art. 405 du Code pénal, le procédé que nous signalons réunissant tous les éléments constitutifs du délit d'escroquerie.

CHAPITRE DEUXIÈME.

DES ACTIONS, ET AUTRES TITRES ÉMIS PAR LES SOCIÉTÉS.

SECTION Ire.

Des actions, d'après la loi de 1867.

La loi nouvelle contient plusieurs dispositions qui ont trait :
Au taux des actions : c'est le premier alinéa de l'art. 1er ;
A leur négociation : c'est l'art. 2 (1) ;
A leur forme : c'est l'art. 3, 1er alinéa ;
Aux versements restant à faire : même article, 2e alinéa.

§ 1er. — Taux des actions.

SOMMAIRE.

466. — La loi fixe un minimum de capital.
467. — Ce serait éluder la loi que de créer des parts d'intérêt en réalité inférieures au minimum légal.
468. — La libération anticipée des actions au-dessous de ce minimum est valable.
469. — A moins de fraude.
470. — Cette libération est une réduction du capital social. Conséquences.
471. — Les actions émises en augmentation du capital social sont soumises aux mêmes conditions de taux, de forme et de négociation.

---

(1) Il n'est question ici que du point de vue civil. Pour les sanctions pénales, V., *infrà*. chap. V.

466. L'art. 1er (premier alinéa) est ainsi conçu :

« Les sociétés en commandite ne peuvent diviser leur capital « en actions ou coupons (1) d'actions de moins de 100 fr., lors- « que ce capital n'excède pas 200,000 fr., et de moins de 500 fr., « lorsqu'il est supérieur. »

La loi a voulu fixer le minimum de chaque action ; elle ne veut plus de ces actions semblables par leur exiguïté à des billets de loterie, et au moyen desquelles on parvenait à amorcer et à saisir les capitaux les plus accessibles à l'entraînement et les plus dignes de la protection légale.

467. Ce que la loi défend n'est pas permis par voie détournée. C'est donc en vain que, pour éluder sa prohibition, on aurait recours à la création de parts d'intérêts sans indication de capital. La ruse serait toujours facile à déjouer, car il suffirait de comparer avec la valeur du fonds social la fraction attribuée à chaque part, pour connaître la portion correspondante de capital. Si l'acte de société n'exprimait que le capital en numéraire, sans évaluer les apports, il appartiendrait aux tribunaux de faire cette évaluation ou de l'ordonner par experts.

Le capital social doit-il être indiqué s'il est divisé en actions de quotité ? Il serait impossible autant qu'inutile, en pareil cas, de le fixer avec une exactitude mathématique, mais il est susceptible d'une évaluation approximative, nécessaire d'ailleurs pour satisfaire aux prescriptions des art. 57 et 64 de la loi de 1867.

468. Des actions de 100 fr. ou de 500 fr. ayant été émises, conformément à la loi, avec faculté d'en payer le montant en plusieurs versements successifs, il pourrait arriver, en cas de prompt succès de l'entreprise, qu'il fût inutile d'appeler les derniers versements ; cette libération des actions au-dessous du minimum légal constituerait-elle une infraction susceptible de faire annuler la société, aux termes de l'art. 7 ? Non ; car si les légitimes prévisions des fondateurs de la société ont été heu-

---

(1) S'il est créé des actions à un taux supérieur au minimum légal, elles peuvent être divisées en coupons, pourvu que chaque coupon ne soit pas inférieur à ce minimum (Bédarride, p. 54 ; Dalloz, vº *Société*, n. 1142.

reusement trompées, il serait aussi injuste qu'illogique de le
leur imputer à faute ; ce que la loi prohibe, c'est l'émission au-
dessous d'un certain chiffre, parce qu'elle veut des actionnaires sérieusement intéressés ; cette prohibition a été respectée (1).

469. Il en serait autrement si le capital avait été sciemment
exagéré, dans le dessein frauduleux de libérer les actions par
anticipation ; car il y aurait ici émission de titres, nominalement exacts, sans doute, mais en réalité inférieurs au minimum
légal. Au reste, ce genre de fraude est peu à redouter, puisqu'il
ne pourrait, en général, réussir qu'en supposant aux fondateurs
assez d'audace pour en prévenir le public en sollicitant les souscriptions (2).

470. Toutefois cette libération anticipée des actions ne serait
autre chose qu'une réduction du capital social. De là deux conséquences : 1° elle devrait, pour être valable, être acceptée par l'u-
nanimité des actionnaires, à moins que la majorité n'ait reçu
par les statuts le pouvoir de la voter ; car il s'agit là de l'une
des bases fondamentales du contrat de société ; 2° elle ne serait
pas opposable aux créanciers antérieurs qui ont fait crédit à la
société sur la foi du capital primitif ; quant aux créanciers postérieurs, ils ne pourraient s'en plaindre si elle leur était annoncée par la voie des publications légales.

471. Les actions émises à titre d'augmentation du capital social sont-elles soumises aux mêmes conditions de taux, de forme,
et de négociation que les actions d'origine ? Oui, car, d'une
part le texte est plutôt favorable que contraire à cette opinion :
le premier alinéa de l'art. 1er et l'art. 2 de la loi de 1867 sont
rédigés en termes généraux, qui semblent embrasser toutes les
actions émises, à quelque époque que ce soit, par les sociétés en commandite ; et, d'autre part, l'esprit de la loi conduit
à cette interprétation ; elle n'a pas voulu, avons-nous dit déjà,
de billets de loterie au porteur, et, pour le défendre, il y a les
mêmes raisons pendant le cours de la société que lors de sa
création (3).

472. Une autre question peut naître de l'augmentation du ca-

---

(1) MM. Dalloz (v° *Société*, n. 1170)
adoptent la même opinion, que repousse
M. Romiguière (p. 44) par l'unique et inexacte raison qu'elle semble contraire au
texte des art. 2 et 3 de la loi, qui assurément n'ont aucunement prévu l'hypothèse
en question.
(2) Conf. Dalloz, n. 1171.
(3) *Suprà*, n. 379 et 466.

pital social : le taux des actions étant différent selon que le capital est inférieur ou supérieur à 200,000 fr., qu'adviendrait-il si une société, constituée avec un capital inférieur, divisé en actions de cent francs, venait à porter son capital au-dessus de 200,000 fr. ? Les nouvelles actions qui seront émises pour représenter cette augmentation ne devront pas très-certainement être moindres de 500 fr. ; mais devra-t-on ramener à ce taux les actions primitives ? Comment contraindre les détenteurs, peut-être inconnus, à parfaire le complément ? A quel titre d'ailleurs les contraindre, car ils ne sont pas tenus au delà de leur mise. Donc impossibilité matérielle ou juridique. Et cependant la société ne peut fonctionner sans cet appel de fonds. Sera-t-elle obligée de se dissoudre et de se liquider ? Non, car la première loi, pour les êtres collectifs ou individuels, c'est de vivre, et de vivre en se modifiant, tout en subissant les conditions inhérentes à leur nature. Cette société pourra donc augmenter son capital, mais sera condamnée, par la fatalité de son origine, à posséder deux catégories d'actions, les anciennes au taux de 100 fr., les nouvelles à 500 fr.

473. Ici survient une objection : L'art. 34 du Code de comm. porte, dira-t-on, que « le capital de la société anonyme se divise « en actions ou coupons d'actions d'une valeur égale », et nous reconnaissons volontiers que cette règle n'est pas, comme on l'a prétendu (1), exclusivement applicable aux sociétés anonymes. Mais est-ce une règle absolue ? Est-ce même une règle obligatoire ? Ce qui est sûr, c'est qu'elle n'a pas de sanction, ou du moins elle n'en a plus ; il y aurait eu autrefois, dans le refus d'autorisation du Conseil d'État, une sorte de sanction administrative, mais rien de plus, et les tribunaux n'auraient pu suppléer une nullité non prononcée par la loi. On connaît en effet la distinction fondamentale en cette matière des nullités, entre les formalités substantielles et secondaires ; et si, comme l'a dit la Cour de Paris le 19 avril 1875 (2), l'égalité des actions « est un caractère de la société anonyme », elle n'est de l'essence d'aucune société. L'art. 34 n'est point rédigé en termes prohibitifs, il énonce un usage plutôt qu'il ne prescrit une obligation.

On a objecté aussi que dans l'égalité des actions était le signe distinctif entre les actions et les parts d'intérêts (3), celles-ci

(1) Beslay, n. 59.   (3) Beslay, n. 57.
(2) D.75.2.161.

pouvant seules être inégales entre elles, mais nous avons démontré que le critérium était ailleurs, et nous n'avons plus à réfuter ici cette objection (1).

En résumé, il y a dans l'art. 34 une règle commune à toutes les sociétés qui divisent leur capital en actions, règle utile à suivre, avantageuse au crédit des sociétés, puisque la diversité de leurs titres pourrait être un obstacle à leur circulation, mais une règle dépourvue de la sanction judiciaire, et dont l'inobservation ne saurait entraîner aucune conséquence, ni civile ni pénale (2).

§ 2. — Négociation des actions.

SOMMAIRE.

474. — Elle est défendue avant le versement d'un quart sur le montant réel de l'action.
475. — C'est la négociation commerciale seule qui est défendue.
476. — Proposition de M. Duvergier, écartée.
477. — La négociation n'est permise qu'après la négociation définitive de la société.
478. — Chaque action devient négociable après sa libération du premier quart.
479. — Mode de transfert de l'action nominative.
480. — Le transfert régulier fait preuve de la transmission de l'action.
481. — Sauf en matière commerciale.

474. L'art. 2 de la loi est ainsi conçu :

« Les actions ou coupons d'action sont négociables après le « versement du quart. »

Cette disposition ne présente, par elle-même, aucune difficulté sérieuse; le législateur respecte le commerce légitime des actions, mais il veut empêcher l'agiotage autant que la nature des choses le permet; c'est pourquoi il défend la négociation des actions ou coupons d'action avant le versement du premier quart. Ce quart ne doit pas être calculé sur le minimum fixé par l'art. 1er pour chaque action ou coupon d'action, mais bien sur le chiffre réel, s'il est plus élevé. L'action ou le coupon étant de 1,000 fr., par exemple, le quart à verser avant toute négociation sera de 250 fr.

475. La prohibition insérée dans l'art. 2 a été empruntée aux

---

(1) *Suprà*, n. 334 et s.
(2) Sec.: Alauzet, sur l'art. 20; Ri- vière, n. 480. — V. aussi M. Rouher lors de la discussion de la loi de 1867.

lois du 15 juillet 1845 et du 10 juin 1855, relatives aux actions
de chemins de fer.

La jurisprudence, interprétant la première de ces lois, a fait
une distinction rationnelle qui est applicable à la loi actuelle (1).
C'est la négociation commerciale seule qui est défendue, et non
la transmission autorisée par les lois civiles ; une cession régulière par acte notarié ou sous signatures privées, une donation
dans les formes légales, seront donc toujours des modes licites
de transmission. Est au contraire prohibée : « La négociation à
« la Bourse ou ailleurs, avec ou sans l'intermédiaire d'agents
« de change, tantôt au moyen de procurations en blanc, tantôt
« par d'autres procédés, par tradition manuelle, par l'endosse-
« ment, par transfert signé sur les registres de la société, en un
« mot par les voies commerciales. » Ainsi s'exprimait l'exposé
des motifs de la loi du 17 juillet 1856.

476. Cependant M. Duvergier, en annotant cette loi (2) dans
le recueil qu'il dirige, trouvait un inconvénient dans la distinction qui précède : suivant lui le souscripteur d'un grand nombre
d'actions pourrait, par des cessions civiles, fractionner sa souscription et se procurer ainsi des voix amies dans les assemblées
générales destinées à constituer la société ; et pour prévenir la
possibilité de cette fraude, il proposait de décider que le transport civil fût défendu comme la négociation commerciale. C'est
avec raison, selon nous, que MM. Dalloz (3) repoussaient une
telle solution ; il n'appartient pas au jurisconsulte, dans l'excellente intention de protéger la loi contre la tentative d'une fraude
qui en tous cas sera difficile et rare, d'ajouter à la loi des prohibitions contraires aux règles du droit commun. Au surplus l'idée
émise par M. Duvergier, jurisconsulte, a été écartée lors de la loi
de 1867, ainsi que le témoigne l'exposé des motifs de cette dernière
loi, dû à la plume de M. Duvergier lui-même, en qualité de rapporteur du Conseil d'État.

477. Il est bien entendu que l'action ne devient pas négociable aussitôt après le versement du quart, et avant la constitution définitive de la société. Dans cette phase intermédiaire il n'y
a qu'un projet de société ; l'émission des actions est défendue et
punie par l'art. 13 de la loi, et il est matériellement impossible
que la négociation précède l'émission. Cependant un amende-

---

(1) Orléans, 19 fév. 1848 ; Paris, 31 | (2) Lois, 1856, p. 340.
juill. 1852 (Dalloz, 48.2.54 ; 55.5.67). | (3) V° *Société*, n. 1165 et 1197.

ment avait été présenté et soutenu avec une certaine insistance lors de la discussion de la loi au Corps législatif, pour demander que l'art. 2 s'expliquât formellement à cet égard. L'auteur de l'amendement faisait remarquer que dans les lois de 1856 et de 1863, il y avait sur ce point une formule prohibitive, nécessaire, suivant lui, pour lier les tribunaux ; mais si la prohibition n'est pas dans les termes de l'art. 2, elle résulte suffisamment de l'art. 13, et l'amendement devait être rejeté comme inutile, ce qui a eu lieu en effet.

478. Pour que la négociation soit possible, il est nécessaire que toutes les actions émises par la société soient libérées du quart, puisque la société ne peut être constituée avant cette libération. C'est par inadvertance que nous avons exprimé l'avis contraire dans la première édition de cet ouvrage, et par réminiscence de la loi de 1856 qui, tout en permettant la constitution de la société après libération du quart, défendait la négociation avant le versement des deux cinquièmes. Nous persistons à penser que, dans le système de cette dernière loi, chaque actionnaire ayant libéré son action des deux cinquièmes, avait acquis personnellement le droit de la négocier sans être obligé d'attendre les retardataires. Mais la question n'a plus d'objet depuis la loi de 1867 qui subordonne à la même condition du versement du quart et la constitution de la société et la négociation des actions (1).

479. Après le versement du quart, et tant que l'action est nominative, la cession s'opère conformément à l'art. 36, Cod. comm., par une déclaration de transfert inscrite sur les registres de la société et signée du cédant ou de son fondé de pouvoir. Un pouvoir, même par simple lettre missive, suffirait à cet effet (2).

Le simple endossement, sans inscription sur les registres, suffirait-il pour la transmission régulière des actions ? Le Code de commerce n'indique que deux modes de transmission : la tradition, pour l'action au porteur, et l'inscription pour l'action nominative. D'un autre côté, lorsqu'il autorise en d'autres matières la voie extracivile de l'endossement, il s'explique formellement ; ainsi, pour la lettre de change (art. 136), pour le billet à ordre (art. 187), pour le connaissement (art. 281), pour le contrat à la grosse (art. 313). Dira-t-on que la voie de l'endossement est de

(1) Comp. Dalloz, v° *Société*, n. 1169; Rivière, n. 28; Beslay, n. 257.   (2) Lyon, 8 août 1873 (D.74.2.201).

droit commun pour le transport des valeurs commerciales ?
Mais cela n'est vrai que pour les titres de créances payables *à
ordre ;* or l'action n'est point un titre de créance, mais un titre
de propriété d'une part aliquote dans un fonds commun ; il sera
donc toujours prudent de faire l'inscription prescrite par l'art.
36, sauf à faire en même temps une mention du transfert au dos
de l'action. Sans doute les art. 35 et 36, qui règlent le mode de
cession, ne sont pas rédigés en la forme limitative ; aussi la jurisprudence (1) n'a pas frappé de nullité les transmissions faites
par la voie de l'endossement ; mais ce n'est pas une raison, pour
une société bien organisée, de se dispenser de la règle indiquée,
sinon prescrite par la loi.

480. Le transfert régulier (2), comme l'endossement d'une
action nominative, fait preuve de sa transmission ; cette preuve,
résultant d'un acte écrit, ne peut être détruite que par une
preuve contraire, également écrite, ou selon les règles du droit
commun, par un commencement de preuve par écrit, fortifié par
des présomptions (3). On a vainement essayé de soutenir que la
preuve contraire n'était pas admissible, surtout si le cessionnaire était en possession de l'action, car la possession n'ajoutait
rien au titre. La présomption légale : « En fait de meubles possession vaut titre » n'est applicable qu'aux meubles corporels
et, par extension, aux titres au porteur, mais non aux titres
nominatifs qui restent soumis aux règles générales établies pour
les droits incorporels (4).

481. En matière commerciale, la preuve contraire pourrait
être faite par la correspondance, par les livres des parties, et en
général par tous les moyens énumérés en l'art. 109 C. comm.,
ou consacrés par la jurisprudence. Aux termes de la loi du
23 mai 1863, serait même recevable la preuve qu'un gage a
été conféré sous la forme d'un transfert ou d'un endos pur et
simple.

§ 3. — Forme des actions.

SOMMAIRE.

---

(1) M. Troplong, *des Sociétés*, n. 446
et la note ; Dalloz, n. 4167 ; Rivière,
n. 44.

(2) Mais non le transfert en blanc

(Cass., 4 juill. 4876 ; *le Droit*, 5 juill.
4876).

(3) Cass., 13 nov. 4867 (D.68.1.445)

(4) Cass. 47 déc. 4873 (D.74.1.446).

482. L'art. 2 de la loi du 17 juillet 1856 contenait une disposition ainsi conçue :

« Les actions des sociétés en commandite sont nominatives jusqu'à leur entière libération. »

De cet article dérivait naturellement la conséquence qu'après leur libération, mais seulement après leur libération intégrale, les actions pouvaient être au porteur.

483. Il tranchait ainsi une question qui, pendant longtemps, avait fait l'objet des plus vives controverses : on refusait opiniâtrement aux sociétés en commandite le droit d'émettre des actions au porteur; et, pour cela, on torturait à plaisir le texte de la loi pour en faire sortir une prohibition qui n'y était pas ; on niait la relation si évidente de l'art. 38 du Code de commerce avec les art. 35 et 36, qui règlent la forme de l'action et le mode de sa transmission : puis, abordant le côté pratique, on signalait mille dangers que l'expérience n'a nullement révélés. S'autorisant de quelques paroles de Cambacérès, on soutenait que l'action au porteur tendait à transformer la société en commandite en société anonyme, comme s'il ne subsistait pas toujours

cette différence capitale que, dans l'une, il doit y avoir un gérant responsable, et, dans l'autre, des administrateurs, simples mandataires. Enfin, comme dernier et soi-disant irrésistible argument, on opposait la défense faite par l'art. 27 à tout commanditaire de s'immiscer dans la gestion; or cet article, disait-on, serait impunément violé par des commanditaires qui, cachant leur qualité sous le voile d'un mandat, prendraient en main les rênes de l'administration, agiraient et paraîtraient seuls aux yeux des tiers, puis, au jour de l'insuccès, s'évanouiraient pour se réfugier derrière la personne responsable d'un gérant *de paille*, laissant aux malheureux créanciers, pour tout gage, quelques reliefs insignifiants de la fortune sociale. C'était, ajoutait-on, la confusion complète de deux éléments essentiellement distincts, la gérance et la commandite; l'absorption du premier par le second; c'est-à-dire le renversement de toutes les règles de la matière.

Tout cela était, en réalité, exagération et chimère; sans doute il peut arriver que l'art. 27 soit violé, que des commanditaires s'immiscent frauduleusement dans l'administration, mais qu'y a-t-il à conclure de là? Qu'ils subiront la peine prononcée par l'art. 28, et rien autre chose. La fraude, on l'a démontré (1), sera souvent déjouée; mais, d'ailleurs, est-ce que la simple possibilité du dol permet de suppléer une disposition légale et surtout une disposition prohibitive? Quel est le contrat qu'on soit assuré de rendre inaccessible aux artifices de la mauvaise foi? Non; la confusion reprochée aux partisans de l'action au porteur ne venait pas d'eux, mais bien de leurs adversaires; car ceux-ci voyaient dans le fait seul de l'émission des actions au porteur une violation *actuelle* de l'art. 27, tandis que cette émission ne faisait que rendre possible, plus facile si l'on veut, une violation *éventuelle*. Or cette éventualité est suffisamment réprimée, et la suite l'a prouvé, par l'énergique sanction de l'art. 28, fortifiée par les larges moyens de preuve que la loi met au service des victimes de la fraude.

484. La loi de 1856 avait donc consacré l'action au porteur, dont la légalité avait triomphé, du reste, dans la jurisprudence; mais comme son but avait été de diminuer l'agiotage, dangereux surtout à l'origine des sociétés, elle exigeait que l'action fût nominative jusqu'à son entière libération.

---

(1) M. Troplong, *des Sociétés*, n. 153.

485. La loi nouvelle se montre plus libérale sur ce point en
permettant de convertir les actions nominatives, après leur libération de moitié, en actions au porteur. Mais elle y met deux
conditions ; en premier lieu, cette conversion devra avoir été
stipulée par les statuts ; en second lieu, elle devra être votée
par l'assemblée générale. La loi, c'est du moins le Rapport qui
nous l'apprend, a voulu cette double précaution pour la garantie des tiers, qui, d'une part, seront prévenus, par les statuts,
de l'éventualité de la conversion, et d'autre part, ne seront réduits à subir cette mesure qu'après examen de son opportunité
par l'assemblée des actionnaires.

486. La conversion est donc facultative pour la société, qui, si
elle préfère offrir ou laisser aux tiers de plus larges sûretés,
gardera ses actions nominatives jusqu'à leur entière libération.
Elle doit se prononcer, à cet égard, à deux époques : à l'origine
et dans les statuts mêmes, où il suffit toutefois d'exprimer une
simple faculté de conversion ; puis, au cours de la société,
moyennant la libération de moitié sur les actions.

A défaut, soit de clause dans les statuts, soit de résolution
prise en assemblée générale, les actions devraient rester nominatives jusqu'à leur libération intégrale, comme sous l'empire
de la loi du 17 juillet 1856. Toute stipulation contraire dans les
statuts serait dangereuse ; car, aux termes de l'art. 7 de la loi,
elle pourrait entraîner la nullité de la société.

487. L'art. 3 est conçu en termes expressément restrictifs ;
c'est *seulement par les statuts constitutifs de la société*, que la conversion peut être stipulée ; en sorte que si au cours de la société,
il venait à être procédé à une modification, ou même à un
remaniement complet des statuts, il ne serait pas permis d'introduire cette stipulation dans l'acte modificatif. On cherche en
vain la raison d'une telle restriction : pourquoi contraindre les
sociétés à annoncer aux tiers, dès l'origine, la faculté de convertir les actions ? Ne suffisait-il pas au législateur de déclarer
que si la conversion venait à être votée à quelque époque que ce
fût par l'assemblée générale des actionnaires, les souscripteurs
primitifs et leurs cessionnaires seraient, après deux ans, déchargés des versements à faire ! La conversion ne devait-elle pas
rester pour les sociétés une faculté de droit commun ? Qu'arrivera-t-il avec ce texte prohibitif ? C'est que la stipulation de
conversion deviendra de style dans les statuts, et qu'en cas
d'omission même involontaire, les sociétés, à moins de se dis-

soudre pour se reconstituer, seront condamnées à subir jusqu'à la libération intégrale leurs actions nominatives.

C'est à de tels résultats que conduisent ces restrictions improvisées, qui s'introduisent dans nos lois par une sorte de surprise, et viennent, sans même l'ombre d'un prétexte, faire échec à la liberté des conventions.

488. L'assemblée générale, appelée à voter la conversion, peut, à défaut de prescription contraire dans la loi ou les statuts, n'être qu'une assemblée ordinaire, délibérant à la simple majorité; car l'art. 4 de la loi ne statue que sur les assemblées qui ont pour mission de constituer la société; d'un autre côté, les art. 27 et suivants n'ont trait qu'aux assemblées générales fonctionnant dans les sociétés anonymes. L'analogie pouvait sans doute conduire à rendre ces articles communs aux sociétés en commandite, mais la loi ne l'a pas fait. D'ailleurs l'analogie ne serait pas parfaite avec le cas qui nous occupe, puisque la délibération sur la conversion n'a pour but ni de constituer la société, ni de modifier les statuts, mais bien d'exercer une faculté consacrée par ces statuts.

Quoi qu'il en soit, lorsque l'acte de société organisera, comme il arrive le plus souvent, des assemblées extraordinaires chargées de modifier les statuts, il sera préférable, pour éviter toute critique, de soumettre à ces assemblées la question de conversion des actions. La décision à prendre a une gravité incontestable et peut exercer une funeste influence sur la suite des affaires sociales; car ce n'est pas une simple question de forme qui est en jeu. Ici, la forme va emporter le fond, puisqu'elle va permettre, comme on le verra bientôt, le dégagement des souscripteurs primitifs qui céderont leurs actions.

489. Après le vote de la conversion, chacun des actionnaires qui aura libéré ou libérera ses actions de moitié aura le droit de se faire délivrer immédiatement des titres au porteur, sans attendre que les autres actions soient libérées de la même manière. Il n'y a aucune raison sérieuse pour contraindre les diligents à subir la loi des retardataires (1). L'assemblée générale pourra d'ailleurs précéder aussi bien que suivre la libération de moitié.

La conversion est facultative, en ce sens que chaque actionnaire peut, s'il le préfère, conserver ses titres nominatifs. C'est donc

(1) *Contrà*, Dalloz, v° *Société*, n. 1146; Rivière, n. 34.

un acte de libre volonté, mais qui ne dépasse pas la capacité de la femme séparée de biens (1), ni celle du tuteur, car ce n'est qu'un acte d'administration et non d'aliénation.

490. Les actionnaires ne pourraient, soit pour obtenir plutôt des titres au porteur, soit sous tout autre prétexte, devancer les appels de fonds dont l'époque n'aurait pas été déterminée par les statuts ou par une délibération postérieure de l'assemblée. Mais auraient-ils le droit, si les statuts fixaient les dates des versements, de se libérer par anticipation ? Non, du moins dans les sociétés dont l'objet serait commercial. Si, en effet, d'après l'art. 1187, C. civ., le terme est présumé en faveur du débiteur, cette présomption n'est pas applicable en matière commerciale (2). Toutefois le gérant aurait qualité pour recevoir ces versements anticipés, qui, au surplus, n'augmenteraient pas la part de l'actionnaire dans les bénéfices sociaux ; toutes les actions d'une société ayant droit à des dividendes égaux, malgré l'inégalité des versements.

Cependant si les statuts attribuaient aux sommes versées un intérêt ou premier dividende payable avant l'inventaire, l'actionnaire qui aurait anticipé sa libération pourrait prétendre à cet intérêt sur tout ce qu'il aurait versé.

491. Si les actions étaient déclarées libérées, comme nous l'avons dit (3), en cas de réussite de l'entreprise avant leur versement intégral, c'est-à-dire par voie de réduction du capital social, cette libération serait suffisante pour autoriser la transformation immédiate des actions nominatives en actions au porteur. Il en serait ainsi alors même que les statuts garderaient le silence sur cette transformation. Car toute société, qui a émis des actions nominatives, a le droit de les convertir en actions au porteur, lorsqu'elles sont intégralement libérées ; la conversion, non prévue par les statuts, devient une modification du contrat qui, dans ces termes, n'est pas défendue par la loi nouvelle (4).

492. Qu'arriverait-il si une société, dont les statuts seraient d'ailleurs conformes à la loi, venait à délivrer des actions au porteur contrairement aux prescriptions légales et statutaires ? Cette délivrance illicite n'entraînerait pas la nullité de la so-

---

(1) Cass., 8 fév. 1870 (D.71.1.136) ; Cass., 13 juin 1876 (le Droit, 2 juill. 1876).

(2) Dalloz, v° Obligation, n. 1271.
(3) Suprà, n. 468.
(4) Beslay, n. 294.

ciété (1); car l'art. 7 ne prononce la nullité que contre toute société constituée contrairement à la loi, et nous supposons une constitution régulière, qui, dès lors, ne peut être viciée par le fait postérieur de la délivrance; par une raison identique, l'art. 13 qui punit l'émission d'actions d'une société illégalement constituée ne serait pas applicable. Mais il en serait autrement de l'art. 14 qui réprime la négociation d'actions dont la valeur ou la forme serait contraire aux dispositions des art. 1 et 2 de la loi. Il n'y aurait donc une sanction pénale qu'en cas de négociation des actions dont il s'agit.

493. Il a été jugé (2) que les administrateurs d'une société anonyme n'encourent aucune responsabilité en délivrant, lorsque les actions doivent être, d'après la loi ou les statuts, nominatives, des certificats provisoires au porteur, contre le dépôt chez un banquier des titres nominatifs accompagnés d'un transfert en blanc; que de tels certificats diffèrent essentiellement de l'action au porteur; qu'ils ne sont en réalité qu'une sorte « de mandat transmissible de main en main, conférant au « porteur le droit de toucher les dividendes, de prendre part « aux assemblées, et de jouir de tous les avantages attachés « aux actions, mais ne l'autorisant pas à réclamer les actions « nominatives, si ce n'est à la condition d'un transfert opéré en « son nom ».

Si une telle combinaison était licite, c'en serait fait de l'action nominative; car il suffirait à ceux qui la trouvent gênante de l'enfouir dans la caisse d'un tiers, pour faire circuler à sa place des titres qui atteindraient exactement le but de l'action au porteur. Je comprends d'ailleurs qu'il n'intervienne pas une condamnation à des dommages-intérêts, s'il n'y a pas eu de préjudice causé; mais, dans le cas contraire, la réparation serait due comme conséquence nécessaire de l'infraction.

La Cour de cassation a donc décidé avec raison que la remise d'un titre nominatif, avec transfert en blanc, ne saurait équivaloir au titre au porteur, et ne transmet pas la propriété de l'action tant que le transfert n'a pas été inscrit sur les registres sociaux (3).

494. S'il a été délivré, lors du dépôt des titres au porteur, un certificat nominatif, non transmissible par endossement, la perte

---

(1) Comp., n° 486.
(2) Trib. civ. de la Seine, 1re ch., 31 juill. 1867.

(3) Cass., 4 juill. 1876 (le Droit, 18 août 1876).

du récépissé ne saurait faire obstacle à la remise des titres au déposant ; et cela encore bien que la décharge dût en être donnée au dos du récépissé suivant la formule imprimée qui s'y trouve, cette condition n'ayant pour objet que de faciliter le contrôle ou les recherches, et pouvant dès lors être suppléée par tout autre mode de décharge (1).

495. Les titres au porteur, qui constituent aujourd'hui une partie si notable de la fortune publique, étant sujets à être perdus, volés ou détruits, il a été rendu, à la date du 15 juin 1872, une loi qui détermine en ces divers cas les droits des propriétaires ou de leurs ayants cause. Nous ne pouvons ici que renvoyer au texte de cette loi, et au décret en date du 10 avril 1873, portant règlement d'administration publique pour l'exécution des articles 11 et 13 de cette loi.

§ 4. — Versements restant à faire.

SOMMAIRE.

---

(1) Trib. comm. Seine, 18 mai 1870 (Ann. Lehir).

496. Nous avons vu que l'action doit être libérée d'un quart avant la constitution même de la société, et qu'elle devait l'être encore d'un autre quart, ou moitié au total, avant d'être mise au porteur par décision de l'assemblée générale. Examinons maintenant : sur quelles personnes pèse l'obligation d'acquitter les trois quarts restant après le versement du premier quart opéré par le souscripteur primitif, quelles sont la nature et la durée de cette obligation.

L'art. 3 de la loi, dans son deuxième alinéa, a trait à cette situation. C'était, pour le législateur, une occasion bien naturelle de résoudre nettement des questions pendantes et depuis longtemps signalées par les commentateurs des lois de 1856 et 1863. Cette occasion a échappé. La rédaction nouvelle est obscure, incomplète, et, loin de fournir ces solutions si désirables, elle fait surgir de nouvelles et inextricables difficultés. Cependant les documents à consulter ne manquent pas : le *Moniteur* a recueilli les interminables discussions qui ont eu lieu sur le projet de loi et sur les quatre ou cinq amendements qui ont été proposés ; il

y a de plus l'exposé des motifs et les quatre rapports de la com
mission législative. Néanmoins l'esprit reste souvent indécis et
cherche péniblement sa route. Sur plus d'un point on arrive à
cette conclusion désespérante que la loi elle-même est une controverse vivante; et il est vrai de dire que l'office de législateur
est transmis de fait au magistrat, chargé de dire droit quand
même, puisqu'il ne peut refuser de juger « sous prétexte du si-
« lence, de l'obscurité, ou de l'insuffisance de la loi » (1).

Ce deuxième alinéa de l'art. 3 est ainsi conçu :

« Soit que les actions restent nominatives après cette délibé-
« ration (la délibération de l'assemblée générale qui autorise
« la délivrance des titres au porteur après le versement de
« moitié), soit qu'elles aient été converties en actions au por-
« teur, les souscripteurs primitifs, qui ont aliéné les actions,
« et ceux auxquels ils les ont cédées avant le versement de
« moitié, restent tenus au paiement du montant de leurs ac-
« tions pendant un délai de deux ans à partir de la délibéra-
« tion de l'assemblée générale. »

La première question qui se présente, après avoir lu ce texte
tourmenté, est celle-ci: quelles sont les personnes qui seront
tenues au paiement des trois quarts à verser pour libérer l'action? Ce pourra être: 1° le souscripteur primitif, et en cas de
cession, 2° le propriétaire actuel de l'action ; 3° les cessionnaires
intermédiaires, s'il y en a.

497. Occupons-nous d'abord du souscripteur primitif: sa
situation veut être étudiée sous deux aspects, selon qu'il a ou
n'a pas cédé son action.

S'il ne l'a pas cédée, il doit rester tenu indéfiniment des versements à faire, jusqu'à libération complète de l'action. C'est la
conséquence virtuelle et nécessaire de l'acte de souscription
qu'il a signé. Cependant la loi nouvelle garde le silence sur ce
point, car elle ne statue qu'à l'égard des souscripteurs *qui ont
aliéné les actions ;* ce silence, à mon avis, ne peut s'interpréter
autrement que dans le sens d'un renvoi aux principes généraux,
d'un acquiescement [au droit commun des obligations et, par
conséquent, de l'engagement indéfini du souscripteur qui a conservé ses actions. Le texte fournit un argument à cette interprétation, car il énonce que le souscripteur lui-même qui a aliéné
reste tenu, pendant un certain délai, des versements à faire. Ce

---

(1) Art. 4, C. civ.

souscripteur n'est pas déclaré simplement responsable, il reste *tenu* des versements; c'est-à-dire qu'il y est toujours, comme avant la cession, obligé directement et personnellement (1). Ce qui signifie évidemment que, dans le cas où il n'a pas cédé, son obligation persiste purement et simplement, sans la limitation de durée accordée par la loi au souscripteur qui a cédé son action (2).

498. Si l'on se reporte aux travaux préparatoires de la loi, on voit que sur ce point il a existé, entre le Conseil d'État et la commission législative, un conflit d'où il est difficile de dire que soit sortie la lumière, et que cependant il ne sera pas sans intérêt de faire connaître.

Le Conseil d'État voulait bien affranchir le souscripteur primitif, après versement de moitié, mais en cas de cession seulement et pourvu que cela fût permis par une clause spéciale des statuts. C'est l'idée qu'il avait voulu exprimer dans l'art. 1er du projet de loi ainsi conçu :

« Les souscripteurs d'actions sont responsables du montant « total des actions par eux souscrites. Il ne peut être dérogé à « cette prescription que par les statuts constitutifs de la so- « ciété, et jusqu'à concurrence de moitié de chaque action. »

Mais la commission législative reprochait à ce texte, non sans raison, de ne pas traduire fidèlement la pensée qu'on avait eu l'intention de rendre. Cette pensée, avouée devant la commission, et qui était de maintenir l'engagement intégral du souscripteur qui n'aurait pas cédé ses actions, ne ressortait pas suffisamment de l'expression.

499. D'ailleurs la commission proposait un autre système : elle demandait que le souscripteur fût dans tous les cas dégagé par le versement de moitié; c'est l'action qui serait débitrice de la seconde moitié, non le souscripteur ni le porteur. Sans doute la souscription devenait ainsi conditionnelle pour moitié; mais, disait le rapport, la condition n'était pas potestative, puisque le souscripteur ne pouvait se dégager qu'en perdant tout droit aux versements opérés; cette condition était donc valable. On

---

(1) Paris, 16 janv. 1862 (D.62.2.484).
(2) Jugé, sous la loi de 1856, que le souscripteur ne pouvait se libérer par l'abandon de ses titres à la société, ni par la cession qu'il en a faite à un tiers (Paris, 15 juill. 1871; D.71.2.142), à moins, dans ce dernier cas, de prouver que la société avait fait novation en acceptant le cessionnaire pour seul débiteur (Cass., rej. de l'arrêt ci-dessus, 20 fév. 1872; D.72.1.238).

invoquait à cet égard l'autorité de M. Troplong (1), et à titre de précédent, la loi du 15 juillet 1845 sur les chemins de fer, qui ne rendait les souscripteurs responsables que jusqu'à concurrence des cinq dixièmes de l'action (2).

La commission proposa en conséquence la rédaction suivante, destinée à montrer nettement que l'affranchissement du souscripteur libéré de moitié ne serait pas subordonné à la cession de ses actions : « Les souscripteurs d'actions sont *responsables* « (expression encore équivoque et qui appelle l'idée d'un tiers « cessionnaire dont on répond) du montant total des actions « par eux souscrites. Il peut être dérogé à cette prescription, « mais seulement par les statuts constitutifs de la société, et « jusqu'à concurrence de moitié de chaque action (3). »

500. Le Conseil d'État résista ; mais il intervint un accord partiel, d'où sortit cette nouvelle rédaction, qui formait l'art. 2 du projet de loi revisé par le Conseil d'État et la commission : « Les souscripteurs d'actions sont *tenus au paiement* du montant « total des actions par eux souscrites. Toutefois il peut être « stipulé, mais seulement par les statuts constitutifs de la so- « ciété, que *ceux des souscripteurs qui auront aliéné* leurs actions « ne seront responsables des sommes dues par les cessionnaires « que jusqu'à concurrence de la moitié du montant de chaque « action (4). »

C'est cette nouvelle rédaction qui fut soumise au Corps législatif, mais escortée d'un amendement de la commission, qui aurait formé le second paragraphe de l'article deuxième du projet de loi : « Dans ce cas, le capital ne pourra être énoncé dans « aucun acte, facture, annonce, publication et autres documents « émanés de la société, sans addition de ces mots, écrits lisi- « blement et en toutes lettres : *Capital souscrit avec engagement* « *des souscripteurs, limité à....* »

---

(1) *Sociétés*, n. 179.

(2) L'art. 8, § 2, de cette loi, est ainsi conçu : « Les souscripteurs seront *respon- « sables* jusqu'à concurrence des cinq « dixièmes du versement du montant des « actions qu'ils auront souscrites. » C'est à tort que la commission invoquait cette disposition, qui suppose les actions cédées par le souscripteur primitif ; l'exposé des motifs de la loi de 1845 ne laisse aucun doute à cet égard ; on a voulu permettre « au premier titulaire d'une ac-

« tion de la *transmettre* à une autre per- « sonne, sans conserver aucune *respon- « sabilité* personnelle », dès qu'il aurait versé les cinq dixièmes de l'action. Et c'est dans ce sens restreint que de son côté l'exposé des motifs de la loi de 1867 avait invoqué la loi de 1845.

(3) V. le rapport de la commission législative.

(4) V. le premier *Rapport supplémentaire* de la commission du Corps législatif.

C'est en cet état que la discussion s'engagea au Corps législatif, où elle se termina par le rejet de l'article, de l'amendement de la commission, et de plusieurs autres amendements émanés de l'initiative parlementaire. Et ce rejet ne peut surprendre ; car les ténèbres s'étaient épaissies au point qu'il était difficile à l'esprit le plus exercé de suivre le débat (1). Le paragraphe deuxième, proposé par la commission, contredisait le paragraphe premier, que cependant elle présentait d'accord avec le Conseil d'État ; mais l'accord n'existait que sur les termes, et des deux parts l'interprétation était différente : la commission persistant à vouloir en faire ressortir l'affranchissement absolu du souscripteur libéré de moitié, ce que d'ailleurs exprimait nettement la formule de son amendement ; le Conseil d'État, au contraire, distinguant entre les souscripteurs qui ont cédé et ceux qui n'ont pas cédé leurs actions, pour ne dégager que ceux-ci et retenir les premiers.

C'est à cette distinction qu'il fallait s'attacher ; car là était le nœud de la difficulté. Cependant la commission se remet au travail, et elle rapporte une rédaction ayant trait uniquement aux souscripteurs qui ont aliéné leurs actions. La discussion s'engage de nouveau, sans éclaircir le litige ; et malgré une demande de renvoi à la commission, le Corps législatif, de guerre lasse, vote cette rédaction, qui devient l'art. 3 de la loi (2).

J'ai tenu à mettre sous les yeux du lecteur tout ce laborieux enfantement de l'art. 3, non précisément pour en tirer argument en faveur de l'interprétation que je propose, mais plutôt pour démontrer qu'il laisse subsister tout entière la lacune que j'ai signalée, et à laquelle dès lors il n'est possible de suppléer que par le droit commun.

501. Voici donc un premier point que je considère comme acquis : les souscripteurs qui n'ont pas cédé leurs actions sont indéfiniment responsables ou, plus exactement, débiteurs de leur montant. Mais n'en sera-t-il ainsi que dans le silence du contrat ; et les statuts ne pourraient-ils pas stipuler que les souscripteurs pourront, en l'absence de toute cession, se dégager de l'obligation de verser tout ou partie des trois quarts encore dus, en abandonnant l'action avec les versements effectués ? On a soutenu (3), en thèse générale, qu'une telle stipula-

---

(1) V. le *Moniteur* du 30 mai 1867.
(2) V. le *Moniteur* du 13 juin 1867.

(3) V. le rapport de la commission du Corps législatif.

tion n'était pas défendue par les principes généraux du droit, et dès lors devait être protégée par la liberté des conventions. Il me paraît difficile d'admettre cette opinion (1). Quoi qu'il en soit, c'est en présence de l'art. 3 de la loi qu'il faut l'examiner : or déjà on peut remarquer que cet article n'hésite pas, dans son premier alinéa, à porter atteinte à la liberté des sociétaires, qu'il contraint à maintenir les actions nominatives jusqu'au versement de moitié. Serait-il bien étonnant que le deuxième alinéa contînt défense implicite de la stipulation dont il s'agit ! L'art. 3 a eu pour but spécial de régler d'une manière précise, restrictive, les clauses permises dans les statuts relativement à la libération des actions ; ses premiers mots l'indiquent clairement : « *Il peut être stipulé, etc....* » S'il passe sous silence les souscripteurs qui ont conservé leurs actions, c'est une lacune involontaire, un véritable *lapsus ;* et si l'on reconnaît avec moi que ce silence est la consécration de l'engagement indéfini de cette classe de souscripteurs, il faut décider aussi que cet engagement ne saurait être diminué par la convention.

Sans doute l'art. 3 ne reproduit pas la disposition prohibitive de la loi de 1856 : « Les souscripteurs sont responsables *nonobstant toute stipulation contraire.* » Osera-t-on dire néanmoins que l'engagement des souscripteurs qui ont aliéné leurs actions, quoique défini et réglé par l'art. 3, peut être amoindri par la convention ? Non ; car les prescriptions diverses de cette loi, destinée à prévenir les fraudes, sont toutes considérées comme étant d'ordre public ; et il y a, dans la suite des articles, des sanctions civiles et pénales qui constituent les plus énergiques des prohibitions (2).

Enfin une pareille stipulation rendrait conditionnelle et incertaine la souscription intégrale du capital social, qui est si impérativement prescrite, aux termes de l'art. 1er de la loi.

Concluons donc : l'obligation implicite des souscripteurs qui n'ont pas cédé, doit, aussi bien que l'obligation explicite des souscripteurs qui ont cédé, être exécutée nonobstant toute stipulation contraire.

502. La conversion des actions nominatives en actions au

---

(1) *Suprà,* n. 497.
(2) V. les art. 7, 13 et 14, qui se ré- | fèrent formellement à l'art. 3.

porteur, votée par l'assemblée générale des actionnaires, viendra-t-elle permettre au souscripteur primitif de se délier de cette obligation ? Non, s'il n'a pas cédé ses actions, et c'est l'hypothèse dans laquelle nous sommes toujours placés, puisque l'art. 3 ne dégage, et l'on verra tout à l'heure dans quelle mesure, que les souscripteurs qui ont aliéné leurs actions.

C'est encore ici le silence du texte qui fournit la solution; car il est impossible d'assimiler deux situations sans analogie, et d'étendre à l'une une brève prescription créée pour l'autre. Il n'y avait d'ailleurs aucune raison sérieuse pour dégager le souscripteur qui reste dans la société, parce que ses actions, de nominatives qu'elles étaient, sont devenues au porteur.

Néanmoins, si du texte on recourt au commentaire officiel (je veux parler du second rapport supplémentaire de la commission et des explications échangées dans la séance du Corps législatif du 12 juin 1867 (1), la première impression qu'on éprouve, c'est de l'hésitation et du doute : la commission semble se détacher avec peine de l'idée qu'elle avait essayé de faire prévaloir dans son amendement; elle continue à omettre la distinction entre le souscripteur qui a conservé et celui qui a aliéné les actions; et l'on se demande enfin si, à ses yeux, la délivrance des titres au porteur, votée par l'assemblée générale, ne doit pas avoir pour effet, comme avec son amendement, de libérer après deux ans tous les souscripteurs sans exception (2).

Il est cependant impossible d'admettre que le texte soit détruit par la glose. Or l'art. 3, tel qu'il a été proposé et voté, diffère entièrement de l'amendement par lequel la commission prétendait libérer tout souscripteur qui aurait versé la moitié : l'alinéa premier de cet article dispose simplement que les actions libérées de moitié peuvent être au porteur, et l'alinéa deuxième, que les souscripteurs qui ont aliéné leurs actions ne seront tenus que pendant deux ans du versement de l'autre moitié. Rien de plus. Donc le souscripteur, qui garde ses titres, même au porteur, n'est pas affranchi de son obligation.

---

(1) V. le Moniteur du 13 juin.
(2) Voici le passage du deuxième Rapport supplémentaire auquel je fais allusion : « Il est désirable que la société, si « elle le juge convenable à ses intérêts, « à la circulation plus facile de ses titres, « ait le droit de les convertir en actions « au porteur après le versement de la « première moitié, en *maintenant toutefois la responsabilité des premiers* « *souscripteurs pendant le délai que la* « *loi aura déterminé.* »

Du reste, en lisant attentivement la suite du rapport, on est amené à reconnaître que la commission ne repousse pas cette dernière idée : en effet, elle examine successivement les trois amendements émanés sur ce point de l'initiative parlementaire, et l'un d'eux (celui de M. Javal) libérait les souscripteurs, sans cession, après versement des trois cinquièmes ; or la commission le rejette, comme n'étant que « la reproduction, en termes « différents, de l'amendement de la commission que la Cham- « bre a rejeté. » Quant aux deux autres (l'un de M. Beauverger, l'autre de M. Guillaumin), qui ne libèrent expressément, en termes non douteux, que les seuls souscripteurs qui ont aliéné leurs actions, la commission déclare que, par le fond des idées, ils se rapprochent de la rédaction proposée par la commission, et n'en diffèrent même que par la durée de la prescription fixée à cinq ans au lieu de deux ans. Cette rédaction nouvelle ayant été adoptée par le Corps législatif, les deux amendements seront donc, sur le point qui nous occupe, un commentaire exact et sûr de l'art. 3 de la loi.

503. Cependant, tel ne serait pas, suivant quelques auteurs, le sens exact de l'art. 3. Tout en reconnaissant que l'obligation qui pèse sur les souscripteurs, en vertu du droit commun, est maintenue et consacrée en principe par le législateur de 1867, en telle sorte que la disposition de l'art. 3 n'est qu'une excep- tion à ce principe (1), ils prétendent que l'exception est appli- cable, non-seulement aux souscripteurs qui ont cédé, mais aussi à ceux qui ont conservé leurs actions. La conversion, votée en vertu des statuts, produit un effet libératoire qui profite à tous, souscripteurs et cessionnaires, après le délai de deux ans.

Cette opinion est contraire au texte, mais elle s'appuie, dit- on, sur la pensée législative qu'on s'imagine avoir découverte, non toutefois sans se plaindre de la difficulté, soit dans les rap- ports successifs de la commission, soit dans les explications du rapporteur à la tribune, soit enfin dans la discussion devant le Corps législatif (2). Mais tout cela, nous l'avons dit et on l'avoue, c'est l'obscurité même, et au contraire le texte est fort clair. Que l'on recoure en général aux travaux préparatoires de la loi pour en interpréter le sens, c'est sans doute une excel- lente méthode ; mais ici, c'est le texte légal qui est clair, et la

---

(1) Pont, *Rev. not.*, n. 4983 ; Alauzet, n. 453 ; Bédarride, n. 79.
(2) Pont, *loc. cit.* ; Rivière, n. 36 ;

Mathieu et Bourguignat, n. 33 et suiv., p. 452 à la note. — *Contrà*, Alauzet, n. 455 ; Bédarride, n. 75.

pensée législative qui est obscure. N'est-ce pas le cas dès lors de s'en tenir au texte !

504. Arrivons à la seconde hypothèse : les souscripteurs primitifs ont cédé leurs actions, qui ont été libérées de moitié, soit par eux-mêmes, soit par leurs cessionnaires. Quel va être le sort de l'engagement qu'ils ont contracté ? Cet engagement va-t-il s'éteindre dans tous les cas ?

Plusieurs distinctions sont à faire ;

505. Si les statuts n'ont pas stipulé la faculté de convertir les actions nominatives en actions au porteur, elles devront rester nominatives, et l'engagement du souscripteur subsistera jusqu'à libération complète, conformément au droit commun.

Il en sera de même, si la conversion, permise par les statuts, n'est pas autorisée par l'assemblée générale des actionnaires.

Je dis que cet engagement du souscripteur, survivant à la cession de ses actions, résulte du droit commun. Cependant la doctrine contraire a eu des partisans : on a soutenu (1) que l'associé qui vend son action cesse de faire partie de la société, et que son remplacement par un cessionnaire doit être censé avoir été agréé par la société elle-même, qui dès lors n'a plus d'action contre cet associé. Mais c'est là une présomption bien légère pour anéantir une obligation positive ; la novation ne se présume pas ; aussi cette opinion a-t-elle été repoussée comme peu juridique par d'imposantes autorités (2). La loi nouvelle fait d'ailleurs cesser la controverse.

506. On a prétendu aussi que, si l'assemblée générale refuse de voter la conversion, sa délibération produit néanmoins le même effet libératoire que si elle l'avait votée, et l'on appuie cette opinion sur le texte du second alinéa de l'art. 3, lequel prononce la libération des souscripteurs et de leurs cessionnaires, « soit que les actions restent nominatives après cette délibéra- « tion, soit qu'elles aient été converties en actions au por- « teur » (3). Mais ce second alinéa doit nécessairement s'éclairer par le premier, et la délibération énoncée dans celui-ci est celle qui vote la conversion, non celle qui la refuse. Rien de plus bizarre d'ailleurs que de vouloir faire produire un effet

---

(1) Pardessus, n. 1043, 2° ; Malepeyre et Jourdain, n. 320 et 323. — Comp. Paris, 22 mai 1852 (Dalloz, 55.2.265).
(2) Delangle, t. 2, n. 450 ; Molinier, | n. 417 ; Troplong, n. 178 ; Lyon, 9 avril 1856 (D. 56.2.198).Comp. *infrà*, n. 518.
(3) Beslay, n. 334 ; Rivière, n. 35, Bédarride, n. 74.

semblable au consentement et au non-consentement, à l'affirmation et à la négation. Si l'assemblée refuse la conversion,
n'est-ce pas parce qu'elle juge devoir conserver à la société
toutes ses garanties, et dès lors n'est-il pas contraire à toute
logique de déduire de son refus une libération hâtive, dérogatoire au droit commun, et destructive de ces garanties qu'elle a
clairement manifesté l'intention de sauvegarder !

507. Signalons une autre erreur, qui cette fois n'a pas l'excuse
du texte. M. Rivière (1) admet la possibilité de cette libération
exceptionnelle, alors même que les statuts n'ont pas autorisé
l'assemblée générale à délibérer sur la conversion des actions. Il
suffit, dit-il, que l'assemblée se réunissse néanmoins, et:
« Décide que, vu le silence des statuts, les actions doivent de-
« meurer nominatives, et les deux années commenceront à cou-
« rir depuis cette délibération. » En vérité, ceci n'est plus une
interprétation, mais une violation manifeste du texte légal. Pour
que la libération exceptionnelle soit possible, la loi veut que les
statuts l'aient prévue et autorisée ; aux yeux de M. Rivière cette
condition est lettre morte. Mais comment l'honorable jurisconsulte n'a-t-il pas remarqué que la délibération qu'il conseille de
tenir n'a rien à décider en réalité, puisqu'elle est obligée de respecter le *statu quo* en maintenant les actions nominatives. Ce
n'est donc pas une délibération véritable ; le vote qui intervient
est illusoire, et la réunion de l'assemblée générale n'aura été
qu'un expédient sans portée.

508. Si, au lieu du quart exigé par la loi, il avait été versé
moitié sur chaque action dès avant la constitution, serait-il valablement stipulé par les statuts que les actions seraient immédiatement délivrées au porteur, et dans ce cas les souscripteurs,
quoique n'ayant pas versé l'autre moitié, en seraient-ils libérés
deux ans après la constitution?

La stipulation, pourrait-on dire, sera valable, et produira le
même effet libératoire qu'une délibération de l'assemblée générale autorisant, au cours de la société, la conversion des titres ;
car nul n'y sera trompé, les actionnaires l'auront connue en
adhérant aux statuts, et les tiers, par les publications légales (2).
Mais ces raisons ne sont pas suffisantes ; l'assemblée générale
des actionnaires a été seule investie par la loi du pouvoir de

_____

(1) N. 35.

(2) En ce sens, Trib. comm. Seine,
24 août 1876 (*le Droit*, 7 sept. 1876).

décréter l'émission de titres au porteur, et il résulte des termes de l'art. 3 que c'est à compter seulement du jour de sa délibération que la prescription biennale commence à courir. L'action au porteur et la libération qu'elle entraîne sont tout exceptionnelles; car, en principe, l'action est nominative et doit être intégralement payée; pour réduire la dette à moitié sans un paiement réel, il faut obéir aux conditions légales. En vain dira-t-on que c'est là un formalisme rigoureux et inutile, puisque chaque actionnaire a adhéré aux statuts et ainsi par avance à la stipulation, laquelle s'est en outre trouvée implicitement ratifiée par les assemblées constituantes; car, dans l'esprit de la loi, les adhésions individuelles et isolées ne sont jamais réputées équivaloir à une délibération commune; et, d'un autre côté, les assemblées constituantes ont une mission spéciale, qui consiste à vérifier les apports, nommer le conseil de surveillance, et dans laquelle elles doivent se renfermer sous peine d'excès de pouvoir (1).

On devra donc, après la constitution, réunir une assemblée générale qui autorisera la délivrance des titres au porteur. Et ce ne sera pas toujours une vaine cérémonie; car à ce moment l'influence des fondateurs a cessé d'être prépondérante, et la délibération sera plus libre qu'avant la constitution.

D'ailleurs la prescription biennale ne profite aux souscripteurs, comme on vient de le voir, que s'ils ont cédé leurs actions.

509. Supposons maintenant que la conversion soit tout à la fois stipulée par les statuts, et votée par l'assemblée générale. Trois cas différents peuvent encore se présenter:

Ou le souscripteur a cédé ses actions, qui sont libérées de moitié, le tout avant la délibération de l'assemblée. L'art. 3 pourvoit à cette hypothèse; le souscripteur est affranchi de tout recours pour le paiement de l'autre moitié, après un délai de deux ans *à partir de la délibération.*

510. Ou la cession n'intervient qu'après la délibération, qui aura pu précéder, au lieu de suivre le versement du deuxième quart; mais alors naît la question de savoir si cette prescription de deux ans est encore applicable. Le texte, en effet, n'a rien prévu pour cette hypothèse; c'est une nouvelle et regrettable lacune à signaler; car il y avait identité de raison

---

(1) M Beslay admet la compétence des assemblées constituantes.

entre les deux cas, et le souscripteur, cédant ses actions après la délibération, méritait d'être affranchi aussi bien que celui qui les avait aliénées auparavant. En présence de cette analogie manifeste, les tribunaux seront tentés d'appliquer la prescription de deux ans ; mais comment fixer le point de départ ? Si la cession a lieu dans les deux ans de la délibération, on pourra jusqu'à un certain point admettre une prescription commençant rétroactivement *à partir de la délibération ;* ainsi au moins la lettre de la loi serait à peu près respectée.

Mais si la cession est postérieure à l'expiration des deux ans, le point de départ légal fait matériellement défaut. Le juge admettra-t-il une prescription *ipso facto*, s'opérant instantanément au moment même de la cession ? Ce serait ouvrir la porte, ce que la loi a précisément eu en vue d'empêcher, aux cessions simulées et frauduleuses. Il y aurait eu un point de départ rationnel, ce serait un délai de deux ans après la cession ; mais, en l'adoptant, le juge n'empiéterait-il pas sur le domaine législatif ? N'ajouterait-il pas réellement à la loi ? et dès lors n'est-il pas tenu de s'abstenir, ou plutôt de renvoyer au droit commun une hypothèse non prévue par la loi spéciale ? Quelques auteurs (1) n'hésitent pas à déclarer libérés *ipso facto* le souscripteur et son cessionnaire, mais cette solution est trop contraire au texte légal pour être suivie par les tribunaux, qui sont chargés d'appliquer et non de réformer la loi.

L'un des amendements proposés, celui de M. Guillaumin, n'offrait pas cette lacune, et il est fâcheux qu'il ait été rejeté ; car, par sa clarté et sa précision, il prévenait la plupart des difficultés qui viennent d'être signalées. Il importe d'autant plus d'en retenir la teneur qu'il pourra, comme je l'ai dit, servir, en plus d'une circonstance, d'utile commentaire au texte officiel. Voici donc en quels termes était conçu cet amendement : « Il peut être stipulé, mais seulement par les statuts « constitutifs de la société, que ceux des souscripteurs qui au- « ront aliéné leurs actions ne seront responsables des sommes « dues par les cessionnaires que jusqu'à concurrence de la « moitié du montant de chaque action. Cette stipulation ne « pourra être opposée aux tiers qu'après un délai de cinq « ans à partir de la négociation de l'action. »

---

(1) Alauzet, n. 455 ; Bédarride, n. 77 et 80 ; Pont, *Rev. du not.*, art. 4983.

511. Il est à remarquer d'ailleurs que cette rédaction (1) répondait mieux que toutes les autres à l'esprit général qui avait paru dominer dans la discussion. Je veux insister à cet égard, non-seulement pour contrôler et corroborer les solutions qui précèdent, mais aussi en vue d'un remaniement futur et nécessaire, à tous les titres, de notre législation sur les sociétés.

Il y avait en présence deux idées également sérieuses et respectables, mais contradictoires en apparence; et le problème consistait à les concilier dans la mesure du possible.

D'un côté, disait-on, il importe que les souscripteurs primitifs soient sérieusement intéressés au succès de la société; il ne faut pas qu'après avoir versé une faible somme, ils puissent se retirer en emportant des primes qu'ils auront eux-mêmes provoquées en se livrant à l'agiotage sur les actions. De pareilles manœuvres, offensantes pour la moralité publique, seraient bientôt mortelles pour l'esprit d'association. L'obligation des souscripteurs doit donc être rigoureusement et absolument maintenue. Si elle ne dérivait déjà des principes généraux, il y aurait nécessité de l'introduire dans la loi à titre de droit nouveau. Elle a pour elle la sanction de l'expérience consacrée par la loi de 1856, elle n'a empêché aucune affaire loyale de se constituer, et peut-être a-t-elle, en plus d'une circonstance, mis obstacle à des projets de spéculation frauduleuse. Sans doute le frein n'a pas été assez puissant pour arrêter les scandaleuses et éphémères créations qui ont dilapidé tant de capitaux et ruiné tant de familles. C'est une raison pour le fortifier, non pour l'affaiblir. Ceux-là qui entrent dans une société avec le dessein d'en sortir aussitôt qu'ils le peuvent sont des coureurs de primes, des lanceurs d'affaires (2), qu'on doit éloigner à tout prix; et le moyen de les éloigner, c'est d'attacher à la fortune sociale les souscripteurs primitifs en les déclarant obligés au paiement total de l'action. Il ne faut pas, d'ailleurs, leur permettre de se dégager par la cession de leurs actions, car ce serait ouvrir la porte aux cessions simulées, faites à des complaisants insolvables.

---

(1) Cet amendement n'a pas été développé ni soutenu, et chose étonnante, on cherche en vain dans le procès-verbal de la séance la mention qu'il ait été rejeté après vote (V. le *Moniteur* du 13 juin 1867).

(2) Ces expressions sont empruntées à la discussion de la loi devant le Corps législatif.

A cette argumentation passionnée, on répondait qu'il y avait des inconvénients dans les responsabilités prolongées. Certaines sociétés, par exemple les compagnies d'assurance, n'appellent qu'une portion de leur capital, dont le surplus reste comme fonds de garantie entre les mains des actionnaires. Si les souscripteurs primitifs devaient rester indéfiniment engagés dans les sociétés de ce genre, qui sont généralement à long terme, ils pourraient être recherchés trente ans et plus après avoir cédé leurs actions ; car les appels de fonds étant purement éventuels, aucune prescription ne courrait à leur profit. Dans ces conditions, toute cession laisserait derrière elle une éventualité périlleuse ; les actionnaires obérés seraient seuls tentés de sortir d'une telle société ; les autres y seraient rivés jusqu'au dernier jour et, dans leurs mains, l'action, dont la nature est de circuler, serait frappée d'immobilité ; l'intérêt public souffrirait de cette léthargie, et l'on doit proscrire le prétendu remède qui donnerait de tels résultats. Oui, sans doute, il importe de retenir les souscripteurs primitifs, et de les retenir efficacement sans leur permettre de s'esquiver derrière des cessionnaires *de paille* ; mais il est facile d'atteindre le but sans recourir à des moyens extrêmes, sans se courber sous l'absolutisme de principes inflexibles. Que les souscripteurs restent donc engagés, nous le voulons bien ; qu'ils ne puissent se dégager, *ipso facto*, par la cession de leurs actions, soit encore ! Mais, à votre tour, consentez à les affranchir après un temps d'épreuve, deux ans, par exemple ; vous serez sûrs ainsi de la sincérité des cessions ; car on ne fait pas d'actes frauduleux deux ans d'avance.

Il est facile, ajoutait-on, d'organiser une autre et énergique garantie : c'est de subordonner l'affranchissement des souscripteurs à l'assentiment de l'assemblée générale ; cela peut se faire en décidant, d'une part, qu'il n'aura lieu qu'après la conversion des actions nominatives, libérées de moitié, en actions au porteur ; d'autre part, que cette conversion devra être stipulée par les statuts et votée par l'assemblée des actionnaires. Cette mesure sera prise à bon escient, et l'on est en droit d'espérer qu'elle ne serait adoptée qu'en cas de prospérité assurée de l'entreprise.

Cette offre de transaction devait paraître très-rationnelle ; et, autant qu'il est permis de s'en rendre compte par les procès-verbaux des séances, elle fut accueillie avec une faveur à peu près unanime. Malheureusement, on ne la retrouve qu'incom-

plète et mutilée dans l'art. 3 de la loi, dont il m'est possible
maintenant de résumer le trop long commentaire en quelques
mots :

512. *Première hypothèse :* Les souscripteurs primitifs n'ont
pas cédé leurs actions ; ils sont tenus indéfiniment au paiement
intégral de leur montant.

Cette obligation, quoique ayant son principe dans le droit
commun, existe nonobstant toute stipulation contraire.

Elle subsiste malgré la conversion des actions nominatives en
actions au porteur.

Deuxième hypothèse : Les souscripteurs ont cédé leurs actions,
qui sont libérées de moitié, et sont dès lors susceptibles d'être
converties en actions au porteur.

Néanmoins ils restent indéfiniment obligés, si la conversion
n'a pas été tout à la fois stipulée par les statuts et votée par
l'assemblée générale des actionnaires.

Si la conversion a été stipulée et votée, trois cas peuvent se
présenter :

Ou la cession des actions sera antérieure à la délibération
de l'assemblée générale, et les souscripteurs seront affranchis
deux ans après cette délibération ;

On elle aura lieu dans le cours de ces deux ans, et alors il sera
possible de les dégager à l'expiration de ce délai ;

Ou elle n'interviendra qu'après ces deux années, et, pour ce
cas imprévu, ils restent obligés, malgré l'analogie de situation.

513. Après avoir déterminé les obligations des souscripteurs
primitifs, il reste à fixer celles de leurs cessionnaires. L'art. 3
de la loi ne s'occupe que de ceux qui ont acquis les actions
avant le versement de moitié. Dans cette situation, si la conversion des actions nominatives en actions au porteur, stipulée par
les statuts, est votée par l'assemblée générale, les cessionnaires
sont, comme les souscripteurs primitifs, affranchis de l'obligation de verser l'autre moitié deux ans après la délibération de
l'assemblée.

514. Mais ici se produit une singulière anomalie : la loi
déclare affranchir ainsi *les cessionnaires,* ce qui doit s'entendre
de tous les divers cessionnaires dans les mains desquels l'action
aurait successivement passé, y compris le dernier, le porteur
actuel de l'action ; car elle ne fait à cet égard aucune distinction
entre les cessionnaires intermédiaires et le porteur ; tous sont
également dégagés, cédants et cessionnaires, d'où il résulte qu'à

l'expiration des deux années tout débiteur aura disparu; et la société n'aura plus en face d'elle que l'action, seule débitrice des versements à faire. Un résultat si bizarre n'était probablement pas, quoi qu'on en ait dit, dans les prévisions législatives. Ce qu'on voulait uniquement, ou du moins ce qu'on aurait dû vouloir, c'est de dégager le cessionnaire qui lui-même aurait cédé; car sa condition devrait être la même que celle du souscripteur qui a aliéné ses actions; mais il fallait retenir le dernier cessionnaire, et en présence du texte absolu de l'article, il n'est pas permis de considérer que le dernier cessionnaire est tenu autrement et plus que les cessionnaires antérieurs.

Il est entendu pourtant que si le porteur entend rester associé et participer aux dividendes, il ne pourra se dispenser d'opérer les versements exigibles. S'il veut profiter de la faveur qui l'affranchit après deux ans, ce ne peut être qu'à la charge d'abandonner l'action. Il aura donc une option à faire, et il sera tenu de se prononcer à cet égard, soit lors de la distribution des dividendes, soit lors de l'appel des versements. Cette option, dans le cas particulier dont il s'agit, est une dérogation au droit commun des obligations, ainsi qu'on le verra tout à l'heure.

Dorénavant, de par ce texte de l'art. 3, il y aura donc dans les sociétés deux classes d'actionnaires, différemment obligés : 1° ceux qui auront souscrit primitivement des actions qu'ils n'auront pas aliénées; ils seront tenus indéfiniment de tous les versements, ; 2° ceux qui posséderont des actions acquises avant le versement de moitié; ils ne pourront être contraints au versement de l'autre moitié, deux ans après la délibération qui aura voté la conversion.

515. La situation de ces derniers sera trop privilégiée pour qu'il soit permis de l'étendre en dehors des cas rigoureusement prévus. En conséquence, si la conversion n'a pas été stipulée et votée, si la cession des actions par le souscripteur primitif n'a eu lieu qu'après le versement de moitié, les obligations des cessionnaires ne sont plus régies par la loi spéciale, mais bien par le droit commun.

Sous l'empire du droit commun, les divers cessionnaires successifs de l'action sont-ils tenus des versements à effectuer? Cette question, qui existait déjà sous le Code de commerce, et que la nouvelle loi a laissée, comme on le voit, à peu près subsister, n'a pas été, du moins à ma connaissance, nettement résolue jusqu'ici.

516. Et d'abord quant au dernier cessionnaire, au détenteur actuel de l'action, il est incontestablement engagé ; c'est lui qui est même, en quelque sorte, le débiteur direct. Sans doute il sera difficile de l'atteindre, si le titre est au porteur ; mais les difficultés de l'exercice d'un droit n'enlèvent pas le droit lui-même ; nous examinerons plus loin comment les sociétés devront procéder en cas pareil (1).

517. Il ne reste donc plus qu'à fixer la position des cessionnaires intermédiaires. Pour les affranchir du recours, on peut dire que l'action, ce mode ingénieux de mobilisation des capitaux industriels, ne s'adresse qu'*au capital,* non à la personne ; qu'ainsi il faut se dégager de toute préoccupation du droit commun, puisqu'il ne règle les effets de la cession des créances qu'entre *personnes* contractantes, et qu'en l'absence de tout texte spécial, c'est dans l'essence même des choses qu'il faut puiser la raison de décider. Or la négociation des actions doit avoir lieu rapidement et facilement ; il faut tenir ouverte à deux battants les portes des sociétés, et il importe que la sortie soit aussi libre que l'accès. Quel est celui qui oserait acheter une action non libérée, si, en la vendant dans le même état, il devait rester indéfiniment, pendant trente ans et plus, exposé à la demande des versements non faits ? Les modes même de cession, pratiqués de temps immémorial, protestent contre un tel résultat ; car, pour l'action nominative, le transfert n'en a lieu qu'à la connaissance de la société ; il est inscrit sur son livre (2) ; qu'est-ce que consacre cette formalité, sinon le dégagement de l'ancien associé, à supposer qu'il ait été jamais engagé ? Et pour l'action au porteur, à quoi bon une responsabilité qui, la plupart du temps, ne pourrait s'exercer ! Pourquoi cette inconséquence de conférer un droit condamné à rester à l'état de lettre morte ?

Mais, dans le sens inverse, on répondra : qu'on ne peut ainsi abstraire le capital de la personne ; que cela est vrai surtout à l'origine des sociétés ; qu'alors il y a un moment, le moment de la souscription, où c'est la personne, au contraire, qui se montre pour contracter un engagement ; que cet engagement du commanditaire souscripteur est reconnu et ratifié par l'art. 26 du Code de commerce, et qu'il tire une nouvelle force de la loi nouvelle : que le fait du passage d'une action d'une main dans une

---

(1) *Infrà*, n. 519. | (2) Art. 36, C. comm.

autre, moyennant un prix convenu, est bien un véritable contrat de cession, comme l'indiquent les art. 35 et 36 du Code de commerce ; que dès lors l'application des principes en matière de cession de droits incorporels est forcée, à moins d'une dérogation expresse qui n'existe pas ; que du reste les partisans de l'opinion contraire sont contraints d'admettre cette transmission de l'engagement avec le titre ; mais que, ce point admis, ils sont réduits à soutenir ce singulier moyen que l'engagement transmis ne durerait que momentanément, tant que le cessionnaire resterait propriétaire de l'action, et qu'il s'évanouirait avec la cession nouvelle qu'en ferait celui-ci ; qu'un pareil système d'engagement momentané est en dehors de toutes les idées reçues et se réfute de lui-même ; que, du reste, la pratique invoquée n'est nullement décisive ; car, pour l'action nominative, l'inscription du nom des nouveaux propriétaires est une simple mesure d'administration et de sécurité ; et pour l'action au porteur, la difficulté de la poursuite n'enlève pas le droit lui-même.

Cette seconde opinion doit prévaloir ; et cela est regrettable, car il n'est que trop vrai qu'il serait fâcheux de voir des poursuites accueillies, après dix ou vingt ans et plus, contre un homme qui n'aurait possédé que pendant quelques jours des actions non libérées. Ce danger est de nature à retenir plus d'un capitaliste ; et, même avec des actions au porteur, il ne disparaît pas pour l'homme honnête, qui attestera lui-même la possession des actions si le serment lui est déféré. Ces inconvénients m'auraient fait désirer de pouvoir donner la préférence à la première opinion ; mais, en présence de la loi, il faut courber la tête : *Dura lex, sed lex.*

Voudrait-on argumenter de la loi de 1856 pour soutenir que cette loi avait entendu, en proclamant la responsabilité des souscripteurs primitifs, affranchir par là même les cessionnaires intermédiaires, et que la loi nouvelle, incontestablement plus libérale, n'a pu répudier une pareille disposition ? Mais cet argument *a contrario* serait tout au plus tolérable, si la loi avait créé cette responsabilité ; et cela n'est pas. « La responsabi- « lité, disait l'exposé des motifs, est la conséquence des prin- « cipes généraux en matière d'obligations conventionnelles. » — « Cette disposition a pour elle le droit », disait aussi le rapport de M. Langlais (de la Sarthe). Ce qui est donc constant, ce qui est clairement prouvé par le silence des deux lois, des exposés de motifs et des rapports, c'est qu'on n'a pas aperçu la question que nous examinons. M. Troplong (1) ne discute la question de responsabilité qu'au point de vue du souscripteur primitif, et il s'exprime en ces termes à l'égard des cessionnaires intermédiaires : « que les porteurs intermédiaires par les mains desquels l'action est passée *sans laisser de traces* soient à l'abri des recherches, je l'admets ; mais le souscripteur a des devoirs plus étroits ». Ce n'est pas là une opinion, *en droit*, contraire à celle qui est adoptée par moi ; c'est plutôt une énonciation incidente basée sur un simple *fait*, le défaut de preuve de la possession.

M. Bédarride (2), sans traiter spécialement la question, laisse suffisamment entrevoir qu'il est d'avis que les cessionnaires intermédiaires sont responsables.

518. Quoi qu'il en soit, la stipulation qui se bornerait à déclarer non responsables les divers cessionnaires intermédiaires serait parfaitement valable (3).

La stipulation doit être formelle, et il ne suffirait pas, par exemple, de dire que le cessionnaire devra être agréé par la société, s'il n'y est pas ajouté que cet agrément du cessionnaire dégage le cédant (4). Il est entendu toutefois que la clause de décharge ne serait opposable que sous l'empire du droit commun, c'est-à-dire dans l'hypothèse où les statuts auraient omis d'autoriser la délivrance de titres au porteur. Car, en présence de cette autorisation, tous les possesseurs successifs de l'action, les cessionnaires aussi bien que le souscripteur, *restent tenus* dans les termes de l'art. 3, au paiement du montant de l'action.

519. Le détenteur actuel de l'action, en dehors de la situation spéciale et privilégiée créée par la loi nouvelle et définie plus haut, est indéfiniment débiteur des versements à effectuer. Mais comment le contraindre si l'action est au porteur et s'il ne se fait pas connaître ? Il serait souverainement irrégulier de faire vendre l'action sans appeler qui que ce fût, même avec des publications judiciaires ; mais que la vente ait lieu contradictoirement avec le souscripteur primitif, et la loi sera satisfaite. La société peut se dispenser de recourir à la vente, en contraignant celui-ci à payer s'il est solvable. Elle ne pourrait deman-

---

(1) *Sociétés*, n. 478.
(2) *Sociétés*, n. 50.
(3) *Contrà*, Alauzet, n. 454.
(4) Trib. comm. Seine, 12 mars 1873. — Le même tribunal a rendu dans le même sens, contre les souscripteurs originaires, un jugement qui a été infirmé en appel le 17 août 1877 (*le Droit*, n° du 23 nov.)

der contre lui la résolution de la souscription, ce qui entraînerait une diminution dans le capital, qui doit être et demeurer
intégralement souscrit. Cette résolution n'est possible qu'à l'origine, avant la constitution de la société, à défaut de versement
du premier quart (1).

520. La nécessité de ces poursuites peut être évitée en insérant
dans les statuts une clause pénale, portant la déchéance de l'actionnaire en retard et son exclusion de la société, sauf la restitution à l'actionnaire des sommes par lui versées.

La clause peut même être plus sévère, et attribuer à la société
tout ou partie de ces sommes à titre de dommages-intérêts (2).
Cette pénalité, toutefois, pourrait être modérée par le juge, conformément à l'art. 1231 du Code civil.

Il serait convenable de subordonner ces mesures de rigueur à
l'expiration d'un certain délai, après une ou plusieurs insertions
dans un journal déterminé. A défaut de la loi, la loyauté conseille ce tempérament.

521. Il est entendu qu'au lieu d'user de la clause pénale, la
société aurait le droit de poursuivre l'exécution de l'obligation
principale, c'est-à-dire le paiement des sommes non encore versées (art. 1228, C. civ.). Mais, à l'inverse, l'actionnaire pourrait-il invoquer la clause en question comme moyen de se libérer de son engagement? Non assurément, car ce serait violer
cette règle de droit que le débiteur ne peut, en payant la peine,
se dégager de l'obligation principale. « L'objet de la stipulation
« d'une peine, dit Toullier (3), n'est pas d'éteindre, de résou-
« dre l'obligation primitive ; c'est, au contraire, d'en assurer
« l'accomplissement. »

522. M. Troplong (4) est d'un avis contraire. Suivant lui, la
clause dont nous nous occupons aurait cette portée de permettre aux souscripteurs de sortir de la société en sacrifiant ce
qu'ils auraient versé, de sorte qu'ils pourraient repousser toutes
les réclamations en déclarant qu'ile renoncent aux premiers
versements.

Si M. Troplong entendait parler d'une convention donnant
formellement aux associés le droit de se retirer sans avoir complété leurs mises, la question, à l'époque où il écrivait (5), pou-

(1) Suprà, n. 371.
(2) Rivière, n. 47; Dalloz, v° Société,
n. 1161. Cass., 14 fév. 1872, Paris, 7 mai
1870 (Pal. 1872.846).

(3) T. 6, n. 801.
(4) Des Sociétés, n. 179.
(5) Son Traité des Sociétés est de
1843.

vait se discuter, et elle était en effet vivement controversée (1). Aujourd'hui une telle clause serait radicalement nulle, comme on l'a vu plus haut (2). Mais à quelle nature de clause se rapporte la dissertation de M. Troplong? A une clause pénale; et c'est pour cela que sa solution me paraît devoir être rejetée. C'est bien à une clause pénale, car l'espèce qu'il propose est celle-ci : « Les souscripteurs qui ne paieront pas les fractions de « leurs actions aux époques indiquées pour les appels de fonds « *seront déchus de leurs droits, et les paiements déjà faits seront* « *acquis à la société.* » D'un autre côté, les exemples historiques qu'il emprunte à la société générale des assurances organisée par un édit de Louis XIV de mai 1686, et aux statuts de la compagnie des Indes réglementés par une déclaration de 1664, ont évidemment trait aussi à de véritables clauses pénales : « *Faute* « par les associés, porte l'édit de 1686, de payer aux termes « convenus, ce qu'ils auront avancé sera perdu pour eux et ac- « quis à la société, sans qu'ils puissent être déchargés des pertes « qui pourront arriver sur les engagements que la compagnie « aura contractés jusques et y compris le jour qu'ils auront été « en défaut de payer. ». Les statuts de la compagnie des Indes ne sont pas moins explicites : « *Sous la peine* à ceux qui ne four- « niraient pas lesdits deux tiers, dans ledit temps, de perdre ce « qu'ils auront avancé pour les premier et second paiements, « qui demeurera au profit et dans la masse. » De telles stipulations ne sont pas faites pour l'utilité des actionnaires, puisqu'elles prévoient une faute et qu'elles prononcent une déchéance, *une peine.* Est-il donc permis, pour se soustraire à ses engagements, d'alléguer sa propre faute et de réclamer contre soi-même l'application d'une peine !

523. En cas de faillite de la société, les versements effectués deviennent immédiatement exigibles, et les intérêts en sont dus au taux commercial de six pour cent, non du jour de la faillite, mais du jour de la demande judiciaire (3). Les créanciers sociaux ont contre les actionnaires une action directe pour les obliger au versement; ils sont dès lors dispensés de recourir à

---

(1) Dans le sens de la validité de la clause : Paris, 31 mars 1832, 8 déc. 1840, 18 août 1851 ; et Cass., 2 août 1853 (D. 50.2.144 ; 55.5.709). — MM. Dalloz (*Rép.*, v° *Société*, n. 1159) adoptent la même opinion pour le cas où la clause a été publiée.

Contrà : Lyon, 31 janv. 1840, 9 avril 1856 (D.56.2.198); Bédarride, n. 239 et suiv.; Molinier, n. 552; et Consultat. de MM. Dupin et Persil, citée au *Rép.* Dalloz (v° *Société*, n. 1158).
(2) *Suprà*, n. 504.
(3) Paris, 23 juin 1859 (D.60.5.367)

l'action oblique ouverte à tout créancier par l'art. 1166, C. civ.; par suite, les exceptions purement personnelles au gérant, par exemple, la fraude qu'il aurait commise, ne leur seraient pas opposables.

Cette action directe appartient aux créanciers sociaux, soit au cours de la société, soit depuis sa dissolution; mais en cas de faillite, elle passe au syndic (1).

524. D'ailleurs les actions, quoique non libérées des versements exigibles, ont un droit acquis aux dividendes échus à moins de clause contraire dans les statuts (2).

525. La prescription exceptionnelle de deux ans, créée par la loi nouvelle, ne saurait être étendue par analogie en dehors des cas rigoureusement prévus, et qui viennent d'être spécifiés. Dans tous les autres cas, c'est le droit commun qu'il faudra consulter pour déterminer la durée et le point de départ de la prescription. Ainsi le délai sera de trente ans et courra, pour les versements exigibles, du jour de l'exigibilité; pour ceux dont l'époque est indéterminée, du jour où l'appel sera fait.

Toutefois, si la société vient à prendre fin avant l'expiration de ces délais, la prescription quinquennale, édictée par l'art. 64 du Code de commerce, sera applicable avec les distinctions et sous les conditions qui seront indiquées plus loin (3).

SECTION II.

Des diverses espèces d'actions.

SOMMAIRE.

---

(1) V. Ire partie, les autorités citées. | (2) Paris, 8 nov. 1865 (D.67.2.24).
Comp. infrà, chap. X. | (3) Infrà, chap. IV, sect. IV, § 3.

526. La loi de 1867, dans les divers articles qui ont rapport
à la création et à la négociation des actions, a surtout en vue
celles qui sont émises contre espèces ; c'est ainsi qu'elle ordonne
le versement d'un quart avant la constitution de la société
(art. 1), comme aussi avant toute négociation du titre (art. 2),
et qu'elle défend la conversion en titres au porteur avant libération de moitié (art. 3). Mais il y a un second élément qui concourt souvent à la formation de la société, et qui entre pour une
part plus ou moins importante dans la constitution du capital
social, c'est l'apport en nature, qui est généralement rétribué
par des actions. Il y a, dans ce cas, pour employer le langage
abrégé des affaires, d'une part, le capital-espèces, et d'autre
part, le capital-apports, qui d'ailleurs ne se trouvent à l'état
d'antagonisme qu'à l'origine de la société et alors qu'il s'agit de
faire contrôler par le premier la valeur du second. Car, aussitôt
la société constituée, ils sont unis et confondus pour former
un capital social unique, divisé en actions jouissant de droits
égaux, et soumises aux mêmes conditions légales ou statutaires.

527. Au lieu d'attribuer à ceux qui font l'apport un nombre
d'actions proportionnel à la valeur de l'apport, ne pourrait-on pas
leur en délivrer, par exemple, un nombre double, en stipulant
que chaque action ne serait libérée que de moitié par l'apport
en nature, et que l'autre moitié serait payable en espèces? Cette
combinaison serait assurément licite ; les actions seraient mixtes,
à la fois d'apport et de capital ; si ce procédé n'a pas été prévu
par la loi, ce n'est pas à dire qu'il soit défendu, s'il peut se concilier avec l'ensemble des prescriptions qu'elle a ordonnées. Or
rien n'empêche, pour ces actions mixtes, d'observer les règles
établies pour les autres, touchant le taux, la forme, la négociation, etc.

L'approbation de la valeur des apports reste toujours, bien
entendu, exigible de la part des souscripteurs du capital-espèces
sans que les ayants droit aux actions mixtes aient voix délibé-

15

rative dans les assemblées réunies à cet effet. Mais il n'y aurait pas lieu à l'approbation, à défaut de contradiction possible, si la société était formée entre les seuls propriétaires de l'apport en nature, fournissant eux-mêmes le capital nécessaire à l'entreprise ; car alors deviendrait applicable à ce cas le dernier alinéa de l'art. 4 de la loi de 1867.

528. Ces actions mixtes, libérées de moitié par l'apport en nature, pourraient-elles être immédiatement délivrées au porteur ? Oui, s'il n'y a pas d'autres associés que ceux qui ont fait l'apport ; le vœu de l'art. 4 de la loi de 1867 est rempli ; sans doute cet article suppose que les titres, d'abord nominatifs parce qu'ils ne sont libérés que d'un quart, sont plus tard, après avoir été libérés d'un autre quart, moitié au total, convertis en titres au porteur, et il met à cette conversion la double condition qu'elle ait été autorisée à l'origine par les statuts, puis lors de l'opération par l'assemblée générale ; mais ici encore la loi a statué *de eo quod plerumque fit*, et il est évident que si toutes les actions, de quelque nature qu'elles soient, actions d'apport, actions d'espèces, actions mixtes, sont immédiatement libérées de moitié, les statuts qui constatent cette libération autoriseront valablement la délivrance immédiate de titres au porteur.

Mais en serait-il encore de même si, à côté de ces actions mixtes, libérées de moitié, il y avait des actions d'espèces, libérées seulement du premier quart ? Nous ne le pensons pas. Il faudrait attendre en pareil cas que l'assemblée générale, autorisée d'ailleurs par les statuts, eût décidé l'appel du second quart sur les actions d'espèces et par suite la conversion de toutes les actions en titres au porteur. Aussitôt la conversion votée, les actions nominatives d'apport pourraient être échangées contre des titres au porteur, sans attendre le versement effectif du second quart sur les autres actions (1).

529. Le capital social devant être intégralement souscrit, il devient impossible de délivrer gratuitement des actions, dites *de prime*, à ceux qui ont organisé la société, comme cela se pratiquait fréquemment avant la loi de 1856 (2). MM. Dalloz (3) et Rivière (4) se prononcent en sens contraire ; mais leur opinion

---

(1) *Suprà*, n. 489.
(2) Cass., 11 mai 1863 (Dalloz, 63.2. 213).

(3) V° *Société*, n. 1182.
(4) N° 33.

est trop contraire au texte comme à l'esprit de la loi pour être suivie. D'ailleurs n'est-il pas facile, au lieu d'actions de prime, de rémunérer en argent les services rendus; et si ces services sont appréciables en argent, pourquoi n'en pas faire l'objet d'un apport auquel seraient attribuées des actions, sauf l'approbation de l'assemblée générale? On arrivera ainsi au même résultat plus légalement, et souvent plus loyalement.

M. Beslay (1) fait une distinction singulière : les actions de prime seront licites, dit-il, si elles sont délivrées en dehors du capital social, mais elles seront illicites si elles sont comprises dans ce capital. C'est, à notre avis, le contraire qui est vrai : aucune action ne peut exister en dehors du capital social ; l'action de prime représente une partie de ce capital, puisqu'elle est et ne peut être que la représentation d'un service rendu pour la constitution de la société ; elle est donc une valeur réelle, qui doit être soumise à l'appréciation des deux premières assemblées générales, soit à titre d'apport en nature, soit à titre d'avantage particulier. Elle rentre ainsi dans la catégorie des actions d'apport dont nous venons de nous occuper.

Il a été jugé toutefois que les fondateurs d'une société avaient pu libérer un certain nombre d'actions de capital pour les attribuer à des journalistes, à titre de frais de publicité et de réclames ; que ce fait ne constituait pas une réduction du capital social, et qu'il était suffisamment couvert par l'inscription de la dépense au compte des frais de premier établissement, approuvé par l'assemblée générale (2).

530. Parmi les actions qui représentent le capital social, est-il permis de créer des distinctions, et par exemple de décider que telle catégorie d'actions sera préférée à telle autre? Nous abordons la question des actions dites privilégiées ou de priorité. On sait que cette sorte de titres tient le milieu entre l'action et l'obligation, participant de l'une et de l'autre ; de l'action, en ce qu'elle ne donne droit qu'à une quote-part de la propriété sociale, et à une fraction des bénéfices ; de l'obligation, à cause de la préférence qui lui est concédée sur l'action, soit dans la répartition des bénéfices, soit aussi dans celle de l'actif social lors de la liquidation. Elle ressemble encore à l'obligation, parce qu'il lui est quelquefois alloué un intérêt fixe, avec promesse d'amor-

---

(1) N. 134 et s.

(2) Cass., 20 fév. 1877 (le Droit, 13 avril 1877).

tissement successif. Mais elle s'en distingue en ce que, n'étant
pas un droit de créance, elle est toujours primée par les obligations et les autres créances.

Les actions de priorité sont moins répandues en France que
dans certains pays étrangers. En Angleterre, près du tiers des
immenses capitaux employés à la construction des chemins de
fer est représenté par des titres intermédiaires entre l'action et
l'obligation, correspondant pour la plus grande partie à nos
actions privilégiées (1).

Un doute s'est élevé chez nous sur la légalité des actions privilégiées. On a opposé le texte de l'art. 34 du Code de commerce :
« Le capital des sociétés anonymes se divise en actions ou cou-
« pons d'actions *d'une valeur égale.* » Et l'on a dit que ce texte,
en sa forme impérative, mettait obstacle à la création de deux
catégories d'actions, conférant des droits inégaux dans les
bénéfices ou dans l'actif. Ce serait là une objection péremptoire, mais elle n'est pas fondée, car nous avons reconnu plus
haut (2) que l'égalité des titres est de la nature, mais n'est pas
de l'essence des sociétés par actions.

531. Mais une autre objection plus grave a été soulevée, pour
le cas où les actions de priorité sont émises au cours de la société, à titre d'augmentation du capital social. La question
revêt alors un autre aspect, et la solution dépend des pouvoirs
légaux ou statutaires de l'assemblée générale des actionnaires.
Dans le silence des statuts, la loi ne permettrait certainement
pas à la majorité une telle innovation ; lorsque les statuts ont
parlé, son droit ne serait pas douteux s'ils avaient en termes
exprès autorisé la création d'actions de priorité ; il en serait de
même s'ils s'étaient servis de termes équivalents et clairs, par
exemple s'ils avaient donné à l'assemblée le pouvoir de modifier le contrat, même quant à la répartition des bénéfices. Mais
il y a souvent dans les statuts sociaux des clauses insuffisantes,
ambiguës, qui soulèvent une question d'interprétation des plus
délicates.

Dans l'affaire jugée par la Cour de Paris le 19 avril 1875 (3),
il y avait une clause autorisant certaines modifications, même

---

(1) V. l'exposé fait par M. Demongeot,
à la société de législ. comp. (Bulletin,
t. III, p. 305).

(2) N° 473.
(3) Dalloz, 75.2.161 (Soc. génér. du
Crédit mobilier).

très-larges aux statuts, mais elle n'a pas été considérée comme
assez explicite pour permettre à la majorité d'abolir celle qui
stipulait un partage égal des bénéfices entre toutes les actions.
A défaut de clause statutaire, on avait essayé de soutenir qu'un
pouvoir modificatif absolu dérivait de l'art. 31 de la loi de 1867,
au profit des assemblées générales composées dans les termes de
cet article ; mais ce moyen de droit a été repoussé, aussi bien
que l'interprétation statutaire, par l'arrêt du 19 avril 1875, dont
nous reproduisons les considérants en cette partie, à cause de
son importance doctrinale :

« En ce qui touche la nullité tirée de la création d'actions
« dites de priorité : — Considérant que la loi fait de la valeur
« égale des actions un caractère de la société anonyme (art. 34
« du Code de commerce) ; — Considérant que, d'après l'art. 7
« des statuts de la société anonyme du Crédit mobilier, l'action
« donne droit dans cette société à un partage égal des béné-
« fices ; — Que, dans le contrat de société, la stipulation faite
« par un associé relativement aux droits que conférera l'action
« dont il verse le montant est une condition substantielle et
« absolue du lien de droit qui se forme entre la société et lui ;
« — Considérant qu'il résulte ainsi des statuts sociaux, se réfé-
« rant à la disposition de la loi, que l'égalité de valeur des ac-
« tions et le droit égal des actions au partage des bénéfices sont
« des bases constitutives, tenant à l'essence contractuelle de la
« société du Crédit mobilier ; — Considérant que les actions
« dites de priorité créées par la délibération du 2 mars sont
« contraires aux dispositions fondamentales et essentielles des
« statuts ci-dessus visées ; qu'en effet, avant toute attribution
« aux actions anciennes, les actions dites de priorité jouiraient
« annuellement d'un prélèvement de 6 pour cent d'intérêt du
« capital versé, de manière à pouvoir absorber la totalité des
« bénéfices ; que l'inégalité entre les catégories d'actions se
« traduirait encore sous d'autres rapports ; que dans le cas où,
« après le prélèvement de 6 pour cent au profit des actions de
« priorité, il y aurait à répartir un excédant de bénéfices, les
« actions anciennes ne toucheraient qu'un intérêt de 5 pour cent,
« tandis que les autres profiteraient d'un intérêt supérieur ;
« qu'enfin le surplus des bénéfices aurait, pendant cinq ans, à
« se partager également entre les actions de toute catégorie,
« malgré l'infériorité des versements faits sur les actions de
« priorité.

« Considérant que de pareils priviléges concédés aux actions
« de priorité, quant au partage des bénéfices, sont des déroga-
« tions à la loi du contrat, qui n'auraient pu devenir valables
« que si elles avaient été consenties par l'unanimité des action-
« naires ;

« Que, vainement, on soutient que l'assemblée des action-
« naires avait, à cet égard, le droit de modifier les statuts,
« pourvu que, conformément à l'article 31 de la loi du 24 juillet
« 1867, elle fût composée d'actionnaires représentant au moins
« la moitié du capital social ; — Qu'on infère spécialement ce
« droit des articles 29, 30 et 38 des statuts portant que l'assem-
« blée générale régulièrement constituée représente l'universa-
« lité des actionnaires, que l'assemblée générale peut être
« appelée à voter des modifications aux statuts ; — Considérant
« que l'article invoqué de la loi de 1867 ne fait que prescrire
« une condition de la composition de l'assemblée générale des
« actionnaires, qui est obligatoire lorsqu'il y a lieu de procéder
« à un vote de modification des statuts ; — Que le pouvoir de
« modifier les statuts, étant une exception aux dispositions du
« contrat de société dans lequel se sont engagées les parties, doit
« être toujours entendu d'une manière restrictive ; — Qu'en
« dehors des objets spéciaux, sur lesquels le contrat aurait
« expressément permis aux assemblées générales de modifier les
« statuts, le pouvoir de modification ne peut s'appliquer qu'à
« des changements qui se feraient dans les limites des règles
« d'administration ou d'organisation, sans altérer les bases
« constitutives de la société, de manière à blesser l'essence du
« pacte social ; — Que, dans cette mesure seulement, les asso-
« ciés sont censés s'être donné les uns aux autres le mandat de
« statuer souverainement en assemblée générale sur les modifi-
« cations statutaires qu'il serait de l'intérêt de la société d'adop-
« ter ;

« Considérant que l'article 38 du pacte social, prévoyant
« des cas dans lesquels les statuts pourraient être modifiés, n'y
« a pas compris celui dont il s'agit ; que les dispositions de
« l'article 38 qui permettent de modifier l'importance du capi-
« tal social et la forme ou la coupure des actions, ne sauraient
« recevoir l'extension qu'on leur prête ; qu'elles autorisent uni-
« quement des changements à apporter dans la quotité du capi-
« tal social ou dans la forme dont les actions seraient suscep-
« tibles, les actions devant conserver, d'ailleurs, les attributs

« égaux qui leur ont été garantis par le contrat de société (1).

« Considérant que l'assemblée générale extraordinaire du
« 2 mars a commis un excès de pouvoir en ordonnant la création
« d'actions dites de priorité, ce qui a été de sa part non
« une modification licite des statuts, mais la violation des con-
« ditions essentielles sur la foi desquelles l'associé a consenti
« à entrer dans la société.

532. A côté des actions de capital, la pratique commerciale
connaît aussi les actions de jouissance, qui étaient usitées avant
les lois de 1856 et 1867, et qui, nous le croyons du moins, n'ont
pas cessé de l'être depuis.

Elles ont reçu diverses dénominations, et on les a appelées
tantôt actions de jouissance, tantôt actions industrielles, bénéficiaires, etc.

Ce procédé est-il encore licite depuis les lois nouvelles qui
ont réglementé les actions de capital, mais ont passé les autres
sous silence ? En cas d'affirmative, est-il soumis à des règles
particulières, empruntées soit aux lois spéciales, soit à la loi
générale ?

Ces questions sont complexes, et en les analysant attentivement, on découvre qu'il y a trois espèces différentes d'actions
de jouissance, qui veulent être examinées séparément :

En premier lieu, il y a celles qui sont remises après amortissement et en remplacement des actions de capital.

D'autre part, il y a celles qui représentent la part de bénéfices
allouée aux fondateurs de la Société, à titre rémunératoire.

Enfin on peut concevoir la création d'actions, distinctes et
indépendantes du titre de capital, et remises aux actionnaires
eux-mêmes pour leur créer un titre spécial de dividendes.

En faveur de la création de ces diverses actions, il y a un
premier argument qui leur est commun, c'est que si les lois
nouvelles ne la permettent pas textuellement, elles ne la défendent pas non plus. Dès lors n'est-ce pas le cas d'appliquer la
maxime libérale : Tout ce qui n'est pas défendu par la loi est
permis ; car la loi de 1867, tout aussi bien que celle de 1856,

---

(1) Voici les termes de cet art. 38 :
« Lorsque l'assemblée générale est
« appelée à voter sur des modifications
« aux statuts, sur un projet de fusion ou
« d'alliance avec d'autres sociétés, sur
« des modifications à apporter à l'objet
« de la société, à l'importance du capital
« social, à la forme ou à la coupure des
« actions, sur des propositions de conti-
« nuation de la société au delà du terme
« fixé pour sa durée ou de dissolution
« avant ce terme, les avis de convocation
« doivent contenir l'indication de l'objet
« de la réunion. »

est une loi d'exception, qui déroge à la liberté des conventions; et un fait, licite en lui-même, ne devient pas illicite parce qu'il a échappé aux prévisions de la réglementation légale (1).

533. Pour nous occuper maintenant des actions de la première espèce, pourquoi la loi les eût-elle défendues ? Lorsqu'une société a vu ses affaires prospérer au point d'avoir pu, sur ses bénéfices, rembourser le capital qui lui avait été versé par ses actionnaires, le droit de ceux-ci n'est ni diminué ni même changé; ils sont toujours copropriétaires de l'actif social dans la proportion du nombre d'actions amorties que chacun d'eux possédait. Les titres de ces actions, ils pourraient les conserver pour exercer leurs droits dans l'avenir, sauf à marquer par une estampille le remboursement effectué. S'ils sont rapportés par eux pour être anéantis, parce que la mention d'un capital n'a plus de raison d'être, ils doivent de toute nécessité recevoir un acte, un écrit quelconque, un instrument qui soit la preuve de leur droit. Pourquoi cet instrument ne pourrait-il être remis sous la forme d'une action ? Au fond n'est-ce pas le même titre sous une dénomination nouvelle ?

Il est même à remarquer que les nouveaux titres sont improprement appelés actions de *jouissance*, surtout après que l'amortissement de toutes les actions est achevé ; car alors ils ont un droit égal à tout ce qui constitue le fonds social, et c'est pendant la durée seule de l'amortissement que cette appellation a une exactitude relative, pour marquer l'opposition qui existe entre les actions amorties et celles qui ne le sont pas encore; la dénomination d'actions bénéficiaires conviendrait mieux aux deux situations, en indiquant qu'après l'élimination du capital, ce qui reste constitue le bénéfice gagné par la Société.

Ces actions bénéficiaires ne sont autre chose que des actions de quotité, car elles représentent comme celles-ci des fractions du fonds social, et par cette raison elles ne peuvent être sous-divisées au gré des parties, sans tomber sous la prohibition portée en l'article 1er de la loi de 1867. L'échange des nouveaux titres contre les anciens doit avoir lieu titre pour titre, et il n'y aura pas à rechercher si leur valeur réelle ne se trouve pas inférieure au taux légal porté sur le titre primitif ; la loi a été respectée lors de la délivrance de ce titre, elle n'est pas violée

_____

(1) Bédarride, *Commentaire du Code de commerce*, t. II, n. 305 et s.; Troplong, *Sociétés*, n. 136.

parce que ce titre a diminué de valeur par l'amortissement; mais elle le serait si, surtout après cette diminution, il venait à être fractionné en plusieurs coupons (1).

Si quelques auteurs ont émis une opinion favorable à ce fractionnement, c'est qu'ils n'ont pas su distinguer les diverses actions de jouissance : comme M. Beslay (2), par exemple, qui confond dans son argumentation celles délivrées au début de la Société pour rémunérer un apport, avec celles qui remplacent les actions de capital amorties, et arrive ainsi à concéder aux unes comme aux autres la liberté de division prohibée aux dernières.

La même confusion conduit M. Duvergier à la conclusion inverse (3) ; pour lui, la prohibition atteint toutes les actions de jouissance, ce qui est une autre erreur, ainsi qu'on va le voir.

Les nouveaux titres n'étant en réalité que la représentation des premiers, il semblerait qu'ils dussent être, comme ceux-ci, nominatifs ou au porteur, selon qu'ils auraient été, ou non, libérés de moitié, par application de l'art. 3 de la loi de 1867. Cependant si les actions de capital avaient été amorties avant d'être libérées de moitié, et alors qu'elles étaient encore nécessairement nominatives, nous pensons que les actions de jouissance pourraient être délivrées au porteur ; car la disposition de l'art. 3 n'ayant eu pour but que d'assurer par les titulaires de l'action sa libération complète, devient sans objet après l'amortissement de l'action, et l'on rentre dans le droit commun, c'est-à-dire dans la liberté de donner à l'action de jouissance telle forme qu'on préfère.

534. Les actions de la seconde espèce sont celles qui sont accordées aux fondateurs à titre de rémunération.

Le plus souvent, il est vrai, les fondateurs font un apport en nature, et reçoivent en échange des actions de capital, auxquelles on a essayé, bien inutilement, de donner une dénomination particulière, car elles ne se distinguent en rien de celles délivrées contre espèces. Mais il peut arriver, ou qu'il soit difficile d'évaluer cet apport en capital, ou qu'on veuille rémunérer, par une part des bénéfices espérés, le temps et les soins consacrés par les fondateurs à la préparation, à l'étude et fina-

---

(1) Mathieu et Bourguignat, n. 9 et n. 160, note 2.

(2) Nos 89 et suiv.

(3) *Collection des lois*, 1856, p. 336

lement à la création de l'entreprise ; il peut arriver aussi qu'on veuille s'assurer par le même moyen des concours jugés utiles pour l'exploitation même de l'industrie sociale.

Dans ces derniers cas, les parts de bénéfices concédées peuvent être représentées par des titres négociables et qui, cette fois, méritent très-exactement le nom d'actions de jouissance, car elles se placent à côté et en dehors du capital ; elles partagent avec lui, dans une proportion déterminée, l'ensemble des bénéfices sociaux. C'est en quelque sorte la participation du travail avec le capital aux produits obtenus par les deux forces unies, participation laissant toutefois une certaine primauté au capital, qui, avant toute répartition, prélèvera un intérêt et sera remboursé lors de la liquidation.

Ce procédé a l'inconvénient inhérent à toute participation, c'est d'amener des causes de conflits à l'inventaire, soit pour la distinction entre les dépenses de premier établissement et d'entretien, soit pour l'amortissement de l'outillage, soit, en général, pour l'évaluation de l'actif.

Quoi qu'il en soit, il a un fond d'équité qui le recommande, et, pour rentrer sur le terrain purement juridique, les titres qu'il conduit à délivrer aux participants n'ont rien que de très-licite ; on ne saurait leur opposer la prohibition contenue dans l'article 1er de la loi de 1867, puisqu'elle a uniquement pour objet le capital de la Société.

Ces actions de jouissance, créées en dehors de la réglementation légale, peuvent donc être divisées en autant de fractions qu'il plaît aux parties (1). C'est bien à tort que M. Duvergier s'effraye de cette liberté, qui n'amènera jamais les abus justement redoutés pour les actions de capital ; si l'on a pu voir celles-ci dégénérer jadis en billets de loterie, les agioteurs perdraient ici leur peine en tentant la même chose. Au surplus, alors même que seraient fondées les craintes de l'honorable jurisconsulte-législateur, il faudrait se borner à des regrets, en attendant une loi nouvelle qui réglemente les actions de jouissance comme celles de capital.

Ces actions peuvent aussi être nominatives ou au porteur au gré des parties.

535. Reste le troisième mode : nous trouvons ici deux titres

_____

(1) Sic Beslay, n. 90 ; Rivière, n. 43 ; Alauzet, t. I, n. 446. Contrà, Bédarride, n. 7 ; Duvergier, loc. cit.

remis aux mêmes personnes, aux seuls bailleurs de fonds : 1° l'action de capital, libérée ou à libérer en espèces, et donnant droit d'abord à un intérêt fixe annuel, 5 ou 6 pour cent par exemple, puis à titre de second dividende, à une quote-part dans le surplus des bénéfices, enfin à un amortissement soit ajourné à la liquidation, soit obtenu au cours de la Société par la création d'un fonds spécial constitué avec une quote-part des bénéfices annuels; 2° l'action de jouissance, donnant droit à une part dans le surplus des bénéfices sociaux.

Il paraît que cette combinaison est pratiquée en Angleterre et en Allemagne; on pourrait même en citer quelques exemples analogues en France (1). Néanmoins sa légalité, chez nous, peut être sérieusement contestée; car le deuxième titre n'est qu'une émanation directe, un attribut essentiel du premier; il n'est rien autre chose, en effet, que le revenu même du capital, dont on le sépare artificiellement afin d'en permettre une disposition prématurée. Or, dans cette subdivision de l'action en deux titres, n'y a-t-il pas une infraction à l'art. 1er de la loi de 1867 qui détermine un minimum de taux pour les actions : 100 francs lorsque le capital social est inférieur à 200,000 francs, et 500 francs lorsqu'il est supérieur ?

La difficulté doit, à notre avis, se résoudre par une distinction :

Si le taux des actions de capital créées par la Société ne dépasse pas le minimum légal, la subdivision en deux titres sera illicite (2).

Mais elle deviendra licite si le titre du capital excède le taux légal assez notablement pour que le titre de jouisssance, raisonnablement évalué, puisse encore se trouver renfermé dans la limite de ce taux.

En vain dirait-on, pour tenter d'établir la légalité des deux titres dans la première hypothèse, que le titre de jouissance n'est rien de plus qu'une feuille de coupons détachée de l'action, comme il arrive souvent dans la pratique, sans qu'on ait jamais songé à se plaindre de ce procédé. A cela nous répondrons que cette feuille de coupons est, sans nul doute, susceptible d'être vendue, mais dans la forme de droit commun,

---

(1) Ainsi, notamment, la compagnie du canal de Suez, qui a émis des délégations sur ses revenus (V. Contrôl. de l'enregistrement, art. 15324) ou encore la Société forestière algérienne, dont les statuts ont été déposés le 29 mai 1867 au greffe du tribunal de commerce de la Seine.

(2) *Contrà*, Beslay, n. 95, qui ne fait aucune distinction.

c'est-à-dire au moyen d'un acte enregistré et signifié (art 1690, C. civ.) et non suivant les modes de négociation commerciale exclusivement réservés aux actions ou aux effets de commerce. Car la feuille de coupons n'est point une action, et elle ne saurait être considérée comme telle à côté d'une action de capital dont le taux ne dépasse pas le minimum légal (1).

La subdivision du titre ne serait donc permise absolument que dans une législation qui, comme la loi belge (2), laisserait aux parties toute liberté pour fixer le taux de l'action et de ses coupures.

536. On a essayé une autre combinaison, consistant à faire garantir aux actionnaires par un tiers, soit le paiement d'un dividende déterminé, soit le remboursement du capital en cas d'absence de bénéfices après un délai convenu. C'est un contrat particulier qui vient s'adjoindre au contrat de société, qui n'est soumis à aucune forme spéciale et, par exemple, peut résulter de simples circulaires ou prospectus, mais qui toutefois n'est valable que si la garantie est promise par d'autres que par des associés. Dans une espèce jugée par la Cour de Paris le 3 août 1866 (3), la garantie émanait des banquiers chargés de l'émission des actions ; et quoiqu'ils fussent en même temps actionnaires, l'arrêt a décidé que la promesse de garantie était licite parce qu'elle avait été faite par eux, non en qualité d'associés ou actionnaires, mais comme banquiers et pour assurer le succès de l'émission, auquel ils étaient personnellement intéressés.

La garantie eût dû être annulée, si elle avait été donnée par des associés, en vertu de l'art. 1855, C. civ. qui défend d'affranchir un associé, par le contrat de société, de toute contribution aux pertes (4).

SECTION III.

Des obligations.

SOMMAIRE.

537. — Les émissions d'obligations ont lieu librement et sans contrôle.
538. — Inconséquence de la loi. Nécessité d'une réforme.

---

(1) En ce sens, V. jug. du trib. corr. de la Seine (8e ch.) du 16 fév. 1876 (le Droit, 17 fév. 1876).
(2) Loi sur les sociétés votée le 18 mai 1873, art. 35 et s.
(3) Aff. Guilhou fils et Crédit mobil. espagnol (Ann. Lehir).
(4) Suprà, n 137.

539. — La réforme doit s'étendre aux émissions faites par les particuliers.

540. — Elle doit aussi atteindre les titres étrangers, même ceux émis par des villes ou des États.

541. — Deux restrictions à la liberté d'émission des obligations.

542. — La liberté existe pour la forme comme pour le fond.

543. — Les souscriptions d'obligations sont réputées provisoires ou définitives selon l'intention qui a présidé au contrat.

544. — Est-il permis de stipuler des lots et primes de remboursement? Distinction.

545. — Les lots sont défendus par la loi du 21 mai 1836 sur les loteries.

546. — Mais non les primes de remboursement, à moins qu'elles ne soient excessives.

547. — Les primes, combinées avec l'intérêt annuel, peuvent excéder le taux légal fixé par la loi de 1807.

548. — En cas de faillite, l'obligataire n'a droit qu'à une part proportionnelle de la prime de remboursement.

549. — De la responsabilité en cas d'annonces mensongères.

550. — Des sociétés *ad litem* entre obligataires.

537. L'obligation est un titre de création plus moderne que l'action. Ce sont nos grandes compagnies de chemins de fer qui l'ont surtout vulgarisée, et, grâce aux garanties exceptionnelles qu'elles offrent, lui ont conquis la faveur du public ; les obligations émises par ces compagnies, le plus souvent avec la garantie de l'État, sont envisagées sur le marché comme une valeur de placement de premier ordre, et elles se placent immédiatement à côté de la rente elle-même.

La vogue s'est encore accrue lorsque la ville de Paris, plusieurs grandes villes de France, la société du Crédit foncier, ont fait à leur tour des émissions, avec lots à gagner par le sort, et primes de remboursement ajoutées au capital prêté.

Les sociétés commerciales ne devaient pas négliger un instrument de crédit employé avec un succès universel ; et elles devaient être naturellement poussées dans cette voie par les lois nouvellement édictées pour apporter des restrictions à la création des actions. C'est un résultat qui n'était pas difficile à prévoir (1), et qui ne s'est pas fait attendre. L'action réglementée a été délaissée pour l'obligation libre. On n'a pu se passer toujours

---

(1) Je l'avais annoncé, dès 1867, dans mon *Commentaire de la loi du 24 juillet*, n. 74.

et tout à fait de l'action, mais on a réduit le capital social au chiffre le plus bas, pour obtenir le complément par un gros emprunt. La condition gênante de la souscription intégrale du capital a été ainsi éludée ; car, que l'emprunt soit ou non couvert, la portion souscrite, si minime qu'elle soit, demeure acquise. On a des obligations sans garantie comme des sociétés sans contrôle, le plus souvent, en pareil cas, les actions étant souscrites par des syndicats, qui n'auront d'autres surveillants qu'eux-mêmes.

Certaines sociétés, plus aventureuses, ont même demandé tout leur capital aux obligations, en se constituant entre les seuls fondateurs, propriétaires de l'apport en nature. C'est ce procédé qu'ont exploité les sociétés que nous avons nommées à capital fictif (1).

538. N'y a-t-il pas eu de la part du législateur une inconséquence évidente, disons plus, une sorte d'inadvertance involontaire, à laisser aux sociétés la liberté, illimitée et sans contrôle, d'émettre des obligations, alors qu'il réglementait si sévèrement la création des actions! L'analogie entre les deux natures de titres est si grande, il est si facile de les remplacer l'un par l'autre, qu'ils doivent nécessairement être soumis à des conditions analogues. Il y a sur ce point une réforme législative à faire, et la réforme est urgente (2).

En vain les théoriciens du laisser-faire diront que l'État excède son droit en faisant intervenir la loi pour réprimer ces abus. Car il s'agit moins de faire une loi nouvelle que de compléter une loi existante. Serait-il donc défendu au législateur d'assurer l'exécution de son œuvre, de rétablir l'harmonie dans la législation, d'empêcher qu'on ne confonde les véritables obligations, qui sont des titres sérieux de placement, créés en vertu de lois spéciales pour des emplois administrativement surveillés, avec ces valeurs de toute sorte qu'on revêt à dessein du même nom, pour faire croire à des garanties identiques, et qui sont émises sans frein ni mesure au gré de spéculateurs, dont le moindre souci est d'assurer le service des intérêts ou le remboursement du capital!

Aucune hésitation n'est permise lorsqu'on songe que ce sont surtout les petits capitalistes qui sont les preneurs habituels de

---

(1) *Suprà*, n. 463.

(2) V. ma brochure : *Un projet de loi sur les sociétés*, Paris, 1876.

ces titres ; ce sont leurs épargnes qui sont directement menacées, et l'État déserterait sa mission en les laissant plus longtemps exposés au péril ; ce serait renier l'idée fondamentale qui a présidé aux lois de 1856 et de 1867, et qui est une idée de protection, de préservation.

D'ailleurs, dans notre pays démocratique, ces petits, c'est la masse qui travaille, crée, possède le capital; et à part tout sentiment philanthropique, l'intérêt de l'État est évident, car la dilapidation des capitaux privés, c'est aussi, et par une conséquence nécessaire, la diminution de la richesse publique.

539. La réforme, selon nous, ne devra pas se restreindre aux émissions d'obligations faites seulement par les sociétés, mais elle devra s'étendre à celles qui émaneraient des particuliers ; car autrement, rien ne serait plus aisé que d'éluder la loi en faisant les émissions sous le nom d'individus ; d'ailleurs, pourquoi celles-ci seraient-elles libres, les autres, non ; et quelle serait la raison d'un tel privilége? Ce serait, d'autre part, laisser le champ libre à toute une classe de titres qui ont besoin de la surveillance la plus rigoureuse ; nous voulons parler des titres étrangers, émis par des villes, ou même et surtout par des États souverains, titres qui ont depuis quelques années envahi notre grand marché financier en faisant de véritables ravages dans l'épargne nationale.

La loi, disons-nous, serait éludée, et ce n'est pas là une crainte imaginaire ; car en Angleterre, cela se pratique au grand jour, et l'on en peut citer un exemple, passé en quelque sorte à l'état classique : La loi du 8 mai 1845, sur les compagnies de travaux publics, leur défendant d'emprunter au delà de la limite fixée par l'acte de concession, elles n'empruntent rien, mais stipulent des entrepreneurs de longs termes de paiement, comprenant intérêt, prime et amortissement ; alors ce sont les entrepreneurs qui émettent des bons correspondant à ces termes, et à payer par les compagnies aux porteurs. Il n'y a pas emprunt, mais dette reconnue, et transport ou délégation de cette dette par le créancier.

Le procédé est commode, irréprochable sous la loi actuelle ; il a été imaginé, dit-on, par un jurisconsulte éminent, dont le nom a été, par reconnaissance sans doute, donné à ces bons, qui s'appellent des *Loyd's bons*. Mais l'inventeur pourrait bien n'être qu'un plagiaire, car ces bons ressemblent à s'y méprendre aux bons de délégation émis jadis par les entrepreneurs de la ville de Paris, et qui se résumaient aussi en un transport par les créanciers de la subvention à eux accordée par la ville pour l'exécution des travaux. L'honneur de l'invention reviendrait donc à l'ancienne administration préfectorale du département de la Seine (1).

Nous n'entendons d'ailleurs nullement critiquer, ni pour l'Angleterre, ni pour la France, la légalité actuelle du procédé; mais nous ne saurions nous joindre à M. Loyd, lorsqu'il s'écriait devant une commission d'enquête, avec un parfait contentement de soi-même, qu'il n'y avait pas de loi au monde capable de s'opposer à l'émission de ses bons. Il suffirait de réglementer l'émission des titres de créance, émanant même du créancier, ce qui toucherait très-directement les bons de délégation émis par de simples individus.

540. La réforme devrait aussi atteindre les titres étrangers, même émis par des villes ou des États ; et sur ce point l'urgence est grande.

Le cri d'alarme a été poussé dans les deux pays par la presse économique (2). Le gouvernement anglais s'en est ému, et la chambre des communes a nommé une commission pour ouvrir une enquête sur les emprunts émis dans ces derniers temps par divers États de l'Amérique du Sud. Il a été constaté que la fraude avait atteint des proportions inconnues jusqu'ici ; les compagnies particulières ont été dépassées, dans leurs exploits déjà si remarquables, de toute la distance qui sépare un État souverain d'un simple individu ; le prestige de tels emprunteurs, irrésistible sur les esprits faibles, a décuplé l'effet désastreux des prospectus habituels ; et, en assistant à de tels spectacles, on se résigne à dire une fois de plus que la crédulité humaine est décidément sans bornes. Ne citons qu'un exemple : Voici un État de 400,000 habitants, à peu près tous sauvages, qui fait trois emprunts successifs, d'ensemble 150 millions, couverts pour près de 100 millions. Il lui en revient le 1/4 ou le 1/5, et le reste est ou absorbé par les intermédiaires, l'un d'eux a, pour sa part, 25 millions, ou employé à payer les coupons échus et les obligations sorties, ou à soutenir les cours, le tout jusqu'au dernier versement du dernier emprunt inclusivement. Quelles sont mainte-

---

[[(1) Voir sur l'historique de ces bons de délégation, mon livre intitulé: *Questions fiscales*, art. 7, p. 165.

(2) V. notamment l'*Économiste français*, numéros des 14, 21 et 28 mai 1875.

nant les garanties des prêteurs? Ce devrait être un chemin de fer transocéanique, qui n'a jamais été fait, puis les richesses naturelles du pays, qui sont réelles, mais n'auront de valeur qu'après avoir été mises en œuvre et développées par les travaux de la civilisation. Les richesses naturelles du pays, c'est le gage ordinaire, et toujours merveilleusement exploité, des emprunts exotiques. C'était aussi le gage des actions du Mississipi, créées par Law, au commencement du siècle dernier.

La réforme législative que nous demandons dût-elle avoir pour effet d'arrêter infailliblement tous les emprunts exotiques, on aurait bien tort de s'en affliger outre mesure, les placements nationaux, excellents et fructueux, ne faisant pas défaut à l'épargne française. La moralité publique, l'intérêt général bien entendu, ne pourraient que gagner à un tel résultat; car, en vérité, l'honneur de la nation, non moins que le crédit de l'État, celui même des compagnies honorables, sont intéressées à ce que notre marché financier ne soit pas l'asile de toutes les affaires interlopes du monde entier.

541. En attendant, c'est la liberté absolue qui règne, pour les sociétés aussi bien que pour les particuliers, sauf deux restrictions concernant : l'une les compagnies de chemins de fer français, l'autre les sociétés étrangères.

Pour les chemins de fer français d'intérêt local, le Conseil d'État, qui déclare l'utilité publique en vertu de la loi du 12 juillet 1865, y met pour condition que les émissions d'obligations ne pourront dépasser le capital-actions. Quant aux chemins de fer d'intérêt général, la loi qui les autorise contient en général des dispositions analogues.

D'un autre côté, les obligations émises par les sociétés étrangères ne peuvent être négociées en France qu'avec l'autorisation des ministres des finances et du commerce, et moyennant certaines conditions prescrites par un décret du 22 mai 1858.

542. La liberté existe aussi bien pour la forme que pour le fond. L'émission des obligations peut avoir lieu avec ou sans acte qui la constate et la limite. Une délibération de conseil d'administration, ou d'assemblée générale, suffit pour mettre en action la planche gravée qui fera couler le Pactole dans les caisses les plus taries ; les émissions succèdent aux émissions, les dernières servent à payer l'intérêt des premières, pour entretenir un crédit factice qui permet de vivre plus longtemps aux dépens du public.

16

Cependant il arrive quelquefois que les souscripteurs d'un emprunt se constituent en société civile, avec des administrateurs chargés de surveiller les intérêts communs; cela est même nécessaire lorsqu'une hypothèque est conférée par la société qui emprunte, afin d'obéir à la loi hypothécaire qui exige, à peine de nullité, l'indication dans l'inscription du nom du créancier. Aux États-Unis, les emprunts ne se contractent pas autrement, et les commissaires, ou *trustees*, sont même institués dépositaires des fonds pour mieux en surveiller l'emploi. En Angleterre, on trouve aussi dans deux lois, du 20 août 1857 et du 28 juillet 1863, des dispositions diverses destinées à régler les conditions d'émission des obligations. Mais, chez nous, l'association des prêteurs n'est obligatoire que dans le cas où l'emprunt est garanti par une hypothèque.

L'obligation hypothécaire peut être émise sous la forme d'un titre au porteur, et l'hypothèque se transmet comme la créance elle-même dont elle n'est que l'accessoire, par la simple tradition du titre.

543. Si aucune loi spéciale n'a jusqu'ici réglementé l'émission des obligations, elles restent bien entendu soumises aux principes généraux qui régissent les contrats et obligations conventionnelles. Ainsi c'est en recourant à ces principes qu'on devrait décider la question de savoir si les souscriptions doivent être considérées comme définitives et acquises à l'emprunteur au fur et à mesure qu'elles sont obtenues, et quoique ces souscriptions n'atteignent pas le chiffre total de l'emprunt sollicité du public; ou si, au contraire, elles seront réputées provisoires et subordonnées au succès complet de l'émission. La solution dépendra de la commune intention des parties, puisqu'il s'agit en réalité d'un contrat ordinaire passé entre l'emprunteur et les souscripteurs. Par exemple, si une compagnie annonce qu'elle veut emprunter 10 millions pour construire tel chemin de fer, tel canal, et qu'elle n'obtienne que 500,000 francs par les souscriptions, il est clair que le but de l'opération projetée ne saurait être atteint, et les souscripteurs sont déliés. Mais si un banquier, d'une solvabilité suffisante, a souscrit ferme le montant de l'emprunt et ouvre une souscription publique pour le placement des obligations, les souscripteurs ainsi improprement nommés sont de véritables acheteurs de titres, et ils sont liés, quelque peu nombreux que soient les titres placés.

544. Des lots et primes de remboursement sont quelquefois

attachés aux obligations émises, pour être payés aux créanciers en sus d'un intérêt annuel plus ou moins élevé. Cette stipulation est-elle licite ?

Il semblerait que l'affirmative ne fût pas douteuse, depuis la loi du 21 juin 1875, qui a soumis à l'impôt de 3 pour cent sur le revenu créé par la loi du 29 juin 1872, « les lots et primes de « remboursement payés aux créanciers et porteurs d'obliga-« tions ». Mais la loi fiscale, pourrait-on répondre tout d'abord, saisit le fait, quel qu'il soit, sans garantir une légalité qui serait contestable aux yeux de la loi civile. Au surplus, il existe plusieurs catégories d'obligations, telles que celles des compagnies de chemins de fer d'intérêt général, du Crédit foncier de France, et de quelques grandes villes, en faveur desquelles des lois spéciales ont autorisé les lots et primes ; et l'on peut admettre, pour rester dans la légalité stricte, que la loi fiscale n'a entendu viser que ces sortes d'obligations.

Dès lors l'argument tiré de cette loi doit être écarté, et c'est en elle-même, avec les précédents législatifs et judiciaires, que la question doit être examinée.

Cette question comporte plusieurs distinctions, selon qu'il s'agit, ou de lots, ou de primes, ou encore de primes qui excèdent ou n'excèdent pas le taux légal de l'intérêt.

545. Les lots, qui ont ce caractère d'être promis seulement à quelques-uns des obligataires désignés par le sort, tombent sous la prohibition de la loi du 21 mai 1836, qui défend les loteries, et répute telles : « toutes opérations offertes au public « pour faire naître l'espérance d'un gain qui serait acquis par « la voie du sort ».

La loi belge sur les sociétés, du 18 mai 1873, a proscrit implicitement les valeurs à lots, en ordonnant que les obligations émises soient remboursées par annuités égales.

Et telle est aussi la solution consacrée par un arrêt de la Cour de cassation (Chambre criminelle) en date du 14 janvier 1876, rejetant le pourvoi formé contre un arrêt de la Cour de Paris du 29 mars 1875 (1).

Ces arrêts décident en même temps que les gérants de journaux qui annoncent les emprunts émis à l'étranger avec primes ou lots acquis par la voie du sort, et publient les numéros des obligations gagnant les lots, tombent sous l'application des

---

(1) Dalloz, 76.1.185.

art. 2-4 de la loi de 1836. Et les juges n'ont pas à se préoccuper de la bonne ou mauvaise foi des gérants ; il leur suffit de
déclarer que les articles et annonces incriminés font connaître
l'existence de loteries prohibées.

546. Les primes de remboursement, à la différence des lots,
sont promises à tous les obligataires sans distinction. L'époque où elles deviennent exigibles est seule fixée par le sort, en
sorte que le seul aléa consiste dans la chance d'être remboursé
plus ou moins tôt. Cet aléa ne constitue pas en général un bénéfice assez considérable pour être assimilable *à ces gains acquis
par la voie du sort* que la loi de 1836 a voulu empêcher. Aussi
la jurisprudence citée tout à l'heure a-t-elle reconnu la légalité
des primes de remboursement, alors qu'elle déclarait les lots
illicites (1). En serait-il encore de même s'il arrivait que l'intérêt fût amoindri, ou même totalement supprimé, afin de grossir
d'autant la prime ? Ce n'est pas là un danger purement chimérique, et la loi belge l'a prévu en ordonnant que les obligations devraient rapporter un intérêt annuel d'au moins 3 pour cent.
Dans cette hypothèse, l'aléa serait considérablement augmenté,
la prime ne serait plus un simple accessoire de l'intérêt annuel,
mais c'est l'intérêt lui-même qui serait mis en commun pour
accroître l'attrait et les avantages du sort. La combinaison se
rapprocherait beaucoup de la loterie, et l'assimilation s'admettrait aisément si l'intérêt était ainsi tout entier transformé en
prime de remboursement.

547. La prime de remboursement n'est jamais autre chose
qu'un intérêt mis en réserve et accumulé pour être payé en une
seule fois avec le capital. La loi du 21 juin 1875 l'a ainsi définie : « la différence entre le taux d'émission et la somme à
rembourser. » Et cette différence est composée, comme l'a très-
justement constaté l'administration de l'enregistrement dans
l'instruction adressée à ses agents sur l'exécution de cette
loi (2), « des intérêts ou des arrérages réservés et répartis se-
« lon un mode particulier. »

La prime, n'étant ainsi qu'un intérêt artificiel supplémentaire, on s'est demandé si, combinée avec l'intérêt annuel,
elle pouvait dépasser le taux fixé par la loi du 3 septembre 1807,
à 5 pour cent en matière civile, et à 6 pour cent en matière com-

_____

(1) Add. Cass., 10 nov. 1824 (D.52.   (2) Instr. du 23 juin 1875, n. 2517
1.94).   (*Rev. du notar.*, n. 4961).

merciale. M. Pont (1) est d'avis de la négative, et suivant lui, ce qui excéderait le taux légal devrait, aux termes de la loi du 19 décembre 1850, ou être restitué à l'emprunteur, ou s'imputer sur l'intérêt légal non encore acquitté, et subsidiairement sur le capital de la dette. Mais la jurisprudence a une tendance contraire très-marquée, et elle paraît admettre que la prime est une compensation légitime des risques exceptionnels que fait courir aux prêteurs l'époque éloignée et incertaine de l'amortissement, que ces risques résultent de la fluctuation habituelle du marché des valeurs mobilières, de la dépréciation progressive de l'argent, aussi bien que des éventualités attachées aux entreprises industrielles de longue durée. Elle consacre ainsi la légalité d'une pratique passée depuis longtemps déjà dans nos mœurs industrielles et financières (2).

548. En cas de faillite ou déconfiture du débiteur, il y a déchéance du terme (art. 1188, C. civ.), et les obligations émises deviennent immédiatement exigibles, sans égard aux époques fixées pour l'amortissement. La prime n'est pas alors acquise intégralement aux obligations (3), car ce serait leur payer des intérêts courus postérieurement au remboursement du capital. Il n'est donc dû aux obligataires, en pareil cas, que : 1° Le capital de l'obligation, calculé sur le taux d'émission ; car c'est bien ce capital qui seul a été déboursé, a seul été livré à l'emprunteur, et a seul formé l'objet du prêt de consommation (4) ; 2° le prorata de l'intérêt annuel jusqu'au jour du remboursement effectif ; 3° et une part proportionnelle de la prime, à raison du temps écoulé depuis l'emprunt, comparé au temps restant à courir jusqu'à l'époque de l'exigibilité convenue (5).

Mais que déciderait-on s'il n'y avait pas un taux uniforme d'émission ? On serait alors obligé de considérer comme capital de l'obligation, soit la somme livrée par l'obligataire à l'emprunteur si elle était connue ; soit, en cas de vente des titres, le prix de cette vente, en y ajoutant une certaine somme à titre de

(1) Comment. des petits contrats, t. Ier, n. 286. — Sic, Cass., 7 mai 1844 (D. 31.5.536).

(2) Lyon, 8 août 1873, Douai, 24 janv. 1873 (D.74.2.201 et 203). — V. aussi Cass., 13 août 1845 (D.46.1 35) et divers arrêts cités au Rép. Dalloz, v° Prêt à intérêt.

(3) L'arrêt de la Cour de Lyon du

8 août 1873 cité à la note précédente, paraît cependant l'avoir admis, mais en l'absence de contradiction de la part des intéressés.

(4) Arg. de l'art. 1892, C. civ.

(5) V. en ce sens deux jugements du trib. de comm. de la Seine du 19 nov. 1874 et du 31 mars 1875 (le Droit, n°° du 30 janvier et du 7 avril 1875).

compensation de l'aléa de remboursement, et sauf en outre dommages-intérêts dus aux souscripteurs comme aux acheteurs, s'ils ont été trompés par des manœuvres frauduleuses constitutives d'un dol civil ou de l'escroquerie (1).

549. La souscription et l'achat des obligations sont souvent déterminés par les annonces et prospectus qui vantent et exagèrent mensongèrement les garanties offertes par l'entreprise. Un arrêt rendu par la Cour de Paris le 7 juin 1872, au sujet de la société des terrains de Trouville (2) a parfaitement indiqué et délimité le principe de la responsabilité qui peut en résulter au profit des obligataires trompés. Cet arrêt décide que l'émission des obligations d'une société financière dans les bureaux d'un journal ne peut suffire pour engager la responsabilité du propriétaire directeur-rédacteur de ce journal envers les souscripteurs. Mais sa responsabilité serait engagée si, pour assurer le succès de l'émission, il avait eu recours soit à des assertions mensongères, soit à des manœuvres dolosives destinées à tromper inévitablement sa clientèle et ses abonnés.

Ne peut être considérée toutefois comme une manœuvre dolosive le fait de s'être rendu l'écho d'énonciations inexactes et erronées, s'il en a indiqué les origines et a mis ainsi les lecteurs en demeure de s'éclairer, et si la clairvoyance la plus vulgaire eût fait éviter au souscripteur de l'obligation le piége dans lequel il prétend être tombé.

La même responsabilité incombe au banquier qui n'a pas vérifié la sincérité des déclarations et promesses faites au public. Il peut être déclaré responsable, non-seulement des souscriptions reçues à sa caisse, mais aussi de celles obtenues par d'autres intermédiaires s'il a laissé annoncer que l'émission avait lieu avec son concours (3).

L'action en responsabilité pourrait même, en pareil cas, atteindre les administrateurs de la société, s'ils avaient négligé les mesures de surveillance commandées par l'intérêt des souscripteurs, par exemple en laissant insérer dans les prospectus et annonces que la société offre un gage hypothécaire de premier ordre et de tout repos, alors qu'il n'en est rien (4).

---

(1) V. le jugement du 19 nov. 1874, cité à la note précédente (Aff. du Crédit foncier suisse).

(2) Bull. de la Cour d'appel, n. 2672.

(3) Paris, 22 mars 1877 (Bull. de la Cour d'appel, n. 3943).

(4) Paris, 22 mars 1877, arrêt cité à la note précédente.

Cette action serait recevable devant la juridiction civile, même après l'acquittement par le tribunal correctionnel des administrateurs et des banquiers, poursuivis pour escroquerie (1).

550. Les obligataires pourraient se réunir pour confier à l'un d'entre eux, ou même à un tiers, la mission de défendre leurs droits en justice. Et, au lieu d'un simple mandat, ils pourraient créer une société civile qui permettrait à leurs représentants d'agir et de plaider pour eux, mais sans renoncer ainsi à leur droit d'agir individuellement (2).

CHAPITRE TROISIÈME.

DE L'ADMINISTRATION DES SOCIÉTÉS EN COMMANDITE PAR ACTIONS.

SOMMAIRE.

---

(1) Arrêt du 22 mars 1877, cité à la page qui précède. | (2) Paris, 4 fév. 1875 (D.76.2.185). *Contrà*, Paris, 10 janv. 1862.

551. La société en commandite par actions est régie par des dispositions générales, c'est-à-dire qui lui sont communes avec la commandite simple, et par des dispositions qui lui sont spéciales.

Les dispositions générales sont inscrites : 1° dans le Code de commerce, qui règle la gérance de la société et le rôle des commanditaires, qualifiés simples bailleurs de fonds; 2° dans la loi du 6 mai 1863, qui a eu pour but de faciliter le contrôle de ces derniers, gêné par des prohibitions trop absolues et des pénalités trop sévères.

Les dispositions spéciales forment le titre I de la loi du 24 juillet 1867.

Quant à la société anonyme, les règles de son administration se trouvent, soit dans le Code de commerce, soit dans le titre II de la loi de 1867, qui les a peu modifiées et qui s'est appliquée surtout à réglementer, d'ailleurs très-imparfaitement, les assemblées générales d'actionnaires.

552. Dans toute société en commandite, simple ou par actions, il y a un ou plusieurs gérants, associés responsables et solidaires. Le nom d'un gérant doit figurer dans la raison sociale, afin de bien marquer aux yeux des tiers la prépondérance de l'élément personnel sur l'élément capital.

Le commanditaire ne doit que sa mise et rien de plus; une fois libéré, sa personne s'efface, et dans la commandite simple elle est même inconnue des tiers; dans la commandite par actions, la liste des souscripteurs est seulement déposée chez un notaire lors de la constitution de la société.

La commandite est donc une société mixte, à la fois de personne et de capitaux; à la personne appartient l'action avec la responsabilité; les capitaux sont réduits au contrôle, mais ils y gagnent l'immunité.

553. Le contrôle s'exerce par un conseil de surveillance, délégué par les commanditaires.

Ce conseil est facultatif dans la commandite simple, où le contrôle peut être exercé directement par les commanditaires; mais il est obligatoire dans la commandite par actions, dont il constitue uu rouage essentiel; car il y intervient dès le premier jour pour vérifier la sincérité de la déclaration faite par le gérant, touchant la souscription intégrale du capital et le versement d'un quart sur les actions; puis il fonctionne en permanence pendant toute la durée de l'existence sociale, obligé chaque année de faire un rapport sur la situation de la société à l'assemblée générale des actionnaires.

Le contrôle individuel est ainsi remplacé par le contrôle collectif ; cependant l'intervention personnelle des commanditaires-actionnaires peut aussi se manifester dans l'assemblée générale par des interpellations et des critiques ; et c'est dans ce but que la loi de 1867 donne le droit à tout actionnaire, quinze jours avant la réunion de l'assemblée, de prendre communication du bilan, de l'inventaire, et même du rapport du conseil de surveillance, qui déjà doit être préparé.

554. Il n'est pas sans intérêt de comparer cette organisation administrative avec celle de la société anonyme, ne serait-ce que pour les mieux faire comprendre l'une et l'autre.

Dans le mécanisme légal de la commandite par actions, il y a trois organes principaux : la gérance, le conseil de surveillance et l'assemblée générale. Dans la société anonyme, on en trouve trois aussi : le conseil d'administration, les commissaires et l'assemblée générale.

Malgré l'analogie qui semble tout d'abord exister entre les uns et les autres, il y a des différences notables ; l'action et le contrôle dans les deux sociétés sont loin d'être répartis et exercés de la même façon.

L'action, dans la commandite, est concentrée dans les mains du gérant, maître unique, qui seul imprime aux affaires de la société la direction et le mouvement. Le conseil de surveillance, l'assemblée générale des actionnaires peuvent, sans nul doute, soit spontanément, soit sur la demande du gérant, lui donner des avis ou des conseils, mais qu'il est libre de ne pas suivre. Ils peuvent plus encore, lui adresser des injonctions, lui signifier des défenses, mais auxquelles il n'est pas tenu d'obéir ; avis, ordre, *veto*, peuvent être dédaignés par le gérant, et la société sera légalement obligée vis-à-vis des tiers par ses agissements contraires. Ajoutons toutefois que le gérant, en se retranchant ainsi dans son indépendance, agit à ses risques et périls, et que, contre l'abus, il y aurait une double sanction ; la responsabilité envers les commanditaires, si les actes accomplis contre leur vœu préjudiciaient à la société, et sa révocation par les tribunaux, en cas d'incapacité démontrée ou d'infidélité prouvée.

Mais ce sont là des satisfactions après coup, et qui souvent même resteront illusoires ; en sorte que les commanditaires peuvent être tout aussi impuissants à réprimer qu'à prévenir.

Il reste donc vrai de dire qu'ils ne possèdent qu'un pouvoir secondaire, subordonné et comme inexistant ou nul vis-à-vis des tiers ; car leurs délibérations en conseil de surveillance ou en assemblée générale sont tout intérieures ; elles sont inconnues du public, et il est essentiel qu'elles restent inconnues; toute délibération, qui aurait un caractère obligatoire pour le gérant devant constituer une immixtion engageant la responsabilité des commanditaires. C'est la loi même de l'institution qui les condamne à l'immobilité et au silence.

Dans la société anonyme, les choses se passent tout autrement. Si l'action y est attribuée au conseil d'administration, ce n'est que sous l'autorité de l'assemblée générale des actionnaires. Le conseil tient ses pouvoirs de l'assemblée, qui peut les lui reprendre, car il est essentiellement et à toute heure révocable. L'assemblée peut s'immiscer autant qu'elle le veut dans l'administration ; elle peut tout faire et défaire ; sa souveraineté est entière, sur les actes comme sur les personnes. La liberté des actionnaires n'est jamais gênée par la crainte d'une responsabilité, qui est expressément limitée au chiffre de l'action.

555. Mais la surveillance est mieux et plus fermement organisée dans la commandite, où d'ailleurs elle est plus nécessaire contre la toute-puissance du gérant. Le conseil de surveillance doit être choisi parmi les associés, intéressés à conserver leur propre chose ; il est nommé pour plusieurs années, ce qui lui donne l'esprit de suite et de tradition, indispensable pour bien juger des opérations sociales et faciliter les investigations. Dans la société anonyme, les commissaires peuvent être des étrangers et seront dès lors très-indifférents à son succès ; ils ne sont nommés que pour une année et n'exercent que pendant le dernier trimestre, la loi n'ayant voulu leur donner qu'une mission restreinte et temporaire, de peur sans doute qu'elle ne devînt tracassière. S'ils ont le droit de convoquer l'assemblée générale, ce n'est qu'exceptionnellement et en cas d'urgence, tandis que le conseil de surveillance possède sans réserve ce droit de convocation et même celui de provoquer la dissolution de la société en commandite.

556. Voilà donc un certain avantage au bilan de la commandite, avantage conféré par la loi elle-même, comme inquiète de la grande autorité qu'elle a confiée au gérant et désireuse d'en empêcher l'abus. Il est loisible aux parties, en fondant la société, de suivre la loi dans cette voie et de stipuler que le gérant sera

révocable par la seule volonté de l'assemblée générale, *ad nu-tum*, comme disaient les jurisconsultes romains. Le gérant, nous l'avons dit, peut sans doute être révoqué pour cause légitime, mais par les tribunaux, après débats publics, irritants et toujours nuisibles au crédit ou à la considération de la société ; ajoutons que là question est souvent délicate et le résultat du procès incertain. Or une clause des statuts suffit pour faire échec au gérant et mettre fin à ses abus de pouvoir ; clause licite et ne constituant pas une immixtion devant engager la responsabilité des commanditaires ; car changer un gérant, ce n'est point faire acte de gestion, du moins dans le sens de la loi du 6 mai 1863 (1). La commandite, ainsi corrigée, se rapprocherait assez de la société anonyme.

557. En étudiant toute cette organisation administrative de nos sociétés commerciales, on ne saurait s'empêcher de songer à l'organisation politique des États modernes, qui tendent de plus en plus à devenir de véritables associations de forces et d'intérêts. Sous la diversité des formes gouvernementales, il se détache des types principaux, qui ont des traits d'analogie frappants avec nos deux principales espèces de sociétés. Et la grande question de l'époque : Monarchie ou République, est souvent agitée entre les fondateurs de sociétés commerciales, hésitant entre la commandite et la forme anonyme. Certes la controverse est permise, lorsqu'il s'agit de rédiger le plus important des contrats, le contrat par excellence, celui auquel on donne, en politique comme en affaires, le nom commun de contrat social. Rousseau l'a cherché à l'état rudimentaire jusque dans la nuit des origines de l'humanité ; de son temps, et sous forme d'instrument écrit, on le trouvait à peine dans le dédale obscur des vieilles chartes anglaises ; c'est seulement vers la fin du siècle qu'on l'a vu surgir violemment dans les constitutions politiques à la suite des révolutions accomplies dans les deux mondes. L'exemple a été contagieux, et désormais chaque État veut avoir ses statuts sociaux ; le xixe siècle est en plein travail d'élaboration de lois constitutionnelles.

558. Entre le contrat politique et le contrat privé, il y a un premier point de ressemblance : c'est la clause de révision qui se trouve habituellement dans l'un comme dans l'autre ; mais

---

(1) Cass., 25 nov. 1872 (D.75.1.479). — V. *suprà*, n. 146 et s.

qui, plus conséquente dans le dernier, ne permet jamais de détruire le contrat, sous prétexte de le modifier. Pour toucher à l'une des bases fondamentales de la société, il faut une stipulation expresse, précise ; de même et *a fortiori*, pour transformer la société, faire, par exemple, d'une société anonyme une commandite, c'est-à-dire d'une république une monarchie, ou *vice versâ*. La loi belge du 24 mai 1873, tout en conférant de grands pouvoirs à l'assemblée générale des actionnaires, entend que *l'objet essentiel de la société* soit respecté. C'est dans le même esprit que la Constitution du royaume de Grèce n'admet sa révision que pour certaines dispositions « autres que les dispositions fondamentales ; » et cette réserve, dans les termes mêmes où elle est exprimée, semble n'être qu'un écho de notre jurisprudence française dans l'interprétation qu'elle a donnée de la clause de révision des sociétés commerciales (1).

Il en est de ces clauses fondamentales comme de certains droits antérieurs et supérieurs aux lois écrites, dont parlait la Constitution de 1848, et auxquels il n'est pas permis de déroger sans attenter à la conscience humaine. Le droit individuel, en pareil cas, forme barrière devant le droit social, et la majorité est tenue de s'arrêter devant la minorité.

559. Toutefois il y a de grandes variétés dans les types : ainsi la commandite n'est pas assurément une monarchie, ni héréditaire, ni viagère, ni purement élective. Elle n'est pas non plus cette monarchie constitutionnelle, où le roi règne et ne gouverne pas, selon la théorie fameuse qui, si souvent, n'a été qu'une fiction servant à déguiser le gouvernement personnel sous les apparences d'un gouvernement parlementaire. La commandite est bien une monarchie, puisqu'elle est placée sous le pouvoir d'un seul, et elle se rapporte soit à cette monarchie tempérée par les lois, dont parle Montesquieu, soit à la monarchie constitutionnelle faussée par la pratique et dégénérée en gouvernement personnel, soit encore à la monarchie impériale ou césarienne, dont le chef responsable gouverne avec le concours d'un Corps législatif et d'un Sénat, comme le gérant d'une commandite sous le contrôle d'un conseil de surveillance et d'une assemblée générale.

Le pouvoir du gérant n'est pas purement électif, avons-nous

---

(1) V. not. l'arrêt rendu par la Cour de Paris, le 19 avril 1875, dans l'affaire du Crédit mobilier (D. 75.2.464), *supra*, n. 531.

dit ; et cependant, à l'origine, s'il n'est pas élu, il est tout au moins accepté par chacun des commanditaires. Au cours de la société, s'il se retire ou s'il meurt, son successeur est désigné par l'élection.

Le gouvernement personnel du gérant serait d'ailleurs singulièrement atténué par une clause qui permettrait sa révocation ; ici, nous nous écartons tout à fait des chartes royales où l'on est bien sûr de ne jamais lire un article autorisant la déposition du roi. Mais cette clause révocatoire serait valable, nous l'avons dit, et par elle on arriverait à une certaine pondération de pouvoirs réalisant peut-être l'équilibre constitutionnel tant cherché par ceux qu'on a nommés les politiques du juste-milieu. Si, en outre, on fortifiait le contrôle du conseil de surveillance, qui n'a reçu de la loi qu'un minimum de droits ; si, d'un autre côté, le suffrage universel permettait à tous l'accès dans les assemblées générales, on aurait pour résultat cette monarchie qui exista un jour dans notre histoire contemporaine et qui devait être, promesse décevante, la meilleure des républiques.

560. C'est dans la société anonyme seulement que l'on peut trouver l'idéal républicain, le gouvernement de la démocratie par elle-même, le *self-government* dans toute sa vérité. Autrefois elle était sous la suzeraineté de l'État, qui s'était réservé le droit d'autoriser, et conséquemment de refuser sa création ; mais elle a conquis son autonomie par la loi du 24 juillet 1867, après avoir subi l'épreuve du système transitoire de la responsabilité limitée qu'on avait imaginé en 1863. La base même de cette démocratie industrielle, c'est la souveraineté du peuple des actionnaires, souveraineté qui réside dans l'assemblée générale et que rappelle textuellement cette formule inscrite dans tous les statuts de société : « L'assemblée générale est souveraine pour statuer sur toutes les affaires de la société. »

Comme l'état politique, la société anonyme a ses trois sortes d'assemblées : l'assemblée constituante, l'assemblée annuelle et l'assemblée de révision (1).

Elle est, d'ailleurs, comme le gouvernement républicain, susceptible de bien des modalités ; ainsi l'on y chercherait vainement cet état de pure démocratie, tel que l'a décrit Jean-Jacques, ce gouvernement direct du peuple, toujours en action, toujours en ses comices, pérorant et légiférant ; idéal qui constitue, à vrai

---

(1) V. sur l'organisation et les pouvoirs de ces assemblées, *infrà*, chap. VII.

dire, l'absence de gouvernement et auquel Proudhon, le grand railleur, a donné un nom fort exact à tous égards, l'*an-archie*. Mais on a dû se résigner au régime représentatif à deux degrés : l'assemblée générale déléguant le pouvoir à un conseil d'administration, qui confie l'exécution à un comité ou à un directeur; mais tous ces délégués, du premier jusqu'au dernier, étant tous et toujours essentiellement révocables.

La société anonyme peut même n'être qu'une république aristocratique; si, par crainte de la souveraineté du nombre, elle délaisse le suffrage universel pour le vote censitaire ou pour le vote proportionnel à l'intérêt; ce qui n'est pas défendu par la loi de 1867, sauf pour l'assemblée constituante où règne le suffrage universel, mitigé toutefois par la pluralité des voix, mais limitée au maximum de dix.

Elle peut dégénérer plus encore et tomber en oligarchie si le droit de suffrage n'est accordé, par exemple, qu'aux cent plus forts actionnaires.

561. Si parfaites que soient les constitutions, elles n'empêchent pas les conflits; l'expérience a bien des fois et cruellement démontré la vanité des théories, et le monde politique n'a pas été la seule victime des coups d'État et des révolutions; à quelle forme donc de gouvernement industriel devra-t-on s'attacher? L'embarras est grand : on vantera dans la commandite l'unité de direction (1), la stabilité du pouvoir, et l'on recueillera le despotisme. Pour éviter cet écueil, la société anonyme vous offre sa magistrature multiple et amovible, et elle vous mène droit à l'anarchie. Vous croyez échapper à ce nouveau danger en nommant un directeur unique, mais il va devenir ou se croire l'homme indispensable, et vous échouez en pleine autocratie. Vous êtes pris, et vous vous débattez en vain dans l'impitoyable engrenage des contradictions économiques.

Quoi qu'il en soit, l'anonymat paraît avoir décidément pris le pas sur la commandite, et c'est aujourd'hui la forme presque exclusivement usitée dans les grandes affaires. On a fini par reconnaître que le principe monarchique de la séparation des pouvoirs est rarement une vérité, aussi bien en industrie qu'en politique, et qu'il oscille sans cesse, comme un pendule irrégu-

---

(1) « Le gouvernement monarchique, dit Montesquieu, a un grand avantage sur le républicain : les affaires étant menées par un seul, il y a plus de promptitude dans l'exécution. » (*Esprit des lois*, liv. V, chap. x).

lier, tantôt dans un sens, tantôt dans l'autre, de l'autorité à la liberté, ou de celle-ci à celle-là. Si pourtant l'abus du gouvernement personnel est plus fréquent dans la commandite, uo a vu des conseils de surveillance assez énergiques pour dompter leur gérant et le tenir en tutelle.

En Angleterre, c'est le Parlement qui est le seul souverain réel, et M. Bagehot (1) a pu dire que « l'efficacité secrète de la « constitution anglaise réside dans l'étroite union, dans la fusion « presque complète du pouvoir exécutif et du pouvoir légis- « latif ».

562. D'ailleurs, dans la pratique, on s'est appliqué à corriger ce qu'il y a d'instable dans l'anonymat. Loin d'imiter la Convention, gouvernant elle-même par ses comités, on n'a pas voulu d'un conseil d'administration en permanence ; et si l'on admet un comité d'exécution, son action est concentrée dans la main d'un président ou d'un directeur.

Le directeur est généralement nommé par le conseil et non par l'assemblée, par peur de ce conflit fameux qu'avait voulu prévenir l'*amendement Grévy*, et qui est inévitable entre deux pouvoirs nés de la même source. Ce directeur n'est autre, en réalité, qu'un administrateur délégué, conservant la voix délibérative. On l'appelle en Belgique l'*administrateur permanent*.

Un moyen terme a été proposé (2) : ce serait de faire nommer le directeur par l'assemblée sur la présentation du conseil, en ne lui donnant que voix consultative.

Une autre combinaison a été mise en avant pour parer au danger des responsabilités collectives, qui trop souvent n'arrêtent ou ne stimulent personne, chacun comptant sur ses collègues. Il paraît qu'elle est usitée dans certaines Compagnies où le conseil d'administration, en même temps qu'il nomme le directeur de la société, nomme aussi les principaux chefs de service, tels que le directeur de l'exploitation, celui de la partie commerciale, l'ingénieur en chef des travaux, celui de l'exploitation ; chacun de ceux-ci proposant et même agissant sous sa responsabilité personnelle, comme le feraient les membres d'un cabinet ministériel, si l'on adoptait le système, recommandé par M. Menier, de la spécialisation des ministères (3).

563. Cette liberté à peu près absolue, laissée à la société

(1) *De la constitution anglaise*, p. 14. | nymes
(2) M. de Courcy, *Les Sociétés ano-* | (3) *L'Avenir économique*, t. Ier, p. 373.

anonyme d'organiser ses pouvoirs, est certainement l'une des causes qui l'ont fait préférer au cadre étroit et strictement tracé de la commandite.

Mais cette liberté sans règle n'a-t-elle pas, dans ces derniers temps surtout, donné lieu à de graves désordres, à de véritables catastrophes! et doit-on se résigner à subir les abus, pour l'honneur du principe, en confiant aux mœurs le soin d'opérer la réforme! N'y a-t-il pas là un cercle vicieux; ne doit-on pas commencer par réformer les mœurs, et cette réforme est-elle possible sans modifier la loi? Sans insister ici sur ce point de vue, je crois qu'il suffirait, pour obtenir une notable amélioration, de quelques dispositions législatives réglementant la composition et la tenue des assemblées générales d'actionnaires.

564. Si je me suis attardé longtemps dans cette étude comparative, ce n'est point pour le vain plaisir de me livrer à des jeux d'antithèse. La comparaison fait mieux comprendre, en général, les définitions. Ici, elle ressort du sujet même et s'impose à tous les esprits réfléchis. M. Menier, dans le livre déjà cité (1), s'en est emparé pour la thèse inverse à celle-ci, et c'est l'organisation industrielle qu'il propose en exemple aux gouvernements politiques :

« Une nation, dit-il, n'est qu'un grand syndicat d'intérêts, « une grande association industrielle. Pourquoi donc ne pas « transporter, dans l'administration de la nation, les procédés « d'administration des sociétés industrielles et commerciales?»

565. Revenons à la commandite. La séparation des pouvoirs qui est une condition essentielle de sa constitution, peut devenir une source de conflits; car si l'un des deux, le pouvoir de contrôle, n'est, relativement à l'autre, au pouvoir d'action, qu'un pouvoir secondaire, il en est, dans sa sphère propre, tout à fait indépendant, et cette indépendance lui est tellement nécessaire que sans elle il n'existerait pas; un conseil de surveillance complaisant ferait l'office d'un sénat servile en aplanissant les routes qui conduisent aux catastrophes.

Il serait donc de toute importance que les frontières des deux pouvoirs fussent nettement tracées afin que nul ne s'y trompe, et malheureusement les textes légaux sont très-sobres de renseignements à cet égard. Nous verrons, sous le chapitre suivant, quelles sont les attributions du conseil de surveillance, et nous

_____

(1) T. Ier, p. 373.

aurons à montrer, par un certain nombre d'exemples, comment se dénouent les difficultés lorsqu'elles s'élèvent entre le conseil et le gérant.

Sur les pouvoirs de celui-ci, la loi commerciale est d'ailleurs absolument muette; il faut, pour les connaître, se reporter, soit aux règles établies par le code civil pour l'administration, si différente pourtant, des sociétés civiles, soit aux principes généraux du mandat (1). La loi de 1867 se borne à le charger de faire, à l'origine de la société dont elle le considère comme fondateur, la déclaration notariée que le capital est souscrit intégralement et les actions libérés pour un quart (art. 1); puis, elle lui défend, sous peine d'amende, de commencer les opérations sociales avant l'entrée en fonction du conseil de surveillance (art. 13).

Dans la commandite, il y a au contrat deux parties : le gérant et les commanditaires; le gérant est même, au moins vis-à-vis des tiers, la partie essentielle, puisque seul il représente la société. S'il disparaît, par décès ou démission, la société tombe fatalement en dissolution.

Cependant la société pourrait survivre (2), si un nouveau gérant était nommé, soit par les commanditaires unanimement d'accord, soit par la majorité d'entre eux, spécialement autorisée par une clause des statuts, qui aurait prévu le cas, et stipulé que la société ne serait pas dissoute par le décès ou la démission du gérant.

566. Mais pourraient-ils valablement nommer un gérant provisoire? Oui; car par cela même que la société n'est pas dissoute par le décès ou la démission du gérant; il s'écoule, jusqu'à la nomination de son successeur, un intervalle nécessaire pendant lequel la société ne peut rester à l'abandon. La nomination d'un administrateur judiciaire pourrait certainement être requise en référé, comme mesure d'urgence, par les commanditaires qui craindraient d'engager leur responsabilité en s'immisçant dans la gestion. De même ils pourraient, sans s'engager personnellement, se livrer spontanément à des actes conservatoires; on doit aller plus loin et admettre, avec la jurisprudence de la Cour de cassation (3), que le conseil de surveillance peut délé-

---

(1) V. Irᵉ partie.
(2) V. not. Cass., 12 janv. 1852 (D. 52.1.53).

(3) Not. Cass., 30 avril 1862 (D.62. 1.537).

guer le droit de gérer provisoirement la société, que cette délégation rentre dans ses attributions, et qu'elle n'est qu'un acte d'administration intérieure qui n'engage pas sa responsabilité.

Si le provisoire se prolongeait au delà du nécessaire, tout actionnaire serait recevable à provoquer judiciairement la nullité de la société, mais la demande serait vraisemblablement rejetée s'il survenait au cours de l'instance une délibération de l'assemblée générale nommant un nouveau gérant.

CHAPITRE QUATRIÈME.

DU CONSEIL DE SURVEILLANCE.

La loi du 24 juillet 1867, en prescrivant la nomination d'un conseil de surveillance dans chaque société, n'a fait que consacrer un usage invariablement suivi de temps immémorial. Entrant dans cette voie, elle devait songer à l'organisation du conseil, fixer l'étendue de ses pouvoirs et de sa responsabilité : c'est ce qu'elle a fait par une série de dispositions empruntées, pour la plupart, soit au droit commun, soit à l'usage, et qui peuvent se classer dans l'ordre suivant :

1º Nomination du conseil de surveillance (art. 5) ;

2º Ses attributions (art. 6, 10 et 11) ;

3º Responsabilité de ses membres (art. 8, Iᵉʳ alinéa, et art. 9).

Reprenons chacun de ces points en faisant observer avant tout que les dispositions de la loi sur le conseil de surveillance sont d'ordre public, et qu'il n'est pas permis aux actionnaires d'y déroger (1).

SECTION Iʳᵉ.

Nomination du conseil de surveillance.

SOMMAIRE.

567. — Le conseil doit être nommé préalablement à toute opération sociale.

568. — Cette nomination est faite par l'assemblée générale des actionnaires.

_____

(1) Trib. comm. de la Seine, 18 oct. 1858 (D.59.3.23).

569. — Elle pourra avoir lieu dans la seconde assemblée (celle qui aura voté l'approbation des apports).

570. — Il suffira de la majorité des actionnaires présents, votant par tête.

571. — Le conseil est composé de trois membres au moins. Questions diverses à ce sujet.

572. — Le conseil est soumis à une réélection obligatoire.

573. — *Quid* si la réélection n'a pas lieu?

574. — Quelle serait alors la responsabilité des membres restés en exercice?

575. — Elle serait en tout cas limitée au préjudice causé.

576. — Quelles sont les personnes qui ne peuvent faire partie des conseils de surveillance?

577. — Tout membre du conseil doit être actionnaire.

578. — Stipulation sur ce point à insérer dans les statuts.

567. Le conseil de surveillance est un rouage indispensable au fonctionnement de la société; aussi la loi impose-t-elle sa nomination comme un préliminaire obligé. On a vu quelles sont les deux conditions auxquelles la loi subordonne la constitution définitive de la société. Après cette constitution le gérant ne peut commencer immédiatement les opérations; il faut, auparavant, que le conseil de surveillance soit nommé (1).

568. Cette nomination sera faite par l'assemblée générale des actionnaires, au lieu de l'être, comme autrefois, par le gérant lui-même, ce qui était souvent une véritable dérision, car comment prendre au sérieux des surveillants nommés par celui qui est à surveiller!

569. Faudra-t-il réunir, pour la nomination du conseil, une troisième assemblée générale? On se rappelle que déjà deux réunions auront inévitablement eu lieu avant la constitution de la société. Cette troisième réunion sera toujours inutile; de ce que la loi dit que la nomination aura lieu immédiatement *après* la constitution de la société, il ne s'ensuit pas qu'elle ne puisse avoir lieu *simultanément*, ou du moins dans la même assemblée qui aura voté l'approbation des apports et des avantages particuliers (2).

Ce sera, toutefois, à une condition : c'est que, lors de la con-

(1) Art. 13 de la loi.

(2) Conf. Dalloz, n. 1208. Mais il est entendu qu'aucune nullité ne serait encourue parce que la nomination serait renvoyée à une troisième assemblée (Du-vergier, *Lois*, 1856, p. 341; Rivière, n.64). Ce qui importe, d'après les art. 5 et 13 de la loi, c'est que les opérations sociales ne commencent qu'après cette nomination.

vocation de cette assemblée, il sera donné avis spécial de la nomination du conseil de surveillance.

570. La loi n'indique pas à quelle majorité la nomination aura lieu. La majorité devra-t-elle, comme dans les deux premières assemblées, comprendre le quart des actionnaires et représenter le quart du capital social? Non (1); il suffira, aux termes du droit commun, comme dans toutes les assemblées postérieures à la constitution de la société, de la majorité des actionnaires présents et votant par tête, à moins que les statuts ne l'aient autrement réglé. En sorte que, si la même assemblée est appelée à voter, comme cela aura lieu souvent, et sur l'approbation des apports et sur la nomination du conseil, les deux votes auront lieu à deux majorités différentes. L'art. 5 eût évité cette anomalie en se référant à l'art. 4 à cet égard.

J'ai dit : la majorité des actionnaires *présents*. La rigueur des principes exigerait peut-être la majorité de tous les actionnaires; mais, si l'on réfléchit aux embarras souvent inextricables qui pourraient en résulter, on abandonne ce *strictum jus*, d'ailleurs incertain, pour adopter une solution qui a pour elle la consécration de l'usage. Il est entendu qu'il n'en serait ainsi que moyennant une convocation loyale, faite suivant les formes ordinaires.

571. Le conseil doit être composé de trois membres au minimum (sous la loi de 1856, il fallait cinq membres); la société qui trouverait ce nombre insuffisant pourrait donc le dépasser (2). Il serait prudent, pour éviter les convocations d'assemblées générales, toujours difficiles, de nommer deux ou plusieurs membres suppléants, lesquels prendraient, dans un ordre déterminé, les places qui deviendraient vacantes par suite de décès ou démissions.

On a soutenu (3) que toute société qui comprendrait moins de trois actionnaires ne pourrait se constituer, ou que celles dont les actions plus nombreuses viendraient à se réunir dans moins de trois mains devrait se dissoudre. Mais cette opinion, ajoutant à la loi une rigueur déraisonnable, ne saurait être suivie : *De eo quod plerumque fit statuit lex* (4).

---

(1) Conf. Duvergier, *loc. cit.*; Bédarride, n. 77; Rivière, n. 67; Dalloz, 1209. *Contrà*, Alauzet, n. 198.
(2) Dalloz, v° *Société*, n. 1215; Rivière, n. 63.
(3) M. Rivière, n. 62.
(4) Aix, 18 nov. 1857 (D.58.2.127). — *Rép.* Dalloz, v° *Société*, n. 1213. Alauzet, n. 465. *Contrà*, Mathieu et Bourguignat.

M. Duvergier (1) décide que, si dans le cours de la société, le conseil de surveillance vient à être réduit au-dessous de trois membres, par empêchement, absence, démission ou décès, la nullité est encourue de même que si la société avait été constituée avec un conseil inférieur en nombre au minimum légal. Cette interprétation de la loi me semble inacceptable; car c'est étendre à un cas non prévu par le législateur la nullité prononcée par l'art. 7, et la responsabilité rigoureuse qui en résulte aux termes de l'art. 8. L'analogie de situation ne suffirait pas pour légitimer une telle extension; mais, d'ailleurs, elle n'existe en aucune manière : dans les art. 7 et 8, la loi statue sur la constitution originaire de la société, elle punit ceux qui ont volontairement et sciemment désobéi à ses prescriptions impératives. Mais voici une société qui a été régulièrement constituée, et qui a fonctionné pendant un certain temps, lorsqu'un des membres de son conseil de surveillance vient à mourir : on veut, parce qu'il ne sera pas immédiatement remplacé, que la société soit annulée, et que les membres survivants du conseil deviennent *ipso facto*, responsables de cette nullité; bien plus, il faudra, suivant l'art. 8, que les fondateurs de la société peut-être déjà disparus, et en tout cas fort innocents de ce fait postérieur, soient atteints par la même responsabilité ! Remarquons d'ailleurs qu'il y aura toujours un intervalle forcé entre le décès et le remplacement; et l'on accordera bien à la société, avant de la frapper, le temps moral nécessaire pour opérer ce remplacement; mais quelle sera la durée de ce temps moral ? Quel est le jour précis où commencera le retard illégal, où la nullité devra être prononcée ? Dira-t-on, par argument de l'art. 13, qu'elle doit discontinuer ses opérations jusqu'à ce que le conseil soit au complet ? Mais, dans cet ordre d'idées, il ne s'agirait plus de la nullité de la société; c'est le gérant qui se trouverait avoir commis un délit et se serait mis dans le cas d'être traduit en police correctionnelle. Le délit n'existerait même pas; car l'art. 13 édicte une peine contre le gérant qui commence les opérations sociales avant l'entrée en fonctions du conseil de surveillance, et il est évident qu'on ne pourrait lui infliger cette peine pour n'avoir pas après le décès d'un membre du conseil, suspendu les opérations sociales, c'est-à-dire compromis l'existence même de la société (2).

---

(1) *Lois*, 1856, p. 341.

(2) Bédarride, append., n. 80; Dalloz, n. 1215 et 1268.

M. Duvergier invoque la possibilité de la fraude ; mais il sait bien que la fraude est une exception qui ne doit point entraîner le législateur à des rigueurs inutiles, ni le jurisconsulte à des interprétations excessives et arbitraires ; au surplus, il reconnaît, et avec raison, aux parties intéressées le droit de se pourvoir en justice pour obtenir l'autorisation de convoquer, à défaut du gérant, une assemblée générale chargée de compléter le conseil de surveillance (1). Mais si, en effet, les parties intéressées ont ce droit, la société n'est donc pas nulle ; et ainsi la thèse de M. Duvergier se détruit par une contradiction.

L'erreur de cette thèse vient d'une analogie trompeuse : « L'absence *ab initio* de la formalité, dit M. Duvergier, et le « défaut de rétablissement quand elle a disparu, doivent avoir « le même effet. » Mais c'est confondre deux situations bien différentes : « On ne doit pas, répond avec raison un arrêt (2), « faire rétroagir des faits postérieurs jusqu'à atteindre la vali- « dité de la société. Sa nullité ne peut résulter que de l'absence « de l'une des conditions constitutives et initiales. » Ajoutons que lorsqu'une loi énumère d'une façon précise les cas de nullité, comme l'ont fait les deux lois de 1856 et 1867, on doit considérer cette énumération comme limitative. Si l'irrégularité se prolonge, il y a, dans les règles générales du droit, une sanction, et une action pour l'exercer : la sanction, c'est la responsabilité des membres restants, et l'action appartient individuellement à tous les actionnaires, qui peuvent aussi exiger soit la nomination des membres complémentaires, soit la dissolution, mais non la nullité de la société (3).

572. D'après la loi de 1856, le conseil de surveillance ne pouvait rester en fonctions plus de cinq ans. La loi nouvelle se borne à prescrire, comme règle obligatoire, la réélection du conseil, mais en laissant toute liberté aux statuts pour déterminer les époques et les conditions de la réélection. Le premier conseil seul est nommé pour une année.

On continuera donc à stipuler dans les statuts que le conseil

---

(1) Conf. Rivière, n.66; Dalloz, n.1214.
(2) Grenoble, 28 déc. 1871 (D.1871.2.206), sur renvoi de cass. du 11 mai 1870 (D.1870.1.404) ; Cass., 14 juill. 1873 (D.76.1.160). *Contrà*, Mathieu et Bourguignat, sur l'art. 5 de la loi de 1867. **MM.** Dalloz qui avaient semblé adhérer à cette doctrine (*Rép.* v° *Société*, n.1212

et 1213) l'ont à peu près abandonnée depuis (*Rec. pér.*, note sous cass., 22 janv. 1872, 72.1.117).

M. Rivière (n. 59) incline vers la nullité si le conseil réduit était maintenu dans le dessein de favoriser des abus préjudiables à la société.

(3) Bédarride, n. 131 ; Beslay, n. 546.

se renouvellera partiellement chaque année, et que les membres sortants seront désignés par le sort (1). Un renouvellement en masse aurait l'inconvénient de mettre en présence du gérant des hommes nouveaux, qui en seraient souvent inconnus, ou à peu près, qui le connaîtraient peu lui-même, et qui auraient à faire l'étude complète d'une situation entièrement neuve pour eux ; d'où il pourrait surgir des défiances, des tiraillements et des conflits, que la sagesse commande de prévenir.

D'ailleurs les membres sortants sont indéfiniment rééligibles ; il n'en serait autrement que dans le cas de prescription formelle des statuts ; mais la raison, non moins que l'intérêt bien entendu, conseille de maintenir à leur poste ceux qui ont dignement rempli leur tâche ; et des statuts sagement rédigés se garderont bien de déroger à la loi sur ce point.(2).

Les membres qui manqueraient à leurs devoirs pourraient être remplacés avant l'expiration de leurs fonctions par l'assemblée générale (3).

573. Si la société n'est pas nulle lorsque le conseil de surveillance cesse d'être complet par démission ou autre cause, en est-il encore de même dans cette hypothèse : le conseil de surveillance est complet, ou tout au moins au-dessus du minimum légal, mais il n'a pas été soumis à la réélection, suivant le vœu des statuts et de la loi ? Il arrive alors de deux choses l'une, ou que le conseil continue, en fait, d'exercer ses fonctions de surveillance quoi qu'elles soient expirées, ou qu'il s'en abstient. Il y a faute dans les deux cas, plus dans le deuxième que dans le premier ; car ce sont les membres du conseil eux-mêmes qui sont chargés, à défaut du gérant, de faire procéder à leur remplacement ; la loi leur donne le pouvoir de convoquer l'assemblée générale des actionnaires, ils devaient en prendre au besoin l'iniative et surtout ne déserter leur mission qu'après leurs successeurs installés. Ils manquent donc à un devoir positif et commettent un quasi délit, dont ils doivent la réparation dans les termes du droit commun (4). Mais c'est la seule conséquence, soit de la continuation effective de leurs fonctions au delà du terme expiré, soit de leur abstention. Il n'y faut pas

---

(1) Conf. Bravard, p. 39 ; Dalloz, n. 1247 ; Foureix, n. 474.

(2) Conf. Duvergier, n. 344 ; Bédarride, n. 84 ; Foureix, n. 474.

(3) Bédarride, n. 82 ; Bravard, p. 39 ; Dalloz, n. 1247.

(4) Cass., 22 janv. 1872 (D. 72.1.447).

ajouter la nullité de la société; elle n'est pas prononcée par le texte, et les situations ne sont pas analogues. Ici, il y a un conseil de surveillance complet qui exerce plus ou moins, ou même, si l'on veut, qui n'exerce pas ses fonctions; la société a tous ses organes, elle est apte à vivre et à fonctionner; si sa marche n'est pas régulière, cela tient non à un vice propre de sa constitution, mais à la négligence des personnes; en un mot, ce n'est pas la fonction qui fait défaut, mais le fonctionnaire. Il n'y a donc aucune raison plausible pour prononcer la nullité de la société (1).

Du reste il va de soi que si les membres du conseil de surveillance donnent leur démission dans une assemblée générale, qui l'accepte et vote en même temps la transformation de la société en commandite simple avec la suppression de tout conseil de surveillance, ils sont valablement dégagés par la délibération que nous supposons avoir été prise régulièrement et avoir été publiée (2).

574. La responsabilité des membres du conseil qui auraient continué d'exercer la surveillance ne serait certainement pas engagée d'une manière bien grave; car il faudrait établir, pour obtenir une condamnation contre eux, que le fait seul de n'avoir pas provoqué leur remplacement aurait été une cause directe de préjudice pour la société.

Mais il en serait autrement de ceux qui auraient abandonné leur poste sans qu'il ait été pourvu à leur remplacement soit sur la demande du gérant, soit sur leur provocation personnelle, ainsi que l'a décidé la Cour de cassation par son arrêt du 22 janvier 1872, cité plus haut (3), en cassant un arrêt de la cour de Nîmes du 4 mai 1868, qui avait déclaré le conseil de surveillance non responsable des actes postérieurs à l'expiration de son mandat.

Cependant, sur le renvoi prononcé par cet arrêt de cassation, la cour de Grenoble, par un arrêt du 11 décembre 1872 (4), sans nier en principe la continuation de la responsabilité, a déclaré le conseil de surveillance excusable, par ce motif qu'il avait cru de bonne foi n'être plus responsable après l'expiration de ses fonctions; ajoutant toutefois, en fait, pour expliquer

---

(1) Lyon, 24 juin 1871 (D.71.2.188). | Rejet de Lyon, 27 avril 1871.
Cass., 14 juill. 1873 (D.76.1.160). | (3) N° 573, note 4.
(2) Cass., 16 juill. 1873 (D.74.1.15), | (4) Dalloz, 74.2.33.

sans doute cette excuse trop facilement acceptée, que le conseil n'avait pas totalement abandonné la surveillance des actes du gérant. En effet cette erreur de droit n'était pas de nature à décharger le conseil, car il ne devait pas ignorer qu'il manquait à son devoir en laissant la société dépourvue de toute surveillance. Le contrôle de la gérance est, dans la commandite, un élément essentiel, une garantie d'ordre public, selon les termes de l'arrêt de cassation, et l'ignorance à cet égard était inexcusable.

575. Mais la responsabilité ne doit pas s'étendre au delà du préjudice causé, et c'est à tort que l'arrêt du 22 janvier 1872 déclare le conseil responsable de toutes les opérations de la gérance postérieures à l'abandon de ses fonctions. Il est vrai qu'il s'agissait, dans cette espèce, d'une société régie par la loi du 17 juillet 1856, qui, par son art. 7, rendait le conseil de surveillance responsable, en cas d'annulation de la société, de toutes les opérations postérieures à leur nomination ; mais cette sanction exagérée, et depuis sagement réduite par la loi de 1867 au préjudice causé, était et devait rester spéciale au cas d'annulation de la société. La responsabilité ne devait donc atteindre le conseil que dans la mesure du préjudice provenant directement du défaut de surveillance (1).

576. Tout actionnaire peut être élu membre du conseil de surveillance, même celui qui, par convention particulière, aurait une part des bénéfices de la gérance s'il reste étranger aux pertes.

Les notaires, même ceux qui ont reçu les actes de société, peuvent être membres d'un conseil de surveillance. L'ordonnance sur le notariat du 4 janvier 1843 ne leur défend de s'immiscer que dans l'administration, et non dans la surveillance des sociétés (2).

Mais les avocats manqueraient à leurs devoirs professionnels en entrant dans un conseil de surveillance, car ils accepteraient ainsi un mandat, ce qui est contraire aux traditions du barreau, ainsi que l'a constaté une délibération du conseil de l'ordre des avocats à la cour d'appel de Paris en date du 27 juin 1865.

Il est à remarquer d'ailleurs que ces incompatibilités professionnelles sont exclusivement personnelles à ceux qu'elles

---

(1) Lyon, 24 juill. 1871 (D.71.2.188). | 1870. Contrà, Dict. du not., v° Notaire,
(2) Journ. du Notar., n° du 18 mai | n. 621.

atteignent et qu'elles ne concernent pas les sociétés, qui peuvent maintenir ces membres en fonctions, sauf l'application des peines disciplinaires qu'ils auraient encourues.

577. Lors de la discussion de la loi de 1856, un amendement avait été présenté pour obliger les membres du conseil de surveillance à posséder un certain nombre d'actions libérées, qui seraient une garantie de l'exécution de leur mandat. Il n'a pas été accueilli. Est-ce à dire qu'ils pourraient être choisis en dehors de la société? Non, puisque la loi les qualifie d'*actionnaires :* « Le conseil, dit l'art. 5, est composé de trois *actionnaires.* » Mais qu'arrivera-t-il s'ils vendent aussitôt après leur nomination les actions qu'ils ont justifié leur appartenir? Seront-ils réputés démissionnaires? Et si la majorité d'entre eux était dans ce cas, ne serait-il pas à craindre de voir la société frappée de nullité à la demande des intéressés, pour inobservation de l'art. 5? Il est constant que du jour où la vente de leurs actions serait connue, l'assemblée générale aurait le droit de pourvoir à leur remplacement(1); mais il est impossible que la nullité soit jamais prononcée pour ce fait, à moins qu'il ne soit entouré de manœuvres dolosives.

578. Au reste, chaque société fera bien de stipuler dans ses statuts, que les membres du conseil de surveillance devront être propriétaires d'un certain nombre d'actions qui seront laissées à la souche pendant la durée de leurs fonctions. Ce sera un moyen de garantie et en même temps une preuve de l'observation de l'art. 5.

Il a été jugé, en présence d'une telle stipulation, insérée dans les statuts d'une société antérieure à la loi de 1856, que les membres du conseil de surveillance sont réputés de plein droit avoir souscrit le nombre d'actions exigé par les statuts, par cela seul qu'ils ont accepté leurs fonctions, et alors surtout qu'ils ont commencé à les exercer (2).

Cette décision serait évidemment applicable à une société postérieure à la loi de 1856.

Lorsque les statuts portent que les membres du conseil de surveillance devront être propriétaires d'un certain nombre d'actions, ils ne sont pas tenus de justifier qu'elles leur sont

---

(1) Bravard, p. 37 et 38; Dalloz, v° *Société,* n. 1206.

(2) Paris 16 avril 1861 (D.61.2.122).

venues par voie de souscription; ils peuvent les tenir, soit de tiers à titre d'achat, soit même des libéralités du gérant (1).

Il a même été jugé que la participation d'un membre du conseil de surveillance aux bénéfices de la gérance, n'était pas une cause de nullité de la société (2).

SECTION II.
Attributions du conseil de surveillance

§ 1er. — Droits et devoirs généraux du conseil de surveillance.

SOMMAIRE.

---

(1) Paris, 26 juill. 1861 (Pal. 1862). | (2) Cass., 14 juill. 1873 (D. 76.1.460).

579. Au premier conseil de surveillance incombe un devoir spécial, indiqué par l'art. 6, celui de vérifier si toutes les dispositions contenues dans les articles qui précèdent ont été observées. C'est ce conseil qui est institué le gardien de la loi ; à lui la mission d'assurer l'observation des prescriptions qui ont pour but de sauvegarder l'intérêt général, aussi bien que l'intérêt privé des personnes qui vont s'engager dans la société. Cette mission a en quelque sorte un caractère public, comme celle qui était précédemment confiée au Conseil d'Etat, chargé de surveiller la création des sociétés anonymes, et qui a été transmise par la loi nouvelle aux commissaires de surveillance des mêmes sociétés.

L'omission de ce devoir donnerait lieu à une lourde responsabilité, comme on le verra plus loin (1), dans le cas où il en résulterait quelque dommage pour la société ou les tiers.

La disposition qui forme aujourd'hui l'art. 6 n'existait pas dans la loi de 1856, mais elle dérivait virtuellement de la mission même du conseil de surveillance, qui d'ailleurs était déclaré formellement responsable de l'annulation de la société pour inobservation des mêmes formalités.

La vérification de ces formalités étant de la plus haute importance pour le conseil, on en trouvera plus loin un résumé précis et détaillé (2).

580. Le conseil de surveillance est-il tenu d'opérer ou faire opérer les publications légales de l'acte de société ? Non. C'est là un soin qui appartient au gérant, chargé spécialement, par l'art. 60 de la loi de 1867, de signer l'extrait des actes et pièces déposés, lorsque les actes sont sous-seings privés. Le conseil est-il du moins tenu de surveiller l'accomplissement de la formalité par le gérant ? Non. Car ce serait ajouter au texte de l'art. 6, qui n'a trait qu'aux formalités originaires destinées à conduire la société jusqu'à sa constitution, comme au texte de l'art. 10, qui énumère les devoirs généraux du conseil de surveillance pendant le cours de la société, et ne se rapporte évidemment qu'aux opérations ou à la comptabilité sociale. Ce n'est pas à dire que nous engagions les conseils de surveillance à se désintéresser tout à fait de la publication, qui est une condition vitale puisque son omission entraîne la nullité de la société ; et s'il n'y a pas obligation légale, il y a pour eux un devoir moral de prému-

(1) *Infrà*, sect. IV, § 1. | (2) *Infrà*, chap. V.

nir la société contre une négligence qui aboutirait à un tel résultat.

581. Les art. 10 et 11 de la loi déterminent ensuite les attributions générales du conseil de surveillance pendant le cours de la société.

Suivant l'art. 10, les membres du conseil vérifient les livres (1), la caisse, le portefeuille, et les valeurs de la société, c'est-à-dire tout ce qui constitue l'actif et le passif sociaux (2).

En outre ils font chaque année, à l'assemblée générale, un rapport sur les inventaires.

D'après l'art. 11, le conseil de surveillance peut convoquer l'assemblée générale, et, conformément à son avis, provoquer la dissolution de la société.

Ces deux articles résument en peu de mots les devoirs et les droits du conseil de surveillance :

Dans l'art. 10, les devoirs, qui ont pour objet deux choses bien distinctes : une vérification fréquente, attentive des livres, caisse, portefeuille et valeurs de la société ; et un rapport annuel à l'assemblée générale.

* Dans l'art. 11, les droits, que les circonstances peuvent aussi transformer en devoirs impérieux.

Il n'y a rien, dans ces dispositions, qui constitue vraiment une innovation ; le législateur s'empare d'usages constants, et il les consacre ; les termes mêmes dont il se sert sont ceux qui ont toujours été employés dans les statuts bien rédigés. Il ne faut pas en conclure qu'il ait fait une chose superflue ; loin de là : on sait qu'il y a toujours du vague et de l'indéterminé dans l'usage ; et c'est là une situation qui ne plaît pas aux hommes réfléchis et consciencieux, qu'effraye à bon droit le double danger de faire trop ou trop peu ; prévenir une telle situation, la circonscrire, c'était un besoin auquel la loi a bien fait de donner satisfaction.

582. La vérification doit pouvoir se faire largement, aussi souvent que le conseil le juge nécessaire, sans dégénérer pourtant en obsession et en tracasserie. Manifester une défiance injuste envers le gérant serait souvent plus nuisible aux intérêts sociaux que de s'abandonner à une confiance sans bornes. Aussi, pour éviter de donner une solennité trop publique à cette véri-

---

(1) Mêmes les livres facultatifs, c'est-à-dire autre que le livre-journal et le livre des inventaires (Bédarride, n. 143).
(2) Dalloz, v° *Société*, n. 1226.

fication, le conseil ferait bien d'en charger à tour de rôle un ou deux de ses membre (1); mais il déserterait sa mission s'il la confiait à des mandataires (2).

Pas plus que par le passé, le conseil ne doit s'immiscer dans la gestion, à peine de responsabilité (3). Il doit respecter l'action du gérant, et se tenir complétement en dehors; sa mission est toute d'intérieur; elle est purement passive, tant que les affaires sont prospères, et que la gérance opère loyalement.

Du reste il y aura toujours, en pareille matière, une question de mesure qui, en cas de désaccord, tomberait d'abord sous l'appréciation de l'assemblée générale des actionnaires et, en-suite, des tribunaux. Ceux-ci pourraient même en être saisis di-rectement et immédiatement, leur autorité étant supérieure à celle de l'assemblée, qui, en statuant contre le gérant, pourrait être considérée comme étant à la fois juge et partie.

583. Le conseil de surveillance a le droit de se faire donner communication de tous livres et autres documents pouvant l'éclairer sur la marche de la société.

Cette communication doit toujours avoir lieu sans déplace-ment : c'est un point qui a été reconnu lors de la discussion de la loi du 24 juillet 1867 à l'égard des commissaires chargés de surveiller l'administration des sociétés anonymes. S'il en est ainsi pour ces dernières sociétés, où la surveillance a besoin d'être plus armée que dans la commandite, à la tête de laquelle est un gérant dont la responsabilité est déjà considérée à juste titre comme une garantie de bonne gestion, on doit décider *a fortiori* que les conseils de surveillance ne seraient pas fondés à réclamer le déplacement d'aucun des livres ou documents de la société.

Le droit à la communication n'implique pas celui d'exiger la copie de toutes les pièces communiquées. La loi de 1867 a soi-gneusement distingué ces deux choses : *communication et déli-vrance de copies;* il suffit, pour s'en convaincre, de comparer avec les art. 33 et 34 les art. 12, 35 et 63 :

L'art. 12, concernant la *commandite*, ne donne aux action-naires qu'un simple droit à la *communication* du bilan, de l'in-ventaire et du rapport du conseil de surveillance, communica-tion qui doit être prise au siége social.

---

(1) Conf. Rivière, n° 85 ; Dalloz, n. 1224.
(2) Foureix, n. 174; Rivière, n 74 ;
Dalloz, n. 1216.
(3) V. loi du 6 mai 1863; et *Supra*, n 82 et s

L'art. 35, relatif aux sociétés *anonymes*, autorise les actionnaires à se faire délivrer *copie* du bilan et du rapport des commissaires.

Enfin l'article 63, *commun aux deux sortes de sociétés*, concède à toute personne le droit de se faire délivrer à ses frais *copie* de l'acte de société et de ses annexes déposés aux greffes de la justice de paix et du tribunal de commerce.

Le texte même de ce dernier article démontre qu'il n'est applicable qu'aux sociétés postérieures à la loi de 1867; mais il n'en est pas de même de l'art. 12, qui régit aussi, à titre rétroactif, les sociétés antérieures.

Toutefois si le conseil de surveillance ne peut exiger du gérant que de simples communications sans déplacement, on ne saurait lui dénier le droit de prendre, par lui ou son délégué, des notes sur les livres et documents originaux. Ajoutons, — selon la remarque d'un arrêt de la cour de Paris du 9 juillet 1866 (1), — que « des notes, plus ou moins complètes, ne se « distinguent de la copie que par des différences qui tiennent « plus à la forme qu'au fond ». D'où il suit que nous admettrions en principe le droit de prendre des copies, mais sans reconnaître à ce principe un caractère absolu, et en le limitant, au contraire, aux justes nécessités de la mission de surveillance imposée au conseil. S'il arrivait que le conseil ou son délégué multipliât sans raison les notes ou les copies, un tel excès de zèle pourrait devenir suspect, car il conduirait facilement, au grand détriment de la société, à la divulgation de toutes les opérations sociales; et le gérant serait fondé à s'y opposer, sauf aux tribunaux, en cas de recours, à déterminer les documents pouvant être utilement et sans danger copiés *in extenso* ou partiellement par la commission de surveillance.

584. Les actionnaires, pris individuellement, ont aussi le droit, en certains cas, d'exiger la communication des archives de la société, et même la copie de certains documents. C'est ainsi qu'il a été jugé :

1° Que l'actionnaire d'une société en commandite par actions est en droit d'exiger qu'on lui remette une expédition, à ses frais, du rapport sur lequel a été prise par l'assemblée générale une

---

(1) Dalloz, 66.2.138.

délibération qui a autorisé la fusion de la société avec une autre (1).

2° Que tout actionnaire peut individuellement exiger la communication d'un rapport dressé par des experts nommés en assemblée générale sur la situation des affaires sociales. Mais cette communication doit avoir lieu au siége de la société. En cas de refus, le juge du référé est compétent pour l'ordonner s'il constate l'urgence (2).

3° Que, quoique le contrôle des comptes, des livres et des opérations de la société en commandite par actions ne soit habituellement exercé que par le conseil de surveillance, les tribunaux peuvent, dans les circonstances exceptionnelles dont l'appréciation leur est abandonnée, permettre à un ou à plusieurs actionnaires agissant individuellement de prendre communication, au siége social, des livres et des valeurs de la société, afin de s'assurer de l'importance des pertes subies et de la manière dont le gérant et les membres du conseil de surveillance ont accompli leur mandat, et les autoriser, en outre, à se faire assister, pour cette vérification, par un comptable.

Et ce droit appartient aux actionnaires malgré la dissolution de la société prononcée par l'assemblée générale, l'intérêt pouvant exister pour eux soit de s'opposer à cette dissolution en attaquant la délibération qui l'a déclarée, soit d'intenter une action en dommages-intérêts contre le gérant et les membres du conseil de surveillance (3).

Mais, dans une autre espèce, le droit de l'assemblée a été reconnu supérieur à celui de l'actionnaire : ainsi jugé que, si dans une assemblée générale il a été décidé, à propos d'une réclamation élevée par un actionnaire, que les rapports qui venaient d'être présentés par le conseil d'administration et par les commissaires ne seraient pas livrés à l'impression et qu'ils seraient seulement communiqués, au siége social, à tout actionnaire qui en ferait la demande, l'exécution de cette résolution spéciale doit être ordonnée ; l'assemblée, tout en donnant satisfaction au droit légitime des actionnaires, ayant entendu que ces rapports ne seraient pas livrés à la publicité (4).

Ainsi encore serait mal fondée la prétention d'un actionnaire qui, ne demandant pas même la révision du compte d'un exer-

---

(1) Trib. comm. de la Seine, 19 fév. 1862.

(2) Lyon, 17 nov. 1869 (D.74.2.133).

(3) Cass., 3 déc. 1872 (D.73.1.191).

(4) Paris, 16 janv. 1863.

cice, voudrait exiger la communication de la comptabilité, vérifiée et approuvée en assemblée générale, alors surtout qu'il n'indiquerait aucune circonstance de nature à faire au moins présumer les erreurs, omissions, faux ou doubles emplois dont l'art. 541 C. proc. civ., permet de demander le redressement (1).

585. Le rapport annuel, que rien ne prescrivait d'une manière absolue avant la loi de 1856, est devenu obligatoire. Le conseil qui manquerait à ce devoir s'exposerait à de justes soupçons ; et, en cas de moyens frauduleux employés par le gérant, il serait facilement convaincu de complicité ; il aurait alors à subir la responsabilité que fait peser sur lui l'art. 9, avec lequel, nous le verrons bientôt, cette disposition a la plus étroite relation.

Le rapport doit émaner du conseil entier ; s'il y avait désaccord dans son sein, les membres dissidents auraient le droit de faire constater leur opinion, et ils seraient imprudents d'omettre cette constatation qui seule leur permettrait d'échapper à la responsabilité (2).

586. Que doit contenir le rapport ? Une analyse raisonnée de l'inventaire, qui est dressé par le gérant ; car le conseil de surveillance ne doit pas intervenir activement dans la confection de l'inventaire, ni rien prescrire pour la marche à suivre à cet égard, le gérant restant parfaitement libre dans cette partie de son administration comme dans toutes les autres opérations sociales (3). Il se termine par des conclusions qui sont l'expression de l'avis unanime du conseil ou des avis individuels de ses membres sur ces deux points : 1° l'exactitude de l'inventaire ; 2° le chiffre du dividende proposé par le gérant (4). Les diverses questions relatives à la confection des inventaires et à la fixation des dividendes seront étudiées sous la section troisième.

587. L'art. 11 donne au conseil de surveillance le pouvoir de convoquer l'assemblée générale, ou plutôt consacre ce pouvoir que le conseil tenait du droit commun. La plupart des statuts rédigés jusqu'ici contenaient aussi une stipulation qui lui reconnaissait le même droit. Une stipulation contraire aurait pu avoir lieu ; elle ne serait plus possible aujourd'hui (5). La loi

---

(1) Rouen, 26 déc. 1874 (*le Droit*, 22 avr. 1875). V. aussi *infrà*, n. 598 et 604.
(2) Conf. Dalloz, n. 1430.
(3) Dalloz, n. 1229.

(4) Art. 10 de la loi de 1867.
(5) Conf. Rivière, n. 90 et 91 ; Dalloz, n. 1231.

règle sans doute des rapports privés ; mais elle a un but trop marqué de protection, et envers la masse du public dans laquelle, en définitive, se recrutent les actionnaires, et envers l'industrie elle-même, qui languirait misérablement, privée de ce puissant ressort des sociétés par actions, pour que toutes ses dispositions ne soient pas considérées comme intéressant essentiellement l'ordre public.

588. Suivant le même art. 11, le conseil peut aussi, conformément à l'avis de l'assemblée générale, provoquer la dissolution de la société.

La loi de 1856, dans son art. 9, disait simplement : « Le conseil peut provoquer la dissolution de la société. » Mais il y avait là une ambiguïté : la loi entendait-elle attribuer au conseil le droit de porter directement devant les tribunaux une demande en dissolution, ou au contraire borner sa mission à soumettre cette question à l'appréciation de l'assemblée générale ? Désormais, le doute n'est plus permis ; c'est cette dernière interprétation qui a prévalu.

Du reste cette interprétation était la seule vraiment juridique, et conforme au droit commun, que n'ont voulu abroger sur ce point ni la loi de 1856 ni la loi nouvelle : « La loi rappelle, « disait l'exposé des motifs de la loi de 1856, ce qui a été trop « souvent oublié ou méconnu. » La commission du Corps législatif s'exprimait dans des termes presque identiques sur ce sujet : « La loi ne crée pas ; elle déclare, elle rappelle des obli- « gations trop oubliées ou trop méconnues. » Le rapport de la commission, au sujet des art. 10 et 11 de la loi de 1867, dit aussi : « Ces dispositions ne constituent, à aucun degré, une « innovation ». Or, si l'on consulte les anciens principes, voici ce qu'ils nous enseignent : le conseil de surveillance n'a qu'un mandat limité qui ne lui permet jamais d'agir pour la masse des actionnaires. Sa mission se résume en deux mots : contrôler, avertir. Contrôler les actes du gérant, les inventaires ; et quand il y a lieu, avertir l'assemblée générale, la convoquer, et *provoquer* ses délibérations. Il serait donc contraire à toutes les règles de permettre au conseil de saisir directement la justice d'une demande en dissolution de la société ; à l'assemblée générale seule appartient la résolution à prendre (1).

---

(1) Bravard, p. 47 ; Dalloz, n. 4232. Comp. Bédarride, n. 447

589. Mais ce serait une erreur non moins grande de croire que la délibération de l'assemblée puisse, même à l'unanimité, opérer *de plano* la dissolution. Il y a deux parties en présence ; et la masse des commanditaires, qui ne constitue qu'une seule des parties, ne peut rompre le contrat sans le consentement de l'autre, qui est le gérant. On comprend qu'il en serait autrement si les statuts avaient conféré à la majorité de l'assemblée un pouvoir absolu à cet égard.

Dans le silence des statuts, l'assemblée générale ne prononce donc pas en dernier ressort, et sa délibération n'a que la valeur d'un avis consultatif pour les tribunaux ; on avait soutenu le contraire, avant la loi nouvelle, mais l'art. 11 de cette loi est si formel, qu'il devra clore la discussion. Cet article ne contient d'ailleurs qu'une application de la règle posée dans l'art. 1871, C. civ., qui donne à tout associé le droit de demander en justice la dissolution de la société lorsqu'il y a de justes motifs, comme lorsqu'un autre associé manque à ses engagements, ou qu'une infirmité habituelle le rend inhabile aux affaires de la société, *ou autres cas semblables dont la légitimité et la gravité sont laissées à l'arbitrage des juges*.

Il est difficile de comprendre, en présence d'un pareil texte, qu'on ait songé à constituer la majorité des actionnaires maîtresse absolue de la question de dissolution, à l'exclusion de la juridiction régulière, spécialement et surabondamment saisie par l'art. 1871. Tel était cependant l'avis exprimé sous l'empire de la loi de 1856, par plusieurs jurisconsultes (1). Si les lois nouvelles avaient dessaisi le juge, il faudrait s'incliner ; il y aurait là une dérogation à ce principe d'ordre public qui soumet tout litige à la juridiction organisée, mais une dérogation si exorbitante devrait être certaine jusqu'à l'évidence. Or l'art. 11 de la loi de 1867, de même que l'art. 9 de la loi de 1856, a simplement pour but de consacrer au profit du conseil de surveillance, le droit, auparavant quelquefois méconnu, de prendre l'initiative de la convocation de l'assemblée générale, et, par voie de conséquence, de lui soumettre toutes les propositions qu'il croit avantageuses à la société, y compris même la question capitale de la dissolution anticipée.

590. Mais il ne faut pas exagérer les pouvoirs de l'assemblée

_____

(1) Bravard, p. 46 et 47 ; Foureix, n. 172 ; Dalloz, n. 1234 et 1235 ; — *Contrà*, Bédarride, n. 447.

générale, et transformer en décision souveraine le simple avis qu'elle est appelée à émettre sur ce dernier point. D'après le droit commun, sa capacité est limitée aux actes relatifs à l'administration ; l'unanimité est nécessaire toutes les fois qu'il s'agit de déroger aux conditions de l'acte de société, à moins que les statuts n'aient conféré ce pouvoir à la majorité ; et un pouvoir spécial et formel serait exigé pour des modifications portant sur les bases fondamentales de la société, telles que l'augmentation ou la diminution du capital, l'objet de la société, sa durée, etc.

591. Il pourrait arriver que la majorité de l'assemblée votât contre la proposition de dissolution. Dans ce cas, le conseil de surveillance ne pourrait, agissant en cette qualité, saisir les tribunaux d'une demande en dissolution ; car l'art. 11 ne lui donne le droit de provoquer cette mesure que *conformément* à l'avis de l'assemblée ; ce qui signifie bien qu'il ne doit agir que sur l'avis conforme de l'assemblée. Est-ce à dire que la décision de la majorité serait un *veto* absolu, opposable à tous les associés ? Non, car il serait toujours permis aux membres dissidents de l'assemblée ou à quelques-uns, ou même à un seul d'entre eux, d'introduire personnellement l'action devant la justice. L'art. 1871, C. civ., donne, en effet, le droit à un seul des associés de demander la dissolution anticipée, quand il y a de justes motifs (1).

Objectera-t-on que l'art. 11 suppose nécessairement et dès lors exige *implicitement* une délibération et un vote *préalable* de l'assemblée ? Je réponds que la loi statue pour les cas les plus fréquents, *de eo quod plerumque fit* ; il sera toujours préférable, on le conçoit, d'entreprendre le procès au nom de la masse et à ses risques ; le concours de tous aura plus d'autorité morale, et chacun, en cas d'insuccès, aurait à supporter une moindre part de frais. Mais si le conseil de surveillance négligeait ou refusait de convoquer l'assemblée générale, initiative qui n'appartient qu'à lui et au gérant, l'action individuelle, si formellement reconnue par l'art. 1871, ne serait pas paralysée ; et les actionnaires intelligents et vigilants ne seraient pas condamnés à voir, les mains liées, la société courir à sa ruine.

592. On serait tenté de voir une contradiction entre la loi

_____

(1) M. Troplong, *Des sociétés*, n. 678. *Contrà*, Dalloz, n. 1234.

nouvelle, tenant en suspicion le conseil de surveillance auquel elle interdit d'agir sans l'avis conforme de l'assemblée générale, et l'art. 1871, C. civ., qui ouvre la porte, sans condition aucune, à l'action individuelle de chacun des membres de la société. Cependant cette contradiction n'existe qu'en apparence et à la surface ; car ceux-ci n'ont jamais le droit de convoquer l'assemblée générale, ils n'agissent et ne parlent que de leur chef, en leur nom personnel ; tandis que le conseil représente la puissance collective ; il engage la masse par ses agissements, et c'est pour cette raison qu'on a dû lui enjoindre de se faire autoriser par l'assemblée avant d'entreprendre un procès en dissolution.

593. Lors de la discussion de l'art. 11, il avait été présenté un amendement (1) destiné à permettre à plusieurs actionnaires représentant un cinquième du capital de convoquer directement l'assemblée générale, à défaut par le gérant ou le conseil de surveillance de faire cette convocation sur leur réquisition. Mais le Corps législatif l'a rejeté, sous le prétexte qu'une minorité opposante pourrait ainsi s'ingérer dans l'administration et affaiblir l'autorité du conseil ou du gérant. Cette objection est loin d'être décisive ; les minorités n'ont pas toujours tort ; et il est souvent plus sage de leur donner la parole que d'étouffer leur réclamation. Dès que la loi entrait dans cette voie de réglementation détaillée, elle aurait dû consacrer le droit des minorités ; et, ne l'ayant pas fait, c'est aux statuts sociaux qu'il appartiendra de combler cette lacune.

594. Du reste, il faut reconnaître que sur ce point les esprits sont divisés : beaucoup de personnes se défient des minorités et de l'initiative individuelle, et seront portées à préférer une autorité énergique et concentrée. Elles pourront croire qu'il ne serait pas sans danger d'abandonner au caprice ou à l'humeur d'un seul, peut-être à une rivalité déguisée sous le pseudonyme d'un actionnaire, la liberté de faire un procès sans but, mais toujours retentissant et funeste au crédit ; qu'aujourd'hui, surtout, les membres du conseil de surveillance ayant à prendre leur mission plus au sérieux, une négligence coupable ou une connivence dolosive est moins à craindre de leur part ; qu'il n'y aurait donc nul inconvénient, mais avantage à leur laisser

---

(1) Par MM. Picard, Bethmont, Marie et le vicomte Lanjuinais (voir *le Moniteur* du 13 juin 1867)

l'initiative à cet égard, et à confier exclusivement à la majorité
des actionnaires la décision à prendre. Toutefois, pour enlever
à chacun le droit qu'il tient de la loi, il faudrait dans les statuts
une disposition expresse; la validité n'en pourrait être contestée; car, loin d'être contraire à l'esprit de la nouvelle loi ou à
son texte, elle s'harmoniserait parfaitement avec les pouvoirs
confiés au conseil de surveillance par l'art. 11.

En résumé, toute liberté est laissée aux statuts sociaux, soit
pour maintenir intacte l'action individuelle reconnue par
l'art. 1871, C. civ., soit pour supprimer ou réglementer cette
action, soit enfin pour transporter à un certain nombre d'actionnaires le droit de convoquer l'assemblée générale et de lui
soumettre des propositions.

595. Pour l'exercice de ses pouvoirs, le conseil de surveillance délibère à la majorité de ses membres. Aucune loi positive ne l'ordonne ; mais tout démontre qu'il doit en être ainsi :
et un usage immémorial, et la nature des choses, et l'imparité
même du nombre des membres qui composent le conseil.
Tout corps délibérant, quel qu'il soit, ne marche et ne vit
que par la loi de la majorité. C'est ainsi que la minorité du
conseil n'aurait pas le droit de convoquer l'assemblée générale
ni de lui soumettre la proposition de dissoudre la société (1).

L'avis de convocation, émanant du conseil, devrait indiquer
l'objet à soumettre aux délibérations de l'assemblée, surtout
s'il s'agissait de chose aussi grave qu'une proposition de dissolution de la société.

596. Supposons l'assemblée générale régulièrement convoquée, soit par le gérant, qui en a toujours le droit, soit par la
majorité du conseil de surveillance : la minorité du conseil
aurait-elle le pouvoir de soumettre à la délibération de l'assemblée toutes autres propositions que celle de la dissolution de la
société ? Oui, mais à une condition, c'est que le même pouvoir
appartiendra à chacun des membres de la société, et il en sera
toujours ainsi dans le silence des statuts. D'ailleurs, il ne faut
pas hésiter à le dire, ce silence serait regrettable ; car il permettrait de jeter à l'improviste, dans une assemblée facile à
entraîner, toutes sortes de propositions, souvent peu réfléchies et mal étudiées, quelquefois peut-être dangereuses

---

(1) Rivière, n. 93 et 94 ; Dalloz, n. 1235.

606. — Nécessité d'une définition rigoureuse des termes. Sens des mots *dividendes fictifs*.
607. — Cette expression est préférable à celles employées dans les lois antérieures. Comparaison des divers textes.
608. — Les dividendes sont des fruits civils.
609. — En est-il de même du fonds de réserve ? Distinction.
610. — Les bénéfices sont l'excédant de l'actif sur le passif. Définition de l'actif et du passif.
611. — Éléments divers composant l'actif. Manière de les évaluer.
612. — Distinction entre les dépenses de premier établissement et d'exploitation. Dépenses et pertes imprévues.
613. — Les bénéfices réalisés, quoique non encore encaissés, sont considérés comme réels.
614. — Quand les bénéfices sont-ils réputés réalisés ? M. *Dupin* et la Cour de cassation.
615. — Fausse théorie émise dans l'exposé des motifs de la loi du 23 mai 1863.
616. — Doctrine comparée de la Cour de Paris et de la Cour de cassation (Affaire de la C⁰ immobilière).
617. — Confusion entre la réalité des bénéfices et l'opportunité de leur distribution.
618. — La Cour de Paris a sainement apprécié les faits, quoique sa doctrine soit inexacte. Texte de l'arrêt.
619. — Objection tirée des événements ultérieurs. Réfutation par M. l'avocat général *Reverchon*.
620. — Objection tirée de ce que l'intérêt aurait pu être ajouté au prix de revient. Réfutation insuffisante par la Cour de Paris et M. l'avocat général *Dupré-Lassale*.
621. — Exemples de dividendes fictifs, constatés par la jurisprudence.
622. — Résumé.

605. Les membres du conseil de surveillance ont à examiner, avec le plus grand soin, si les dividendes proposés par le gérant sont pris exclusivement sur les revenus et bénéfices de la société. Car on sait que l'exagération des dividendes a été un moyen trop souvent usité de donner une valeur fictive aux actions, et de fonder des fortunes scandaleuses sur la ruine de malheureux, séduits par l'appât de gros dividendes. Ce genre de fraude a été d'autant plus pratiqué qu'il est plus facile : il suffit, en effet, d'enfler l'estimation, soit des immeubles sociaux, soit du matériel quand il s'agit d'usine, soit de toutes les choses dont la valeur est toujours plus ou moins arbitraire ; les chiffres sont parfaitement alignés ; un dividende superbe ressort

à la balance ; puis, vienne la liquidation, l'outre se dégonfle, l'avoir fond ; il se trouve que c'est du capital qu'on a distribué sous forme de dividende. Le conseil ne saurait donc apporter une trop grande sévérité d'investigation sur ce point ; s'il n'est pas suffisamment éclairé, s'il a des doutes, qu'il consulte des hommes spéciaux ; et s'il n'est pas clairement et absolument édifié sur la sincérité et l'exactitude des chiffres de l'inventaire, qu'il n'hésite pas à le déclarer dans son rapport ; l'assemblée jugera entre lui et le gérant.

Ces distributions de dividendes prises sur le capital ont un double danger : d'abord pour les tiers, créanciers de la société, qui se trouvent ainsi privés de leur gage, et qui auraient, en certain cas (1), une action en rapport contre les actionnaires ; puis pour ces capitalistes amateurs de gros dividendes, qui auraient acheté des actions au-dessus de leur valeur réelle. De là pourrait naître un double et effrayant recours en responsabilité contre les membres du conseil de surveillance (2).

606. Les questions relatives à la distribution des dividendes sont délicates. Une définition rigoureuse des termes servira puissamment à les élucider et à les résoudre sous leurs multiples aspects.

La pensée de la loi à cet égard peut se résumer en ces mots : Pas de DIVIDENDES FICTIFS. Cette expression se trouvait même dans le projet de loi émané du Conseil d'État, et il importe d'en rechercher le sens précis. Il semble qu'aucune disposition légale ne soit plus claire ; et cependant il en est peu qui soulèvent autant de difficultés. Le législateur en a eu le pressentiment en s'efforçant à maintes reprises de trouver une formule qui les évitât. Voici celles qui ont été tour à tour essayées : *Dividendes non justifiés par des inventaires sincères et réguliers* (loi du 17 juillet 1856, art. 10) ; — *Dividendes non réellement acquis à la société* (même loi, art. 13) ; — *Dividendes qui ne sont pas réellement acquis* (projet de la loi du 23 mai 1863, art. 25 et 28) ; — *Dividendes qui, d'après l'état de la société constaté par les inventaires, n'étaient pas réellement acquis* (loi du 23 mai 1863, art. 27). En présence de ces variations de langage, n'est-ce pas le cas, selon la recommandation de Pascal, de procéder à la définition des termes ? « La véritable méthode, dit-il, qui formerait

---

(1) *Infrà*, § 2. | (2) *Infrà*, sect. IV

« les démonstrations dans la plus haute excellence, s'il était
« possible d'y arriver, consisterait en deux choses principales :
« l'une, de n'employer aucun terme dont on n'eût auparavant
« expliqué nettement le sens; l'autre, de n'avancer jamais au-
« cune proposition qui ne démontrât pas des vérités déjà con-
« nues (1). » Qu'est-ce donc que des dividendes fictifs? Quel
est le caractère économique et juridique des dividendes? Qu'est-
ce que l'inventaire commercial? Autant de questions qui, éluci-
dées et résolues, amèneront d'elles-mêmes les conséquences
cherchées.

607. Et d'abord cette expression : *dividendes fictifs*, définitivement préférée en 1867, est-elle entièrement synonyme de
celles qui avaient été antérieurement employées? Oui; mais,
par sa concision même, elle prête moins à la discussion. Les
lois précédentes, en se référant uniquement aux inventaires, et
en gardant le silence sur les autres livres de la société, don-
naient prise à cet argument *a contrario*, que la responsabilité
du conseil aurait pu n'être pas engagée pour les erreurs ou les
fraudes commises par le gérant dans ces derniers livres. On
avait en effet soutenu qu'il suffisait aux commanditaires, pour
être considérés comme étant de bonne foi, d'examiner les inventaires (2); et, en 1856, cette opinion semblait avoir produit
quelque impression sur l'esprit du législateur; car l'expression :
dividendes *fictifs* était dans le projet de loi primitif, émané du
gouvernement; et, à l'inverse de ce qui a lieu aujourd'hui, la
commission du Corps législatif avait demandé et obtenu
qu'elle fût remplacée par les mots : *dividendes non justifiés par des inventaires sincères et réguliers*. Cette mention des
inventaires était-elle l'indice d'une pensée restrictive de la part
de la commission? Il serait difficile de l'affirmer, et en tout cas
cette pensée n'avait pas été suffisamment accentuée dans la loi
pour qu'on pût y avoir égard; car, après tout, des inventaires
ne sont sincères et réguliers que s'ils ont lieu sur des livres non
entachés d'erreur ou de dol.

Aussi, sous l'empire de la loi de 1856, la jurisprudence se
servait-elle indifféremment des deux expressions; et le rapporteur de la loi du 23 mai 1863 nous apprend lui-même que la

---

(1) Pensées, *De l'esprit géométrique,*   (2) Delangle, p. 345 et suiv.
sect. Ire.

longue périphrase imaginée à ce moment se rapportait purement et simplement aux dividendes fictifs.

Enfin l'exposé des motifs de la loi nouvelle ne laisse aucun
doute sur l'identité des deux termes, car il s'explique de la
manière suivante sur la substitution, dans le projet de loi, de
l'expression *dividendes fictifs*, à celle de la loi de 1856. « Le
« changement n'a eu pour but que de déterminer, avec plus de
« clarté et de précision, les faits dont les membres du conseil
« de surveillance sont responsables. » Et plus loin : « L'expres-
« sion *dividendes fictifs* a d'abord le mérite du laconisme. Elle
« a en outre l'avantage plus grand de mieux faire ressortir la
« pensée qui a constamment présidé à la rédaction de la dispo-
« sition ; elle exprime très-nettement que les dividendes dont
« la distribution engage la responsabilité de celui qui y con-
« court sont ceux qui ne représentent point de véritables béné-
« fices, ceux que le distributeur sait lui-même n'être que des
« bénéfices supposés. »

608. Les dividendes sont les bénéfices réels qui doivent être
partagés, ou, selon l'étymologie du mot, divisés, entre les
membres de la société. Ces bénéfices sont des fruits civils. La
loi (art. 582, C. civ.) distinguant les fruits en naturels, industriels et civils, on serait tenté de classer parmi les fruits industriels les bénéfices du commerce et de l'industrie ; mais l'art.
583, énonçant que « les fruits industriels d'un fonds sont ceux
qu'on obtient par la culture », il faut bien se résoudre à les
placer parmi les fruits civils, quoique ces derniers fruits ne
comprennent, suivant l'art. 584, que les loyers des maisons,
les intérêts des sommes exigibles, les arrérages de rentes
et les prix des baux à ferme. Mais cette énumération est incomplète (1) et ne doit être considérée que comme purement énonciative. Aussi s'accorde-t-on à ranger parmi les fruits civils les
bénéfices d'un fonds de commerce, d'une usine, au même titre
que les loyers et intérêts (2).

609. Mais que décider du fonds de réserve généralement
établi dans les sociétés par actions, et même obligatoire dans
les sociétés anonymes (3) ? Ce fonds est composé de bénéfices
prélevés chaque année et accumulés pour faire face aux revers

---

(1) Massé, *Droit comm.*, t. 3, n. 336 ; | (2) Dalloz, v° *Usufruit*, n. 146 ; Prou-
Rossi, *Mémoire à l'Académie des sciences* | dhon, n. 1134.
morales et politiques, t. 2, p. 266. | (3) *Infrà*, tit. II, chap. VIII.

qui surviendraient; et l'on pourrait être porté à croire que ces bénéfices ne perdent pas leur nature en entrant dans le fonds de réserve. Cependant la Cour de Paris a décidé avec raison, par un arrêt du 27 avril 1827, que le fonds de réserve « accroît au capital » et dès lors n'appartient pas à l'usufruitier, qui ne peut en réclamer que le placement sur sa tête. Cet arrêt a été rendu à l'occasion du fonds de réserve de la Banque de France, et MM. Dalloz (1) l'approuvent, mais seulement comme arrêt d'espèce, parce que, suivant eux, les lois constitutives de la Banque auraient donné à son fonds de réserve une destination spéciale, consistant à assurer au besoin le service des intérêts et à venir au secours de la Banque en cas de crise. Mais telle est la destination normale, naturelle, de tout fonds de réserve; il est institué, disait le rapporteur de la loi du 23 mai 1863, « pour « établir une compensation désirable entre des années inégales « et surtout afin de maintenir l'intégrité du capital social, dont « la conservation est, pour les actionnaires, pour les tiers, et, « même pour la fortune publique, d'un intérêt supérieur ».

Il faut donc décider que les bénéfices, fruits civils par leur nature première, se capitalisent et deviennent fonds en passant dans la réserve (2); en sorte qu'à la liquidation le fonds de réserve appartient au nu propriétaire, non à l'usufruitier.

Cependant il va de soi que les intérêts ou dividendes, prélevés dans les années malheureuses sur le fonds de réserve, pour être distribués aux actionnaires, reprennent à cette occasion leur nature de fruits; et ces diverses métamorphoses juridiques n'ont rien que de rationnel, car elles sont un hommage rendu à ce principe qui considère comme fruits les produits destinés à être consommés, et comme fonds ceux qui accèdent au capital pour le maintenir ou l'accroître.

C'est par application du même principe que l'on rangera parmi les fruits la portion du fonds de réserve excédant le minimum obligatoire d'après la loi ou les statuts. Si cette portion est laissée dans la caisse sociale, on doit présumer, jusqu'à preuve de convention contraire, que c'est à titre de secours momentané ou transitoire; l'usufruitier y acquiert un droit immédiat; il en est créancier comme il le serait de dividendes échus et qu'il aurait négligé de recevoir (3).

---

(1) *Rép.*, vᵒ *Banque*, n. 109.
(2) Massé, *Droit comm.*, t. 3, n. 456.
(3) *Contrà*, Cass. 14 mars 1877 (*le Droit*, 22 mars 1877).

Il en est de même des réserves créées au cours de la société sous diverses dénominations, telles que : réserve spéciale, extraordinaire, fonds de prévoyance (1), et qui ont plus particulièrement pour objet de maintenir le revenu des actions. Ces combinaisons sont surtout usitées dans les compagnies de chemins de fer, alors que l'État garantit un minimum d'intérêt sur de nouvelles lignes moins productives que celles anciennement exploitées ; ce sont les bénéfices du réseau primitif qui, pendant plus ou moins longtemps, doivent supporter toute la charge et suffire à l'amortissement des actions, des obligations, des avances de l'État, ainsi qu'au revenu des actions anciennes et nouvelles. L'époque où les nouveaux réseaux se suffiront à eux-mêmes étant incertaine, c'est le cas de prélever sur les recettes générales de l'exploitation ces réserves spéciales, qui ne doivent avoir qu'une durée transitoire, et qui ne perdent pas leur caractère de fruits accumulés.

610. Les bénéfices d'une société constituant des fruits civils destinés à être consommés, il est essentiel qu'ils ne soient pas pris sur le capital ; car autrement la société marcherait rapidement à sa ruine ; et les actionnaires, ce qui arrive trop souvent, auraient sans le savoir, sous le nom trompeur de dividendes, dilapidé leur fonds. L'économie générale est elle-même intéressée à empêcher ces déperditions de capitaux que l'épargne crée si lentement et si péniblement. Ici apparaît le rôle décisif de l'inventaire.

C'est à l'inventaire qu'il incombe de faire la séparation, de diviser l'actif en deux parts : le fonds, et les fruits ou bénéfices. Les bénéfices sont l'excédant de l'actif sur le passif ; telle est la définition généralement admise. Mais cette définition, il faut, suivant la méthode géométrique recommandée par Pascal (2), la définir à son tour, jusqu'à ce qu'on arrive à l'évidence. Qu'est-ce donc que le passif et, avant tout, qu'est-ce que l'actif ?

L'actif, ce sont les valeurs appartenant à la société, telles que : matériel, marchandises, effets en portefeuille, créances diverses, espèces en caisse ou en dépôt, qui doivent représenter et balancer le passif.

Le passif, c'est, en première ligne, le capital social, le fonds de réserve, puis les dettes de toute nature.

---

(1) La création d'un fonds de prévoyance est dans les pouvoirs de l'assemblée générale des actionnaires. *Infrà*, tit. II, chap. VIII.

(2) *Suprà*, n. 60.

S'il y a un excédant, ce sont des bénéfices; s'il y a déficit, c'est une perte qui restreint d'autant le fonds de réserve, ou même le capital social (1).

611. L'inventaire, en tant qu'opération arithmétique, est facile à dresser; mais ce qui est délicat, c'est la composition de l'actif, dont tous les éléments, sauf un seul, le compte de caisse, sont incertains, arbitraires et variables. Car il faut recourir à une évaluation plus ou moins exacte pour le matériel, les marchandises, les immeubles, les actions, etc. Le matériel originaire, qui se détériore par l'usage, doit subir à chaque inventaire des dépréciations successives (2), sauf à créditer le compte de matériel des améliorations et augmentations qu'il reçoit. Il y a d'autres valeurs qu'il faut amortir annuellement à peine de mécompte; ainsi : un brevet d'invention qui perd chaque jour de son prix et expirera peut-être avant la fin de la société; une mine qui sera épuisée ou appauvrie. Il en est de même des frais de constitution et de premier établissement, qui ne seraient souvent à l'inventaire que des valeurs à peu près fictives. Quant aux marchandises, elles doivent y figurer pour leur valeur vénale, au prix courant des mercuriales, que cette valeur soit inférieure ou supérieure au prix de revient (3). Les actions sont portées au cours de la Bourse. Les immeubles doivent aussi être estimés; cependant leur réalisation étant moins facile et moins prompte, il convient en général de n'en pas escompter la plus-value, et de ne calculer que le prix de revient, si, bien entendu, il n'est pas supérieur à la valeur vénale actuelle (4). L'achalandage d'un fonds de commerce peut aussi être porté à l'inventaire s'il a une valeur vénale reconnue et réalisable.

L'amortissement du matériel peut avoir lieu de diverses manières, soit en procédant, à la fin de chaque exercice, à une estimation nouvelle de sa valeur réelle, soit en lui faisant subir une dépréciation annuelle d'une quotité fixe, comme un dixième, un vingtième, soit aussi en créant sur les bénéfices un fonds de prévoyance, destiné à entretenir sa valeur primitive par des améliorations et augmentations (5).

Quel que soit le mode adopté, il arrivera difficilement à une

---

(1) *Infrà*, § 5.
(2) Pardessus, t. 4, n. 1000.
(3) Bédarride, *le Droit commercial*, n° du 19 avril 1864. V. Paris, 30 avril 1869, *infrà*, tit. II, chap. V.

(4) *Infrà*, n. 619.
(5) V. Paris, 30 avril 1869. (Soc. de la papeterie d'Essonne); Paris, 29 juill. 1873, (Sous-comptoir de l'indust. et du comm.), tit. II, chap. V.

exactitude parfaite. Il importera surtout d'en exclure l'arbitraire, lorsqu'il y aura participation des employés et ouvriers aux bénéfices de la société, si l'on·veut éviter des conflits regrettables entre le capital et le travail. Car les participants seraient admis à rectifier les erreurs de l'inventaire, et conséquemment les amortissements exagérés à dessein pour diminuer la part qui leur aurait été promise dans les bénéfices.

612. Il y a, particulièrement dans les compagnies de chemins de fer, une confusion facile à faire entre les dépenses de premier établissement et celles d'exploitation. Lorsqu'il s'agit de renouvellement du matériel, de travaux de réfection de la voie, on décide généralement que ce sont des dépenses à porter au compte d'exploitation; mais on les distingue des frais de simple entretien dont la déduction donne le produit net; et l'on appelle produit net effectif ce qui reste après le prélèvement de ces dépenses exceptionnelles.

Si le rétablissement de la voie est dû à une cause purement accidentelle, comme une inondation, il devient plus difficile de déterminer le compte qui supportera cette dépense. En 1866, la compagnie de Lyon-Méditerranée l'a imputée sur le compte d'exploitation, et la compagnie d'Orléans (1) sur la réserve statutaire. Ce dernier parti doit être approuvé s'il était commandé par l'importance des dégâts occasionnés par le fléau.

S'agit-il d'une perte imprévue, comme celle qui atteignit toutes les compagnies de chemins de fer, lors du détournement commis dans la même année au préjudice du Sous-comptoir des chemins de fer? La divergence éclate entre les compagnies sur le mode d'imputation de cette perte. Les unes, la compagnie du Midi et celle de Lyon-Méditerranée, la font figurer au compte d'exploitation ; la compagnie du Nord la porte sur le fond de réserve statutaire, la compagnie d'Orléans sur sa réserve extraordinaire. Dans une circonstance analogue, la société générale de Crédit industriel et commercial, victime de fausses signatures apposées par un de ses correspondants, passe intégralement à profits et pertes le montant des fausses valeurs, sauf à reporter aux exercices ultérieurs ce qui pourra en être recouvré (2). Ce dernier parti a l'avantage de dégager immédiatement la situa-

---

(1) V. le *Journal des Actionnaires,* supplément au n° du 4 mai 1867.
(2) J'emprunte ces détails aux rapports faits aux assemblées générales (V. le *Journal des Actionnaires,* supplément au n° du 4 mai 1867)

tion; cependant les deux premiers systèmes n'ont rien de contraire à la loi.

Le traitement et les frais de ménage alloués au gérant par l'acte de société, ou même par convention postérieure, sont considérés comme frais généraux, et payés alors même qu'il n'y aurait pas de bénéfices. Le prélèvement en est surtout incontestable, lorsqu'ils n'ont pas été fixés avec exagération, parce qu'il ne représente que la rémunération accordée aux commis intéressés, qui ont à la fois et un traitement fixe et une part de bénéfices (1). Toutefois il n'en faut pas conclure, comme la régie de l'enregistrement a essayé de le faire, que le traitement fixe stipulé par les statuts payable par frais généraux, soit le prix d'un louage de services. Tout en rejetant cette prétention, la Cour de cassation a constaté avec raison que le gérant appointé est bien un associé, que la stipulation de traitement est inhérente au pacte social et constitue dès lors une charge sociale (2).

613. Les évaluations qui ont lieu dans l'inventaire, fussent-elles de la plus parfaite exactitude, peuvent être renversées par une crise qui éclate au lendemain de sa confection. Les créances, le portefeuille lui-même, ne résisteront pas aux faillites qui se succèdent et naissent les unes des autres; une situation, la veille encore prospère, exactement et loyalement équilibrée, deviendra tout à coup désastreuse et fausse; le capital sera en partie compromis, sinon perdu, et les bénéfices distribués sur la foi de l'inventaire se trouveront avoir été pris sur le fonds social.

Il est impossible d'obvier entièrement à ce péril toujours menaçant. C'est en vain qu'on épuise les formules pour qualifier les inventaires et définir les bénéfices réels. Chacun s'évertue à dire que le bénéfice doit être *certain*, réalisé (3). Mais qu'est-ce qu'un bénéfice certain, réalisé? Suivant quelques auteurs, ce serait seulement le bénéfice encaissé.

« Si l'actif n'est point encore encaissé, disent MM. Dalloz (4), « s'il y a des recouvrements à faire, il ne peut y avoir lieu « encore à une distribution de dividende; car des événements « ultérieurs, une faillite par exemple, peuvent rendre l'actif in-

---

(1) Aix, 1er mai 1869 (Pal. 70.599).— *Contrà*, Bordeaux, 1er août 1865 (Pal. 66.745).
(2) Cass. 22 nov. 1869 (D.70.1.270).

(3) Delangle, t. 1, n. 354; Dalloz, v° *Société*, n. 1390; Molinier, n. 556; Bédarride, n. 231.
(4) *Loc. cit.*

« férieur au passif, l'espérance d'un bénéfice n'est pas encore
« un bénéfice. » (1).

Une telle doctrine, prise à la lettre, rendrait à jamais impossible toute distribution de dividendes pendant le cours d'une
société, si longue qu'elle fût; car c'est à la liquidation seulement que l'actif social peut être vendu, réalisé et encaissé. Mais
bien évidemment l'expression a trahi la pensée des savants auteurs du *Répertoire de jurisprudence*, et il est impossible qu'ils
refusent de laisser porter à l'inventaire les créances reconnues
bonnes, pour leur valeur nominale (2), le matériel, les marchandises, etc., pour leur estimation; sur ce point, il ne saurait y
avoir de controverse sérieuse.

614. Voici où naît la difficulté réelle : Un marché, un contrat
quelconque, a été passé par la société, à laquelle il promet des
bénéfices importants; ce contrat constitue-t-il une valeur actuelle à porter par évaluation dans l'inventaire ? ou devra-t-on
attendre la fin de l'opération, la réalisation et l'encaissement des
bénéfices ? Attendre la réalisation est incontestablement le parti
le plus sage, et en même temps le plus juridique. Sans doute
ce marché a une valeur vénale, et la société pourrait, en le cédant à un tiers, liquider tout de suite l'opération et encaisser le
prix de la cession; mais, si elle ne le fait pas, le bénéfice futur
reste à l'état d'espérance ; et c'est en ce sens qu'il faut entendre
les paroles prononcées par M. le procureur général Dupin devant
la Cour de cassation, lors de l'arrêt rendu le 28 juin 1862 dans
l'affaire Mirès (3) : « On ne partage pas des espérances, même
« bien fondées; on ne partage pas une clause, mais des écus.
« Un dividende, avant de sortir de la caisse de la société, doit
« y être entré. »

Cet arrêt, qui casse, dans l'intérêt de la loi, celui rendu par
la Cour de Douai, le 21 avril précédent, porte que « l'art. 13 de
« la loi du 17 juillet 1856 exige formellement que les dividendes
« répartis soient réellement acquis ; qu'il ne suffit pas que le
« bénéfice se fonde sur une convention qui l'assure; qu'il faut
« qu'il soit complétement réalisé; qu'il n'est acquis à la société,
« dans le sens de la loi qui a voulu écarter les dividendes frau-
« duleux, et même ceux qui ne seraient que hasardés, qu'autant
« qu'il est le résultat d'une opération accomplie. »

---

(1) Sur l'argument tiré des événements ultérieurs, *infrà*, n. 619.

(2) *Infrà*, n. 621.
(3) Dalloz, 62.1.307.

Il a été rendu par la Cour de Caen, le 16 août 1864 (1), un arrêt qui décide également que les opérations entreprises par la société, et « pouvant faire espérer dans un avenir plus ou moins « éloigné des résultats avantageux, ne pouvaient être prises en « considération pour autoriser les distributions de dividendes « aux actionnaires, ces distributions ne devant être opérées que « lorsque les bénéfices sont réellement acquis, c'est-à-dire ac- « tuels. »

Cependant deux observations sont à faire au sujet de ces solutions : d'une part, si l'opération non encore achevée avait occasionné des dépenses en vue du résultat espéré, on serait fondé tout au moins, si ces dépenses étaient évidemment inférieures au profit à recueillir, à les considérer comme représentant la valeur actuelle de la chose, et à les porter comme actif à l'inventaire. D'un autre côté, si l'opération était achevée, et que le résultat n'en fût pas encore encaissé, il serait rationnel de le comprendre dans l'actif, à titre de bonne créance si le recouvrement en paraissait assuré. Toutefois il serait souvent prudent, à raison, soit de l'importance de la créance, soit de son origine industrielle, ou de l'absence de garanties réelles, de tenir compte des risques de recouvrement, et de lui faire subir à l'inventaire une réduction équitable.

615. Ce sont donc deux choses différentes qu'un bénéfice réalisé et un bénéfice encaissé. C'est, à mon avis, dépasser le but, que de ne vouloir considérer comme dividende réellement acquis que le bénéfice encaissé. Cependant c'est à cette dernière opinion que semblait se rattacher l'exposé des motifs de la loi du 23 mai 1863, en disant « qu'il ne suffit pas que des opéra- « tions engagées fassent concevoir des espérances qui parais- « sent presque des certitudes, ni même que des conventions « faites, des marchés conclus, constituent des droits véritables, « *des créances positives ;* que les résultats probables des entre- « prises, les effets des conventions, des traités, ne sont pas en- « core des bénéfices qu'on puisse distribuer ; que si l'on en fait « la répartition avant que la caisse sociale ait reçu les sommes « qui en sont la représentation, c'est sur le capital social qu'est « pris ce qui est donné aux actionnaires sous le nom de divi- « dende. »

---

(1) Dalloz, 65.2.192

Mais cette doctrine, manifestement exagérée, ne fut point admise par la commission législative. Voici, en effet, la définition, qui est donnée par le rapport, des dividendes réellement acquis : « On a voulu exprimer ainsi les bénéfices qui ne peuvent plus échapper à la société, qui ne sont plus à l'état de simple éventualité, dont aucun coup du sort, excepté une insolvabilité imprévue ou une destruction fortuite, ne peut plus priver la société. Sans doute, il ne sera pas toujours nécessaire que le bénéfice ait été encaissé ; il pourra résulter d'une valeur, d'une traite, même d'une simple créance, pourvu qu'elle soit réputée bonne, non susceptible de discussion, et de nature, suivant les usages du commerce, à figurer à l'actif. »

Cette excellente définition est affirmée de nouveau par le rapporteur de la loi, l'honorable M. du Miral, lors de la discussion au Corps législatif, dans les termes suivants : « Sans doute il arrivera quelquefois qu'une certaine difficulté pourra se présenter pour la rédaction de l'inventaire ; mais lorque la difficulté sera sérieuse, et lorsque l'inexactitude de l'inventaire ne résultera que d'une dépréciation postérieure qu'on ne pouvait pas prévoir, dans ce cas-là il va de soi que cette inexactitude de l'inventaire, ne datant pas du moment même où il aura été fait, ne constituera ni faute ni responsabilité. »

On est donc autorisé à conclure, malgré l'exposé des motifs, que l'encaissement n'est pas une condition nécessaire, absolue, pour constituer le bénéfice distribuable. D'ailleurs il est à remarquer que la Cour de cassation, sous l'impression même des paroles de M. Dupin ne voulant reconnaître comme bénéfice que des écus présents dans la caisse, se montre beaucoup plus réservée que son savant procureur général ; car elle exige seulement, comme on vient de le voir, que le bénéfice soit réalisé, et elle prend le soin d'expliquer ce qu'elle entend par la réalisation ; c'est « le résultat d'une opération *accomplie*, exécutée ». La théorie de l'encaissement, des écus en caisse, est abandonnée.

616. Cependant, la question étant revenue devant la Cour de cassation, à l'occasion du procès célèbre intenté aux administrateurs de la *Compagnie immobilière*, une formule moins nette, en apparence, se dégage de l'arrêt qu'elle a rendu à la date du

7 mai 1872 (1), en rejetant le pourvoi formé contre l'arrêt de la
Cour de Paris, du 22 avril 1870 (2).

La Cour de Paris s'était exprimée en ces termes : « Les règles
« ordinaires (d'accord avec les statuts de la Compagnie) ne ré-
« putent bénéfices susceptibles d'être mis en distribution que
« ceux qui sont certains, provenant d'opérations accomplies,
« encaissées, ou d'un encaissement prochain, et pouvant être
« jugées équivaloir à espèces. »

Ce n'est pas un retour complet à la théorie de l'encaissement,
mais l'arrêt s'en rapproche singulièrement, car s'il se rattache
d'abord, comme dans l'affaire Mirès, à l'opération accomplie,
c'est avec cette addition notable qu'elle doit être suivie d'un encaissement prochain, équivalant à espèces : c'est une sorte de
moyen terme, ou d'alliance entre les deux systèmes.

Voici maintenant comment la Cour de cassation motive le
rejet du pourvoi :

« Attendu que l'arrêt attaqué constate, en fait, que les de-
« mandeurs en cassation ont fait figurer à l'actif du compte
« profits et pertes des articles qui ne devaient pas y figurer ; —
« Attendu qu'on soutient vainement qu'il a violé la loi parce
« que les dividendes distribués, notamment en 1864 et 1865,
« étaient prélevés sur des bénéfices certains ; qu'en effet, il ré-
« sulte des *appréciations souveraines* de la Cour que ces pré-
« tendus bénéfices ne consistaient pas dans des valeurs réali-
« sées ou immédiatement réalisables, mais dans des prix de
« vente qui ne pouvaient devenir exigibles qu'éventuellement
« ou après un nombre d'années variable. »

Cette formule est loin de reproduire celle des juges du fait;
elle en serait plutôt un désaveu, car elle semble avoir voulu en
éliminer précisément la nécessité d'un encaissement, actuel ou
même prochain, pour n'exiger que la réalisation des valeurs
constituant les bénéfices.

Toutefois c'est ici que l'équivoque pourrait naître : s'agit-il
simplement d'une réalisation par l'opération accomplie, comme
dans l'affaire Mirès, ou d'une réalisation en espèces ou valeurs
équivalentes ?

617. Ce qui jette une certaine confusion dans les esprits, et,
par suite, dans l'expression, c'est qu'on se trouve en présence
de deux ordres d'idées différents, et que l'on ne prend pas soin

---

(1) Dalloz, 72.1.233.   (2) Dalloz, 70.2.121.

de distinguer : d'une part, la réalité des bénéfices ; et, d'autre part, l'opportunité de leur distribution. Supposons, en effet, que des opérations heureuses aient procuré à la Société des bénéfices, même réalisés en espèces, et qu'ils aient été employés en constructions, ou en améliorations ; ces bénéfices seront représentés à l'inventaire, et seront certains, réels ; mais si le fonds de roulement ne dépasse pas les besoins de la Société, il y aurait imprudence à distribuer un dividende qui mettrait la Société dans l'impossibilité ou de faire ses approvisionnements habituels, ou peut-être même de faire face à des engagements exigibles ; ce serait une faute grave, pouvant être de nature à compromettre la responsabilité du gérant, aussi bien que des membres du conseil de surveillance, et dans les Sociétés anonymes, du conseil d'administration. Mais il n'y aurait pas là un fait de distribution de dividendes fictifs, constitutif du délit prévu par la loi de 1867 ; ce serait un simple quasi-délit, appréciable d'après les règles des articles 1382 et 1383, C. civ., ne donnant lieu qu'à la réparation du préjudice résultant de la diminution imprudente du fonds de roulement, et d'ailleurs excusable même si la distribution du dividende avait été autorisée en connaissance de cause par les actionnaires.

Qu'on examine maintenant à la lumière de cette distinction les deux arrêts rendus par la Cour de Paris et la Cour de cassation, et l'on se convaincra aisément que la Cour de Paris a confondu les bénéfices réels avec les bénéfices *susceptibles d'être mis en distribution*, selon les termes mêmes de son arrêt ; erreur que la Cour de cassation a paru vouloir éviter en ne parlant, quoique d'une façon trop vague, que des valeurs *réalisées ou immédiatement réalisables*.

618. Du reste, hâtons-nous de reconnaître, avec la Cour de cassation, que la Cour de Paris avait fait une saine appréciation des faits. Ce qui a péché dans l'espèce, c'est la formule plus que la doctrine ; une fois de plus, on a pu vérifier la vérité de l'adage : *Definitio periculosa*. Car, si l'on entre dans l'examen des faits, on n'y découvre aucune réalisation de bénéfices, ni en espèces ni par opérations définitivement accomplies. Ce sont ou des plus-values douteuses, ce qu'on appelle, en langue financière, une majoration, sur les prix d'achat des terrains à revendre ; ou simplement des économies obtenues sur le prix de revient, et auxquelles on donne la couleur de bénéfices résultant d'une entreprise de viabilité ; ou encore des créances con-

sistant en annuités trentenaires, soumises à des éventualités périlleuses et arrivées, dont la plupart même n'étaient que des prix stipulés, vis-à-vis de locataires, dans des promesses de vente facultatives pour eux (1).

---

(1) En raison de l'importance exceptionnelle de cette affaire, nous reproduisons le texte même de la partie de l'arrêt relative à l'appréciation des prétendus bénéfices :

« Considérant que le premier compte complet d'exercice rendu par Pereire et consorts a été celui présenté à l'assemblée générale du 19 mai 1864 pour l'exercice 1863 ; que, conformément à leurs propositions, il a été attribué à la réserve 57,875 fr. 82, c., il a été distribué 1,946,000 fr. à titre de dividende, il a été reporté un solde de bénéfices de 520,882 fr. 45 c. sur l'exercice suivant ; Qu'il est justifié pourtant que l'exercice 1863, au lieu de donner des bénéfices, devait avoir une balance en perte ; Qu'en effet dans le compte des profits et pertes, il y avait deux articles qui devaient être exclus du crédit, à savoir : 1° 1,274,832 fr. 85 c., solde transporté d'un compte *prévisions* ; 2° 2,400,000 fr., montant prétendu de bénéfices dans l'affaire du traité de viabilité avec la ville de Marseille ;

« Considérant, sur le premier article, que lors de la fusion avec la société des Ports de Marseille les immeubles de la Compagnie immobilière de Paris avaient après une expertise déterminant leur plus-value, été majorés de 28 millions ; Qu'en regard d'une partie de cette majoration, un crédit avait été ouvert à un compte dit de prévisions ; que ce compte avait un solde disponible de 1,274,832 fr. 85 c. ; que c'est ce solde qui a été transporté, comme produit, au crédit du compte de profits et pertes ; Considérant qu'évidemment ce n'était pas là un produit ; que cette somme de 1,274,832 fr. 85 c. ne représentait qu'une majoration ou plus-value reconnue aux immeubles ; qu'une plus-value ne pouvait pas plus être mise en distribution comme dividende qu'affectée à la réserve statutaire, et que, de ce premier chef, le compte présente une grave inexactitude ;

« Considérant que le second article relatif à un bénéfice de 2,400,000 fr. sur l'affaire avec la ville de Marseille aurait dû disparaître de même de l'actif du compte ; — Considérant à ce sujet qu'Emile Pereire avait cédé à la société un traité qu'il avait passé avec la ville de Marseille, sous la date du 14 août 1862 et un marché de travaux qu'il avait fait avec Chatelain, à la date du 30 septembre suivant ; Que, par le traité, la ville de Marseille avait vendu à Pereire, au prix de 300 fr. le mètre carré, une surface de terrain qui était à déterminer par une mesuration ultérieure et qui était garantie au minimum de 60,000 mètres, faisant un prix de 48 millions ; Que l'une des conditions de la vente était, selon l'article 4, l'engagement pris par Pereire d'effectuer divers travaux de viabilité urbaine, moyennant une somme à forfait de 6 millions qui devait être imputée sur le prix des terrains vendus et diminuer d'autant la somme à payer ; Que cet ensemble de stipulations composait une convention unique ; que, vis-à-vis de la ville de Marseille, le prix de vente encore indéterminé dans sa totalité, puisqu'il dépendait d'une mesuration à faire, devait se calculer, sous la déduction d'une somme de six millions ; que si l'acquéreur réussissait à faire exécuter à un prix au-dessous de six millions les travaux de viabilité mis à sa charge, c'est pour lui un avantage résultant du contrat, et dont l'effet était de diminuer en sa faveur le prix de revient des terrains achetés ; Que Pereire avait obtenu cet avantage par un sous-traité fait le 30 septembre 1862, avec l'entrepreneur Chatelain, qui s'était chargé de l'exécution des travaux moyennant une somme que l'on dit être de 3,600,000 fr., de sorte qu'une économie de 2,400,000 fr., réduisait d'autant le prix de revient des terrains de la ville de Marseille ; Considérant que la Compagnie immobilière a été mise au lieu et place d'Emile Pereire dans le traité et le marché de travaux susénoncés ; que ces deux actes lui ont été apportés à la fois pour une valeur dont Emile Pereire a retiré l'équivalent en actions ; que la compagnie n'a fait que succéder à cette position d'Emile Pereire où les terrains acquis de la ville de Marseille revenaient à un prix amoindri en tout de 2,400,000 fr. ainsi qu'elle l'a considéré elle-même dans le système de ses écritures ; Que c'était là un fait tenant aux constitutions statu-

619. En vain, dans l'intérêt des administrateurs, a-t-on objecté devant la Cour de cassation que la Cour de Paris, en critiquant les bilans après coup, avait tenu compte des événements ultérieurs, et qu'une telle doctrine aboutirait à reculer toute répartition de bénéfices jusqu'à la liquidation de la Société. Mais M. l'avocat général *Reverchon* avait victorieusement répondu à ce moyen : « Tel n'est point, a-t-il dit, le sens de l'arrêt; car,
« s'il reconnaît que la somme de 12,216,382 francs, portée au
« crédit des comptes de 1864, représentait la différence effective
« des prix de revient des terrains avec les prix de vente obte-

---

taires, dans lequel on ne pouvait en aucun cas voir un produit des opérations de la société, et qui, dès lors, ne devait pas fournir un article de crédit de 2,400,000 francs au compte des profits et pertes ;

« Considérant que ces deux articles retranchés du compte de l'exercice 1866, le total de la recette ou de l'actif se réduit à 3,379,506 fr. 97 c., somme qui était insuffisante pour couvrir les dépenses, en sorte qu'il ne devait y avoir lieu ni à un amortissement de 67,244 fr. 45 c., ni à un dividende distribué de 1,916,695 fr., ni à une réserve statutaire de 57,875 fr. 82 c., ni à une balance de sortie de 520,882 fr. 45 c., et que le compte devait au contraire se clore par un déficit de 3,028,830 fr. 43 c. ;

« Considérant que les mêmes appréciations sont à porter, dans une proportion de chiffre encore plus considérable, sur le compte de l'exercice 1864 ; Que le crédit de ce compte comprend une somme de 12,216,382 fr. 82 c. pour bénéfices réalisés sur des ventes de terrains de Marseille ; Que cette somme représentait bien la différence des prix de revient des terrains avec les prix de vente obtenus, mais que ces prix de vente (sauf un à compte de 50,000 fr.) n'étaient pas encaissables pendant l'exercice , qu'ils étaient payables à des termes dont le plus prochain se rapportait à deux ans en 1866, et qu'ils devaient se toucher par un service d'annuités de la durée de 10, 20 ou 30 ans, établies avec un calcul d'intérêts composés et d'amortissement du capital ; Que quelques-unes de ces aliénations n'étaient pas même réalisées ; que le caractère d'aliénation avait été attribué à des actes qui ne renfermaient que des locations ou promesses de vente ; Qu'évidemment la somme de 12,216,382 fr., ainsi entrée dans l'actif du compte de

profits et pertes, ne représentait pas un produit qui eût à y prendre place et qui fût susceptible d'être mis en distribution comme dividende, ou d'être affecté à la réserve, ou de balancer d'une manière quelconque le chapitre de la dépense ; Que c'était là une simple collection de créances à long terme, dont le recouvrement ne pouvait verser de deniers dans la caisse qu'en s'étendant sur dix, vingt ou trente années, et qui, loin de constituer une valeur ferme, étaient soumises à de périlleuses éventualités comme la suite n'a pas tardé à le prouver, puisque par résiliation de la vente ou par expropriation, sans aucun événement extraordinaire, au bout de trois ans à peine, les immeubles ont fait retour à la compagnie ; Considérant que, rectification faite suivant ce qui vient d'être dit, le compte accuse un déficit énorme, et ne comportait ni le dividende de 5,933,350 fr. qui a été distribué, ni la somme de 944,616 fr. 60 c. qui a été mise à la réserve statutaire, ni le solde disponible de 2,668,199 francs qui a été reporté sur l'exercice suivant ;

« Considérant que le même système d'illusion sur les produits a atteint son apogée dans le compte de l'exercice 1865, où malgré un déficit de plus considérable, on répartit entre les actionnaires un dividende de 6 millions, on attribue 997,507 fr. à la réserve statutaire et 14,417,923 fr. à une réserve extraordinaire ;

« Que la cause de cette étonnante disposition du compte se trouve dans des bénéfices de 22,435,720 fr. sur ventes de terrains, bénéfices qui n'étaient que des créances conditionnelles et à terme, et qui, de même que pour l'exercice précédent, ont été considérés comme de véritables produits.

« nus, il ajoute immédiatement que ces prix n'étaient payables
« qu'à des dates dont la plus rapprochée se reportait à deux
« ans ; qu'ils devaient se toucher par un service d'annuités
« échelonnées de dix à trente ans ; que, d'ailleurs, quelques-
« unes de ces aliénations n'étaient pas réalisables ou n'étaient
« que des locations avec promesse de vente ; qu'ainsi c'était là
« une simple collection de créances *à long terme*, et qui, loin
« de constituer une valeur ferme, étaient soumises à de péril-
« leuses éventualités. La Cour de Paris *ne décide donc pas que*
« *les dividendes distribués n'étaient pas acquis, parce que des évé-*
« *nements ultérieurs pouvaient influer sur les opérations de la So-*
« *ciété ; elle décide, en se plaçant au moment où ils ont été distri-*
« *bués comme bénéfices acquis,* que, même alors, ils n'avaient
« pas ce caractère (1).

En ce résumé des conclusions, pas un mot de la nécessité
prétendue de l'encaissement. L'honorable organe du ministère
public dégage des faits souverainement constatés la doctrine
vraie, quelque peu altérée par la Cour de Paris, et qu'avec cette
interprétation officielle il nous est permis maintenant d'attribuer à la Cour suprême : des créances fermes, même à terme,
mais non conditionnelles ni éventuelles, peuvent valablement
figurer à l'actif de l'inventaire pour servir à constituer les bénéfices.

620. Une autre objection plus sérieuse avait été faite : nous
aurions pu, disaient les administrateurs, ajouter au prix de
revient des terrains l'intérêt de ce prix, pendant la période de
construction des maisons ; et en procédant ainsi, nous n'aurions
fait qu'imiter les Compagnies de chemins de fer qui, dans leurs
bilans, séparent toujours la période de construction de celle
d'exploitation, pour grever la première des intérêts servis aux
actionnaires avant toute obtention de produits, c'est-à-dire sur
le capital lui-même, diminué d'autant par ces prélèvements. Or,
ajoutaient-ils, nous avons passé ces intérêts par frais généraux
d'exploitation ; mais nous avons le droit, pour repousser l'action en responsabilité, de redresser nos écritures, en les trans-
portant du compte d'exploitation au compte des frais de premier
établissement. Le chiffre des dépenses étant ainsi ramené à la
vérité, les produits laisseraient un excédant qui légitimerait la
répartition des dividendes.

---

(1) *Sic*, Bourges, 21 août 1871 (D. 73.2.34); Caen, 14 déc. 1869.

La réponse faite sur ce point par la Cour de Paris est un peu laconique, et, à cause de cela sans doute, obscure et presque insaisissable. Si nous voulons en rechercher le sens dans les conclusions de l'avocat général, M. Dupré-Lassale, nous n'y trouvons pas d'explication bien satisfaisante : dans la Compagnie immobilière, a-t-il dit, où l'industrie consistait à acheter des terrains pour bâtir, il n'y a pas eu, comme dans les Compagnies de chemins de fer, une période initiale de premier établissement ; on achetait et bâtissait tour à tour ; en sorte que les opérations sociales étant vues dans leur ensemble, la construction et l'exploitation marchaient de front, et cela devait être ainsi pendant toute la durée de la Société ; d'où il suit que, si l'on avait admis l'assimilation proposée, les intérêts auraient incessamment grevé et démesurément enflé le compte de premier établissement, en laissant ressortir des produits factices méritant assurément le nom de bénéfices fictifs. Et M. l'avocat général ajoutait, d'ailleurs, que les statuts de la Société interdisaient formellement ce mode de procéder.

Si, en effet, l'interdiction était dans les statuts, la réponse était péremptoire. Nous n'avons pas à le rechercher, car le jurisconsulte accepte comme constants les faits constatés, aussi bien que comme exacte l'interprétation donnée aux contrats par les décisions judiciaires qu'il examine dans un intérêt exclusivement doctrinal. Mais il lui apppartient de poser des hypothèses : Supposons donc le silence des statuts, la réponse faite aux administrateurs eût-elle encore été acceptable ? Nous ne le pensons pas. Dans une Société qui a pour objet des spéculations immobilières, chaque opération doit être envisagée séparément ; il est ouvert sur les livres un compte spécial ; le terrain acquis est et restera improductif jusqu'à ce qu'il soit revendu ou construit ; son prix de revient s'est nécessairement accru de l'intérêt couru jusque-là ; il doit donc, avec cet accroissement, figurer à l'inventaire comme représentant exactement la valeur de ce terrain ; ce n'est là autre chose qu'un mode d'évaluation très-exact, et qui ne saurait tromper personne. C'est ainsi qu'on retrouve, non sur l'ensemble, mais sur chaque opération distincte, les deux périodes de construction et d'exploitation qui existent pour les Sociétés de chemins de fer, et d'ailleurs aussi pour toutes celles qui ont à construire l'établissement devant faire l'objet de l'exploitation sociale.

621. Continuons d'éclairer et de justifier, par les faits em-

pruntés à la jurisprudence, la doctrine que nous essayons de faire prévaloir. Les exemples sont nombreux, et nous ne citerons que les principaux; ainsi les dividendes distribués ont été réputés fictifs dans les cas suivants :

1. S'il a été porté à l'actif des créances reconnues irrecouvrables (1). Toute clause qui l'autoriserait serait nulle comme contraire à l'ordre public (2).

2. Si des frais généraux et courants d'administration ont été compris au compte de frais de premier établissement (3) ou au compte spécial d'additions ou améliorations (4).

3. Si la valeur des actions industrielles existant dans le portefeuille de la Société a été exagérée (5).

4. Si un banquier, concessionnaire de l'entreprise d'un chemin de fer, l'a cédée à une Société anonyme fondée par lui-même, et qu'il porte à l'actif le bénéfice stipulé par cette cession, avant même qu'elle ait été ratifiée par l'assemblée générale des actionnaires et avant l'exécution des travaux (6).

5. Si un banquier s'est chargé de placer, moyennant une commission, les actions d'une Société, et qu'il les ait rachetées lui-même, en portant comme bénéfice la différence résultant du prix de ce rachat, avant d'avoir opéré la revente des mêmes actions (7).

Par contre, une maison de banque peut faire figurer à l'actif, dans ses inventaires, des créances non recouvrées, quoique devenues mauvaises depuis; car cet actif, « ne consistant presque « toujours que dans des créances garanties uniquement par la « solvabilité apparente des débiteurs, ne devient certain que « par la rentrée effective de ces mêmes créances, laquelle est « inconciliable avec la continuation des affaires » (8).

622. En résumé, on voit, par ces exemples mêmes, qu'il n'y a pas à s'effrayer outre mesure des difficultés de l'inventaire. Qu'il soit fait avec bonne foi et modération, et l'on sera sûr de ne pas encourir les pénalités prononcées par les lois nouvelles; il évitera les mécomptes qu'amènent toujours après elles les évalua-

---

(1) Lyon, 9 juin 1864 (D.65.2.197).
(2) Angers, 21 janv. 1867 (D.67.2.19); Comp. Paris, 29 juillet 1873, sur une clause relative à des créances en souffrance.
(3) Paris, 22 déc. 1858 (D.59.1.137).
(4) Paris, 30 avril 1869 (Société de la papeterie d'Essonne).
(5) Paris, 22 déc. 1858, cité note 3, ci-dessus.
(6) Paris, 29 août 1861, Cass., 28 juin 1862, affaire Mirès (D. 62.1.48 et 307).
(7) Mêmes arrêts.
(8) Caen, 14 déc. 1869 (Ann. Lehir).

tions exagérées ; le plus souvent même, si le fonds de réserve a été soigneusement entretenu, il permettra de passer les mauvais jours, de résister à ces crises financières et politiques qui reviennent si souvent dans nos temps troublés, et au milieu desquelles ne manquent pas de sombrer les affaires douteuses.

§ 2. — De la répartition des dividendes.

SOMMAIRE.

623. — Les dividendes touchés par les actionnaires leur sont-ils définitivement acquis, où sont-ils rapportables aux créanciers ?

624. — *Première règle.* En principe, ils ne sont pas rapportables, à moins de fraude ou de mauvaise foi.

625. — *Deuxième règle.* Lorsqu'il y a lieu à répétition, l'action se prescrit par cinq ans.

626. — *Troisième règle.* Les prescriptions commencées avant la loi sont aussi réduites à cinq ans.

627. — Ces règles sont dérogatoires au droit commun. Protestations qu'elles ont soulevées.

628. — Comment elles se sont introduites dans la loi. Vive résistance.

629. — L'étude des anciens principes a encore un double intérêt. Distinction fondamentale.

623. Nous avons fait un grand pas. Nous savons que les bénéfices d'une société sont des fruits civils, qu'ils sont réellement acquis lorsqu'ils résultent de livres exacts et d'inventaires fidèles. Par contre, nous connaissons les dividendes fictifs, dont la distribution est défendue. Mais aux questions, en cette matière ardue, succèdent les questions : ces dividendes, réels ou fictifs, sont-ils indifféremment et également acquis aux actionnaires qui les ont perçus ? Où ceux-ci, dans le cas où l'actif social deviendrait insuffisant pour payer les dettes, sont-ils tenus d'en faire le rapport aux créanciers ? Devra-t-on distinguer entre les dividendes réels et fictifs, pour affranchir les premiers du rapport et y soumettre les autres ?

624. La loi de 1867 ne fait aucune distinction, elle établit à cet égard des règles nouvelles qui font l'objet des trois derniers alinéas de l'art. 10 :

Première règle : « Aucune répétition de dividendes ne peut « être exercée contre les actionnaires, si ce n'est dans le cas « où la distribution en aura été faite en l'absence de tout « inventaire ou en dehors des résultats constatés par l'inven- « taire. »

Ainsi, en principe, pas de répétition. Il est vrai que deux exceptions sont indiquées ; mais elles sont plus apparentes que réelles, car elles se rapportent à des hypothèses qui se présenteront bien rarement, et dont la dernière est même à peu près irréalisable, à moins de fraude patente, accomplie de connivence avec les actionnaires eux-mêmes.

Le principe de la non-répétition peut donc être considéré comme absolu, sauf pourtant le cas de fraude ou de mauvaise foi, qui forme une exception tacite et perpétuelle à toutes les règles (1).

Il résulte de là que les créanciers qui souffriraient de la distribution de dividendes fictifs, et qui seraient tentés d'en réclamer la restitution aux actionnaires, auraient à fournir contre chacun de ceux-ci la preuve malaisée qu'il les a reçus sciemment et de mauvaise foi. Car, suivant la théorie nouvelle préconisée par le rapport de la commission législative, la bonne foi des actionnaires sera toujours présumée « lorsque « l'inventaire aura été dressé, vérifié, et que la proposition « de distribution d'un dividende aura été précédée et accom- « pagnée de toutes les garanties extérieures que la loi a orga- « nisées ».

Ainsi, que l'inventaire soit manifestement erroné ; qu'il soit faussé par le gérant, même de complicité avec le conseil de surveillance ; il n'importe ! Il forme pour les actionnaires un titre inattaquable, à moins de prouver, contre tous ou chacun, qu'ils ont participé à une connivence frauduleuse ayant pour but de masquer la perception de dividendes fictifs. Sinon, toute action en répétition est non recevable.

Au contraire, il y aurait présomption légale de mauvaise foi dans les deux hypothèses prévues par la loi, c'est-à-dire : 1° s'il n'y avait pas eu d'inventaire ; 2° si le dividende était en désaccord avec les résultats de l'inventaire. Cette présomption est une de celles que les docteurs appellent *juris et de jure*, et contre lesquelles la preuve contraire n'est pas admise.

Qu'arriverait-il s'il était démontré que les dividendes distribués en l'absence d'inventaire existaient réellement ? La répétition n'en serait pas admise, malgré les termes généraux de la règle posée dans l'art. 10 ; car les dividendes fictifs sont seuls sujets à rapport, ainsi qu'on l'établira plus loin.

---

(1) Rivière, n. 100.

De même, en cas d'inventaire, si les dividendes distribués étaient supérieurs à ceux qui auraient dû l'être d'après les résultats de l'inventaire, l'excédant serait seul rapportable aux créanciers.

Il est entendu que l'inventaire, pour couvrir les actionnaires, doit être sérieux, et ne serait pas remplacé, par exemple, par de simples balances semestrielles (1).

625. *Deuxième règle :* « L'action en répétition, dans le cas où « elle est ouverte, se prescrit par cinq ans à partir du jour fixé « pour la distribution des dividendes. »

L'action en répétition n'est ouverte, comme on vient de le voir, que contre les actionnaires qui sont en état de mauvaise foi prouvée ou légalement présumée. Leur bonne foi couvre les autres. Il est donc vrai de dire que la prescription, introduite par la loi nouvelle, a pour but direct, unique, d'absoudre et de protéger la mauvaise foi. C'est un rôle singulier et sans doute inattendu que fait jouer la loi nouvelle à la prescription ; les jurisconsultes anciens et modernes ne l'auraient pas saluée du titre de patronne du genre humain, s'ils avaient deviné qu'un jour elle dût le compromettre en telle occurrence.

Cette prescription a son point de départ, non au jour même du paiement des dividendes dans les mains des actionnaires, mais, ce qui est bien différent, au jour fixé pour la distribution de ces dividendes. Le jour du paiement est une époque variable et diverse pour chacun des actionnaires ; il avait été néanmoins indiqué dans la première rédaction de la commission ; mais il a été remplacé, dans le texte définitif, par le jour fixé pour la distribution, qui est une époque uniforme pour tous, et d'ailleurs plus facile à constater.

Cette prescription ne devrait pas être abrégée et réduite, comme celle de l'action publique, à trois ans, sous prétexte que le gérant est en même temps poursuivi pour délit de distribution de dividendes fictifs (2).

626. *Troisième règle :* « Les prescriptions commencées à l'é- « poque de la promulgation de la présente loi, et pour les- « quelles il faudrait encore, suivant les lois anciennes, plus de « cinq ans à partir de la même époque, seront accomplies par « ce laps de temps. »

---

(1) Caen, 14 déc. 1869 (Ann. Lehir). | (2) Alger, 24 mars 1867 (D.67.2.229).

Les lois anciennes, auxquelles se réfère cette règle, reconnaissaient en effet aux créanciers, ainsi qu'on l'établira bientôt, le droit d'exiger des actionnaires la restitution des dividendes fictifs indûment perçus. Cette action ne se prescrivait que par trente ans à compter du jour de la perception (1). C'est cette prescription qui, par la loi nouvelle, est abrégée et limitée à un maximum de cinq années à compter de la promulgation de cette loi. La loi a pu d'ailleurs statuer ainsi sans mériter en aucune façon le reproche de rétroactivité (2).

Quant aux dividendes perçus depuis la loi dans les sociétés antérieures, ils seront soumis aux deux premières des règles établies par l'art. 10.

627. Ce n'est pas sans une vive contradiction que toutes ces dispositions dérogatoires au droit commun ont été adoptées par le Corps législatif. Pour moi, j'applaudis de grand cœur aux énergiques et honnêtes protestations qu'elles ont soulevées lors de la discussion ; car le droit des créanciers sociaux se trouve sacrifié à l'intérêt des actionnaires leurs débiteurs. Il y a aujourd'hui une combinaison fréquemment usitée : ce sont les emprunts par les sociétés sous forme d'obligations ; mais qui voudra désormais souscrire des obligations ? Les obligataires n'ont pas le droit de surveiller les inventaires ni de vérifier les dividendes, et qui les garantira contre les dividendes fictifs ? Sans doute ils auront une action en responsabilité contre les membres du conseil de surveillance ; mais ne sera-t-elle pas quelquefois illusoire ? Et d'ailleurs pourquoi ne pas laisser les risques de cette action aux actionnaires eux-mêmes, qui ont choisi pour leurs mandataires les membres du conseil ?

628. On conçoit aisément qu'une innovation si dangereuse ne se soit introduite que subrepticement en quelque sorte dans la loi. En effet, le projet de loi ne s'en occupait pas. C'est la commission législative qui a imaginé d'en faire l'objet d'un amendement, qu'elle a soumis au Conseil d'État. Cet amendement a été repoussé par le Conseil d'État, maintenu néanmoins par la commission, et soutenu par elle devant le Corps législatif. Là, victorieusement combattu par M. Duvergier, au nom du Conseil d'État, il semblait destiné à succomber ; et la Chambre était disposée à se rallier à une idée très-judicieuse, émise par

---

(1) Art. 2262, C. civ.

(2) Arg. de l'art. 2281, C. civ. — *Rép.* Dalloz, v° *Lois*, n. 377.

un honorable député (1), consistant à consacrer le principe du rapport des dividendes fictifs, en limitant à cinq ans la durée de l'action. Mais l'art. 10, avec l'amendement, fut renvoyé à la commission (2), qui, au lieu de rapporter une rédaction dans ce sens, proposa celle qui forme aujourd'hui les trois derniers alinéas de l'art. 10. C'était demander au Corps législatif de revenir sur l'esprit de sa décision ; il y consentit très-bénévolement, M. Duvergier ayant déserté le débat, et M. le garde des sceaux étant venu à sa place donner à la commission le concours de sa trop puissante intervention (3).

629. En présence de tels conflits, il est permis de croire que le dernier mot n'est pas dit sur la question, et d'espérer un retour aux vrais principes lors du remaniement de la législation des sociétés. A ce point de vue il ne sera donc pas sans intérêt de rechercher et de constater, dans cet ouvrage, les règles de droit auxquelles était soumise précédemment la distribution des dividendes sociaux. Cette étude aura eu tout au moins une utilité transitoire, puisque les lois anciennes ont conservé leur empire pendant une durée de cinq ans ; et d'ailleurs il ne faut pas oublier que ces règles nouvelles et exceptionnelles demeurent sans application en dehors des sociétés en commandite par actions et des sociétés anonymes ; en sorte que les autres sociétés restent soumises à cet égard aux dispositions du droit commun, qu'à ce titre encore il importe donc de connaître.

Il y a en cette matière une distinction, qui est fondamentale, et dont l'omission a laissé beaucoup de confusion dans les esprits : je veux parler des dividendes réels et des dividendes fictifs ; on a souvent appliqué à ceux-ci des raisonnements destinés à ceux-là ; mais ce sont deux ordres d'idées à séparer et à traiter distinctement.

§ 3. — Des dividendes réellement acquis.

SOMMAIRE.

630. — Ils ne sont pas rapportables aux créanciers. Ancienne controverse.
631. — Il n'y a pas à distinguer entre les créanciers antérieurs et postérieurs à la distribution.
632. — Système tiré de l'ancien droit, aujourd'hui inexact.

---

(1) M. Pouyer-Quartier.
(2) Voyez le Moniteur des 31 mai et { 1er juin 1867.
{ (3) V. le Moniteur du 13 juin 1867.

633. — Caractère et but de l'inventaire : Pour le commerçant isolé ;
634. — Pour les associés en nom collectif ;
635. — Dans les sociétés par actions.
636. — Chaque actionnaire a le droit de réclamer sa part des bénéfices réels. Conséquences.
637. — Sauf en certains cas le droit de l'assemblée générale.

630. Les *dividendes réels* sont-ils *définitivement* acquis aux actionnaires ? ou ceux-ci, dans telle circonstance donnée, ne sont-ils pas exposés à une action en rapport de la part des créanciers ? Les divers éléments de l'actif venant à s'amoindrir, à s'annihiler dans une crise, les créanciers ne pourraient-ils pas soutenir que la crise doit rétroagir sur les exercices antérieurs ; que les inventaires où figuraient ces éléments disparus doivent être rectifiés ; que cette rectification aura pour effet de démontrer que les dividendes alors distribués n'existaient pas réellement, en sorte que le rapport leur est dû ?

De telles prétentions, qui aujourd'hui paraîtraient fort insolites, ont été jadis émises, et même admises par des arrêts. Il existe en ce sens un arrêt de la Cour de Rouen du 14 novembre 1807, cassé, il est vrai, le 14 février 1810 ; mais, sur le renvoi, la Cour de Paris a statué, le 11 février 1811, comme l'arrêt cassé (1). Malgré sa résistance, la Cour de Paris n'a pas vu et ne devait pas voir son opinion triompher. La doctrine, à la presque unanimité, l'a condamnée (2), et nul depuis, à ma connaissance du moins, n'a osé tenter la jurisprudence.

La proposition du rapport avait été faite au Conseil d'État lors de la discussion du Code de commerce ; mais elle fut si victorieusement réfutée que son auteur l'abandonna (3). En effet, si les bénéfices sociaux sont des fruits civils, ils sont acquis au commanditaire qui les a perçus de bonne foi et peut-être consommés ; car il ne doit à la société que les fonds qu'il a promis d'y verser, comme le remarque M. Troplong sur l'art. 26, C. comm. (4). Outre cette raison juridique, n'y avait-il pas pour le législateur un intérêt économique de premier ordre à ménager ? Que l'actionnaire soit obligé de rapporter les dividendes loyalement établis par les livres et les inventaires, c'en est fait

(1) Dalloz, vº *Société*, n. 1386 et 1387.
(2) Frémery, p. 53 ; Troplong, n. 846 ; Delangle, n. 345 et s. ; Molinier, 555 ; Bédarride, n. 226 et s. ; Alauzet, n. 155 ; Foureix, n. 183. — V. Dalloz, n. 1385. —

Contrà, Persil fils, sur l'art. 26, C. comm., p. 107 et suiv.
(3) Locré, *Esprit du C. de comm.*, t. 1, p. 143.
(4) Nº 846.

de l'esprit d'association ; le contrat de société pourra être rayé de nos Codes.

631. Cependant une distinction inacceptable a été proposée : suivant M. Duvergier (1), le commanditaire ne serait dispensé du rapport que vis-à-vis des créanciers postérieurs à la distribution. Le savant jurisconsulte prétend fixer de cette manière la doctrine flottante de MM. Dalloz (2) et Pardessus (3), qui, tout en repoussant le rapport en principe, l'admettent selon les circonstances. Toutes ces théories, que condamnent l'expérience et la pratique, comme ne saurait le méconnaître M. Duvergier lui-même (4), viennent de la fausse idée que l'on s'est faite de la nature et du caractère légal des bénéfices sociaux. On a voulu ériger en principe qu'il n'y avait de bénéfices ou de pertes qu'à la fin de la société. « Le bénéfice, dit M. Duvergier (5), c'est « l'excédant du produit de la liquidation sur le fonds social « primitif ; la perte, c'est le déficit. » Dans ce système, les dividendes distribués périodiquement ne sont que des allocations provisoires perçues sous la condition que la liquidation donnerait en effet des bénéfices ; dans la rigueur du droit, toute distribution de dividendes devrait être ajournée à la dissolution de la société. Ce sentiment est partagé par M. Delangle (6) et par MM. Dalloz (7), quoiqu'ils soient contraires à l'obligation du rapport ; en quoi ils manquent de logique, à mon avis ; car cette théorie des allocations provisoires implique forcément le rapport des dividendes envers tous les créanciers, antérieurs ou postérieurs à la perception.

632. Mais, je me hâte de le dire, un pareil système est non-seulement démenti par l'expérience et la pratique ; il est contraire à l'essence même de la société par actions. Comme on le devine aisément, c'est dans l'ancien droit que l'on est allé le chercher. En compulsant les vieux auteurs, on a trouvé que Straccha (8) l'avait préconisé ; Toubeau s'était joint à lui ; Bartole (9), cependant, avait douté. Que dans les anciennes communautés ou sociétés taisibles, où tous les comparsonniers (10) (ainsi s'appelaient les associés) vivaient à mêmes *feu*,

---

(1) N° 398.
(2) N° 387.
(3) T. 4, n. 1000.
(4) N° 16.
(5) N° 15.
(6) N°ˢ 345 et s.
(7) N° 386.

(8) *De contr. mercat.*, n. 16.
(9) V. Duvergier, n. 224, à la note.
(10) On donnait aussi à ces communautés le nom de *compagnies*, mot dérivé, suivant Pasquier, de *compain* (mangeant le même pain).

pain et pot (1), où les filles étaient dotées par la communauté, on ait ajourné le partage des bénéfices à la fin de la société ; qu'on ait procédé de même dans les sociétés civiles ou en participation, faites entre peu de personnes et pour une courte durée ; soit! Mais transporter ces errements d'un autre âge, et contre lesquels réagissait dès longtemps la coutume commerciale (2), au sein de notre société industrielle, où le capital joue un si grand rôle et se montre si avide de placements productifs, c'est commettre le plus évident des anachronismes! Aujourd'hui on veut, on a besoin d'ailleurs, que l'argent rapporte ; autrefois le capital était gratuit, de par les lois canoniques. N'est-ce pas là une ligne de démarcation assez saillante entre les temps anciens et nouveaux? La loi commerciale elle-même révèle cette profonde différence : sous l'ordonnance de 1673, l'inventaire n'était prescrit au commerçant que tous les deux ans ; le Code de commerce l'oblige à faire un inventaire annuel.

633. La définition légale de l'inventaire confirmera ce qui précède. On a dit qu'il n'est autre chose, pour le commerçant, qu'un simple état de situation, une mesure d'ordre destinée à se rendre compte de sa position (3). Envisagé de cette manière, il aurait sans doute une incontestable utilité ; mais il est permis de lui assigner un but plus efficace et plus positif. Il doit déterminer les bénéfices réalisés par le commerçant dans l'année qui vient de finir, non sans doute pour l'exciter à consommer ces bénéfices, mais pour le guider dans ses dépenses personnelles, pour régler son genre de vie, et pour consolider, par des placements ou des acquisitions, la portion des bénéfices nets qu'il aura économisée. Ou bien, comme il arrive souvent, il laisse cette portion de bénéfices dans son commerce pour accroître son fonds de roulement ; c'est alors un placement qu'il fait volontairement sur lui-même ; il convertit ainsi des fruits en fonds. D'autres fois, à l'inverse, il reprend sur son capital des sommes qui lui sont nécessaires pour ses affaires personnelles. Son compte de capital varie presque incessamment, et il est rarement le même d'un inventaire à l'autre.

634. Les associés en nom collectif procèdent quelquefois comme le commerçant isolé. Pour eux l'inventaire n'implique

---

(1) Michelet, *Origines du droit fran-* | (2) Frémery, p. 53.
çais, p. 258. | (3) Duvergier, n. 224.

pas nécessairement le partage des bénéfices. M. Pardessus (1) en fait la remarque, qu'il a le tort de généraliser en l'appliquant à toutes les sociétés de commerce; car, dans les sociétés par actions, les agissements sont tout différents.

635. Là, le capital social est invariable à moins de modification convenue et publiée dans les formes légales. C'est toujours un chiffre fixe qui figure au passif de l'inventaire. Il ne s'agit pas d'un état de situation plus ou moins approximatif à dresser pour servir de renseignement; c'est une opération très-sérieuse, très-exacte, disons le mot, une liquidation périodique, qui doit dégager le bénéfice en respectant le capital. Le but immédiat et direct de l'opération, c'est la distribution de ce bénéfice. On peut affirmer que de tout temps tel a été le but de l'inventaire dans les sociétés par actions; mais cela est plus vrai encore depuis les lois de 1856, 1863 et 1867, qui ont donné une consécration officielle aux inventaires sociaux et aux distributions de dividendes. L'inventaire annuel est devenu obligatoire, et les distributions de bénéfices le sont aussi, soit en vertu de ces lois, ou plutôt de la loi de 1867, qui abroge les deux premières, soit en vertu des statuts sociaux qui, sans exception, prescrivent ces distributions.

636. C'est donc un droit, à la fois statutaire et légal, pour chacun des actionnaires, de réclamer sa part des bénéfices réels constatés par l'inventaire; droit souverain et contre lequel ne saurait prévaloir la volonté d'une majorité opposante (2). D'où cette double conséquence : 1° que ceux qui ont touché ne peuvent être tenus de rendre, pour faire face à des pertes ultérieures; 2° que ceux qui auraient omis de toucher, et laissé dans la caisse sociale des dividendes échus, en seraient créanciers de la société, au même titre que s'ils lui avaient prêté ou versé en compte courant une somme équivalente (3).

Toutefois, sur ce dernier point, une première distinction a été proposée (4) : on admet qu'il y aurait prêt, s'il y a eu convention de laisser les dividendes en compte; mais s'il y a eu simple omission de les toucher, ils seraient considérés comme un accroissement de la mise.

Nous croyons, au contraire, que la convention serait surtout

---

(1) *Cours de droit comm.*, n. 1000.
(2) V. Angers, 26 avril 1866 (Dalloz, 66.2.198).

(3) Rouen, 30 mars 1841 (*Rép.* Dalloz, n. 1396); Delangle, n. 364.
(4) Alauzet, n. 156; Dalloz, n. 1400.

nécessaire dans le dernier cas ; et c'est ce qu'a décidé la Cour de cassation (1), dans une espèce où elle a constaté « que les « bénéfices au lieu de faire l'objet d'un compte spécial avaient « été confondus, avec l'apport de chacun » ; ajoutons que l'associé, en renonçant ainsi au droit de les retirer après chaque inventaire, avait dérogé aux statuts sociaux, et que les juges du fait, en le décidant ainsi, avaient interprété sainement la convention. D'où l'on doit conclure qu'il eût suffi de porter les dividendes échus à un compte spécial pour leur faire acquérir, à titre de novation, le caractère de créance, même vis-à-vis des tiers.

On a voulu encore distinguer entre les tiers et les associés (2) ; mais la distinction n'est pas fondée, car ou il y aura convention pour laisser les dividendes à titre de mise supplémentaire, et cette convention sera opposable aux autres associés comme aux tiers (3) ; ou il n'y en aura pas, et le caractère de créance prévaudra contre tous ; ce qui arrivera le plus souvent dans les sociétés par actions.

637. Du principe qui vient d'être posé, il résulte que l'assemblée générale excéderait son droit en décidant que le dividende fixé par elle, au lieu d'être distribué aux actionnaires, sera employé à l'acquisition d'un immeuble social ; ce serait une dérogation aux statuts qui ne serait valable qu'avec l'assentiment unanime des actionnaires (4).

Mais elle peut, en dehors du fonds de réserve, créé par les statuts pour parer aux événements imprévus, établir un fonds de prévoyance prélevé sur les bénéfices, afin de parer à des événements paraissant probables, si les circonstances particulières ou générales dans lesquelles se trouve engagée la société rendent cette mesure nécessaire (5).

§ 4. — Des dividendes fictifs.

SOMMAIRE.

638. — Avant la loi nouvelle, ils étaient rapportables aux créanciers.
639. — Arrêt contraire de la Cour d'Aix. Réfutation.
640. — Examen de diverses objections, tirées : 1° De la bonne foi des actionnaires ;

---

(1) Cass., 5 août 1873, Rej. de Douai, note 1.
27 janv. 1873 (D.74.1.127).
(2) Bédarride, n. 234.
(3) Douai, 27 janv. 1873, cité à la
(4) Rouen, 8 août 1868 (D.69.2.211).
(5) Paris, 23 mars 1870 (Bull. de la
Cour, n. 2204).

638. Si les dividendes réels sont définitivement acquis aux actionnaires, il n'en est pas de même, ou du moins il n'en était pas de même, avant la loi nouvelle, des dividendes fictifs, qui étaient rapportables aux créanciers, non désintéressés sur le capital social. Car ces dividendes ne sont pas des fruits, mais bien des fractions du capital, qu'il faut nécessairement reconstituer, puisque, dans la commandite, il est la principale, et dans la société anonyme, l'unique garantie promise et annoncée aux tiers. Il importe peu que les actionnaires aient été de bonne ou de mauvaise foi en percevant ces prétendus dividendes (1), qu'ils aient touché sans inventaire (2), ou qu'ils aient été trompés par des livres faux, par des inventaires infidèles et falsifiés ; ils ne sont point pour ces raisons affranchis de la restitution (3). Le rapport serait encore exigible, alors même que le dividende perçu n'excéderait pas l'intérêt du capital des actions (4). En reprenant une portion du capital, ils ont reçu ce qui ne leur était pas dû ; ils ont, quoique sans le vouloir ni le savoir, violé la loi du contrat. Les tiers créanciers, qui les rappellent à l'exécution de la convention, doivent donc être écoutés ; le gérant, auteur principal des erreurs ou du dol, est après tout l'homme des actionnaires, qui doivent souffrir de ses agissements plutôt que les créanciers.

Si, d'ailleurs, ces distributions de dividendes ont amené dans les affaires sociales le désarroi et la ruine, il naîtra, au profit des actionnaires, une action en responsabilité qui sera examinée plus loin (5).

---

(1) Rouen, 25 nov. 1864; Cass. 3 mars 1863 ; Caen, 16 août 1864 (D. 62.1 106, 63.1.125, 65.2.492), Cass. 8 mai 1867 (Gaz. des trib., 9 mai 1867).

(2) Cass. 25 nov. 1864 (D 62.1.166); Delangle, n. 354 et s.; Molinier, n. 556.

(3) Delangle, n. 360; Bédarride, n.231; Dalloz, v° Société, n. 1390 et 1394. — V. aussi le rapport de M. du Miral sur la loi de 1863. — Ainsi jugé, depuis la loi de 1867, par arrêt de la Cour de cassation du 3 août 1875 (D. 76.1.116) au sujet de dividendes distribués avant cette loi.

(4) Paris, 29 août 1864 (Pal., 1862, 1.344).

(5) Infrà, n. 642, et sect. IV, § 2

639. Cependant la Cour d'Aix, par un arrêt du 22 juillet 1862 (1), avait jugé que les actionnaires de bonne foi ne sont pas tenus au rapport des dividendes fictifs : « Attendu, notamment, « que l'actionnaire reçoit comme les fruits de sa mise de fonds, « et fait siens, par sa bonne foi, les dividendes distribués...; « que des bénéfices annuels ne peuvent être constatés et fixés que « par des inventaires ; qu'à raison de l'imperfection inhérente « à ce mode de constatation, les bénéfices distribués seraient « rarement acquis d'une manière définitive à l'actionnaire, en « cas de faillite ultérieure de la société, si l'on pouvait, à son « égard, discuter l'exactitude des inventaires ; que si une perte « est causée par la fraude dans les inventaires ou par l'in- « curie, la loi a voulu qu'elle fût réputée le fait du gérant, et « que le conseil de surveillance en répondît avec lui suivant les « circonstances. »

Les deux raisons sur lesquelles s'appuie cet arrêt sont loin d'être concluantes; d'une part, s'il est vrai que le possesseur de bonne foi fait les fruits siens, ce principe est sans application dans l'espèce, car il suppose un tiers possesseur de la chose d'autrui, et en acquérant les fruits par sa bonne foi ; ici c'est l'actionnaire qui ferait siens les fruits de sa propre chose ! D'ailleurs les dividendes fictifs étant non des fruits, mais des fractions du capital, ne sauraient s'acquérir par la simple perception. D'un autre côté, si les inventaires sont souvent imparfaits, il est illogique d'en conclure qu'ils pourront l'être toujours impunément au détriment des créanciers sociaux, et à l'avantage des actionnaires, retirant peu à peu et insensiblement leurs mises, sous le prétexte et sous le nom de dividendes imaginaires. Qu'il y ait des inconvénients à reviser après coup des inventaires de commerce, cela n'est pas douteux ; la révision pourra être entachée d'incertitude et d'arbitraire, comme tout ce qui est soumis à l'appréciation des hommes ; mais elle sera toujours dominée par cette règle que, pour contrôler les évaluations d'un inventaire, il faut se reporter à l'époque où il a été fait, sans tenir compte des événements imprévus survenus postérieurement ; et ainsi pratiquée, elle vaudra mieux assurément que l'impunité des inventaires, impunité qui serait une prime accordée à l'inertie du conseil de surveillance, à l'aveuglement volontaire et à l'incurie des actionnaires.

(1) Dalloz, 62.2.148.

La Cour d'Aix a persisté dans son opinion, en rendant un arrêt identique au précédent (1), et plus soigneusement motivé; elle abandonne l'argument tiré de l'acquisition des fruits par le possesseur de bonne foi, et elle essaie d'établir que l'innovation admise par la loi de 1867 n'aurait été qu'une consécration du droit commun. Mais ces deux arrêts restent à peu près isolés et n'ont d'autre valeur que celle d'une stérile protestation, au milieu de la jurisprudence presque unanime des autres Cours et de la Cour de cassation (2).

640. La bonne foi seule, dira-t-on, sauvera les actionnaires du rapport; mais la bonne foi se présume toujours, elle existe la plupart du temps en pareil cas, et vous verrez qu'elle existera toujours quand elle deviendra un moyen de salut. Qui ne connaît en effet la tendance des sociétés à enfler les dividendes! Cette tendance est d'autant plus dangereuse qu'on y est porté par d'irrésistibles entraînements; on cède aux suggestions de l'amour-propre ou de l'émulation; on ne veut pas déchoir, mais progresser; il y a des rivaux qu'on veut égaler ou dépasser; ajoutez à cela l'intérêt personnel, car les gros actionnaires sont dans les conseils de surveillance ou d'administration, qui fixent ou proposent le dividende. Au lieu de réagir contre ces excitants, vous leur lâcheriez la bride! Soyez sûr qu'une pareille faiblesse deviendrait souvent pour les sociétés un instrument de dissolution et de ruine.

641. On objecte que les créanciers n'y perdront rien, puisque les membres des conseils de surveillance et d'administration seront chargés de leur rendre les dividendes fictifs indûment perçus par les actionnaires; oui, si ces membres sont assez riches pour faire face à pareille charge. Mais, d'ailleurs, pourquoi la leur imposer, si, eux aussi, sont de bonne foi? Et à supposer qu'ils aient laissé faire, comme il arrive trop souvent, par faiblesse, condescendance ou simple négligence, quelle écrasante responsabilité! N'est-ce pas assez qu'ils répondent envers les créanciers, envers la société et envers les actionnaires, du dommage réellement éprouvé? Quel étrange et malhonnête privilége pour ceux qui ont reçu ce qui ne leur était pas dû!

---

(1) 3 août 1869 (D.71.2.76).
(2) Caen, 16 août 1864 (D.65.2.192); Rennes, 7 août 1867 (D. 70.1.179); Caen. 14 déc. 1869 (Ann. Lehir); Bourges, 11 août 1871 (D.73.2.34). Cass. 15 nov. 1864, 5 mars 1863, 24 avr. 1867, 8 mai 1867, 15 nov. et 14 déc. 1869 (D.62.1. 166, 63.1.125, 67.1.379, 67.1.495, 74.1. 314, 70.1.179).— Contrà, Alger, 24 mars 1867 (D. 67.2.234).

642. On a dit que les actionnaires étaient ruinés par la jurisprudence ! Vaut-il mieux que les créanciers et obligataires le
soient par les actionnaires? D'ailleurs cet argument péchait
par une exagération manifeste. Il est impossible de concevoir
une société continuant imperturbablement, pendant dix ou
vingt ans, à distribuer de faux dividendes ; il fallait donc laisser
dans le domaine de l'hypothèse les restitutions accumulées et
ruineuses. Au surplus, le titre au porteur sera trop souvent une
protection pour l'actionnaire, qui se sera découvert pour toucher, mais se cachera pour rendre ; et, au lieu de légaliser cette
dissimulation, ce sont plutôt des moyens d'investigation qu'il
faudrait s'attacher à découvrir et à relever.

Les titres au porteur doivent donc, quoi qu'on en ait dit, être
complétement assimilés, sous ce rapport, aux titres nominatifs ;
si, avec les premiers, l'action des créanciers est plus difficile à
exercer, ce n'est pas cette difficulté d'exécution qui doit anéantir
le droit (1).

643. C'est à tort qu'on a invoqué, en faveur des actionnaires,
la discussion qui a eu lieu au Conseil d'État en 1807 ; car il
suffit de jeter les yeux sur le procès-verbal de cette discussion
pour s'apercevoir qu'elle ne portait pas sur les dividendes fictifs,
mais bien sur les dividendes réels, dont un membre avait proposé de rendre le rapport obligatoire au profit des créanciers.
Autant cette proposition était injuste et exagérée, autant le serait, en sens inverse, la conservation des faux dividendes perçus
même de bonne foi. Il y aurait dans cette doctrine relâchée une
véritable atteinte à la moralité publique, profondément offensée
par la préférence donnée aux actionnaires sur les créanciers de
la société. Le profit du capital oisif est légitimé, sans doute, par
les risques courus, mais à la condition que les risques n'existent
pas seulement sur le papier ; car un profit de ce genre constituerait une spoliation déplorable envers ceux qui ont fait confiance à la société, en lui fournissant ou leur travail, ou leurs
marchandises, ou leur argent.

Toutefois les réflexions qui précèdent, justes sous l'empire de
la loi ancienne, d'ailleurs émises dès avant la loi du 24 juillet
1867 (2), doivent aujourd'hui, et quant à présent, être rétrac-
tées. Le jurisconsulte oublie ses regrets pour s'incliner respec-

_____

(1) Caen, 16 août 1864 (Dalloz, 65.2. | (2) *Journal du Notariat* du 18 mai
192). | 1867.

tueusement devant la puissance de la loi, dont il ne doit être que l'humble et fidèle interprète.

644. La restitution des dividendes fictifs, dans les cas où elle peut encore être exigée, doit avoir lieu immédiatement, et les actionnaires ne seraient pas fondés à demander qu'il y fût sursis jusqu'à la liquidation (1). L'inventaire, qui est leur titre pour retenir les dividendes réels, se retourne contre eux pour leur enlever les dividendes fictifs.

Ils en doivent l'intérêt au taux commercial de six pour cent par an (2), à moins qu'il ne résulte des statuts que le taux de cinq pour cent aurait été pris pour base entre la société et les actionnaires (3). L'intérêt court du jour de la demande, et non de la perception, s'ils ont été de bonne foi (4).

Toute clause qui, avant la loi de 1867, aurait eu pour effet de les affranchir de cette restitution, aurait été nulle comme contraire à l'essence même du contrat, qui a lieu avec le public, il ne faut pas l'oublier, aussi bien qu'entre les associés eux-mêmes. C'est ce qui fait dire à la Cour de Rouen (5) que la nullité dont une pareille clause est atteinte est une nullité d'ordre public.

645. De même que les créanciers d'une société en faillite ont une action directe contre les commanditaires pour les contraindre au versement de leur mise, ils sont également recevables, par l'organe des syndics, leurs représentants légaux, à intenter contre les actionnaires une action en restitution des dividendes par eux indûment perçus ; sous un certain rapport, c'est une répétition de l'indû qui s'exerce, même contre celui qui a reçu de bonne foi ; et comme l'action a pour but de reconstituer le capital social, il est vrai de dire que les créanciers exercent un droit propre puisé dans l'art. 1167, C. civ., d'où il suit que c'est la juridiction consulaire qui est compétente pour connaître d'une telle action ; et qu'avant la loi abolitive de la contrainte par corps les actionnaires débiteurs en eussent été passibles.

L'action appartient même à l'ancien gérant devenu créancier de la société, encore bien qu'il ait pris part aux délibérations

---

(1) Caen, 16 août 1864 (D.65.2.192).
(2) Caen, 14 déc. 1869 (Ann. Lehir) ; Bourges, 21 août 1871 (D.73.2.34).
(3) Bourges, arrêt cité à la note précédente.

(4) Même arrêt.
(5) Arrêt du 25 nov. 1864. Rej. 3 mars 1863 (D.62.2.106, 63.1.125) ; Bourges, 21 août 1871 (D.73.2.34).

de l'assemblée générale autorisant le paiement des dividendes (1).

§ 5. — Des bénéfices réalisés après un inventaire en perte.

SOMMAIRE.

646. — Ces bénéfices doivent-ils être distribués, ou employés à reconstituer le capital social ?

647. — La question a un double aspect, économique et juridique.

648. — Au premier point de vue, la reconstitution préalable du capital n'est pas une règle absolue.

649. — Objection tirée de la comptabilité.

650. — Au point de vue juridique, la distribution des nouveaux bénéfices est permise.

651. — *Première objection*. Il ne peut y avoir de bénéfices, tant que le capital est en perte.

652. — *Deuxième objection*. Les tiers n'auront plus la garantie promise.

653. — *Troisième objection*. La société arriverait ainsi à une réduction occulte du capital annoncé.

654. — Conséquence du système qui obligerait à reconstituer préalament le capital social.

655. — Toutefois cette reconstitution est nécessaire lorsqu'il y a eu stipulation de l'amortissement successif des actions.

646. Ne dérive-t-il pas une autre conséquence de la règle que les distributions de dividendes sont exigibles de la part de chaque actionnaire à la suite des inventaires annuels ? Supposons qu'au lieu de bénéfices, un inventaire accuse des pertes : le capital social se trouve quant à présent entamé et diminué d'autant ; néanmoins, avec ce capital réduit, encore d'ailleurs supérieur au passif, la société continue ses affaires et réalise des bénéfices. Les actionnaires auront-ils le droit d'exiger la distribution de ces bénéfices à la fin de l'exercice qui les aura produits ? Ou les créanciers sociaux, en cas d'insuffisance ultérieure de l'actif, pourront-ils en exiger le rapport ?

Cette question a un grand intérêt pratique, et il est surprenant qu'elle n'ait pas encore été soulevée.

647. Certes, nul ne songe à contester qu'il soit d'une sage économie de reconstituer avant tout le capital social, et de suspendre jusque-là toute répartition de bénéfices. Tel est le parti que prennent généralement en effet les sociétés bien conduites ; il y a sur ce point parmi les industriels et les financiers un sen-

_____

(1) Bourges, 21 août 1871 (D.73.2.34).

timent presque unanime, sentiment respectable, honnête, digne
d'être approuvé et encouragé. Un capital leur a été confié pour
le faire valoir et fructifier ; ils tiennent à honneur de ne pas le
voir dépérir en leur mains ; s'il est atteint, il faudra travailler
pour le rétablir en son entier ; les actionnaires devront se
résigner et attendre (1).

Chose singulière ! le jurisconsulte, trop souvent accusé d'un
puritanisme étroit, résiste ici ; et à son tour il se demande si le
financier n'obéit pas à des scrupules exagérés, s'il ne cède pas
à une sorte de faux point d'honneur, à un sentiment · plus
instinctif que raisonné, conforme peut-être à de louables traditions, mais nullement imposé par les prescriptions de la loi,
sainement interprétée.

648. Au point de vue même exclusivement financier, la reconstitution préalable du capital sera-t-elle une règle absolue,
applicable en toute circonstance ? Voici une société qui a toujours prospéré et qui a tout à coup, dans une seule opération,
par un cas de force majeure bien démontré, un abus de confiance,
un faux par exemple, perd une partie de son capital social. Ce
qui lui reste lui suffit cependant pour vivre, travailler et gagner
de l'argent. Faudra-t-il priver les actionnaires de ces nouveaux
bénéfices pendant les trois ou quatre exercices, plus peut-être,
qui seront nécessaires pour amortir la perte ? Pourquoi un
amortissement partiel et successif n'aurait-il pas lieu chaque
année ? Pourquoi ne pas laisser aux actionnaires, sur ce qu'ils
ont gagné à nouveau, un dividende au moins égal à l'intérêt de
leur capital ? Croit-on que l'intérêt privé de la société, ou l'intérêt
général, serait lésé par ce tempérament équitable ? L'intérêt de
la société ! Mais n'est-ce pas, au contraire. la suppression de toute
répartition qui serait de nature à répandre dans l'esprit du public et des actionnaires des inquiétudes mal fondées, à exciter
des rumeurs malveillantes, à jeter le discrédit sur la société, et
une défaveur excessive sur ses actions ! Quant à l'intérêt général, s'il tend à réunir et grouper les capitaux disséminés, il doit
se garder de porter ombrage à l'esprit d'association en impo-
sant aux possesseurs d'actions des obligations onéreuses et,
pour un certain nombre peut-être, douloureuses à subir.

---

(1) L'instruction ministérielle du 11
juill. 1848 exigeait en effet, pour les sociétés anonymes soumises à l'autorisation
du gouvernement, que le capital entamé
par les pertes fût reconstitué avant toute
distribution de dividendes, sauf « pourtant
le paiement des intérêts ordinaires, qui
demeure autorisé », *inf*, tit. II, ch. VIII.

Que l'industriel isolé, que des associés en nom collectif s'efforcent, avec leurs gains de reconstituer leur capital entamé, rien de mieux; ils agissent ainsi dans la plénitude de leur liberté. Que de riches commanditaires, en possession d'autres revenus, prennent d'un commun accord la même décision; ils ne nuisent à personne, et nul ne se plaindra. Mais dans les grandes compagnies par actions, où les petits capitalistes sont les plus nombreux, la suspension indéfinie de la distribution des bénéfices est une mesure extrême, contre laquelle la pratique essaie de réagir par divers moyens; ainsi : en stipulant dans les statuts le paiement d'intérêts à tout événement; en servant des intérêts aux actions, même en l'absence de cette stipulation; ou en portant la perte à un compte spécial à amortir successivement, comme on le fait pour les frais de premier établissement, de manière à laisser disponible un revenu modéré pour les actionnaires. J'examinerai plus loin la validité de la stipulation d'un paiement d'intérêt. Ce qu'il faut résoudre en ce moment, c'est la question de savoir si le paiement des intérêts non stipulés, ou, d'une manière plus générale, l'amortissement successif de la perte, sont des agissements permis ou défendus.

649. Ces agissements, je l'ai reconnu sans hésiter, sont loin d'être accueillis par tous les financiers. Outre la raison de sentiment dont j'ai parlé, il y en a une autre, puisée dans la comptabilité commerciale, et qui fortifie singulièrement leur résistance. La perte subie dans un exercice, dira le teneur de livres, vient se résumer et se déterminer dans le compte de profits et pertes; or ce compte doit nécessairement être balancé et soldé à la fin de l'exercice; si le solde est créditeur, ce sont des bénéfices à distribuer; s'il est débiteur, c'est une perte dont il faut débiter le compte du capital. Mais le compte de capital, à la différence des autres comptes généraux, ne se solde pas; il reste toujours ouvert, pour être crédité et débité à tour de rôle selon les résultats de l'inventaire; lorsqu'il a été débité à la fin d'un exercice en perte, il doit, si les années suivantes donnent des bénéfices, en être crédité jusqu'à ce que l'équilibre soit rétabli par la reconstitution du capital primitif.

S'il n'y avait là qu'une question de forme et de comptabilité, elle serait facile à résoudre; on dirait au comptable : Ce mode de procéder n'est pas absolu; loin de là, les professeurs de comptabilité enseignent que, si l'on passe au débit de profits et pertes les pertes ou réductions de créances qui ne diminuent pas sensiblement le capital, on débite le compte même de capital des pertes considérables survenues dans le cours d'un exercice (1). D'ailleurs n'est-il pas facile d'ouvrir un compte spécial, intitulé, par exemple, *Résultats d'inventaires*, et de le débiter de la perte sous ce titre : *Solde débiteur du compte de profits et pertes, exercices 18..., à amortir successivement!* Puis, à chaque exercice postérieur qui se solde en bénéfices, une portion en est appliquée à cet amortissement. De cette manière, les écritures seront concordantes et exactement balancées.

650. Mais si le teneur de livres se tient pour satisfait de cette réponse, la loi sera-t-elle ainsi respectée? Oui, si les divers principes établis précédemment sont vrais et juridiques. La reconstitution du capital avec les bénéfices ultérieurs ne peut être obligatoire si les bénéfices du commerce et de l'industrie sont des fruits civils, destinés par leur nature même à être consommés, si leur distribution périodique est une conséquence nécessaire de ce caractère juridique des bénéfices, si en un mot les divers exercices d'une société, non solidaires les uns des autres, sont définitivement clos et arrêtés chaque année.

651. Les objections ne manqueront pas : on dira, en premier lieu, qu'il n'y a pas de bénéfices réels, tant que la portion perdue du capital n'est pas rétablie. Mais ce serait là un cercle vicieux, réfuté d'avance ; car, si chaque exercice est clos définitivement, la perte se trouve liquidée, consommée et, en quelque sorte, payée sur et par le capital social ; elle ne peut rejaillir sur les exercices ultérieurs qui en sont libérés ; dès lors les gains réalisés sur ces exercices sont véritablement des fruits produits par le capital réduit, et dont la distribution est obligatoire au même titre que l'était celle des fruits du capital entier.

Il n'en serait autrement qu'avec la théorie surannée qui ajourne le partage des bénéfices à la liquidation ; mais alors il faudrait être logique jusqu'au bout, et décider contre l'opinion générale que les bénéfices perçus antérieurement à la perte, n'ayant été que des allocations provisoires, seront rapportables pour combler cette perte.

On s'est demandé quelle était la signification précise de ce mot : *pertes*. La question s'est élevée entre des associés qui

---

(1) *Traité de tenue des livres*, par M. Hippolyte Vannier.

avaient fait des apports inégaux en stipulant une répartition égale des bénéfices et des pertes. Comment devait-on procéder à la liquidation ? Ce qui restait après les dettes payées composait-il la masse également partageable ; ou fallait-il sur cette masse prélever les apports comme s'ils constituaient une dette sociale ? Il a été jugé que c'était là une pure question de fait et d'interprétation (1) ; en effet, les associés, par ce mot *pertes*, avaient pu entendre parler des dettes qui resteraient à acquitter après que le capital social aurait été déjà employé au passif ; les mises sociales ne sont pas des dettes véritables, puisqu'elles deviennent la propriété de la société. La perte est d'ailleurs chose relative : réelle entre les associés quand le capital est entamé, elle est nulle et comme inexistante vis-à-vis des tiers tant que le capital n'est pas épuisé.

652. Ceci, toutefois, n'est vrai qu'à la liquidation ; car, dans les sociétés en commandite et anonymes, les tiers ont intérêt au maintien du capital entier. De là cette autre objection que les tiers, avec cette perte laissée en arrière, n'auront plus la garantie du capital primitif à l'existence duquel ils croiront toujours. Mais de quels tiers veut-on parler ? Est-ce des créanciers de la société ? Ils savent bien que le capital originaire peut être entamé par des pertes ; et si la société est anonyme, ils peuvent même connaître les pertes effectuées, par l'inventaire annuel. Est-ce des personnes qui acquerraient des actions de la société ? Mais le cours des actions est basé, non sur le capital nominal, mais sur le revenu ou les dividendes distribués. Si les dividendes sont exacts, les acquéreurs ne seront pas lésés.

D'ailleurs l'argument tiré de l'intérêt des tiers ressemble fort à une pétition de principes, car nul n'est censé ignorer la loi ; et ce qu'il y aurait à démontrer, ce n'est pas la lésion possible qu'ils éprouveraient, mais l'illégalité du procédé que l'on critique.

653. Mais, dira-t-on encore, elle marcherait vite à sa ruine, la société qui jamais ne songerait à combler les vides faits dans son capital, et ne voudrait pas compenser les bonnes avec les mauvaises années. Ce serait, je le concède, de l'imprévoyance poussée jusqu'à la dilapidation, et une liquidation désastreuse serait la juste punition d'un tel désordre. Mais où est la loi qui

---

(1) Cass. 11 janv. 1865 (D.65.1.9, et la note).

défend aux associés, maîtres après tout de leur capital, de le perdre et de le dilapider? Ce qui leur est uniquement défendu, c'est de le reprendre, et ils ne le reprennent pas en percevant des bénéfices réels gagnés avec leur capital réduit.

La réduction du capital n'a pas besoin d'être annoncée aux tiers par la voie des publications légales, car les statuts ne sont pas modifiés; rien n'annonce que cette situation soit définitive; les associés ne renoncent pas à reconstituer leur capital; le plus souvent, au contraire, ils auront la volonté de le faire, et ils s'efforceront d'atteindre ce but, soit au moyen de leur fonds de réserve normal et statutaire, soit en créant sur les nouveaux bénéfices un autre fonds recevant cette destination spéciale.

Il est entendu que nous supposons en tout ceci des inventaires exacts accusant franchement la diminution du capital, soit en ne le portant au passif qu'avec son chiffre réduit, soit, si on laisse subsister le chiffre primitif, en contre-passant la perte à l'actif sous le titre de *Résultats d'inventaire à amortir;* et ce dernier mode est préférable, comme indiquant que, dans la pensée des associés, la réduction du capital n'est que provisoirement acceptée, et qu'ils ont l'intention d'employer à sa reconstitution les ressources futures de la société (1).

654. Qu'arriverait-il si l'on considérait comme illégale la distribution de bénéfices réalisés après un inventaire en perte? C'est que des actionnaires qui, pendant quinze ou vingt ans et plus, auraient loyalement touché des bénéfices réellement gagnés par la société, se verraient exposés à des restitutions ruineuses, comme si ces gains étaient illégitimes et pris sur le capital. Si, dans l'année où la perte s'est produite, l'inventaire a été faussé pour en faire ressortir des dividendes fictifs, que ces dividendes soient restitués, soit! Cela est équitable, moral, juridique, et la jurisprudence y a pourvu; mais il faut se garder d'aggraver cette jurisprudence qui a soulevé d'ardentes réclamations (2). Avec la théorie que je propose, l'actionnaire sera quitte en rendant ce qu'il a reçu à tort dans l'année en perte; mais il conservera les dividendes postérieurs, parce qu'ils se-

_____

(1) V. arrêt de Lyon du 8 juin 1864 (D.65.2.197), où il est dit que la société, en cas de perte, doit procéder à « de larges amortissements », ce qui exclut l'idée de la nécessité d'un amortissement immédiat.

(2) *Suprà, n.* 627 et s.

rent des dividendes réels, réellement gagnés par l'industrie des associés.

655. Toutefois il est un cas dans lequel la reconstitution du capital devrait avoir lieu préalablement à toute distribution de bénéfices : c'est celui où les statuts sociaux contiendraient la convention que les actions seront successivement amorties dans le cours de la société; car autrement le jeu de l'amortissement s'arrêterait avant la fin de la société, et les derniers actionnaires auraient seuls à souffrir de la réduction du capital social. En pareille circonstance, il est vrai de dire que le compte de capital est créditeur des pertes; mais c'est là une exception basée sur la convention d'amortissement, exception confirmant la règle de la libre distribution des bénéfices au fur et à mesure qu'ils se produisent.

§ 6. — Des intérêts.

SOMMAIRE.

656. Il est souvent stipulé, dans les statuts des sociétés, que, sans attendre l'inventaire, il sera payé aux actionnaires un intérêt fixé en général à 5 p. 100 du montant nominal des actions. Pour savoir si cette convention est valable, et quelles en seraient les conséquences, il faut distinguer entre trois formules qui sont, quelquefois peut-être, indifféremment usitées, mais dont il importe de signaler les différences : 1° il est dit que les intérêts seront prélevés sur les bénéfices nets; 2° ou, sans explication, qu'il sera distribué un intérêt aux actionnaires; 3° ou enfin que les intérêts seront prélevés, même en l'absence de bénéfices, comme charge sociale, au même titre que les frais généraux.

657. La première clause est incontestablement valable. L'intérêt n'est, en ce cas, autre chose qu'une portion du dividende

payable par provision (1). De là deux conséquences : 1° le gérant ne peut être contraint de le payer si la certitude est acquise d'ores et déjà que l'inventaire ne donnera pas de bénéfices (2) ; 2° l'intérêt serait rapportable aux créanciers, comme le serait un dividende fictif, s'il était payé en l'absence de bénéfices (3).

658. La seconde formule suppose le silence des statuts sur le mode de prélèvement de l'intérêt. Comment doit-on l'interpréter ? Il est difficile de donner *a priori* une interprétation absolue, les clauses d'un contrat étant solidaires les unes des autres, et sujettes à varier dans chaque cas particulier. Cependant je crois que ce mot, l'*intérêt*, est un indice suffisant de la pensée des contractants qu'ils entendent recevoir à tout événement le loyer de leur capital. Tel est le sens donné par la cour de Rouen, dans un arrêt du 14 décembre 1844 (4), confirmant par adoption de motifs un jugement du tribunal de commerce de la même ville, à une clause portant que « les intérêts seraient « portés au crédit de chacun dee associés avant l'inventaire, « et pourraient être prélevés par eux s'ils le jugeaient conve- « nable ».

Au contraire, le tribunal de commerce de la Seine a jugé, le 27 octobre 1858 (5), qu'une clause de ce genre n'a d'autre but que de soustraire cette part de bénéfices au prélèvement attribué à la gérance sur la totalité des produits de l'entreprise.

Au surplus, on conçoit que l'interprétation sera différente selon que l'on se prononcera pour la validité ou la nullité du prélèvement stipulé en cas de pertes. Les partisans de la validité adopteront l'interprétation qui donnerait un effet absolu à la formule incomplète dont je m'occupe en ce moment.

659. Arrivons donc à la troisième formule : stipulation formelle du prélèvement de l'intérêt même en présence de pertes. Cette stipulation est-elle licite ? A ne consulter que la rigueur des principes, la négative pourrait se soutenir, non sans arguments sérieux.

Le capital prêté est seul productif d'intérêts véritables ; c'est par abus de langage qu'on donne ce nom à des dividendes sociaux ; un associé n'a droit qu'à des bénéfices, s'il y en a.

---

(1) Cass. 26 janv. 1874 (D.72.1.172). — janv. 1862 (D.61.2.1, et la note. —
(2) Trib. comm. de la Seine, 27 oct. 62 1.128) ; Duvergier, *Lois*, 1856, p.346.
1858 (D.59.3.24).   (4) Dalloz, 47.1.499.
(3) Orléans, 20 déc. 1860 ; Rejet, 15 (5) Dalloz, 59.3.24.

Dans les sociétés en commandite et anonymes, où le capital est, comme je l'ai dit déjà, la principale, sinon l'unique garantie des tiers, il est impossible de laisser amoindrir cette garantie par le fait personnel des associés, et à leur profit ; on doit respecter la démarcation légale entre le capital et les bénéfices ; permettre le paiement d'un intérêt prélevé sur le capital, c'est confondre les fonds avec les fruits, et distribuer sous un faux nom des fractions mêmes du capital social. Il y a, dans tout contrat, des conditions fondamentales, essentielles à son existence, et qu'il n'est pas au pouvoir des parties d'anéantir, alors surtout que les tiers y sont intéressés (1).

Mais c'est précisément ce dernier argument qui va permettre l'offensive aux partisans de l'opinion contraire : la liberté des conventions, diront-ils, est une règle d'ordre supérieur qui domine tous les contrats, et qui n'a d'autres limites que la nature des choses, ou la volonté formellement manifestée par la loi. Or pourquoi les bailleurs de fonds d'une entreprise, capitalistes de toute condition, riches quelques-uns, besoigneux beaucoup, ne pourraient-ils s'assurer un produit périodique, destiné à faire fonction de revenu ? Ce sont, objectez-vous, des fractions du capital qui, dans les mauvaises années, seront ainsi prélevées. Cela est vrai, mais avec l'espérance de jours meilleurs qui permettront de reconstituer le capital entamé. Si ces espérances ne se réalisent pas, les créanciers pourront y perdre, mais ils ont accepté cete chance, prévenus qu'ils étaient par les statuts sociaux publiés ; car nous supposons cette condition remplie (2). J'ajoute que cette éventualité n'a d'ailleurs rien de contraire à l'esprit des dernières lois qui proscrivent les dividendes fictifs ; car elles n'ont pas à cet égard dérogé à la législation antérieure ; l'exposé des motifs de la loi du 22 mai 1863 s'en expliquait positivement : « Les « dispositions nouvelles concernant les dividendes, le fonds de « réserve, sont empruntées aux statuts des sociétés anonymes

---

(1) Delangle, t. 1, n. 365 et s. ; Bédarride, *Sociétés*, n. 224 ; le même, *le Droit commercial*, nᵒˢ des 19 et 26 avril 1864 ; Valette, note sous Cass. 4 janv. 1865 (Dalloz, 65.1.298) ; Beudant, note sous Cass. 8 mai 1867 (Dalloz, 67.1.493) ; Demangeat sur Bravard, t. 1, p. 160 et s. ; Trib. comm. Paris, 27 oct. 1858 (Dalloz, 59.3.24). — L'art. 23 du projet de loi de 1838 se prononçait dans le même sens.

(2) Lyon, 9 juin 1864 ; Caen, 16 août 1864 ; Angers, 11 janv. 1867 ; Rennes, 7 août 1867, sous Cass. 14 déc. 1869 (D.65.2.192 et 197 ; 67.2.19 ; 70.1.179). L'arrêt d'Angers n'exige même pas la publication de la clause des statuts ; et sur le pourvoi, la Cour de cassation a statué dans le même sens le 8 mai 1867 (D.67. 1.493).—Add., dans le même sens, Paris, 9 août 1877 (*le Droit*, 8 nov. 1877).

« autorisées, et doivent être considérées bien moins comme
« imposées par l'autorité du législateur que comme étant
« l'expression de la volonté probable des parties intéres-
« sées. »

Or l'usage de la distribution des intérêts était si ancien et
si bien établi qu'il avait reçu une consécration en quelque
sorte officielle par l'instruction ministérielle du 11 juillet 1819;
cette instruction, qui donne la solution de diverses questions
relatives aux sociétés anonymes autorisées, porte formellement
que « l'obligation d'établir un fonds de réserve ne doit préju-
« dicier en rien au paiement des intérêts *ordinaires* ».

Le même usage est constaté par un arrêt de la Cour de
Rouen, du 14 décembre 1844; et la Cour de cassation, dans son
arrêt de rejet du 19 mai 1847 (1), a déclaré « que cette clause
« n'a rien d'essentiellement contraire à la qualité d'associé
« commanditaire » ; ce qui est en effet reconnu par la jurisprudence antérieure et postérieure à cet arrêt (2).

C'est par application de la même doctrine qu'il a été jugé
que le gérant, même en l'absence de bénéfices, peut être
contraint de payer les intérêts stipulés, sauf à lui à demander
la dissolution, si le fonds social devenait insuffisant pour la
continuation des opérations (3). L'intérêt serait exigible, alors
même que la société serait dissoute, si elle était *in bonis* à l'époque
de l'échéance et de la demande en paiement formée par l'actionnaire (4).

Mais il en serait autrement si la société était en faillite; car
la clause ne serait pas opposable à la masse des créanciers. Toutefois, la clause étant valable entre associés, le commanditaire
rentrerait dans son droit de réclamer les intérêts stipulés sur
l'actif qui resterait disponible après l'acquit des dettes (5).

660. Les intérêts ainsi touchés en vertu des statuts ne sont
pas, bien entendu, rapportables aux créanciers en cas de faillite de la société (6). Et même, ceux qui soutiennent la nullité

---

(1) Dalloz, 47.1.199.
(2) Cass. 14 fév. 1840 (D.A.42.436,
n. 1); Rouen, 26 janv. 1844; Rouen, 30
mars 1844 (Dalloz, 44.2.173 et 174);
Trib. comm. de Marseille, 30 mai 1859;
Paris, 12 août 1855 et 18 août 1860;
Lyon, 9 juin 1864; Caen, 16 août 1864;
Angers, 14 janv. 1867 (Dalloz, 59.3.68;
56.2.34; 64.2.123, 65.2.192 et 497; 67.
2.19); Paris, 1er juin 1876 (*le Droit*,

5 oct. 1876). — Comp. Aix, 27 mai 1861,
et Rej. 5 août 1862 (D.62.1.525).
(3) Rouen, 26 janv. 1844 (Dalloz, 44.
2.173).
(4) Paris, 2 août 1855 (Dalloz, 56.2.
34). — *Contrà*, Dalloz, v° *Société*,
n. 1395.
(5) Paris, 14 août 1868 (D.68.5.376).
(6) Cass. 25 nov. 1861 et 8 mai 1867
(Dalloz, 62.1.166, 67.1.193).

de la clause s'accordent à reconnaître que les intérêts payés aux actionnaires de bonne foi sur le capital social leur sont, à la différence des dividendes fictifs, définitivement acquis (1).

La restitution n'en serait due que si le commanditaire les avait reçus avec une mauvaise foi évidente, connaissant par exemple l'état désastreux des affaires de la société, le versement incomplet du capital social, les fictions des inventaires, l'insolvabilité du gérant (2).

Si des intérêts ont été sitpulés au profit d'actions dites privilégiées, ils doivent en cas de liquidation être payés comme le capital, par préférence aux actions non privilégiées. Ét ils ne sont pas prescriptibles pendant la durée de la société s'ils n'étaient exigibles qu'à sa dissolution (3).

661. En tout cas, nul ne conteste la validité de la clause autorisant le paiement d'un intérêt sur le capital pendant cette période transitoire, nécessaire à l'origine de toute société, soit pour son organisation, soit pour l'exécution des travaux de premier établissement, dussent-ils même se prolonger plusieurs années, comme la construction d'un chemin de fer (4). Du reste, si cette distribution temporaire d'intérêts est permise, la distribution permanente pendant toute la durée de la société est aussi et nécessairement légitime ; car il y a, dans les deux cas, la même raison juridique, sinon économique, tirée de la liberté de la convention, qui oblige les parties, et est opposable aux tiers avertis par les publications légales.

SECTION IV.
Responsabilité des membres du conseil de surveillance.

SOMMAIRE.

662. — La loi nouvelle adopte les règles du droit commun sur la responsabilité des fautes.

663. — Deux causes de responsabilité : 1° à l'origine de la société ; 2° pendant son cours.

664. — Satisfaction donnée aux critiques élevées contre la loi de 1856.

662. La loi de 1856 contenait, sur la responsabilité du conseil de surveillance, des dispositions qui avaient soulevé des criti-

---

(1) Bédarride, *Société*, n. 225 ; Dalloz, n. 1395.
(2) Cass. 6 mai 1868 (D.69.1.232).
(3) Paris, 10 janv. 1867 (D.69.2.239).

— *Contrà*, note sous cet arrêt.
(4) Troplong, n. 191 ; Molinier, n. 557 ; Dalloz, n. 1398.

ques très-vives et très-méritées, dont la loi nouvelle a eu la sagesse de tenir compte. Les nombreuses décisions judiciaires, rendues dans le court espace qui s'est écoulé depuis la loi, ont aussi contribué à éclairer le législateur. Il s'était dégagé de cette jurisprudence une interprétation généralement favorable à l'application du droit commun, qui rend chacun responsable de ses fautes jusqu'à concurrence du préjudice causé; et la loi nouvelle rend hommage à ce principe en l'adoptant dans sa pure et équitable simplicité.

Il sera donc toujours intéressant d'étudier les arrêts antérieurs à la loi, et de faire connaître les espèces variées dans lesquelles ils ont été rendus; on y trouvera pour l'avenir des enseignements et des règles de conduite.

663. Comme la loi de 1856, la loi nouvelle prévoit et détermine deux causes de responsabilité parfaitement distinctes. Elles font l'objet des articles 8 et 9.

L'article 8 se place à l'origine de la société, et la suppose annulée pour irrégularité dans sa constitution. Les membres du conseil de surveillance peuvent être déclarés responsables, avec le gérant et les fondateurs, du dommage résultant de l'annulation pour la société ou pour les tiers. .

L'article 9 a trait à la responsabilité générale qui peut être encourue par les membres du conseil pendant le cours de la société. Il déclare, d'une part, qu'ils ne sont pas responsables des actes de la gestion, et, d'autre part, que chacun n'est responsable que de ses fautes personnelles dans l'exécution de son mandat, conformément aux règles du droit commun.

Ce sont des règles basées sur l'ordre public, et auxquelles il ne serait pas valablement dérogé par les statuts (1).

664. Il faut reconnaître que pleine satisfaction est ainsi donnée aux critiques dont j'ai parlé. Pour mon compte (2), j'avais cru remplir un devoir en protestant avec énergie contre ces responsabilités mal définies, illimitées, frappant aveuglément et au hasard, qui avaient trouvé place dans les articles 7 et 10 de la loi de 1856. Du reste, le rapport de la commission législative sur la loi de 1867 a lui-même signalé sans ménagement « ces règles vagues et mal formulées » qu'on s'est

---

(1) Bourges, 21 août 1871 (D.73.2.34). | titulée : *Projet de loi sur les sociétés*
(2) V. mon *Commentaire sur la loi* | *civiles et commerciales*, 1865
du 17 juillet 1856; et ma brochure in- |

enfin et très-heureusement décidé à abandonner pour revenir à l'équité et à la logique des véritables principes de la matière.

§ 1er. — Responsabilité spéciale à l'origine de la société, en cas d'annulation du contrat.

SOMMAIRE.

665. — Le premier conseil de surveillance doit, sous sa responsabilité, s'assurer de l'observation des formalités prescrites pour la constitution de la société.

666. — Il est tenu d'un devoir identique en cas d'augmentation du capital social.

667. — Cette responsabilité a sa base dans les principes généraux du droit.

668. — Elle dérive plus spécialement de l'idée de mandat. Controverse antérieure sur ce sujet.

669. — L'action en responsabilité n'est recevable qu'après l'annulation de la société, prononcée pour une cause quelconque.

670. — Elle peut être intentée après la dissolution de la société.

671. — La responsabilité est purement facultative pour les tribunaux.

672. — Exemples d'application de responsabilité.

673. — Exemples de non-responsabilité.

674. — L'action en responsabilité est ouverte à la société, aux créanciers sociaux et, s'il y a lieu, aux actionnaires individuellement.

675. — La réparation doit être égale au dommage causé par la faute.

676. — Disposition bizarre de la loi de 1856 sur ce point.

577. — La responsabilité n'est pas solidaire entre les membres du conseil de surveillance. Cependant la solidarité peut être prononcée par les tribunaux.

678. — Ils ont un recours à exercer contre le gérant.

679. — Les associés, qui ont fait des apports non vérifiés, sont aussi responsables, sauf recours, mais en certains cas seulement, contre le gérant.

680. — Cette responsabilité aurait lieu, alors même qu'ils ne devraient pas être réputés fondateurs de la société.

665. La loi exige, pour la validité de la constitution de la société, l'accomplissement préalable de certaines conditions qu'elle considère comme essentielles, et dont elle s'efforce d'assurer l'exécution par des sanctions civiles et pénales qui seront expliquées plus loin. Mais il vaut toujours mieux prévenir que réprimer, et elle a, par son art. 6, chargé le conseil de surveil-

lanoe de vérifier « si toutes les dispositions contenues dans les
« articles qui précèdent ont été observées ».

C'est le premier conseil de surveillance qui doit, comme on
l'a vu plus haut, procéder à cette vérification ; il doit le faire,
aux termes du même art. 6, immédiatement après sa nomination ; et il est responsable, en cas d'annulation de la société, du
dommage qui peut en résulter.

C'est donc le premier conseil de surveillance qui seul doit
encourir cette responsabilité. La loi s'en explique formellement,
et fait ainsi cesser un doute qui s'était élevé sous l'empire de la
loi de 1856. L'art. 7 de cette dernière loi déclarant, en pareil
cas, « les membres du conseil de surveillance responsables de
« toutes les opérations faites postérieurement à leur nomina-
« tion », il avait paru impossible de soumettre à une responsabilité qui s'étendait jusqu'à la fin de la société, les seuls membres du premier conseil, qui n'était nommé que pour une année
et pouvait n'être jamais réélu (1). Cette responsabilité, permanente et illimitée, étant désormais ramenée aux équitables proportions du dommage causé par le fait de l'annulation de la
société, ne devait plus évidemment peser que sur le premier
conseil, auteur ou complice de ce fait.

666. En cas d'augmentation du capital social par la souscription d'actions nouvelles, le conseil de surveillance est tenu des
mêmes obligations que lors de la constitution de la société, à
savoir : de vérifier la réalité de la souscription et des versements
complémentaires.

Mais ne peut être considéré comme un apport, dont la valeur
doive être vérifiée et appréciée dans les termes de la loi, l'immeuble devenu la propriété de la société par un acte de vente
ferme et définitif, bien que partie du prix soit payée au vendeur
au moyen d'actions à créer en vue de l'augmentation du capital
social, si cette augmentation étant prévue aux statuts n'entraîne
pas la dissolution de l'association et que la société qui profite
de l'acquisition soit celle-là même qui l'a faite (2).

667. Quel est le fondement de cette responsabilité ? Elle résulte des principes généraux du droit ; et ne fût-elle pas écrite
dans la loi spéciale, le droit commun, tel qu'il est consacré par

---

(1) V. mon *Commentaire de la loi de*
1856, n. 125 ; et Dalloz, v° *Société,*
n. 1240.

(2) Aix, 9 avril 1867, sous Cass. 11 mai
1870 (D.70.1.404).

les art. 1383, 1850 et 1992, C. civ. (1), suffirait à l'établir. En effet les membres du conseil de surveillance sont chargés par la loi et par leurs coïntéressés de veiller à l'accomplissement des conditions prescrites pour la constitution de la société ; s'ils négligent ce devoir, ils violent le double mandat, légal et conventionnel, dont ils sont investis. C'est ainsi que la Cour de cassation, dès avant la loi nouvelle, envisageait la responsabilité qui incombe au conseil à l'origine même de la société. « Attendu, « porte un arrêt du 12 avril 1864 (2), que le droit commun continue d'être la règle de tous les faits constituant l'incurie, la « négligence et la faute, auxquels ne s'applique pas la respon- « sabilité spéciale créée par la loi du 17 juillet 1856 ; que cette « loi n'a pas eu la pensée de se substituer au droit commun « pour effacer ou affaiblir, dans les cas auxquels elle ne pour- « voit pas expressément, la responsabilité imposée antérieure- « ment. » Sans doute la loyauté du conseil de surveillance serait prise en considération, mais elle ne lui servirait pas d'excuse absolue, le dommage causé par la simple négligence devant être réparé aussi bien que celui causé par dol (art. 1382 et 1992, C. civ.) (3). Il ne serait affranchi du recours des tiers, ou des actionnaires de bonne foi, que s'il avait au moins déployé la vigilance habituelle d'un père de famille, et s'il avait été trompé par des artifices difficiles à découvrir ou pouvant échapper à une surveillance, même attentive et intelligente.

668. Les membres du conseil de surveillance, dans les luttes judiciaires assez nombreuses qu'ils avaient soutenues depuis la loi de 1856, avaient essayé surtout de décliner la responsabilité dérivant du mandat. Ils prétendaient n'être pas de véritables mandataires, institués par la seule volonté des actionnaires; ils remplissaient, suivant eux, une sorte de fonction publique créée par la loi spéciale, les obligeant à des devoirs déterminés, restreints, qu'il était impossible d'étendre au delà des termes mêmes de la loi ; les actionnaires se bornaient à élire le fonctionnaire, mais la fonction venait du législateur, et l'on devait la

---

(1) Art. 1383. Chacun est responsable du dommage qu'il a causé, non-seulement par son fait, mais encore par sa négligence ou par son imprudence.

Art. 1850. Chaque société est tenu envers la société des dommages qu'il lui a causés par sa faute.

Art. 1992. Le mandataire répond non- seulement du dol, mais encore des fautes qu'il commet dans sa gestion.

(2) Dalloz, 64.1.377.
(3) Conf. Cass. 23 fév. 1870 (D.74.1. 129), 6 juill. 1870 (D.74.1.13), 14 août 1872 (D.72.1.396) ; Caen, 14 déc. 1869 (Ann. Lehir, 1870.2.263) ; Metz, 14 août 1867 (D.67.2.178).

respécter telle qu'il l'avait organisée, c'est-à-dire la circonscrire dans les limites qu'il avait tracées. Quelques arrêts avaient accepté cette théorie; d'autres, tels que celui qui vient d'être rapporté, tout en ne repoussant pas l'idée d'une responsabilité spéciale, déclaraient qu'elle n'excluait pas celle résultant de la législation générale, à laquelle elle venait se superposer en l'aggravant; et ainsi l'on flottait indécis entre deux systèmes : l'un voulant diminuer, l'autre augmenter, les responsabilités dérivant du droit commun.

La loi nouvelle a fait cesser la controverse en se rattachant aux principes du mandat; et il est bien entendu qu'elle n'entend pas exclure l'application des art. 1382 et 1850, C. civ., à supposer que cette application conduise à d'autres et plus graves conséquences que celles de l'art. 1992. Ce dernier article n'a été, aux yeux du législateur de 1867, qu'un point de départ, un exemple : « La loi part de l'idée, dit l'exposé des motifs, que « les membres du conseil de surveillance sont des mandataires. » Le rapport de la commission législative s'exprime à peu près dans les mêmes termes, et le texte même de l'art. 9 se réfère aux règles du droit commun.

669. L'action en responsabilité ne peut être intentée qu'après l'annulation judiciairement prononcée de la société; jusque-là elle serait repoussée par une fin de non-recevoir (1). Elle est d'ailleurs recevable si la société a été annulée pour une cause quelconque, par exemple pour défaut de publication (2); la raison en est simple : cette nullité de forme ne saurait rendre meilleure la position des membres du conseil de surveillance, ni effacer le tort qu'ils ont eu de violer ou laisser violer les conditions substantielles de la loi. L'arrêt de la Cour de Toulouse, cité à la note, avait décidé « que la nullité devrait être prononcée aux termes de l'art. 6 de la loi du 17 juillet 1856, si elle « ne l'avait pas été déjà par application de l'art. 42; C. comm. » En présence de cette déclaration souveraine des juges du fait, la chambre des requêtes devait évidemment rejeter le pourvoi, ce qu'elle a fait dans les termes suivants : « Attendu que, s'il « est vrai que les tribunaux ne puissent prononcer une seconde « fois la nullité de la société déjà judiciairement annulée pour

---

(1) Cass. 9 juill. 1864 (Dalloz, 64.1. 414). Comp., Cass. 11 mai 1870 (D.70. 1.404).

(2) Toulouse, 13 avril 1863; et sur pourvoi, Rej. 12 avril 1864 (Dalloz, 64. 1.377).

« une autre cause, il ne s'ensuit pas que les gérants et les
« membres du conseil de surveillance soient nécessairement
« affranchis de l'obligation de réparer le dommage que leur dol
« ou leur négligence a pu causer....; que ce qui fonde la res-
« ponsabilité des gérants et du conseil de surveillance, ce n'est
« pas seulement le fait de l'annulation de la société et du dom-
« mage qui peut en résulter, mais principalement la violation
« des prescriptions de l'art. 1er de la loi de 1856, qui, en don-
« nant à croire aux intéressés que le capital social avait été
« versé, les a abusivement conduits à livrer à la société leurs
« capitaux ou à traiter avec celle-ci ; qu'il suit de là que si, tant
« que la société fonctionne, et que la nullité n'en a été ni de-
« mandée ni prononcée par application de l'art 6 de la loi des
« 17-23 juillet 1856, les membres du conseil de surveillance
« ne peuvent être soumis à la responsabilité prononcée par
« l'art 7 de la même loi, il en est autrement lorsque la so-
« ciété, ayant déjà été annulée pour vice de forme, les tribu-
« naux constatent qu'elle avait encouru la nullité prononcée par
« l'art. 6 de la loi précitée. »

670. La nullité peut être demandée même après la dissolution de la société (1); mais la demande en nullité doit être rejetée, alors que, n'ayant d'autre but que d'ouvrir l'action en
responsabilité contre le conseil de surveillance, cette responsabilité n'est pas engagée (2). Elle doit encore être rejetée, si elle
a pour but de permettre la reprise des apports et la liquidation
sur d'autres bases que celles du pacte social, si ces mesures sont
jugées contraires à l'intérêt commun des associés (3).

Du reste, que la société soit dissoute ou annulée, la liquidation doit se faire en général sur les bases de l'acte de société, à
moins que ces bases ne soient elles-mêmes contraires à la loi et
n'aient motivé l'annulation du contrat (4).

671. L'annulation de la société étant prononcée, la responsabilité des membres du conseil de surveillance n'en dérive
pas nécessairement. *Ils peuvent être déclarés responsables*, dit la
loi nouvelle, comme celle de 1856, ce qui signifie bien clairement que la responsabilité n'est pas obligatoire, mais simplement facultative pour les tribunaux (5). Ce point a été admis

(1) Cass. 3 juin 1862 (D.63.1.24).
(2) Cass. 11 mai 1870 (D.70.1.401).
(3) Cass. 7 juill. 1873 (D.73.1.327)

(4) Cass. 22 nov. 1869 (D. 70.1.23).
(5) Bravard, p. 44; Rivière, n. 80;
Bédarride, n 98; Foureix, n. 173; Alau-

sans difficulté par tous les arrêts qui vont être cités, et qui ont eu à faire ou à repousser l'application du principe de la responsabilité.

672. La responsabilité a été appliquée dans les cas suivants :

1° Lorsque la société est irrégulièrement constituée et que les vices de la constitution peuvent être aisément aperçus, le conseil de surveillance acceptant aveuglément la liste des souscripteurs et la déclaration notariée du gérant, sans s'assurer de la souscription intégrale et du versement du quart, par la vérification des bulletins de souscription et de l'état de la caisse; le conseil laissant encore s'accomplir d'autres irrégularités, telles que : la présence à l'assemblée générale avec voix délibérative des fondateurs ayant fait des apports en nature, et même d'individus complétement étrangers à la société; la nomination de membres du conseil en nombre inférieur à celui fixé par les statuts; enfin l'inobservation de la condition, imposée par les statuts aux membres du conseil, de déposer dans la caisse sociale un certain nombre d'actions nominatives et inaliénables pendant la durée de leurs fonctions (1);

2° Lorsque les membres du conseil de surveillance, par une incurie et une négligence mêlées d'une certaine complaisance pour le gérant, ont accepté une fausse déclaration de versement, ont laissé en cet état commencer les opérations de la société, et n'ont rien fait pour l'empêcher d'être spoliée à l'aide de fraudes dont il leur était facile de découvrir les traces dans les livres, dans la caisse et dans le portefeuille (2);

3° Lorsque le conseil de surveillance n'a en aucune façon vérifié l'exactitude de la déclaration du gérant sur la souscription intégrale du capital et le versement du quart (3);

4° Lorsque le conseil n'a pas au moins fait cette vérification dans la mesure du possible. Il ne suffirait pas pour le décharger que les juges du fait déclarassent qu'il a montré de la diligence dans la surveillance des opérations sociales, s'ils ne constatent

---

zet, n. 201. M. Romiguières (n. 98) est d'un avis contraire ; mais comme le font remarquer MM. Dalloz (v° *Société*, n. 1238) une pareille doctrine se réfute d'elle-même en présence des termes formels de la loi. *Sic*, Cass. 18 déc. 1867 (D.67.1. 474).

(1) Aix, 16 mai 1860 ; et sur pourvoi,

Cass. Rejet 24 avril 1861 (Dalloz, 60.2. 118; 61.1.428).

(2) Toulouse, 13 avril 1863; et sur pourvoi, Cass. Rejet 12 avril 1864 (Dalloz, 64.1.377).

(3) V. Paris, 22 déc. 1858, et Cass., 2 avril 1859, aff. *Prost* (D.59.1.137).

pas en même temps sa loyauté et sa vigilance à l'époque de la constitution de la société (1) ;

On a prétendu que les membres du conseil de surveillance ne doivent jamais être déclarés responsables du défaut de sincérité de l'état des souscriptions et versements dressé par le gérant, et que la loi ne pouvait raisonnablement mettre ce fait à leur charge (2). Mais les arrêts qu'on a critiqués à ce sujet n'ont point entendu décider, en principe absolu, que le conseil serait toujours et nécessairement responsable du défaut de sincérité de l'état ; ils se sont simplement fondés sur ce que le conseil n'avait fait ni tenté aucune vérification, et qu'il avait montré en toute circonstance une impardonnable négligence. Il serait donc tout aussi illogique, en pareil cas, de conclure toujours à la responsabilité que de n'y conclure jamais. Aussi est-ce avec raison que la Cour de cassation a, le 11 mai 1863, cassé un arrêt de la cour d'Agen du 6 décembre 1860 (3), qui avait admis cette doctrine absolue que le conseil de surveillance n'était jamais responsable du défaut de sincérité de l'état ;

5° Lorsque les membres du conseil de surveillance ont connu la cause de nullité qui viciait la constitution de la société, qu'ils ont laissé la société fonctionner malgré son vice originel, et que ce vice a précisément eu pour conséquence d'aggraver la position des tiers qui ont contracté avec la société (4).

673. Au contraire il a été décidé qu'il n'y avait pas lieu à la responsabilité du conseil, lorsque l'insuffisance des souscriptions et le non-versement du quart n'ont été pour rien dans les causes de la ruine de la société ; que l'entreprise n'a point failli par suite d'insuffisance de ressources, ni pour toute autre cause ayant trait à la composition de son capital ; qu'elle a péri par suite des dilapidations de ses agents, dilapidations qui eussent été plus considérables si les apports de fonds eussent été plus élevés, sans que la situation des actionnaires et de la faillite s'en trouvât meilleure (5).

Jugé aussi que l'on ne peut fait grief au conseil de surveil-

---

(1) Cass. 11 mai 1863, d'un arrêt d'Agen du 6 déc. 1860 (Dalloz, 1863, 1.243; 1864.2.60).

(2) M. Bédarride (le Droit commercial, n° du 5 avril 1864).

(3) Ces arrêts sont cités à la note 1 ci-dessus.

(4) Paris, 25 mars 1867 (Bulletin de la Cour imp. de Paris, n° d'avril-mai 1867).

(5) Paris, 16 janv. 1863 ; et sur pourvoi, Rejet, 23 août 1864 (D.1864.1.367). Aix, 9 avr. 1867, sous Cass. 11 mai 1870 (D.70.1.401); Lyon, 27 avr. et sur pourvoi, Rejet, 16 juill. 1873 (D.74.1.15).

lance d'une société en commandite par actions de ce que le capital social aurait été fourni, pour la plus grande partie, en titres ou valeurs provenant de l'actif d'une ancienne société versé dans la nouvelle, si l'appréciation de cet actif a été, au moment de la transmission, combinée entre le conseil et les gérants, non suspects alors, dans le but d'arriver à une prompte liquidation et à une distribution immédiate de dividendes, et acceptée dans une assemblée générale des actionnaires, et si, réellement avantageuse à la société, elle ne portait aucun préjudice aux créanciers (1).

674. L'art. 8 ouvre l'action en responsabilité à la société et aux tiers, c'est-à-dire à tous ceux qui souffrent un dommage de l'annulation du contrat : à la société, dont la dissolution anticipée et inopportune ne pourra qu'être désastreuse ; aux créanciers sociaux, exposés par ce fait à n'être pas payés, ou à ne l'être qu'en partie de leur créance ; aux actionnaires eux-mêmes, quoique non spécialement dénommés dans l'article, s'ils éprouvent un préjudice distinct de celui de la société, comme il arrivera, par exemple, s'ils ont acheté leurs actions au-dessus du cours nominal ou d'émission ; enfin aux créanciers personnels des associés, lesquels sont réputés intéressés dans le sens de l'art. 7 de la loi du 24 juillet 1867 (2).

Néanmoins le recours serait refusé aux souscripteurs primitifs qui seraient eux-mêmes en faute. Ainsi supposons le cas suivant qui s'est déjà présenté : ils ont stipulé dans leur bulletin de souscription qu'ils ne paieraient qu'en nature et non en espèces, et ils ont négligé de faire vérifier et approuver leur apport par l'assemblée générale (3). Ils demanderaient en vain, après condamnation prononcée contre eux au paiement en espèces de leurs actions, que les sommes à payer fussent réparties, la faute étant commune, entre eux et le conseil de surveillance. En versant le montant des actions ils ne font qu'acquitter leur dette personnelle, et ils ne peuvent, sous forme de répétition, se décharger sur le conseil d'une partie quelconque de cette dette (4).

675. Quel doit être le *quantum* de la responsabilité imposée par l'art. 8 du conseil de surveillance? Sera-t-il nécessairement

---

(1) Grenoble, 14 déc. 1872 (D.74.2.33).
(2) Cass., 11 mai 1870 (D.70.1.401).
(3) Aix, 13 août 1860 ; et sur pourvoi, Rejet, 24 juin 1861 (Dalloz, 60.2.223, 61.1.435).
(4) Aix, 14 nov. 1860, et sur pourvoi, Rejet, 6 août 1862 (D.62.1.427).

de tout le dommage éprouvé? Au contraire, le juge, s'inspirant du sentiment d'équité consacré par l'art. 1231, C. civ., qui permet de modérer la pénalité conventionnelle en cas d'exécution partielle de l'obligation, pourra-t-il, selon les circonstances, alléger la lourde responsabilité qui pèsera sur les membres du conseil de surveillance? Lui sera-t-il défendu de prendre pour base le degré de culpabilité, d'élever ou d'abaisser la condamnation, selon qu'il y aura eu : ou concours actif à des manœuvres frauduleuses, c'est-à-dire dol caractérisé; ou simple connaissance du dol, mais sans participation des membres du conseil, et sans profit pour eux; ou seulement enfin incurie et négligence dans la vérification des formalités?

En droit strict, la réparation doit être égale au dommage causé; l'art. 8 est absolu dans ses termes; il impose la responsabilité *du dommage*, c'est-à-dire de tout le dommage résultant de l'annulation du contrat. Mais, en fait, les tribunaux auront toujours à rechercher si le dommage entier résulte effectivement et exclusivement de cette annulation, et si une partie quelconque du dommage ne doit pas être imputée à d'autres causes, par exemple à la faute même de ceux qui demandent la réparation, ou encore aux circonstances générales qui ont aggravé le préjudice. Par cette voie, les tribunaux arriveront souvent à une équitable modération, sans manquer aux prescriptions de la loi, qu'il ne leur est jamais permis d'éluder.

Il a été jugé (1) que l'indemnité due à chaque actionnaire peut être fixée à la somme qu'il justifiera avoir déboursée pour l'acquisition de ses actions, avec les intérêts du jour de la demande, contre la remise de ses titres d'actions.

676. La loi de 1856 déclarait, en pareil cas, les membres du conseil de surveillance responsables de toutes les opérations faites postérieurement à leur nomination; disposition bizarre, fertile en conséquences imprévues, et tellement contradictoires ou incohérentes, que la jurisprudence n'avait pu en faire une application rationnelle (2). Depuis la loi nouvelle surtout, il serait complétement inutile de s'évertuer à chercher la lumière dans ce chaos, et l'on me saura gré de résumer très-brièvement

---

(1) Cass., 14 août 1872 (D. 72.1.396).
(2) La Cour de Toulouse, par arrêt du 13 avril 1863, avait fixé la responsabilité à un quart des sommes à la charge du gérant; le pourvoi contre cet arrêt a été rejeté par la Cour de cassation le 12 avr. 1864 (D. 64.1.377).

l'interprétation que j'ai donnée ailleurs de l'art. 7 de la loi de 1856 (1).

Une double responsabilité résultait de l'art. 7 : au profit des créanciers sociaux, indéfiniment (2) ; et au profit des commanditaires, mais seulement jusqu'à concurrence du tort causé par les actes dommageables du gérant (3).

Ce résultat, que donne la seule interprétation possible de l'art. 7, la seule du moins qu'à mon sens la logique puisse avouer, est loin de satisfaire les sentiments de raison et d'équité qui sont dans la conscience de chacun ; on ne peut s'empêcher de remarquer cette bizarrerie singulière d'une loi faite pour les actionnaires et qui réserve son égide pour les créanciers, daignant à peine donner aux premiers, et comme par mégarde, une garantie purement exceptionnelle.

677. La loi nouvelle ne prononce aucune solidarité entre les membres du conseil de surveillance à raison des condamnations qui interviendraient contre eux. L'art. 8 se borne à dire, en effet, qu'ils peuvent être déclarés responsables avec le gérant, et l'art. 9 exclut même toute idée de solidarité, en portant que chaque membre du conseil est responsable de ses fautes personnelles.

La loi de 1856, qui, en pareil cas, avait établi la solidarité, est donc adoucie et améliorée sur ce point. Cependant il ne faudrait pas conclure de cette modification qu'il sera désormais interdit aux tribunaux de prononcer une condamnation solidaire. Sans doute, la loi spéciale n'ordonne pas, mais elle ne défend pas non plus. Il est vrai que, suivant l'art. 1202, C. civ., la solidarité ne doit pas être appliquée en dehors des cas prévus par la convention ou la loi ; il est vrai encore qu'elle n'a pas lieu de plein droit entre mandataires constitués par le même acte (art. 1995) ; mais il est aujourd'hui constant en jurisprudence que les tribunaux ont le pouvoir de la prononcer, en vertu des art. 1382 et 1992, C. civ., lorsqu'il s'agit d'un quasi-

---

(1) V. mon *commentaire* de la loi du 17 juillet 1856, n. 114 et s.

(2) Conf. Dalloz, n. 1243 ; Paris, 25 mars 1867 (Bull. de la Cour, avril-mai 1867).

(3) Conf. Bravard, p. 44. Suivant M. Bédarride (n. 86), dont l'opinion est adoptée par MM. Dalloz (n. 1243), la responsabilité du conseil de surveillance envers les actionnaires s'étendait à toutes les pertes résultant des opérations accomplies ; mais cette interprétation ajoutant une rigueur nouvelle à celle déjà si grande de l'art. 7, devait, à mon avis, être rejetée

délit (1), alors même qu'il est commis à l'occasion ou à la suite d'un mandat (2).

678. Les membres du conseil de surveillance, condamnés à des dommages-intérêts par suite de l'annulation de la société, auraient un recours à exercer contre le gérant, chargé en première ligne de l'accomplissement des formalités nécessaires à la perfection du contrat. Ces formalités ont été remplies en dehors d'eux, avant même qu'ils existassent, puisque leur nomination ne peut avoir lieu qu'après la constitution de la société ; leur mission a consisté uniquement à vérifier si les diverses prescriptions légales avaient été observées par le gérant ; aussi la loi les déclare-t-elle simplement *responsables* avec celui-ci, ce qui implique l'idée d'un recours à exercer (3) et les actionnaires devraient tous être remboursés sur les biens sociaux par préférence au gérant (4).

679. La même responsabilité peut, aux termes de l'art. 8, être prononcée contre ceux des associés dont les apports ou les avantages n'auraient pas été vérifiés et approuvés conformément à l'art. 4 de la loi. Mais auraient-ils aussi un recours à exercer contre le gérant ? Non, si la nullité de la société vient précisément du défaut de vérification de leurs apports ; car c'est là une faute à laquelle ils ont participé personnellement, et il serait souverainement injuste qu'ils fussent admis à s'en décharger sur le gérant ; ils sont coupables autant que lui et au même titre ; dès lors il y aurait à faire entre eux et lui une équitable répartition des dommages-intérêts.

Mais si la nullité provenait de toute autre cause, elle serait imputable au gérant, qui préside réellement aux formalités de constitution, puisque la loi lui confie le soin de passer la déclaration notariée de la souscription du capital et du versement du quart des actions.

La loi nouvelle modifie encore sur ce point la loi de 1856, qui rendait responsable « ceux des fondateurs de la société qui « avaient fait un apport en nature ou stipulé des avantages « particuliers, » sans affranchir ceux qui avaient fait procéder à la vérification de ces apports et avantages, et confondant

---

(1) Dalloz, v° *Responsabilité*, n. 245 et s.

(2) Dalloz, v° *Mandat*, n. 296. — V. aussi Cass. 29 déc. 1852 (D.53.1.49).

(3) Bédarride, n. 107 ; Dalloz, n. 42 ; Rivière, n. 81.

(4) Cass., 12 janv. 1870 (D.70.1.114).

ainsi dans une même punition les innocents et les coupables (1).

680. Il est à remarquer que cette qualité de fondateurs ne se retrouve pas exprimée dans l'art. 8 de la loi de 1867 ; et cette suppression n'est pas indifférente, car on peut faire un apport dans une société sans en être réputé le fondateur. La loi atteint donc tous ceux, fondateurs ou non, qui ont fait des apports et ont eu le tort de ne pas les soumettre à l'approbation de l'assemblée générale. En ne s'attachant plus à la qualité de fondateur, la loi a fait disparaître la difficulté qu'il y avait, sous la loi antérieure, à déterminer les éléments caractéristiques de cette qualité. A cet égard, il avait été jugé que celui qui a vendu à la société l'immeuble par elle exploité ne doit pas, par cela seul, être considéré comme fondateur de la société (2), alors qu'il est constaté que cet associé est demeuré étranger à la fondation de l'entreprise et à tous les actes relatifs à la constitution de la société, tels que ceux concernant « la forme de l'associa- « tion, la fixation du capital social, la création des actions, « l'organisation des assemblées d'actionnaires, l'appel aux « capitaux, leur destination ou leur emploi, et la rédaction des « prospectus (3). »

Au surplus, même sous l'empire de la loi de 1856, il a été jugé avec raison que les simples commanditaires, non fondateurs, et n'ayant fait aucun apport, pouvaient être déclarés responsables de la nullité de la société, si, dans un intérêt personnel, ils avaient participé aux irrégularités commises par le gérant (4).

§ 2. — Responsabilité générale encourue pendant le cours de la société.

SOMMAIRE.

681. — Le conseil de surveillance n'est pas responsable des actes de la gestion. Sens restreint de cette règle.

682. — Chaque membre répond de ses fautes personnelles, conformément au droit commun.

683. — Quelles sont les différences qui existent sous ce double rapport entre les lois de 1856 et 1867 ? Intérêt transitoire et actuel de cette étude.

---

(1) Dalloz, n. 1246. *Contrà,* Duvergier. Lois 1856, p. 345.
(2) Aix, 13 août 1860 (D.60.2.223).
(3) Cass., 24 juin 1861 (D.61.1.435).

(4) Cass., 6 août 1862 (D.62.1.427); Cass., 6 juill. 1870, Rejet de Paris, 6 août 1869 (D.71.1.13).

684. — Art. 10 de la loi de 1856. Il avait pour but de diminuer plutôt que d'aggraver la responsabilité dérivant du droit commun.

685. — Cependant l'omission, ou l'insuffisance absolue du rapport, eût constitué une faute.

686. — De même, le défaut de vérification des livres, du portefeuille et de la caisse.

687. — La loi ne punissait donc pas seulement le dol, mais aussi la négligence. Erreur du Rapport de la commission législative.

688. — Signification des termes : *sciemment, en connaissance de cause.* Théorie de la Cour de cassation.

689. — Cette théorie a besoin d'être expliquée.

690. — La jurisprudence corrige le commentaire officiel.

691. — La loi de 1856 a été animée d'un esprit de modération et d'équité. C'est l'expression qui a fait défaut.

692. — Exemple tiré de la confection de l'inventaire. Comparaison entre les membres du conseil de surveillance et les administrateurs d'une société anonyme.

693. — Autre exemple : la preuve de la faute incombait aux actionnaires ; tandis que la loi nouvelle établit une présomption contre le conseil de surveillance. Doctrine inexacte du Rapport.

694. — En résumé, et sauf ce dernier point, l'esprit des deux lois est identique, malgré l'abandon des termes ci-dessus rappelés.

695. — La jurisprudence intermédiaire est donc utile à consulter.

696. — Applications diverses du principe de la responsabilité.

697. — Cas de non-responsabilité.

698. — Il n'y a pas solidarité nécessaire entre les membres du conseil. Ce qui arriverait en cas de dissentiment, abstention ou démission.

699. — Ils sont responsables de la distribution des dividendes fictifs envers les tiers, et même envers les actionnaires.

700. — Ils ont un recours contre le gérant.

701. — Quel doit être le *quantum* de la réparation ?

702. — La responsabilité est obligatoire, non facultative, pour les tribunaux.

681. Les attributions du conseil de surveillance nous sont connues ; et l'on sait quels sont les devoirs que la loi lui impose pendant l'existence de la société. Toute infraction à ces devoirs peut, selon sa gravité et selon les circonstances, engager plus ou moins sa responsabilité.

La loi a toutefois entendu maintenir dans sa plénitude ce principe essentiel de la commandite, qui remet au gérant seul l'administration de la société, et défend aux commanditaires, à peine d'être passibles des dettes, de s'immiscer dans cette administration (1). C'est la règle politique et constitutionnelle de la séparation des pouvoirs transportée dans le domaine des sociétés d'intérêt privé. Le premier alinéa de l'art. 9 de la loi n'a pu avoir d'autre but que de rappeler et de confirmer cette règle en disant que « les membres du conseil n'encourent « aucune responsabilité en raison des actes de la gestion et de « leurs résultats. » Il est impossible de lui assigner une autre portée; car, pris dans un sens absolu, il serait évidemment faux, et immédiatement démenti par le deuxième alinéa du même article; en effet, le sens absolu conduirait à l'immunité complète du conseil de surveillance, qui jamais ne serait responsable des actes de la gestion; et cependant il est indubitable qu'il répond des actes dommageables du gérant qu'il n'aurait pas empêchés, le pouvant, ou qu'il aurait approuvés sans examen et les yeux fermés. A quoi bon dès lors ces dispositions surérogatives qui ne font qu'allonger et obscurcir les textes législatifs, en risquant d'affaiblir l'autorité morale des lois antérieures !

682. Il suffisait assurément d'exprimer cette autre règle, indiquée par le deuxième alinéa du même article, que chaque membre du conseil de surveillance est responsable de ses fautes personnelles dans l'exécution de son mandat. Quoique cette règle fût conforme au droit commun, comme l'énonce le texte, il n'était pas superflu de la rappeler, puisqu'elle emportait abrogation d'une règle différente écrite dans la loi de 1856.

683. On a vu, à l'occasion de la responsabilité spéciale qui pèse sur le premier conseil de surveillance, quels sont les principes généraux qui constituent le droit commun en cette matière (2). Il n'y a pas à les redire ici; mais il importe de rechercher quelles sont les différences qui peuvent exister entre les règles du droit commun, auxquelles la loi nouvelle fait retour; et celles qui avaient prévalu dans la loi du 17 juillet 1856. Cette étude aura un double intérêt : transitoire d'abord, au point de vue des sociétés antérieures à la loi de 1867; puis actuel, comme pouvant servir de guide, en plus d'une circonstance, dans l'interprétation et l'application de cette loi elle-même.

---

(1) Sur l'immixtion des commandi- | n. 82 et s.
taires et ses conséquences, V *Suprà*, | (2) *Suprà*, u. 667.

684. L'art. 10 de la loi de 1856 dispose que tout membre du conseil de surveillance est responsable :

« 1° Lorsque, *sciemment*, il a laissé commettre, dans les in« ventaires, des inexactitudes graves préjudiciables à la société « ou au aux tiers ;

« Lorsqu'il a, *en connaissance de cause*, consenti à la distribu« tion de dividendes non justifiés par des inventaires sincères « et réguliers. »

Chose singulière : cet article avait soulevé les plus ardentes réclamations ; s'il passait dans la loi, c'en était fait, disait-on, des sociétés en commandite ; il ne se trouverait pas, dorénavant, un homme sérieux pour courir de pareils dangers ; il faudrait payer les membres du conseil de surveillance, qui, dès lors, ne seraient plus que les serviles complaisants du gérant. Lors de la discussion de la loi devant le Corps législatif, M. le rapporteur de la commission avait fait une réponse de nature à faire taire bien des clameurs : *Il lui était difficile de comprendre, a-t-il dit, pourquoi on s'effrayait tant de ce que le projet de loi voulait que nul ne pût être fripon et tromper le public impunément.* Honnête énergie, à laquelle j'applaudis de tout mon cœur !

Mais, en réalité, ces terreurs, sincères sans aucun doute, étaient chimériques, et, au lieu d'effrayer, la loi aurait dû rassurer. Dans la discussion, M. le rapporteur avait dit que la disposition consacrée par l'art. 10 *n'était pas une nouveauté.* Il avait raison, en ce sens que ce n'était pas une nouveauté *aggravant* la situation antérieure des conseils de surveillance ; loin de là, car cette disposition avait eu pour but de circonscrire et d'alléger, dans une certaine mesure, la responsabilité qui pesait sur eux d'après les principes du droit commun.

Ce qui frappe tout d'abord, en effet, à la simple lecture de cet article, c'est une sorte de sollicitude de la part du législateur pour les conseils de surveillance : il craint, et avec raison, d'en éloigner les personnes honorables ; ainsi, tout en avertissant, il rassure ; il se pose des conditions à lui-même ; il désarme à l'avance la justice, si ce n'est pas *sciemment, en connaissance de cause*, qu'ont agi les conseils de surveillance. Il semble en vérité pardonner à l'ignorance volontaire, à l'incurie complète.

Cependant les membres d'un conseil de surveillance ne sont-ils pas de véritables mandataires des actionnaires, et à ce titre responsables, comme tout mandataire, non-seulement du dol,

mais encore des fautes par eux commises! Et ne serait-ce pas
une faute grave, de la part d'un conseil de surveillance, que de
ne rien surveiller, de tout négliger, de laisser, sans s'en in-
quiéter, *sans le savoir*, commettre des inexactitudes préjudiciables dans les inventaires, et distribuer des dividendes pris
sur le capital! Ne sont-ils pas d'ailleurs associés eux-mêmes et
à ce titre tenus, par le droit commun des sociétés, du dommage
causé par leurs fautes à leurs coassociés (1)! Est-ce qu'enfin la
négligence ou l'*imprudence* ne suffit pas, même entre étrangers,
pour donner lieu au quasi-délit de l'art. 1383.

685. Que signifiait donc une telle indulgence du législateur ?
Était-elle bien réelle, ou n'était-elle pas dans le mot plus que
dans la chose? Les membres du conseil de surveillance, appelés devant les tribunaux pour répondre d'un désastre qu'ils
auraient pu, avec quelque vigilance, prévoir et empêcher, seront-ils renvoyés absous sur cette simple réponse : nous ne
savions pas? N'y a-t-il pas certaines circonstances qui seraient
de nature à entraîner la conscience du juge? Qu'on suppose,
par exemple, l'omission du rapport annuel prescrit par l'art. 8,
ne serait-ce pas là une considération capitale, presque toujours
décisive, contre les membres du conseil de surveillance? Quel
est, en effet, le but de ce rapport obligatoire? C'est de les contraindre à faire une étude sérieuse, approfondie, de la situation
sociale, et de rendre aussi rare que possible la trop facile excuse
de l'ignorance. A moins de recevoir le rapport tout fait des
mains du gérant, ils devront presque toujours s'apercevoir des
inexactitudes graves que peut contenir l'inventaire, et savoir si
les dividendes sont pris sur les bénéfices ou sur le capital. S'ils
s'abstiennent de faire ce rapport, il y a lieu de penser que c'est
par une complaisance coupable envers le gérant; ils violent,
d'ailleurs, l'art. 8 de la loi; aussi leur condamnation serait-
elle alors presque infaillible.

Cependant l'omission du rapport pourrait quelquefois ne
venir que de pure négligence et ne cacher aucune arrière-
pensée; le conseil de surveillance devrait-il néanmoins être déclaré responsable? Il faut distinguer : si les fraudes de l'inventaire étaient assez habilement dissimulées pour que l'examen
le plus consciencieux n'eût pu les découvrir, il serait déraisonnable de punir l'omission du rapport. Dans le cas contraire,

---

(1) Art. 1850, C. civ.

cette omission serait un fait dommageable, puisque, sans elle, les actionnaires eussent connu les inexactitudes et qu'ils eussent pu en prévenir les conséquences, notamment la distribution d'un dividende exagéré. Le conseil de surveillance ne pourrait plus se contenter de dire : *Je ne savais pas*. On lui répondrait : Vous avez négligé ce que la loi vous commandait pour apprendre ; vous ne pouvez invoquer, comme excuse, une violation de la loi.

Il faudrait assimiler à l'omission un rapport reçu tout préparé des mains du gérant, ou même un rapport dressé par le conseil de surveillance, mais insuffisant, contenant des erreurs, révélant au premier coup d'œil le défaut de soin et d'attention ; car une pareille œuvre n'aurait d'un rapport que le nom, et ne satisferait pas au vœu de la loi.

686. Allons plus loin : supposons que le conseil n'ait vérifié ni les livres, ni le portefeuille, ni la caisse, comme l'art. 8 de la loi lui en faisait un devoir. Il faut reconnaître encore que si la vérification eût prévenu ou atténué un dommage quelconque souffert par la société, la responsabilité du conseil sera engagée, comme en cas de rapport omis ou insuffisant.

687. Il n'était donc pas exact de dire d'une manière absolue que « *la loi ne punit pas la simple ignorance, la simple négligence,* » mais seulement « *la science, la mauvaise intention, le dol.* » En s'exprimant ainsi, le rapporteur de la loi de 1856, l'honorable M. Langlais (de la Sarthe), avait contribué à jeter dans les esprits une grande incertitude, dans la jurisprudence et la doctrine de regrettables divergences. On voit en effet plusieurs arrêts céder à cette idée, que la responsabilité n'est infligée qu'à la fraude (1), que les membres du conseil de surveillance ne sont responsables qu'en se prêtant complaisamment au dol du gérant (2), ou qu'en coopérant personnellement à la fraude (3). Des jurisconsultes iront jusqu'à soutenir que l'art. 10 de la loi de 1856 est inapplicable, du moment que le conseil a tout ignoré, quelles que soient les fautes qu'il ait commises, quelque coupable que soit son incurie (4). Mais une pareille doctrine ne pouvait être maintenue, à peine de voir dégénérer en une sinécure trompeuse l'utile institution du conseil de surveillance.

---

(1) Paris 15 juill. 1862 (D.64.1.156).
(2) Aix, 27 mai 1861 (D.62.1.525).
(3) Bordeaux, 29 mai 1860 (D.61.1.414).

(4) Dalloz, note sur Caen, 16 août 1864 (65.2.193). — *Contrà* sur Orléans, 20 déc. 1860, sur Cass. 9 juill. 1861 (61.2.1 ; 61.1.414).

Jamais d'ailleurs la Cour de cassation ne se l'est appropriée; et, au contraire, elle a explicitement déclaré, à plusieurs reprises, que le dol, ni la complicité du dol, n'étaient nécessaires pour engager la responsabilité du conseil de surveillance (1).

688. Mais on se demande alors où était le *criterium* de la responsabilité? Quelle sera la signification de ces mots *sciemment, en connaissance de cause*, qui semblent avoir été introduits dans la loi pour le désespoir des commentateurs? Et où réside en fin de compte la faveur législative abaissant le droit commun devant le contrat de société? La Cour de cassation, dans un arrêt du 12 avril 1864 (2), a établi en cette matière une théorie que nous reproduisons textuellement :

« Le droit commun continue d'être la règle de tous les faits « constituant l'incurie, la négligence et la faute, auxquels ne « s'applique pas la responsabilité spéciale créée par la loi du « 17 juillet 1856. Cette loi n'a pas eu la pensée de se substituer « au droit commun pour *effacer ou affaiblir, dans les cas aux-* « *quels elle ne pourvoit pas expressément*, la responsabilité im- « posée antérieurement. »

Ce qui peut se traduire ainsi :

D'après l'art. 10 de la loi de 1856, il y a responsabilité spéciale, moindre que celle du droit commun, dans les deux cas auxquels cette loi pourvoit expressément, à savoir : 1° les inventaires inexacts; 2° les dividendes fictifs. Si le conseil de surveillance n'a pas, dans l'un ou l'autre de ces cas, agi sciemment, en connaissance de cause, il doit être absous.

Mais, d'un autre côté, l'art. 8 de la même loi lui donne le droit et en même temps lui impose le devoir (3) de vérifier les livres, la caisse, le portefeuille, et de faire un rapport annuel sur les inventaires. L'omission de ce devoir engendre la responsabilité de droit commun consacrée par les art. 1383, 1850 et 1992, C. civ.

689. Cette théorie, on en conviendra, ne laisse pas que d'être quelque peu tourmentée; la Cour s'est crue enchaînée par ces expressions légales : *sciemment, en connaissance de cause*, et

---

(1) V. not. 2 avril 1859 et 15 janv. 1862 (D. 59.1.137; 62.1.128); Cass., 18 août 1868 (Pal.69.154); Angers, 11 janv. 1867 (D.67.2.19). — Comp. toutefois : 9 juill. 1864, rejet de Bordeaux ci-dessus; et 24 déc. 1863, rejet de Paris ci-dessus (D.64.414, 64.1.156). Cass., 5 août 1862.

(2) Dalloz, 64.1.377.

(3) V. le Rapport de M. Langlais (de la Sarthe) sur la loi de 1856.

obligée d'en faire une application littérale, quoique restreinte
à deux cas déterminés. Mais cette application n'est qu'apparente; car, en réalité, la Cour n'entend pas permettre au conseil
de surveillance de se disculper en arguant d'une ignorance
volontaire et passive. Revenant au droit commun par la voie
de l'art. 8, elle oblige le conseil à faire des vérifications pour
arriver à *savoir*, à *connaître* l'état véritable des affaires de la
société.

Dès lors, ne valait-il pas mieux formuler plus nettement la
responsabilié du conseil, et dire qu'elle est encourue :

1° S'il y a eu dol de sa part, ou complicité du dol du gérant ;

2° Si, même de bonne foi, il a laissé sciemment produire les
inventaires inexacts, et distribuer les dividendes fictifs ;

3° S'il a ignoré les erreurs de l'inventaire, mais n'a pas fait
les vérifications, d'ailleurs faciles, qui auraient pu les lui
révéler ?

Ainsi interprétées, les expressions *sciemment, en connaissance
de cause*, n'ont rien que d'équitable ; au conseil disant pour s'ex-
cuser : Je n'ai pas su, je n'ai pas connu, on répond : Vous au-
riez dû, ou pu, savoir et connaître. *Idem scire, et scire debuisse
aut potuisse* (1). C'est en résultat la même doctrine que celle de
la Cour de cassation, mais plus franche, moins subtile et moins
esclave du mot.

690. Reconnaissons-le toutefois : cette interprétation n'est
pas conforme au commentaire de la loi de 1856 donné, à cette
époque, par le législateur lui-même, dans le rapport déjà cité
de la commission législative, et dans l'exposé des motifs du
projet de loi, où il est dit, dans un sens évidemment restrictif,
que la responsabilité n'est imposée au conseil de surveillance
que pour les infractions les plus considérables, c'est-à-dire
pour les inventaires inexacts et les dividendes fictifs. Mais il
faut le dire sans hésiter, c'est le commentaire officiel qui a tort ;
et ce n'est pas sans un médiocre étonnement que l'on voit la
jurisprudence, rejetant ou corrigeant les enseignements du législateur, et lui révélant, à lui-même, le sens vrai de son œuvre.
Du reste, la leçon n'a guère profité ; car le projet de la loi de
1867 reproduisait les mêmes expressions énigmatiques ; et
l'exposé des motifs affirmait de nouveau que la négligence du

---

(1) Bédarride, *Droit commerc.*, n° du 19 avril 1864 ; Dalloz, v° *Société*, n. 1252.

conseil de surveillance ne saurait être incriminée, que l'art.
1992, C. civ., doit être écarté ; il osait ajouter, en présence de
l'arrêt du 12 avril 1864, que tel était le sens donné, par la jurisprudence, à la loi de 1856.

Ce bizarre désaccord de la loi, sainement interprétée, avec
ses auteurs, et ajoutons de ceux-ci avec eux-mêmes, peut avoir
son explication. Il vient d'un grand fonds de bienveillance pour
le contrat de société ; pour exciter l'esprit d'association, on
s'efforce de démontrer que la loi contient des dispositions favo-
rables, dérogatoires aux rigueurs du droit commun. Ne lit-on
pas, à chaque ligne pour ainsi dire de l'exposé des motifs de la
loi de 1867, « que cette loi se montre bienveillante.....; qu'elle
fait une application modérée des règles ordinaires....; que, loin
d'en exagérer la sévérité, elle en atténue les conséquences.....;
qu'il n'est pas possible enfin d'aller plus loin dans la voie
de l'indulgence....? » Mais, malgré ces affirmations réitérées, la
démonstration laisse à désirer ; d'autant plus que le même exposé, dans la même page où il prétend écarter l'art. 1992,
C. civ., qui rend le mandataire responsable de ses fautes, repousse énergiquement toute idée de « soustraire les conseils de
surveillance à l'empire du droit commun en matière de mandat, »
ajoutant même que le projet « rappelle les règles du droit commun, qu'il se borne à donner des éclaircissements et des solutions, au risque d'empiéter sur le domaine de la jurisprudence
et de la doctrine. »

691. Faut-il donc se résigner à croire que la bienveillance,
trop vantée, du législateur de 1856, soit restée à l'état d'intention, et que les magistrats n'en doivent tenir aucun compte ?
Non ; mais il faut dire que les expressions dont il s'est servi
sont vicieuses, et ont mal rendu sa pensée. Sachant combien
était épineuse, périlleuse même, la mission du conseil de surveillance, il ne voulait pas l'astreindre à des vérifications par
trop minutieuses, et l'obliger à descendre dans tous les infini-
ment petits détails de l'administration ; il admettait qu'il pût
être assez facilement trompé par le gérant, et il n'entendait pas
exiger qu'il dût nécessairement savoir et connaître toutes les
fraudes. Mais j'ajoute, à sa décharge, qu'il lui était difficile,
sinon impossible, de traduire cette pensée, toute de modération
et d'équité ; il n'y avait pas là matière à précepte legislatif, ce
n'était qu'une question de mesure à observer dans l'application
de la loi.

692. Prenons pour exemple la confection de l'inventaire, opération délicate, émanant du gérant, qui peut aisément en fausser les éléments, notamment par des exagérations sur la quantité, la qualité ou la valeur des marchandises. Le conseil est-il tenu de faire peser ou mesurer les marchandises en sa présence, et d'en contrôler minutieusement l'évaluation? Oui, sans doute, si l'on se fait une idée rigoureuse des devoirs qui lui sont imposés. Que si, au contraire, on les interprète avec modération, comme le veut l'esprit connu de la loi, on sera porté aux tempéraments; on admettra, par exemple, que la présence de tous les membres du conseil n'est pas nécessaire à ce contrôle matériel; qu'il suffira de l'un d'eux, peut-être même d'un délégué étranger; que les vérifications ne devront pas toujours porter sur l'ensemble et sur toutes les parties, etc.

On serait fondé à montrer plus d'exigence envers les administrateurs de sociétés anonymes, simples mandataires cependant, mais auteurs directs de l'inventaire. « On ne saurait, dit le rapport de la commission législative sur la loi de mai 1863, assimiler à des administrateurs qui dressent eux-mêmes des inventaires, qui doivent en posséder tous les éléments, de simples surveillants étrangers à l'administration et réduits à voir ce qu'on leur montre. » Ce serait donc une injustice évidente que de rendre les membres du conseil de surveillance responsables, dans tous les cas, des erreurs ou des fraudes commises dans l'indication et l'évaluation des marchandises. L'excuse devrait être facilement admise, non-seulement lorsqu'ils auraient été trompés par les artifices du gérant, mais aussi toutes les fois qu'il serait reconnu qu'ils n'ont pas déserté leur mission, qu'ils l'ont, au contraire, remplie avec une certaine diligence, sans qu'il soit même nécessaire que ce fût celle du père de famille le plus diligent. En résumé, la responsabilité ne serait encourue que si les erreurs ou les fraudes du gérant étaient assez grossières, assez apparentes ou assez importantes, pour être aperçues sans qu'il fût nécessaire de recourir à une vérification, très-minutieuse, des magasins ou des livres (1).

693. On peut signaler dans l'art. 10 de la loi de 1856 un autre adoucissement au droit commun, en ce qui touche la

---

(1) Comp. Bédarride, *Droit commercial* du 19 avril 1864.

preuve de la faute imputée au conseil de surveillance. Si, pour
être déclaré responsable, il faut que le conseil soit convaincu
d'avoir *sciemment, en connaissance de cause*, laissé passer les inventaires accusant de faux dividendes, les actionnaires sont
tenus de produire cette preuve difficile que les membres du
conseil ont effectivement su et connu, directement et personnellement; ou tout au moins, n'ont fait aucun effort, pour savoir et
connaître. Jusqu'à cette preuve, il y a présomption que le conseil a vérifié et ignoré (1).

Au contraire, ces expressions restrictives étant supprimées,
comme dans la loi nouvelle, c'est la présomption inverse qui
doit l'emporter; le fait seul de la distribution de dividendes
fictifs constitue en faute les membres du conseil de surveillance,
et c'est à eux qu'il appartient de détruire cette présomption en
prouvant qu'ils ont été trompés par le gérant.

On lit cependant dans le rapport de la commission législative
sur la loi de 1867 que, malgré le retour au droit commun, les
actionnaires doivent toujours prouver la faute du conseil de surveillance. Cette doctrine me semble inexacte; lorsqu'il est établi
que l'inventaire est inexact et le dividende fictif, il est bien naturel de croire que cela est dû au défaut de surveillance du
conseil, c'est-à-dire à l'omission du devoir qui lui est spécialement prescrit par l'art. 10 de la loi; c'est donc à lui de se disculper s'il est innocent.

La preuve à fournir contre les membres du conseil de surveillance d'après la loi de 1856 pouvait se faire par tous les
moyens indiqués par le droit civil, c'est-à-dire par des actes ou
écrits quelconques, par des correspondances, par témoins, par
des présomptions graves, précises et concordantes; il s'agit d'un
quasi-délit, se rattachant d'ailleurs à des faits commerciaux, et
c'est une double raison pour affranchir les demandeurs de l'obligation de produire une preuve littérale.

694. En résumé, cette question de preuve est peut-être, au
fond et en réalité, la seule différence nettement tranchée qui
existe entre les lois de 1856 et 1867. Sur tout le reste, il y a eu,
malgré la modification des termes, conformité de vues et de
pensées; l'esprit de modération qui animait les législateurs de
la première époque a continué d'inspirer leurs successeurs.

---

(1) Bordeaux, 29 mai 1860; et sur pourvoi, rejet, 9 juill. 1861 (D.61.1.444);
Grenoble, 11 déc. 1872 (D.74.2.33).

L'exposé des motifs de la dernière loi déclare formellement
« maintenir les principes de la loi de 1856, et laisser subsister
« les applications modérées qu'elle en a faites. » Il est vrai que les
mots *sciemment, en connaissance de cause*, qui étaient dans l'art. 10
de cette loi, se retrouvaient encore dans le nouveau projet
qu'accompagnait l'exposé des motifs, et que la commission du
Corps législatif en avait demandé et obtenu la suppression ;
néanmoins elle n'hésitait pas à son tour à affirmer qu'elle ne
s'était pas proposé « d'*aggraver* la responsabilité des membres
« du conseil de surveillance, mais de la rendre efficace, » en
n'exigeant plus des actionnaires la preuve, à peu près impossible, que le conseil avait agi sciemment et en connaissance
de cause.

Le Conseil d'État avait d'abord résisté à cette suppression ; il
craignait, en replaçant la responsabilité sur le terrain du droit
commun, de l'aggraver, ce qui n'était vrai que sous le rapport
de la preuve. Mais la commission a fermement insisté sur la nécessité de faire disparaître des termes qui semblaient faire de
la loi « une menace vaine, » qui avaient donné lieu à des « équivoques dangereuses, » et avaient quelquefois égaré la jurisprudence dans des « doctrines énervantes. » Le Conseil d'État se
rendit à ces raisons et adopta l'amendement de la commission.

695. Toutefois, si quelques arrêts s'étaient, comme on l'a vu
plus haut, et comme l'a justement remarqué la commission législative, attachés d'une manière trop étroite au sens littéral de la
loi, il faut reconnaître que généralement la jurisprudence avait
su en pénétrer le véritable esprit et que la plupart de ses décisions étaient, comme elles seraient encore aujourd'hui, irrépro-
chables. On consultera donc toujours avec fruit le tableau suivant, qui fera connaître suffisamment les espèces variées dans
lesquelles elles ont été rendues.

696. La responsabilité a été appliquée aux membres du conseil de surveillance dans les cas suivants :

1° Lorsqu'il a été attribué à l'actif, dans l'inventaire, toutes
les dépenses, sans distinction entre les frais de premier établissement, et les frais généraux et courants d'administration ; si
l'on y a compris des bénéfices non réalisés, et purement aléa-
toires ; si l'estimation des valeurs industrielles du portefeuille a
été exagérée (1) ;

---

(1) Paris, 24 déc. 1858 (D.59.1.137).

2° Si le conseil a consenti à la distribution d'*intérêts* alors 1° que l'acte social porte que ces intérêts doivent être pris sur les bénéfices ; et 2° que le conseil savait, soit qu'il n'avait pas été dressé d'inventaire, soit que les inventaires faits par le gérant accusaient une perte, au lieu de bénéfices (1) ;

3° S'il est distribué un bénéfice non encore acquis, ni complétement réalisé, quoique fondé sur une convention qui y donne droit ; un bénéfice n'étant réputé acquis qu'autant qu'il est le résultat d'une opération accomplie (2) ;

4° Si des appréciations erronées se présentent à chaque bilan ; si malgré ces appréciations erronées un déficit persistant apparaît ; si, à chaque assemblée générale, le conseil de surveillance, sans indiquer les opérations diverses dans lesquelles se trouve engagée la société, déclare qu'il a vérifié le bilan et en demande l'approbation ; si, devant une perte constatée par ce bilan même, il propose une distribution de dividendes (3) ;

5° Si aucun inventaire régulier n'a été fait, et que le conseil se soit contenté de simples balances de compte, sans vérifier les livres, la caisse et le portefeuille ; alors surtout qu'en exigeant un inventaire et en faisant des vérifications, les membres du conseil, hommes versés dans les affaires, auraient facilement constaté que le gérant, par complaisance ou faiblesse, avait mis la société à découvert vis-à-vis de débiteurs ne présentant aucune garantie sérieuse, pour des sommes dépassant le capital social ; qu'ils auraient vu que le gérant, pour masquer le découvert et présenter des balances mensongères, recevait de ces débiteurs des effets qui n'étaient jamais payés à l'échéance, et qu'il plaçait dans le portefeuille où ils figuraient comme valeurs réalisables ; et qu'ils l'auraient infailliblement arrêté dans la voie qui devait amener la ruine de la société (4).

C'est en vain que, pour se soustraire à la responsabilité, les membres du conseil invoqueraient les difficultés et les longueurs du travail de vérification des livres, du portefeuille et des valeurs sociales, ou les obstacles résultant de leurs opérations personnelles ; de pareilles considérations ne pouvant les dispenser

---

(1) Orléans, 20 déc. 1860 ; et rejet, 15 janv. 1862 (D.61.2.1 ; 62.1.128).

(2) Crim. 28 juin 1862, Cass., dans l'intérêt de la loi, de Douai, 24 avril 1862, aff. Mirès (D.62.1.305).

(3) Trib. comm. Lyon, 29 juin 1863

(*Le Droit commercial*, 29 sept. 1863).

(4) Caen, 16 août 1864 (D.65.2.192) ; Cass., 23 fév. 1870 (D.71.1.229) ; Angers, 10 mars 1875 (D.76.1.44), et rejet 8 mars 1876.

d'un devoir qui, dans l'espèce, devait être rempli par eux d'autant plus rigoureusement qu'à raison de leurs connaissances spéciales et de leur habileté en affaires, ils devaient savoir quelle en était l'importance (1);

6° S'il est porté à l'inventaire, comme bonnes, des créances irrecouvrables, à la connaissance du conseil de surveillance, qui tantôt garde le silence pour éviter des bruits qui compromettraient la société; tantôt par ses délibérations et ses rapports contribue à répandre dans le public une fausse sécurité, et à prolonger l'existence de la société en accroissant son déficit; qui, enfin, en présence d'une catastrophe inévitable, émet l'avis qu'il est de l'intérêt général que la société continûe ses opérations (2). La responsabilité serait encourue alors même qu'une clause statutaire prescrirait le maintien à l'actif, jusqu'au règlement définitif, des créances reconnues mauvaises; une telle clause devant être déclarée nulle comme contraire aux lois d'ordre public qui exigent des inventaires sérieux et loyaux (3);

7° Si le conseil, au lieu de vérifier les livres, s'est borné à élire une sous-commission qui se bornait elle-même à se faire remettre des bulletins de situation qu'elle s'abstenait de contrôler, ce qui a permis au gérant de présenter chaque année des inventaires inexacts. Vainement il opposerait qu'il n'est pas tenu de rechercher la solvabilité des débiteurs; cette objection, fût-elle fondée en thèse générale, ne le dispensait pas d'une vérification des écritures qui eût révélé la conduite inhabile ou coupable du gérant et la nécessité de dissoudre la société (4);

8° Si les membres du conseil ont été initiés à toutes les affaires sociales, et qu'ils aient connu les mauvaises affaires de la société. Peu importe que la société n'ait pas de créanciers; la loi qui les rend responsables étant une loi d'ordre public, qui a voulu qu'on ne pût présenter comme faisant des bénéfices une société qui ne réalise que des pertes, dans le but d'attirer des acheteurs et de produire une hausse factice des actions sociales; cet oubli de leurs devoirs par les membres du conseil étant

---

(1) Caen, 16 août 1864, cité note préc. 18 mai 1876 (D.76.1.471).
(2) Caen, 14 déc. 1869 (Ann. Lehir, (3) Angers, 11 janv. 1867 (Dalloz, 67. 1870.2.263); Cass., 14 déc. 1869 (D.70. 2.19).
1.179); Angers, 23 juill. 1875, et Rejet, (4) Lyon, 8 juin 1864 (D.65.1.197).

23

d'autant plus grave que leur position personnelle est de nature à inspirer plus de confiance (1).

9° Si le gérant, au lieu de se livrer aux opérations pour lesquelles la société a été créée, fonde une grande entreprise en dehors des opérations ordinaires, en y employant les fonds et le crédit de la société, dont toutes les autres opérations sont ainsi paralysées, même abandonnées; les membres du conseil de surveillance ayant connu ces opérations portées sur des livres de la société d'une vérification facile , et leurs suites désastreuses (2).

697. Au contraire, le conseil de surveillance a été affranchi de toute responsabilité dans les cas suivants :

1° Lorsque les inventaires, examinés par des experts, sont reconnus exacts et réguliers; que l'exagération du prix des marchandises est le fait du gérant seul qui, dans ses rapports et sur les livres, leur avait faussement attribué une qualité et une provenance en rapport avec le prix indiqué ; que le conseil n'a ni approuvé ni accepté un aperçu de situation inexact, dressé à la hâte par le gérant et n'ayant d'ailleurs rien de commun avec un inventaire. Le conseil doit être exonéré du reproche de n'avoir pas demandé la liquidation en temps utile; lorsqu'il est constaté « qu'il avait espéré qu'au moyen de sa-
« crifices personnels, par lui spontanément offerts, et en faisant
« appel au dévouement des actionnaires, il parviendrait à con-
« jurer le danger, à traverser la crise et à sauvegarder ainsi les
« intérêts des actionnaires et des créanciers ; que cette conduite
« atteste une bonne foi entière, un désir ardent et sincère de
« sauver la société (3) ; »

2° Lorsqu'on se borne à imputer au conseil d'avoir laissé commettre des erreurs dans les inventaires, ou distribuer des dividendes fictifs, sans offrir même de prouver que ces faits ont été commis sciemment et en connaissance de cause. Il ne suffirait pas de lui reprocher « de ne pas avoir aperçu les erreurs,
« d'avoir peut-être agi avec trop de confiance, d'avoir même
« rempli leur mission avec négligence ; » l'inexpérience et la bonne foi des membres du conseil peuvent en pareil cas leur servir d'excuse (4);

---

(1) Paris, 29 août 1861 (Pal.1862.1. 341).
(2) Metz, 14 août 1867 (D.67.2.178).
(3) Poitiers, 20 août 1859 et rejet,
28 nov. 1860 (D.59.2.212; 61.1.339).
(4) Bordeaux, 29 mai 1861 ; et rejet, 9 juill. 1861 (D.61.1.144).

3° Lorsque les membres du conseil ont exercé la surveillance dont ils étaient chargés, autant que paraissaient la leur commander la nature restreinte de leur mission, le mécanisme des opérations de la société, la grande confiance inspirée à tous par un gérant dont l'habileté n'était pas à la hauteur de la réputation ; lorsqu'ils ont donné à la chose commune, en qualité de simples surveillants, les soins d'un bon père de famille. En l'absence de faute lourde, la négligence dans la manière de faire la vérification des livres est excusable, alors surtout que l'apparente régularité et la concordance des écritures ne permettaient guère de découvrir les erreurs artificieusement commises par le gérant (1) ;

4° Lorsque les inventaires, étant entachés d'exagérations manifestes et de faux matériels, rien n'établit que les membres du conseil de surveillance, dont la loyauté n'est pas contestée, aient consenti en connaissance de cause à la distribution de dividendes fictifs (2) ;

5° Lorsque les membres du conseil ont délégué l'un d'eux pour constater l'existence des marchandises en magasin et en fixer la valeur, tandis que d'autres procéderaient à la vérification des livres, de la caisse et du portefeuille ; que, pleins d'une confiance absolue et sans réserve dans les vérifications opérées par leurs collègues, ils ont accepté de bonne foi les chiffres présentés par ces derniers ; et que malgré leur vigilance et un examen sérieux, mis en présence des écritures habilement falsifiées, ils n'ont pu reconnaître les fraudes du gérant (3) ;

6° Lorsque les intérêts ayant été stipulés, mais par une clause non publiée, payables aux actionnaires à titre de charge sociale, les membres du conseil, après s'y être opposés pendant plusieurs exercices à raison des pertes essuyées par la société, ont fini par consentir au paiement de ces intérêts (4) ;

7° Lorsque les inexactitudes constatées dans les inventaires ne consistent pas dans un défaut de relation des inventaires avec les livres, ni dans des vices de comptabilité, ni dans des écritures quelconques qui seraient l'infidèle expression des opérations faites avec la société ; mais qu'elles résultent unique-

---

(1) Aix, 27 mai 1861 ; et rejet, 5 août 1862 (D.62.1.525).
(2) Rouen, 25 nov. 1861 ; et rejet, 3 mars 1863 (D.62.2.106, 63.1.125).
(3) Paris, 15 juill. 1862 ; et rejet, 24 déc. 1863 (D.64.1.156).
(4) Lyon, 8 juin 1864 D.65.2.197).

ment du maintien dans les inventaires de créances ou soldes créditeurs irrecouvrables, qui étaient portés comme éléments d'actif, tandis qu'ils auraient dû donner lieu à de larges amortissements de l'actif ou être portés au compte de profits et pertes ; qu'il n'est pas établi que les membres du conseil aient connu ces inexactitudes, et les aient volontairement cachées aux actionnaires ; que d'ailleurs leur honorabilité hautement avouée proteste contre une pareille supposition, et qu'enfin tout le monde jusqu'au dernier moment paraissait admettre ces valeurs comme sérieuses, en se fiant aux événements qui pouvaient les relever (1) ;

8° Lorsqu'il s'agit d'une opération sur l'avenir de laquelle le gérant a pu se faire illusion, malgré ce qu'elle présentait de hasardeux et de téméraire ; que les membres du conseil ont pu partager cette illusion ; qu'ils n'auraient pu d'ailleurs y intervenir efficacement qu'en dépassant leurs attributions et en faisant acte de gérance (2) ;

9° Lorsque les membres du conseil ont été trompés par des falsifications d'écritures commises par les agents de la compagnie ; de tels faits constituant des crimes et des délits qui surprennent la bonne foi des gens honnêtes, et la mission d'un conseil de surveillance devant être inacceptable s'il avait à répondre des méfaits commis précisément pour le tromper (3) ;

10° Lorsqu'il n'est pas établi que les membres du conseil de surveillance ont sciemment laissé commettre des erreurs dans les inventaires, ou consenti à la distribution de dividendes fictifs, alors même qu'ils n'auraient pas surveillé l'administration avec tout le soin et toute l'exactitude nécessaires, et qu'il y aurait lieu de leur reprocher des négligences regrettables, comme d'avoir accordé une confiance trop aveugle aux gérants (4).

11° Si la bonne foi du conseil ne peut être soupçonnée ; si sa vigilance a été trompée par les omissions, les erreurs et les dissimulations commises dans les écritures que faisait tenir le gérant ; s'il n'est relevé aucun grief personnel aux membres du conseil, eu égard aux soins qu'ils devaient donner à la régularité et à la liberté des délibérations de l'assemblée générale,

---

(1) Lyon, 8 juin 1864 (D.65.2.197).
(2) Angers, 11 janv. 1867 (D.67.2.49).
(3) Paris, 16 janv. 1863 ; et rejet, 23 août 1864 (D.64.1.367) ; Cass., 26 mai 1869 (D.69.4.404).
(4) Paris, 29 août 1861 (Pal.62.1.344) ; Cass., 14 déc. 1869 (D.70.1 179) ; Rejet de Rennes, 7 août 1867.

et si néanmoins celles-ci ont été viciées par l'introduction de votants étrangers porteurs d'actions du gérant (1).

698. S'il y avait dissentiment entre les membres du conseil sur les conclusions du rapport, la minorité devrait avoir soin d'exiger l'insertion de son avis dans le rapport ; et, en cas de refus, protester dans le sein de l'assemblée ; puis faire mentionner sa protestation au procès-verbal, ou même la faire constater par huissier, séance tenante ; car chacun, en pareil cas, répond de son fait personnel, ainsi que la loi nouvelle s'en explique formellement. Déjà la loi de 1856 s'exprimait ainsi : *tout membre..... est responsable*, et c'était pour bien marquer la responsabilité individuelle de chacun, que cette expression avait été substituée, dans le texte définitif, à celle plus vague du projet de loi : *les membres... sont responsables*. La jurisprudence n'avait pas manqué de se prononcer dans ce sens (2) ; mais lorsqu'il est possible, par une raison quelconque, d'établir la part de responsabilité incombant à chacun des membres, il semble rationnel de la proportionner à la durée de ses fonctions (3). En pareil cas, la solidarité pourrait aussi être prononcée par les tribunaux, comme on l'a vu plus haut (4), quoiqu'elle ne soit pas écrite dans la loi spéciale.

En général, les membres du conseil de surveillance ne sont responsables avec le gérant que des opérations postérieures à leur nomination (5).

On s'est demandé ce qui arriverait, si un membre du conseil de surveillance s'abstenait de prendre part au rapport, sous le prétexte, ou qu'il a manqué de temps pour examiner l'inventaire, ou qu'il n'a pas reçu les éclaircissements dont il avait besoin. Et l'on a répondu que ses collègues devraient le mettre en demeure, le sommer d'articuler nettement ses raisons, l'obliger en un mot à prendre sa part de la responsabilité (6). Cette solution me paraît inexacte. La responsabilité n'est point commune, mais personnelle à chacun, comme on vient de le voir. Il n'existe donc aucun moyen de contrainte, surtout de la

---

(1) Cass. 11 mai 1870 (D.70.1.401).
(2) Lyon, 8 juin 1864 ; Caen, 16 août 1864 (D.65.2.192 et 197) ; Metz, 14 août 1867 (D. 67.2.178). — Conf. Dalloz, v° *Société*, n. 1250.
(3) Angers, 11 janv. 1867 (D.67.2. 19), et Rejet, 17 fév. 1868 (D.68.1.177).
(4) *Suprà*, n. 677, et Cass. 14 déc.

1869, Dalloz, 70.1.179 ; Caen, 14 déc 1869 (Ann. Lebir, 1870.2.263) ; Lyon, 11 juill. 1873 (D.74.2.209).
(5) Paris, 29 déc. 1871 (Bull. de la Cour de Paris, n. 2378) ; Cass., 17 fév. 1868 (D.68.1.177).
(6) V. le *Commentaire* de M. Paignon sur la loi du 17 juill. 1856.

part des autres membres du conseil, contre celui d'entre eux qui veut s'abstenir. Mais l'abstention sera bien rare, à cause du danger qu'elle ferait courir. Le rapport est en effet un devoir impérieux ; les prétextes invoqués seraient sévèrement appréciés par la justice en cas de fraude du gérant ; et s'ils étaient jugés futiles, le membre qui se serait abstenu serait dans la même situation que s'il y avait eu omission de rapport, c'est-à-dire qu'il encourrait la responsabilité (1), tandis que ses collègues en seraient probablement affranchis, si leur rapport était loyal et consciencieux.

La démission d'un membre, au moment de la présentation du rapport, produirait contre lui les mêmes conséquences fâcheuses ; et si elle était jugée intempestive, faite exprès dans le but d'éviter l'obligation du rapport, ce membre serait condamné comme responsable.

En résumé, il sera toujours facile à chacun des membres du conseil d'éviter cette responsabilité, dont on a cherché avec si peu de raison à faire un épouvantail ; qu'il prenne part au rapport annuel dû à l'assemblée générale ; que ce rapport soit une œuvre sérieuse et dictée par la bonne foi ; jamais, même s'il se trompe, aucune responsabilité ne l'atteindra.

Quant aux membres nommés après la ruine de la société, ils n'en peuvent être responsables (2).

699. Les membres du conseil de surveillance sont-ils responsables de la distribution des dividendes-fictifs, envers les actionnaires qui les ont reçus, aussi bien qu'envers les tiers?

Relativement aux tiers, il est certain que cette distribution a, d'une part, diminué leur gage, et d'autre part, peut les avoir engagés à accorder à la société un crédit qu'elle ne méritait pas réellement (3). Mais ne suffit-il pas de les indemniser, et les membres du conseil devront-ils aussi des dommages-intérêts aux actionnaires? Sans nul doute, toutes les fois qu'il sera démontré que ce prélèvement de dividendes sur le fonds social aura causé une perte à la société en affaiblissant ses ressources, ou, à l'inverse, lui a procuré un crédit factice, servant à prolonger l'existence sociale en accroissant le chiffre des pertes (4).

---

(1) Lyon, 8 juin 1864 (D.65.2.197). — Caen, 16 août 1864 (D.65.2.492). — V. aussi Cass., 29 déc. 1852 (D.53.4. 49).

(2) Angers, 23 juill. 1875, et rejet

17 mai 1876 (D.76.1.471).

(3) Metz, 14 août 1867 (D.67.2.178) : Cass., 23 fév. 1870 (D.71.1.229).

(4) Comp. Caen, 16 août 1864 (D.65. 2.492).

Parmi les actionnaires, il faudrait d'ailleurs distinguer ceux qui n'auraient acheté leurs actions que sur la foi de ces dividendes fictifs ; la perte qu'ils subiraient sur le prix d'achat constituerait, à leur égard, une cause spéciale de réparation (1).

Mais aucune réparation ne serait due aux actionnaires si la distribution des dividendes fictifs n'avait causé aucun préjudice ni à eux, ni à la société (2); suivant un arrêt (3), la réparation serait due aux actionnaires, s'ils avaient consommé les bénéfices reçus par eux en les croyant légalement acquis et s'ils devaient, pour les restituer, les prélever sur leur patrimoine.

700. Les membres du conseil de surveillance ont, d'ailleurs, comme en cas d'annulation de la société irrégulièrement constituée (4), un recours à exercer contre le gérant, rédacteur de l'inventaire inexact, auteur primitif de la distribution proposée par lui-même des dividendes fictifs. Car, suivant les termes précis de l'art. 9, chacun d'eux n'est responsable que de ses fautes personnelles ; à moins qu'ils n'aient été les complices du gérant, il est donc équitable qu'ils soient admis à faire peser la responsabilité sur celui qui a commis la première faute et les a induits en erreur (5).

701. Quel sera le *quantum* de la réparation ? On pourrait croire que les membres du conseil de surveillance qui ne sont, en quelque sorte, que les cautions du gérant, seront toujours et nécessairement tenus au montant des dommages-intérêts dus par celui-ci ; et tel est, en effet, l'avis que j'avais exprimé dans mon commentaire de la loi de 1856 (6). Mais je n'hésite pas à revenir sur cette opinion trop absolue, et à reconnaître que les tribunaux, prenant en considération les circonstances, pesant dans leur sagesse la gravité des fautes réciproques, auraient le droit de modérer le chiffre de la condamnation, et même de la répartir inégalement entre les membres du conseil de surveillance (7). Si les tiers ou les actionnaires lésés avaient, de leur côté, manqué de prudence et pouvaient s'imputer, dans une certaine mesure, le préjudice éprouvé, une partie de ce préjudice, équitablement arbitrée par les tribunaux, devrait être laissée à leur charge. Il est donc impossible de poser à *priori* une règle uniforme ; la responsabilité sera

---

(1) Bédarride, *Droit commercial*, 3 mai 1864.
(2) Cass., 24 avril 1867 (D.67.1.379).
(3) Bourges, 24 août 1871 (D.73.2.34).
(4) *Suprà*, n. 678.
(5) Cass., 2 avril 1859 (D.59.1.137).
(6) Nº 148.
(7) Caen, 16 août 1864 (D.65.2.192).

tantôt de tout le passif, tantôt d'une partie seulement (1). Elle pourra être limitée au montant des dividendes indûment payés (2), comme s'élever au-dessus (3) ou descendre au-dessous. On lit, à cet égard, dans l'arrêt de la Cour de Caen, du 16 août 1864, déjà cité, des considérations dignes d'être rapportées, parce qu'elles trouveront fréquemment leur application : « S'il y a eu une faute commise par les membres du « conseil de surveillance, il y a aussi un malheur commun « qui doit peser sur tous ; il ne serait ni juste ni conforme « à l'esprit de la loi que le mandataire gratuit, auquel on ne « peut reprocher que de l'incurie et de la négligence, fût « traité aussi sévèrement que le mandataire salarié, ou le « mandataire coupable d'intention mauvaise. » Enfin, comme le remarque le même arrêt, la surveillance la plus active n'aurait pas toujours empêché les pertes subies par la société, et comme il est de principe que les dommages-intérêts ne doivent comprendre que ce qui est une suite immédiate et directe de la faute (4), il y aura, dans tous les cas, une appréciation nécessaire à faire par les tribunaux, qui devront rechercher et constater si les pertes sont dues en tout ou en partie au défaut de surveillance, et dans quelle proportion.

Il a été jugé, dans les espèces suivantes, que la réparation devait consister : 1° dans une quote-part des pertes (5) ; 2° dans la différence entre le prix d'achat des actions et leur valeur réelle (6) ; 3° dans une somme de 100 fr. par action (7).—Jugé aussi que, pour fixer les dommages-intérêts dus aux actionnaires, les dividendes fictifs sont à prendre en considération comme devant diminuer le chiffre à leur allouer (8).

702. La responsabilité encourue par le conseil de surveillance, pour inaccomplissement des devoirs qui lui sont imposés au cours de la société, n'est plus facultativement applicable comme celle prononcée par l'art. 8, en cas d'annulation de la société (9). S'il est constaté que l'incurie, la tolérance

---

(1) Angers, 11 janv. 1867 (D.67.2.19). Cet arrêt fixe la responsabilité aux 4/5 du passif en infirmant le jugement de Saumur qui l'avait appliquée au passif entier.
(2) Orléans, 20 déc. 1860 ; et rej., 15 janv. 1862 (D.64.2.1 ; 62.1.128).
(3) Cass., 15 janv. 1862 (ci-dessus).
(4) Art. 1151, C. civ.; Angers, 10 mars 1875 et rej. 8 mars 1876 (D.76.1.11).

(5) Metz, 14 août 1867 (D 67.2.178); Cass., 17 fév. 1868 (D.68.1.177).
(6) V. note sous Cass., 14 août 1872 (D.72.1.396).
(7) Angers, 23 juill. 1875, et rejet, 17 mai 1876 (D.76.1.471).
(8) Mêmes arrêts.
(9) Dalloz, v° Société, n. 1249.

ou la complicité du conseil, a causé un dommage quelconque, les tribunaux sont obligés d'en ordonner la réparation. Il n'y a aucune analogie entre cette situation et celle réglée par l'article 8.

§ 3. — Prescription de l'action en responsabilité.

SOMMAIRE.

703. — L'action en responsabilité se prescrit par cinq ans à compter de la fin ou de la dissolution de la société ;

704. — A moins qu'elle ne soit intentée contre des liquidateurs, ou qu'il ne s'agisse d'une société civile.

705. — La prescription est triennale si la responsabilité dérive d'un délit.

703. Quelle sera la durée de l'action en responsabilité à exercer, soit contre les membres du conseil de surveillance dans les divers cas qui viennent d'être examinés, soit contre ceux des associés qui n'auraient pas fait vérifier leurs apports ou avantages particuliers, conformément aux art. 4 et 8 de la loi ? En général, cette action se prescrira au plus tard, en conformité de l'art. 64 du Code de commerce, cinq ans après la fin ou la dissolution de la société, si l'acte de société, qui en énonce la durée, ou l'acte de dissolution, a subi les publications légales.

Dira-t-on que cette action, de création nouvelle, ne peut tomber sous l'application du Code de commerce, et qu'à défaut de dérogation au droit commun dans la loi spéciale, c'est la prescription trentenaire qui doit l'emporter ? Ces objections seraient vaines ; ce qu'il s'agit de rechercher dans la loi spéciale, c'est, au contraire, une dérogation à l'art. 64 ; or, il n'y en a pas ; cet article domine donc la loi nouvelle, car il forme le droit commun de la prescription entre associés ; et il est, du reste, en parfait accord avec l'esprit général du droit commercial sur la durée des prescriptions.

704. La prescription trentenaire serait toutefois applicable : 1º si les membres du conseil de surveillance ou associés responsables étaient en même temps liquidateurs de la société ; 2º s'il s'agissait d'une société purement civile, qui aurait revêtu la forme d'une commandite par actions ou d'une société anonyme (1).

_____

. (1) *Suprà*, n. 352.

705. Au contraire, il n'y aurait lieu qu'à la prescription de trois ans, si la responsabilité du conseil de surveillance était basée sur des faits délictueux, puisqu'en pareil cas l'action civile n'a pas plus de durée que l'action publique (art. 637 et 638, Code d'instr. crim.) : ainsi, par exemple, pour le cas où la société serait annulée comme irrégulièrement constituée (art. 8 et 13, loi de 1867), ou encore si le conseil de surveillance s'était rendu complice du gérant qui avait opéré la distribution de dividendes fictifs (art. 10 et 14, même loi (1).

CHAPITRE CINQUIÈME.

DES SANCTIONS CIVILES ET PÉNALES.

SECTION Ire.

Des sanctions civiles.

§ 1er. — Nullité de la société.

SOMMAIRE.

706. — Cette nullité est relative, en ce sens qu'elle n'est pas opposable aux tiers, mais absolue à l'égard des intéressés.
707. — Elle n'est pas couverte par l'exécution volontaire.
708. — Autres questions. Renvoi à la jurisprudence.
709. — La nullité est obligatoire pour le juge, ce qui est un tort de la loi.
710. — Durée de l'action en nullité.
711. — Enumération des prescriptions dont l'inobservation entraîne nullité.
712. — La nullité peut être poursuivie par un seul intéressé.
713. — Comment doit se liquider la société annulée ?

706. Est nulle et de nul effet à l'égard des intéressés toute « société en commandite par actions, constituée contrairement « aux prescriptions des art. 1, 2, 3, 4 et 5 de la présente loi.

« Cette nullité ne peut être opposée aux tiers par les asso-« ciés. »

Tel est est le texte de l'art. 7 de la loi de 1867, qui reproduit à peu près textuellement l'art. 6 de la loi de 1856.

La loi, dans ses premières dispositions, inaugure certaines

---

(1) Paris, 24 juin 1875 (*le Droit*, 16 juill. 1875); Rejet, 7 mars 1877 (*le Droit*, 11-12 mai 1877). V. toutefois, *supra*, n. 625.

formes qu'elle regarde comme essentiellement protectrices ; et, pour en assurer l'observation, elle frappe de nullité la société qui contreviendrait à ses prescriptions. Cette nullité est tout à la fois relative et absolue : relative, en ce sens qu'elle n'est pas opposable aux tiers (1); mais absolue à l'égard des intéressés, qui peuvent réciproquement l'invoquer ou se l'opposer.

Il est à remarquer que le dernier alinéa de l'article 7 est littéralement emprunté à l'ancien art. 42 du Code de commerce (56 de la loi nouvelle), et qu'il est conçu dans le même esprit. Ce dernier article ordonne la publication des sociétés, et il se termine ainsi : « Ces formalités seront observées *à* « *peine de nullité à l'égard des intéressés ;* mais le défaut d'au- « cune d'elles *ne pourra être opposé à des tiers par les associés.* » L'exposé des motifs de la loi de 1856 énonce d'ailleurs que « le mot *intéressés*, emprunté à l'art. 42 du Code de com- « merce, est pris dans l'acception que lui a déjà donnée la « jurisprudence. »

707. L'une des plus difficiles questions auxquelles a donné lieu l'art. 42, C. comm., est celle-ci : l'exécution volontaire de la société couvre-t-elle le défaut de publications légales (2) ? De même, on se demandera, dans l'application de la loi nouvelle, si l'exécution volontaire couvre la violation de ses prescriptions. La jurisprudence tend à s'établir dans le sens de la nullité, ces prescriptions ayant été établies dans un intérêt d'ordre public (3).

708. D'autres questions se présenteront aussi sur la signification des mots : intéressés et tiers, sur le concours des créanciers personnels avec les créanciers sociaux. Un arrêt émané de la chambre civile de la Cour de cassation, en date du 13 février 1855 (4), jette un grand jour sur ces délicates matières :

---

(1) C'est par application de ce principe qu'il a été jugé qu'en cas de nullité de la société : 1° les créanciers sociaux ont le droit d'exiger les intérêts des sommes non versées à compter de l'époque fixée par les statuts, et non pas seulement du jour de la demande en justice (Cass. 6 août 1862, rejet d'un arrêt de la Cour d'Aix du 14 nov. 1860. D.62.1 427); 2° les actionnaires qui ont fait leurs versements en numéraire ne peuvent leur opposer que d'autres actionnaires les auraient effectués en valeurs commerciales (Paris, 16 janv. 1862, D.62.2.184).

(2) V. 2° partie, tit. IV.

(3) La 1re et la 4e chambre de la Cour de Paris, par deux arrêts, l'un du 26 janvier 1855, l'autre du lendemain (D.p.55. 2.196), ont résolu la question en sens contraire. L'opinion de la 1re chambre, pour la nullité absolue, est plus généralement suivie (Conf. 16 mars 1852, D.p.52. 1.72).

(4) D.p.55.1.308.

il résout avec une grande netteté les diverses hypothèses soulevées par l'espèce, et sur lesquelles nous nous sommes déjà
expliqué dans la première partie de ce traité (1).

Pourquoi le législateur, au lieu de renvoyer à la jurisprudence, n'a-t-il pas usé du pouvoir suprême qui lui appartient?
Les controverses de jurisprudence donnent lieu sans doute à
des luttes remplies d'intérêt pour le jurisconsulte ; mais elles
sont profondément déplorables, au point de vue de l'intérêt
du justiciable, et, pourquoi le taire? au point de vue de la di-
gnité de la justice, dont la balance semble osciller au gré des
temps et des circonstances. Aussi, à une certaine époque, l'autorité législative devait-elle intervenir, et, par son interprétation souveraine, mettre fin à ces conflits pour l'avenir. Aujourd'hui, du moins lorsque l'occasion lui est fournie de statuer
sur un point de droit contesté, pourquoi ne se prononcerait-
elle pas? Craindrait-elle de compromettre sa majesté dans
d'infimes détails? Sans doute il appartient à la loi de ne poser
que des principes, et de le faire en termes concis; mais entre
l'âpre langage lapidaire des Douze Tables et le style prolixe
des conventions privées, il y a un moyen terme. D'ailleurs, la
loi doit-elle à la concision sacrifier la précision (2)?

709. La nullité prononcée par l'art. 7 n'est pas facultative
pour le juge (3); il est obligé de la prononcer. Il eût mieux valu
s'en remettre à sa conscience et à ses lumières, comme la loi
le fait dans nombre d'autres dispositions. Créer ainsi des nullités, en ordonner impérativement l'application, c'est alimenter
l'esprit de chicane, et risquer de procurer souvent gain de
cause à la mauvaise foi. Il suffira d'une simple contravention
matérielle, résultat de l'inattention, pour motiver l'annulation
de la société la plus loyale et présentant le plus de chances de
succès. On le voit donc, un pareil remède est de ceux qui gué-
rissent leur malade ou... le tuent.

En général, la nullité d'un acte, pour vice de forme, ne de-

---

(1) *Suprà*, n. 200. V. aussi 2e partie, titre IV. — Les créanciers sociaux sont des tiers; la nullité de la société ne peut donc leur être opposée par les comman-ditaires pour se décharger de l'obligation de compléter leurs mises; mais, au con-traire, ils ont une action directe pour les contraindre à remplir cette obligation (Aix,

13 août 1860 ; Cass. rej. 24 juin 1861, D.60.2.223 ; 61.1.435).

(2) Ce sont deux qualités difficiles à réunir :
. . . . *Brevis esse laboro*
   Obscurus fio.

(3) Bédarride, n. 86 ; Romiguière, n. 59 ; Rivière, n. 73 ; Dalloz, n. 1257.

vrait pas être prononcée à moins de préjudice causé, et comme moyen de réparer, autant que possible, ce préjudice. Est-ce donc en effet par une sorte d'adoration platonique de la forme que la loi se montre si sévère ? Non ; mais parce que la forme est un vêtement qui protége. Lors donc qu'elle a été inutile, que la justice n'est pas lésée, qu'il n'y a pas, en un mot, de préjudice, pourquoi tirer du fourreau cette vieille arme de la nullité, empruntée aux temps de la pratique la plus supersti- tieuse et la plus barbare !

710. La loi aurait pu mitiger ce qu'il y a de sévère dans l'art. 7, en abrégeant la durée de l'action en nullité. Un délai de deux ans eût été bien suffisant pour tous les intéressés ; mais en l'absence de dérogation au droit commun, elle ne se pres- crira que dix ans après la nullité commise, en sorte qu'elle pourra être intentée pendant toute la durée d'un grand nombre de sociétés. Il n'y a que celles dont la durée sera de plus de dix ans, qui auront le privilége de respirer enfin en toute sécu- rité, après ce temps écoulé (1).

Il est à remarquer que, par une contradiction singulière, l'action en responsabilité, créée par la loi comme conséquence de l'annulation de la société et qui se prescrit cinq ans après la fin de la société, ou même dans les trois ans du fait délic- tueux (2), pourra souvent avoir une durée moindre que l'action en nullité.

Toutefois il a été jugé que si l'action en nullité est exclusive- ment basée sur des faits constituant les délits prévus par les art. 11 et s. de la loi de 1867, elle serait éteinte, comme l'ac- tion publique elle-même, par la prescription triennale (3).

711. En présence de toutes ces rigueurs, il est bien impor- tant d'indiquer les prescriptions, à la violation desquelles la loi attache la sanction de la nullité. Elles se trouvent dans les cinq premiers articles de la loi, et peuvent se résumer dans l'or- dre suivant, qui est celui adopté pour ce travail.

Constitution de la société.

1° Souscription de la totalité du capital et versement du quart des actions (art. 1er) ;

---

(1) Art. 1304, C. comm.
(2) V. suprà, n. 705.

(3) Paris, 24 juin 1875, et rejet 7 mai 1877 (le Droit, 11-12 mai 1877).

2° Déclaration de ces faits par le gérant dans un acte authentique, avec annexe de la liste des souscripteurs, de l'état des versements, et de l'acte de société (art. 1er);

3° Première assemblée générale pour la vérification de l'apport et des avantages particuliers (art. 4);

4° Seconde assemblée pour l'approbation du tout, après rapport imprimé au moins cinq jours à l'avance (art. 4);

5° Vote à la majorité des actionnaires présents, majorité devant comprendre le quart des actionnaires et le quart du capital social en numéraire (art. 4);

6° Exclusion du vote des associés qui ont fait l'apport ou stipulé les avantages (art. 4).

Des Actions :

7° Minimum de 100 et 500 fr. pour chaque action (art. 1er);

8° Actions négociables seulement après le versement du quart (art. 2) (1), et devant rester nominatives jusqu'à leur libération de moitié (art. 3).

Du Conseil de surveillance :

9° Conseil de surveillance d'au moins trois membres, nommé immédiatement par l'assemblée générale, d'abord pour un an, puis rééligible dans les termes des statuts (art. 5).

712. Par qui la nullité peut-elle être poursuivie? Par un seul des intéressés (2). Ce n'est pas là une question de majorité; la loi a été violée, l'acte est nul; il suffira d'un seul actionnaire mécontent qui se mette à la recherche de l'un des nombreux moyens de nullité que fournit l'art. 7, pour arrêter, s'il le trouve, la société la plus prospère, et la précipiter à sa ruine. Prévenir ce danger est même impossible; car toute stipulation qui tenterait d'enlever la poursuite à chaque actionnaire pour la confier exclusivement à l'assemblée générale serait illicite.

---

(1) Conf. Dalloz, n. 1255; Bravard, p. 42; Rivière, n. 73.

(2) La nullité peut même être demandée par l'un des cogérants de la sociétés, sauf à lui à subir la responsabilité des actes auxquels il a concouru (Cass. 3 juin 1862, D.63.1.24). Cette demande peut encore se produire après la dissolution de la société, la liquidation pouvant avoir lieu sur des bases différentes, selon que la société sera annulée ou simplement dissoute (même arrêt). — Comp. Cass., 11 mai 1870 et 7 juill. 1873 (D.70.1.404; 73.1.327).

713. La nullité étant prononcée, il resterait à liquider cette société illégale, qui aurait eu cependant une existence de fait. Comment et sur quelles bases se ferait la liquidation? Est-ce d'après les conventions statutaires ou, au contraire, sans y avoir égard, et d'après les règles du droit commun? Ici, encore, grande divergence dans la jurisprudence; pourtant l'opinion qui tend à prévaloir est celle qui rattache la liquidation aux statuts sociaux, bien moins soucieuse, et avec raison, de la stricte application d'un droit douteux que des éternelles règles de l'équité et de la bonne foi (1).

Dans mon commentaire de la loi de 1856 (2) j'avais émis la même opinion, qui a été contredite par tous les commentateurs de cette loi (3); suivant eux, on ne devait tenir aucun compte de l'acte de société, vicié par une nullité plus radicale et plus absolue que celle de l'ancien art. 42 du Code de commerce. Il est impossible de deviner, en vérité, quelle aurait pu être la raison d'une telle différence : dans l'un et l'autre cas, il s'agit de formalités prescrites par la loi; et la nullité de l'acte, en cas d'inobservation de ces formalités, est prononcée dans des termes identiques. Aussi la Cour de cassation a-t-elle répudié une pareille doctrine, par un arrêt du 7 février 1865 (4), décidant qu'il est permis au juge de prendre en considération, pour fixer les bases de la liquidation, les clauses de l'acte de société annulé (5), à moins, bien entendu, que ces bases elles-mêmes ne soient contraires à la loi et n'aient motivé la dissolution de la société (6). Or tout prétexte à différence doit désormais disparaître, l'art. 42 du Code de commerce ayant été abrogé pour être fondu dans l'art. 56 de la loi de 1867.

§ 2. — Responsabilité. Renvoi.

L'art. 8 impose une lourde responsabilité, en cas d'annulation de la société, aux membres du premier conseil de sur-

---

(1) V. Troplong, *des Sociétés*, n. 249.
(2) N° 462.
(3) Bédarride, n. 86 et s.; Duvergier, *Lois*, 1856, p. 343; Romiguière, n. 65; Bravard, p. 40 et 44; Dalloz, n. 1264 et 1264.
(4) Dalloz, 66.1.289. Comp. Cass., 29 nov. 1869 (D.70.1.205).
(5) La Cour de Paris a jugé, par arrêt du 31 janv. 1867, que l'annulation de la société donne le droit aux actionnaires de se faire restituer ce qu'ils ont payé sur le montant de leur souscription et de se refuser à l'acquit du reste (V. l'arrêt au *Bull. de la Cour de Paris*, avril-mai 1867).
(6) Cass., 22 nov. 1869 (D.70.1.23); *suprà*, n. 670.

veillance, et à ceux des associés qui ont fait des apports ou stipulé des avantages particuliers sans les soumettre à l'approbation de l'assemblée générale. La loi les établit, en quelque sorte, gardiens de ses prescriptions, et elle punit leur infidélité ou leur défaut de vigilance.

Nous avons vu les questions nombreuses auxquelles donne lieu l'application de cet article ; on peut se reporter, à cet égard, au chap. IV, section 4, § 1er du présent traité (1).

SECTION II.
Des sanctions pénales.

SOMMAIRE.

714. — Elles s'appliquent à deux ordres de faits : les uns se passent à l'origine de la société, les autres pendant son existence.

715. — Premier fait : Emission d'actions d'une société irrégulièrement constituée. Distinction.

716. — Deuxième fait : C'est le fait du gérant qui commence les opérations avant l'entrée en fonctions du conseil de surveillance.

717. — Troisième fait : Simulation et fraude à l'occasion des souscriptions et versements.

718. — Quatrième fait : Négociation d'actions irrégulières, c'est-à-dire, contraires par leur valeur ou leur forme aux prescriptions légales, et non libérées du quart.

719. — Cinquième fait : Participation à cette négociation.

720. — Sixième fait : Publication de la valeur de ces actions.

721. — Septième fait : Création frauduleuse d'une majorité factice dans les assemblées générales.

722. — Huitième fait : Répartition des dividendes fictifs.

723. — Le rachat des actions par la société ne tombe pas sous l'application des sanctions pénales.

724. — Les divers faits ci-dessus constituent-ils des délits ou des contraventions ?

725. — Théorie des délits-contraventions appliquée aux lois spéciales.

726. — Elle est admise par la loi de 1867 pour quelques-uns des faits prévus.

727. — Sont des contraventions les premier, deuxième, quatrième, cinquième et sixième faits.

728. — Sont des délits les troisième, septième et huitième faits.

729. — Les membres du conseil de surveillance ne sont pas civilement responsables des délits commis par le gérant.

730. — Mais ils peuvent être condamnés comme complices.

---

(1) *Suprà*, n. 665 et s.

731. — Les circonstances atténuantes sont toujours admissibles.

732. — La prescription de trois ans est opposable à l'action publique aussi bien qu'à l'action civile.

733. — Les sanctions pénales sont-elles applicables si la société est de nature civile ?

714. C'est dans les art. 13, 14 et 15 que se trouvent les sanctions pénales ; elles ont rapport à deux ordres distincts de faits :

Les uns se passent à l'origine de la société, tels que l'émission d'actions d'une société irrégulière, l'absence d'un conseil de surveillance, les simulations et les fraudes à l'occasion des souscriptions et des versements.

Les autres se passent pendant l'existence de la société, tels que : la création frauduleuse de majorités factices dans les assemblées générales ; la négociation d'actions non conformes aux prescriptions légales ; la distribution, par le gérant, de dividendes fictifs.

§ 1er. — Faits originaires.

715. *Premier fait :* L'émission d'actions ou de coupons d'actions d'une société constituée contrairement aux prescriptions des art. 1, 2 et 3, est punie d'une amende de 500 à 10,000 fr. (art. 13).

L'émission des actions ne doit avoir lieu, en bonne règle, qu'après la constitution définitive de la société. Cependant elle ne serait pas un délit dans tous les cas.

En effet, la constitution est subordonnée à deux conditions : l'une contenue dans l'art. 1er, et relative au capital ; l'autre, contenue dans l'art. 4, exigeant une double réunion de l'assemblée générale. Or l'art. 13 ne fait mention que de la première condition ; en sorte que cette condition étant remplie, l'émission des actions aurait lieu sans délit avant l'accomplissement de la seconde.

Cette émission ne serait pas, cependant, sans inconvénient, puisque, en cas de refus d'approbation des apports par l'assemblée générale, la société n'aurait pas de suite, et qu'ainsi des actions sans valeur se trouveraient lancées dans le public. Le législateur a sans doute considéré ce danger comme assez lointain pour être dispensé de le prévoir. Et il a pensé qu'une société ayant son capital souscrit en entier, et réalisé pour un

24

quart, présentait assez de solidité et assez de chances de constitution définitive, pour n'être pas obligée d'ajourner l'émission de ses actions.

Mais voici une autre hypothèse : une société n'a pas encore tout son capital souscrit, ou n'en a pas encore encaissé le quart ; elle ne se constitue pas pour ne pas se mettre en opposition avec l'art. 1er ; néanmoins, elle émet ses actions. Commet-elle ainsi le délit prévu par l'art. 13 ? Contre l'émission, on peut faire valoir les motifs qui ont dicté l'art. 13 ; le trafic des actions n'est légitime qu'autant que les sociétés sont sérieuses ; la loi ne considère pas comme telle une société, dont le capital ne se trouve pas dans les conditions de l'art. 1er. Mais ne serait-ce pas là une extension de l'art. 13, et ne serait-ce pas violer les principes de la loi pénale, qui défendent l'analogie ? D'ailleurs l'analogie serait-elle bien parfaite ? Dans l'hypothèse que nous examinons, la société ne s'est pas constituée ; déjà, sous ce rapport, elle n'a pas violé l'art. 1er ; et cette circonstance est essentielle, car les actions ne pourront mentionner la constitution, à peine de faux ; dès lors, leur émission est bien moins dangereuse, puisqu'elles révéleraient par elles-mêmes que la société n'a encore qu'une existence précaire (1).

La constitution anticipée de la société, au mépris des art. 1er et 4, ne constitue par elle-même aucun délit (2) ; il faut qu'il y ait émission des actions dans la situation qui vient d'être déterminée.

716. *Deuxième fait : Le gérant, qui commence* les opérations sociales avant l'entrée en fonctions du conseil de surveillance, est puni de la même amende (500 à 10,000 fr.) par l'art. 13. Ce terme, *l'entrée en fonctions*, est assez malheureux ; le conseil de surveillance, aussitôt qu'il est nommé, peut et doit fonctionner ; il suffisait donc de défendre au gérant d'agir avant la nomination du conseil, ou du moins avant son acceptation.

Si un membre du conseil de surveillance décédait ou donnait

---

(1) Jugé en effet, sous la loi de 1856, que l'ouverture d'une souscription publique d'actions, d'une société projetée, et la remise aux souscripteurs d'un récépissé provisoire, même au porteur, n'avaient pas le caractère de l'émission d'actions défendue par l'art. 14 de cette loi. Ce ne serait au plus qu'une simple tentative non soumise à une répression pénale (art. 3, C. pén.). Paris, 21 août 1860 ; et sur pourvoi, Crim. 8 fév. 1861 ; Pal. 1862).

(2) Au point de vue de la loi de 1867. Mais la fausseté prouvée de la déclaration notariée ne constituerait-elle pas le crime de faux en écriture authentique, puni par l'art. 147, C. pén. ? (V. ma brochure : *Un projet de loi sur les sociétés*, p. 37).

sa démission pendant le cours de la société, le gérant qui continuerait néanmoins les opérations ne commettrait pas un délit (1).

La loi de 1856 punissait ces deux premiers faits de la même amende, et d'un emprisonnement de huit jours à six mois, ou de l'une de ces peines seulement. Mais on a pensé que la peine de l'emprisonnement était bien sévère pour des faits qui souvent ne résulteraient que de l'imprudence ou de la négligence, et le législateur de 1867 l'a réservée pour des fautes plus graves et plus coupables.

717. *Troisième fait : La simulation ou la fraude*, commises à l'occasion des souscriptions et des versements, sont punies par l'art. 15 des peines portées par l'art. 405 du Code pénal (2), sans préjudice de l'application de cet article à tous les faits constitutifs du délit d'escroquerie (3).

L'art. 15 énumère comme il suit les divers cas de simulation et de fraude :

1° Simulation de souscriptions ;

2° Simulation de versements ;

3° Publication, de mauvaise foi, de souscriptions ou de versements qui n'existent pas ;

4° Publication, de mauvaise foi, de tous autres faits faux ;

Le tout dans le but d'obtenir des souscriptions ou des versements. La tentative est punie comme le fait accompli.

5° Publication, de mauvaise foi, de noms de personnes désignées, contrairement à la vérité, comme étant ou devant être attachées à la société à un titre quelconque, dans le but de provoquer des souscriptions ou des versements.

§ 2. — Faits accomplis pendant la société.

718. *Quatrième fait :* La *négociation* d'actions ou de coupons d'actions, dont la valeur ou la forme serait contraire aux dispositions des art. 1, 2 et 3, ou pour lesquels le versement du quart n'aurait pas été effectué conformément à l'art. 2, est punie d'une amende de 500 fr. à 10,000 fr. (art. 14).

---

(1) *Suprà*, n. 573.

(2) Art. 405, C. pén. Emprisonnement d'un an au moins et cinq ans au plus, et amende de 50 fr. au moins et 3,000 fr. au plus, avec interdiction facultative, pendant cinq ans au moins et dix ans au plus, des droits mentionnés en l'art. 42, Code pénal.

(3) V. Paris, 22 déc. 1858, aff. *Prost* (D.59.1.437).

719. *Cinquième fait* : Toute *participation* à ces négociations est punie de la même peine (art. 14).

Cette disposition est applicable à tous les intermédiaires, sans excepter les agents de change ; en 1856, elle ne se trouvait pas dans le projet du Conseil d'État, qui contenait un article spécial aux agents de change, en faveur desquels était réduite la peine édictée pour la négociation; mais, à la demande de la commission du Corps législatif, cet article avait été supprimé, et les agents de change assimilés à tous autres intermédiaires.

720. *Sixième fait* : Toute *publication* de la valeur desdites actions est punie de la même amende (art. 14).

Ce fait était aussi réprimé par la loi de 1856. Lors de la discussion de cette loi au Corps législatif, un député, M. Dalloz, demanda si la peine encourue pour la publication serait appliquée au gérant du journal qui aurait fait l'insertion, ou au gérant de la société qui l'aurait requise. M. Duvergier, conseiller d'État, répondit que tout dépendrait des circonstances, et que l'intention de ceux qui auraient fait la publication serait appréciée par les tribunaux.

721. *Septième fait : La création frauduleuse d'une majorité factice* dans une assemblée générale, par ceux qui s'y présentent comme propriétaires d'actions ou de coupons d'actions qui ne leur appartiennent pas, est punie, par l'art. 13, d'une amende de 500 fr. à 10,000 fr.

En outre, il peut être prononcé contre eux, et ces termes de la loi indiquent une pure faculté pour les tribunaux, un emprisonnement de quinze jours à six mois.

Les mêmes peines sont applicables à ceux qui ont remis les actions pour en faire l'usage frauduleux.

Lors de la discussion de la loi de 1867, il avait été proposé un amendement pour appliquer les peines du faux aux faux actionnaires, et à ceux qui leur avaient remis des actions. Mais cet amendement a été écarté. La peine facultative de l'emprisonnement qui n'existait pas, d'ailleurs, dans le projet de loi, a paru suffisante au Corps législatif pour la répression de ce fait, sauf, d'ailleurs, les dommages-intérêts réservés par l'art. 13, s'il y a lieu, envers la société ou les tiers.

Une majorité factice, créée dans les assemblées générales de souscripteurs réunis pour constituer la société, constituerait-elle un fait puni par l'art. 13 ? Les termes de cet article ne semblent, il est vrai, s'appliquer qu'aux assemblées générales tenues pendant le cours de la société ; cependant il y a une telle identité de motifs pour les étendre aux assemblées originaires qu'à défaut de restriction formelle, on doit supposer que cette extension a été dans la pensée du législateur.

722. *Huitième fait : La répartition de dividendes fictifs* aux actionnaires, opérée par les gérants, en l'absence d'inventaires ou au moyen d'inventaires frauduleux, est punie, par l'art. 15, des peines de l'escroquerie.

La loi de 1856 avait aussi prévu et puni ce fait ; et il a été jugé que cette loi n'étendait pas la prohibition aux intérêts promis par le pacte social, distribués par le gérant aux actionnaires sans mauvaise foi qui lui fût imputable (1).

723. Il a été proposé sur l'art. 15 un amendement ayant pour but de faire tomber sous le coup de cet article le rachat par la société des actions émises avec une partie quelconque du capital social. L'honorable auteur de l'amendement, M. Fabre, avait pour but de mettre un frein à cet agiotage de la pire espèce qui consiste, de la part de certaines sociétés, à jouer sur leurs propres actions, c'est-à-dire à produire des cours factices, au gré des spéculateurs, en faisant courir au capital social des chances qui tournent rarement à son avantage.

Ce but était louable, assurément, et l'objection tirée de la nécessité de défendre les cours contre les entreprises de compagnies rivales n'était pas de nature à le faire abandonner. Bonne, peut-être, pour les financiers, elle est sans valeur aux yeux de la loi. L'art. 419, C. pén., qui punit les fluctuations frauduleuses, n'admet pas plus la défense que l'attaque, la hausse que la baisse. Il est vrai que, depuis longtemps, il est à l'état de lettre morte et que les coalitions, décorées du nom de syndicats, s'organisent au grand jour comme la chose la plus innocente du monde. Mais, enfin, cet article n'est pas abrogé, et il vaut mieux demander qu'il soit appliqué que remplacé. Au surplus, il n'était pas sans difficulté d'ériger en délit le rachat des actions ; si ce fait est toujours illicite, comme je l'ai établi plus haut (2), il n'est pas toujours immoral ; il a eu lieu souvent avec une entière bonne foi et à l'avantage des sociétés. Dès lors, il aurait fallu trouver une définition presque impossible ou tomber dans l'arbitraire. Je crois que la respon-

---

(1) Paris, 18 août 1860 (D.64.2.123). —Sur le droit des actionnaires aux inté-rêts stipulés, V. *suprà*, n. 659 et s.

(2) *Suprà*, n. 381 et s.

sabilité civile, en ce cas comme en beaucoup d'autres, suffit à prévenir ou à réprimer le mal.

724. Les divers faits prévus et punis par les art. 13, 14 et 15, constituent-ils indistinctement de véritables délits ou de simples contraventions?

On sait que le Code pénal distingue les délits des contraventions par la gravité et la nature de la peine appliquée : toute infraction, punie d'une peine correctionnelle, est un délit; celle qui n'est atteinte que d'une peine de simple police est une contravention. Or la contravention est un fait purement matériel dont la constatation entraîne fatalement et nécessairement condamnation; au contraire, tout délit suppose l'intention frauduleuse, sans laquelle il n'existe pas; telle est, du moins, la doctrine généralement admise, et c'est à cette doctrine équitable qu'avait semblé se rallier l'exposé des motifs de la loi de 1856, en disant « qu'il fallait punir de peines sévères tous ceux qui, « *dans une intention coupable*, violeraient les prescriptions de la « loi, notamment ceux qui négocieraient des actions dont la « valeur ou la forme s'écarte des règles prescrites, ou pour « lesquelles le versement du quart n'aurait pas été effectué ».

725. Cependant, à cette doctrine, on a fait une objection : on a prétendu qu'elle n'était pas applicable aux infractions réprimées par certaines lois spéciales; que ces infractions, même punies de peines correctionnelles, avaient un caractère mixte qui, sans doute, les laissait dans la classe des délits quant à l'application de la peine, aux circonstances atténuantes, à la prescription, mais les assimilait d'un autre côté aux contraventions, en ce que le fait matériel suffisait pour les constituer, indépendamment de l'intention frauduleuse. De là le nom de *délits-contraventions* qui leur a été donné. Une pareille théorie est de nature à jeter le trouble dans toute notre législation pénale : pourquoi cette distinction entre le Code pénal, qui, pour tout délit, tiendrait compte de la moralité de l'agent, et les lois spéciales qui tantôt exigeraient aussi la mauvaise foi, et tantôt, au contraire, réprimeraient la simple matérialité du fait? Où sera, dans les lois spéciales, la ligne de démarcation entre les délits purs et les délits-contraventions? Il y a, dira-t-on, des faits coupables en eux-mêmes, dont la loi a voulu empêcher la perpétration, dans un intérêt d'ordre public; mais on peut en dire autant de la plupart des faits punis par le Code pénal comme délits; si la société est armée du redoutable droit de

punir, elle ne doit frapper que des coupables; lorsqu'un homme agit de bonne foi, on ne saurait dire qu'il désobéit à la loi, qu'il nuit à la moralité publique. Que sa bonne foi ne l'excuse pas lorsqu'il s'agira de la peine légère applicable aux contraventions, je le conçois; en pareil cas, c'est la négligence ou l'imprudence qui est punie, mais la peine ne dépassera jamais ou une amende de quinze francs, ou un emprisonnement de cinq jours. N'est-il pas contraire à toute justice, comme à toute moralité, de prononcer contre l'homme innocent, qui n'a agi que par ignorance ou légèreté, une condamnation qui le privera de sa liberté pendant plusieurs mois, et même plusieurs années, ou portera une sérieuse atteinte à sa fortune par l'énormité de l'amende encourue ?

Néanmoins, sous l'empire de la loi de 1856, et malgré les termes ci-dessus rapportés de l'exposé des motifs de cette loi, la Cour de cassation, dans un arrêt du 11 août 1859 (1), a posé en principe « que la loi du 17 juillet 1856, notamment dans ses « art. 3 et 12 (négociation des actions) est une loi de police « des sociétés en commandite; qu'en réglementant les condi- « tions matérielles d'existence de ces sociétés, et des négocia- « tions d'actions, elle entend donner aux capitalistes des garan- « ties indépendantes du plus ou du moins de bonne foi des « fondateurs ».

726. Le même principe, il faut bien le reconnaître à regret, paraît avoir inspiré les auteurs de la loi de 1867. L'exposé des motifs, le rapport de la commission législative, emploient les deux termes, délits et contraventions, pour qualifier les faits à réprimer, et il en résulte évidemment que, pour quelques-uns de ces faits, c'est le caractère de la contravention qui l'emporte. Il faut donc passer en revue les divers faits qui viennent d'être énumérés pour rechercher quelle est la qualification légale qui appartient à chacun d'eux. Cet examen permet d'établir la classification suivante :

727. Sont des contraventions :

Le premier fait (émission d'actions) : l'exposé des motifs est très-explicite sur ce point; et le rapport dit en termes formels que « l'intention coupable peut être complétement étrangère à « ce fait, qui constitue une simple contravention »;

Le deuxième fait (le gérant qui commence ses opérations

_____

(1) Cass. d'un arrêt d'Aix, du 22 juin 1859 (D.59.1.472).

avant l'entrée en fonctions du conseil de surveillance) : l'exposé et le rapport assimilent ce fait au premier, quant à leur qualification.

Le quatrième fait (négociation des actions);

Le cinquième fait (participation à cette négociation);

Le sixième fait (publication de leur valeur).

Sur ces trois derniers faits, qui se rattachent à un même ordre d'idées, la commission du Corps législatif avait pensé qu'il était injuste de créer une présomption légale de fraude et de complicité contre ceux qui, dans la négociation, n'auraient été que de simples intermédiaires, et elle avait proposé au Conseil d'État un amendement énonçant que ces faits ne seraient punis que s'ils avaient eu lieu *en connaissance de cause;* ce n'était pas les transformer tout à fait en délits, puisque la science seule, sans la mauvaise foi, eût autorisé la condamnation. Ce modeste tempérament n'a pas même trouvé grâce devant le Conseil d'État, et la commission a retiré son amendement, se déclarant satisfaite de l'extension des circonstances atténuantes aux faits dont il s'agit. D'où il suit que toute personne qui, sans le savoir et le plus innocemment du monde, aurait concouru d'une manière quelconque à la négociation d'actions irrégulières, devrait comparaître en police correctionnelle, où elle serait inévitablement condamnée.

C'est d'ailleurs à l'occasion des négociations d'actions qu'a été rendu l'arrêt de la Cour de cassation du 11 août 1859, cité plus haut.

728. On doit, au contraire, ranger dans la classe des délits :

Le troisième fait (simulation et fraude sur les souscriptions et versements) : le titre même du fait puni ne laisse aucun doute sur le caractère qui lui appartient; d'ailleurs la mauvaise foi est indiquée dans les deux premiers alinéa de l'art. 15 comme un élément essentiel à la répression;

Le septième fait (création d'une majorité factice) : l'idée de fraude exprimée deux fois dans l'art. 13 caractérise le délit de manière à ne pouvoir s'y méprendre;

Le huitième fait (distribution de dividendes fictifs) : la pensée frauduleuse est également nécessaire pour ériger ce fait en délit; car non-seulement il est compris, comme le troisième fait, dans l'art. 15, qui applique les peines de l'escroquerie; mais l'alinéa troisième, qui lui est spécialement consacré, exige, pour qu'il y ait lieu à répression, ou des inventaires frauduleux, ou absence d'inventaires. Cette seconde nypothèse, rapprochée de la première, ne laisse aucun doute sur la nécessité d'une intention frauduleuse pour constituer ce délit.

Il est à remarquer, d'ailleurs, que cette classification coïncide avec la nature des peines appliquées : l'amende, aux contraventions ; et l'emprisonnement, aux délits.

729. Les membres du conseil de surveillance ne sont pas civilement responsables des délits commis par le gérant. Cette disposition est textuellement consacrée par l'art. 15 de la loi. Ainsi cesse la controverse de jurisprudence qui s'était élevée sur ce point sous l'empire de la loi de 1856.

La Cour de Paris avait d'abord décidé que la responsabilité civile ne résultait ni de la loi spéciale de 1856, ni de la règle générale de l'art. 1384, C. civ. ; mais son arrêt avait été cassé le 2 avril 1859 (1), et la Cour de Rouen, saisie du renvoi, avait, le 13 janvier 1860, statué dans le même sens que la Cour de cassation (2). D'ailleurs la Cour de Paris, par un arrêt postérieur (3), s'était ralliée à cette doctrine, qui désormais doit être abandonnée.

Les membres du conseil de surveillance ne répondent donc que de leurs faits personnels ; si ces faits constituent les délits ou contraventions réprimés par les art. 13, 14 et 15 de la loi, ils seront traduits devant la juridiction correctionnelle ; dans le cas contraire, ils ne pourront être poursuivis que devant la juridiction civile.

730. Les principes de la complicité seront, bien entendu, applicables, toutes les fois qu'il y aura lieu (4) : et à ce propos, il n'est pas inutile de rapporter l'un des modes les plus fréquents de complicité, tel que l'a défini l'art. 60, C. pén.

Le troisième paragraphe de cet article considère comme complices : « Ceux qui auront, avec connaissance, aidé ou assisté l'auteur ou les auteurs de l'action, dans les faits qui l'auront préparée ou facilitée, ou dans ceux qui l'auront consommée. »

731. La peine pourra toujours être modérée par l'admission de circonstances atténuantes, conformément à l'art. 463, C. pén.

---

(1) Sirey, 59.1.353.
(2) Sirey, 64.2.289.
(3) L'arrêt est du 29 août 1861 (Sirey, 62.1.631 et s.).
(4) V. l'exposé des motifs.

L'art. 16 de la loi permet de les appliquer aux faits prévus par les trois articles précédents.

732. La prescription de trois ans est opposable à l'action publique, aussi bien qu'à l'action civile, dérivant des infractions réprimées par la loi du 24 juillet 1867. Elle commence à courir du jour où le délit a été commis, ou s'il s'agit d'un délit successif du jour où a été constaté le dernier fait délictueux, sauf l'interruption qui résulterait des actes de poursuite ou d'instruction accomplis dans l'intervalle (art. 637 et 638, Code d'instr. crim.).

733. Les diverses sanctions pénales prononcées par la loi du 24 juillet 1867 seraient-elles applicables aux sociétés civiles qui auraient emprunté la forme de sociétés en commandite par actions ou de sociétés anonymes ? La négative a été admise par un arrêt de la Cour de cassation, chambre criminelle, en date du 28 novembre 1873 (1). Mais cette doctrine, qui aurait pu se justifier, appliquée aux sociétés à responsabilité limitée, le texte de la loi du 23 mai 1863 n'ayant visé que les sociétés commerciales, semble plus difficile à soutenir en présence des lois de 1856 et de 1867 ; car s'il est reconnu aujourd'hui que les sociétés civiles peuvent se placer sous le régime créé par ces lois, n'est-ce pas à la condition de se conformer à toutes les dispositions et garanties qu'elles ont édictées ; et si elles ont voulu assurer leur exécution par des sanctions pénales, n'est-ce pas pour toutes les sociétés qui se sont placées sous ce régime, quel qu'en soit l'objet, civil ou commercial !

CHAPITRE SIXIÈME.

DES ACTIONS JUDICIAIRES.

SOMMAIRE.

734. — La représentation par mandataire est une faveur légale qui ne doit pas être étendue au delà de ses termes.
735. — Reproche injuste fait à cette disposition.
736. — Elle protége les minorités d'actionnaires.
737. — La nomination des mandataires a lieu par les actionnaires qui intentent le procès, à la majorité d'entre eux.

---

(1) D.74.1.444.

738. — Étendue des pouvoirs des mandataires.

739. — La représentation par mandataire est facultative, non obligatoire. L'action individuelle est réservée.

740. — Il peut être stipulé que toutes les contestations ne seront intentées qu'en vertu d'une autorisation de l'assemblée générale.

741. — En l'absence de cette stipulation, chaque actionnaire peut ou agir en son nom, ou intervenir dans les procès intentés par d'autres actionnaires.

742. — De la société civile *ad litem*.

743. — Distinction entre l'action sociale et l'action individuelle.

744. — Voies différentes ouvertes aux deux sortes d'action.

745. — Pouvoir de l'assemblée générale relativement à ces deux actions.

746. — En général, elle peut transiger sur l'action sociale, ou y renoncer. Exceptions.

747. — L'actionnaire, même non libéré, est néanmoins recevable dans son action.

748. — Les créanciers sociaux ont le choix entre l'action directe et l'action oblique.

749. — En cas de faillite, l'action du syndic est recevable, mais n'exclut pas celle des actionnaires et des créanciers.

750. — En appel, l'intervention des créanciers hypothécaires serait seule recevable.

751. — La société doit être mise en cause, si le litige concerne l'intérêt social.

752. — Des règles de compétence.

734. L'art. 17, dont le texte est parfaitement clair, concède aux actionnaires une précieuse faveur, en leur permettant de se faire représenter devant les tribunaux par des mandataires, pourvu qu'ils possèdent ensemble le vingtième au moins du capital social. C'est une dérogation à l'ancienne maxime : *Nul ne plaide en France par procureur*. A ce titre, elle doit être restreinte, conformément au texte légal, aux procès soutenus par les actionnaires dans un intérêt commun, soit en demandant, soit en défendant : 1° contre les gérants ; 2° contre les membres du conseil de surveillance. Elle ne pourrait donc être étendue aux actions intentées contre la société, ni aux procès entre les actionnaires eux-mêmes ; et une telle extension ne serait pas valablement stipulée par les statuts (1).

Les actionnaires ne pourraient pas non plus conférer à des

---

(1) Conf. Rivière, n. 449; Dalloz, n. 4409.— *Contrà*, Bravard, sur l'art. 14 de la loi de 1856; Romiguière, p. 155; — Mathieu et Bourguignat, n. 460; Duvergier, *Coll. des lois*, vol. 1856, p. 350.

commissaires l'exercice d'une action sociale contre les anciens
gérants et les membres du conseil de surveillance. Cette action ne peut être exercée que par le gérant en fonctions (1).

735. On a fait à cette disposition, qui n'est qu'une reproduction légèrement modifiée de l'art. 14 de la loi de 1856, le
reproche de faciliter les procès contre le gérant et les membres du conseil de surveillance. Ce reproche est sans fondement, car rien n'est changé au fond du droit ; les mêmes actions réciproques subsistent, et les mandataires représentant
les actionnaires ne pourront pas demander plus que ceux-ci,
individuellement, n'auraient fait. Voici seulement où est le
changement : les actionnaires autrefois ne pouvaient s'unir
dans un procès sans donner lieu à des frais considérables,
la procédure obligeant à faire autant d'actes qu'ils étaient
d'individus plaidants ; sous ce rapport ils se trouvaient vis-
à-vis de leurs adversaires, gérant ou conseil de surveillance,
dans un désavantage évident ; la loi nouvelle a établi l'égalité dans les situations. Pourquoi se plaindre que la justice
s'est rapprochée des uns, si elle est ainsi à la même distance
des autres !

736. Les actionnaires peuvent s'unir, soit en assemblées générales, soit par groupes, sur la convocation des plus diligents d'entre eux. Ceux qui veulent être représentés par des
mandataires donnent leur adhésion ; les dissidents restent en
dehors du procès. Il n'est pas question ici de majorité ou de
minorité.

Sans doute, dans certains cas, le gérant, couvert par un
vote de la majorité de l'assemblée, n'aura rien à craindre de
la poursuite que la minorité persisterait à intenter contre lui.
Mais il s'agit là du fond du droit, auquel, répétons-le, ne
touche pas l'art. 17 ; le gérant devrait toujours subir la poursuite de la minorité qui, pour ce précisément, pourrait se
faire représenter par des mandataires ; il opposerait ensuite
sa fin de non-recevoir tirée du vote de la majorité, et les tribunaux auraient à juger si, dans le cas particulier, la minorité est liée par la majorité, et si la fin de non-recevoir est admissible.

Lorsqu'un groupe d'actionnaires représentant un vingtième
du capital social a nommé un mandataire pour plaider contre

---

(1) Paris, 24 fév. 1874 (D.76.2.245).

le conseil de surveillance, un autre groupe moins considérable peut se faire représenter par le même mandataire (1).

Les mandataires *ad litem* peuvent être choisis en dehors de la société (2).

737. Parmi les membres adhérant au procès à intenter ou à soutenir, la nomination des mandataires a lieu à la majorité des suffrages (3).

La loi de 1856 portait qu'en cas d'obstacle, la nomination aurait lieu par le tribunal de commerce (4). Cette disposition n'étant pas reproduite par l'art. 17 de la loi nouvelle, les actionnaires ne pourraient profiter de la représentation judiciaire, si la majorité d'entre eux n'était pas d'accord sur le choix des mandataires.

738. Les jugements rendus avec les mandataires sont en premier ressort, même à l'égard des actionnaires n'ayant qu'un intérêt inférieur à 1,500 fr. (5). Les mandataires ne peuvent, à moins d'un pouvoir spécial, en interjeter appel, ni les frapper d'un pourvoi en cassation, ni transiger, ni compromettre, ni se désister, ni acquiescer, même tacitement, par l'expiration des délais, aux jugements rendus contre eux (6). Après chaque décision susceptible d'un recours, ils doivent donc consulter leurs commettants sur la question de savoir s'il y a lieu d'exercer ce recours ; autrement, ils pourraient engager gravement leur responsabilité.

Du reste, l'acte d'appel n'est pas nul s'il est signifié aux actionnaires eux-mêmes, sauf à l'appelant à supporter les frais, vraiment frustratoires, de ces significations multipliées (7).

739. La représentation par mandataires est facultative, non obligatoire, pour les actionnaires. On l'avait mis en doute sous la loi de 1856 (8); mais, en vérité, la controverse était peu sérieuse en présence de l'art. 14 de cette loi, qui consacrait en termes formels le droit d'intervention personnelle de chaque actionnaire dans les procès concernant l'intérêt général

---

(1) Bourges, 24 août 1871 (D.73.2.34).
(2) Dalloz, v° *Société*, n. 1407.
(3) Conf. Dalloz, n. 1405; Rivière, n. 126 et 127.
(4) V. un jugement du tribunal de commerce de la Seine du 19 sept. 1859 (Dalloz, 60.3.64).
(5) Angers, 18 janv. 1865 (D.65.2.67).
(6) Dalloz, n. 1444. — *Contrà*, Rivière, n. 135.
(7) Lyon, 10 nov. 1871 (D.72.2.187).
(8) On se prononçait généralement pour la représentation facultative. V. en ce sens, Lyon, 23 mai 1863; Angers, 26 avril 1866 (Dalloz, 65.2.198; 66.2.198); *Rép.* Dalloz, v° *Société*, n. 1413. — *Contrà*, Rivière, n. 121.

de la société; l'art. 17 de la loi nouvelle ne reproduit pas cette
disposition; et nous verrons tout à l'heure quelle est la conséquence de cette omission; mais il réserve le droit à chaque
actionnaire d'intenter des procès en son nom, et cela suffit
pour démontrer que la représentation par mandataires est une
faveur qui ne saurait être rétorquée contre ceux auxquels on
l'accorde.

740. Pourrait-on stipuler valablement que toutes les contestations touchant l'intérêt général de la société ne pourront être
dirigées qu'au nom de la masse des actionnaires et en vertu
d'une autorisation émanant de l'assemblée générale ?

Cette clause a été insérée dans beaucoup de statuts de sociétés en commandite par actions, avant la loi de 1856, et elle
a été déclarée licite par un arrêt de la Cour de Paris, du
8 décembre 1847 (1). Cette doctrine était fondée; car toutes
les conventions non contraires à l'ordre public et non prohibées par une loi positive sont permises. Or une convention
de cette nature n'est autre chose qu'un mandat irrévocable et
mutuel que se donnent les actionnaires, mandat valable avec
son caractère d'irrévocabilité, comme étant la condition accessoire d'un contrat. Mais sous l'empire de la loi de 1856,
qui, par son art. 14, donnait aux actionnaires plaidant par
commissaires le droit formel d'intervention individuelle dans
les procès, il était douteux qu'une pareille clause pût être légalement insérée dans les statuts des sociétés en commandite
par actions.

On a vu plus haut que l'art. 17 de la loi nouvelle ne consacre plus le même droit, et se borne à réserver l'action individuelle des associés; or une simple réserve, énoncée d'une manière tout à fait incidente, ne fait point obstacle à une convention contraire; car elle ne saurait avoir la portée d'une disposition prohibitive, et l'on ne doit l'envisager que comme une pure
énonciation du droit commun, qui doit recevoir son effet dans
le silence des statuts.

D'ailleurs on trouve, dans la loi de 1867, une disposition
ayant quelque analogie avec cette stipulation : c'est celle qui
enlève au conseil de surveillance lui-même le droit de provoquer la dissolution de la société sans l'avis conforme de l'assemblée générale. L'esprit de la loi nouvelle est donc plutôt

---

(1) Journal *le Droit*, du 3 janv. 1848 ; Dalloz, n. 1235 et 1402.

favorable que contraire à la stipulation dont il s'agit, et la Cour de Paris l'a consacré par un arrêt du 16 juillet 1872 (1), comme conciliant l'intérêt individuel des actionnaires avec le respect du droit des majorités.

Toutefois on doit se garder d'exagérer la portée de cette clause; et c'est avec raison qu'elle a été déclarée non opposable à un comité de direction chargé par le conseil d'administration d'une société anonyme de suivre toutes les instances judiciaires intéressant la société, alors même que le procès serait intenté contre deux membres du conseil d'administration (2). Dans cette affaire, qui concernait la compagnie du canal de Suez, la clause statutaire portait que « les contestations tou- « chant l'intérêt général et collectif de la société ne peuvent être « dirigées soit contre le conseil d'administration, soit contre un « de ses membres, qu'au nom de la généralité des actionnaires « et en vertu des délibérations de l'assemblée générale ».

Il est entendu que si le conseil d'administration refusait de soumettre le litige à l'assemblée générale, les actionnaires pourraient passer outre et mettre à fin l'action intentée par eux, après le refus constaté.

Serait aussi recevable, malgré cette clause, l'action intentée par la société elle-même, représentée par son conseil d'administration, contre un ou plusieurs actionnaires (3).

Il en serait de même de l'action intentée par l'actionnaire d'une société en commandite, ayant pour objet la dissolution de la société (arg. de l'art. 1871, C. civ.) (4).

741. En l'absence d'une stipulation de ce genre, chacun des actionnaires pourrait introduire l'action individuellement, en son nom personnel, selon les termes de l'art. 17, ou intervenir dans les procès intentés, soit collectivement par d'autres actionnaires représentant le vingtième du capital social, soit même par des actionnaires agissant isolément et personnellement (5).

Cette faculté d'intervention n'est pas reproduite dans la loi de 1867, mais elle dérive du droit commun; si la loi de 1856 l'avait rappelée en termes exprès, c'était, d'une part, pour empêcher qu'il n'y fût dérogé par la convention, et, d'autre part, pour mettre à la charge des intervenants les frais de leur inter-

---

(1) Bull. de la Cour de Paris, n. 2886.
(2) Trib. civ. Seine, 1re ch., 16 août 1872.
(3) Paris, 19 avril 1875 (D.75.2.464).

Aff. du Crédit mobilier.
(4) Paris, 28 nov. 1874 (Ann. Lehir, 1876.12).
(5) Paris, 16 juill. 1874.

vention. Dorénavant, et à défaut d'une disposition dérogatoire dans la loi nouvelle, les dépens de l'intervention seront, comme ceux de l'instance, à la charge des parties qui succomberont, conformément aux règles ordinaires de la procédure.

742. Des actionnaires qui ne réuniraient pas un vingtième du capital social auraient néanmoins la faculté de se concerter et d'agir collectivement en justice, s'ils formaient une société civile à l'effet de poursuivre et faire valoir leurs droits, à frais communs et sous une direction spéciale. La maxime que nul en France ne plaide par procureur ne serait pas opposable à cette société, pourvu, suivant un arrêt, qu'elle se soit conformée aux règles de procédure établies pour la validité des assignations (1).

La société civile serait apte à ester en justice, non-seulement pour l'exercice d'une action sociale proprement dite, mais alors même qu'il s'agirait d'actions individuelles appartenant aux associés si elles procédaient contre les mêmes personnes, et étaient fondées sur les mêmes causes.

Mais l'existence de la société ne priverait pas chaque actionnaire du droit qui lui appartiendrait d'agir individuellement; la société établie dans son intérêt ne pourrait pas être rétorquée contre lui (2).

743. En pareille matière, il importe beaucoup de distinguer ces deux sortes d'actions, qui ont des origines différentes, et conduisent à des résultats différents :

L'action sociale, qui appartient à titre égal à tous les membres de la société, et qui dérive du mandat légal ou conventionnel, conféré soit au conseil de surveillance ou au gérant, dans la société en commandite, soit aux administrateurs, fondateurs ou commissaires, dans la société anonyme. C'est l'action *mandati*, consacrée par l'art. 1992, C. civ., et qui permet d'atteindre la responsabilité des mandataires.

Et l'action individuelle, basée sur une faute qui aurait porté préjudice soit à quelques actionnaires seulement, soit à tous, mais dans des proportions inégales, et qui serait assez grave pour constituer un quasi-délit dans les termes des art. 1382 et 1383, C. civ.

Du reste, si le quasi-délit avait porté préjudice à la société,

_____

(1) Paris, 22 avril 1870, et rejet, 7 mai 1872, aff. de la Comp. immobi- | lière (D.70.2.124 ; 72.1.233). | (2) Paris, 4 fév. 1875 (D.76.2.185).

elle-même, tous les actionnaires ayant alors un intérêt égal ou identique à en demander la réparation, l'action qui leur serait ouverte serait une action véritablement sociale comme celle tirée du mandat.

Il a été fait une application remarquable de ces distinctions lors du procès intenté aux administrateurs de la *Compagnie immobilière*, et dont nous aurons à rendre compte plus loin (1).

744. Les actions individuelles ne seraient pas valablement exercées au moyen de la représentation judiciaire créée par l'art. 17 de la loi de 1867 ; mais rien n'empêcherait de les grouper par voie de société civile, selon le procédé que nous avons indiqué tout à l'heure.

Quant à l'action sociale, elle a, pour se produire, l'option entre les trois modes : la représentation du vingtième, la société civile, et l'initiative individuelle.

745. Il va de soi que l'exercice des actions individuelles ne saurait être entravé ni paralysé par l'assemblée générale des actionnaires. Elle commettrait un excès de pouvoir évident en voulant s'interposer entre le conseil de surveillance ou d'administration et des actionnaires se prétendant lésés par un préjudice personnellement éprouvé par eux.

Au contraire, l'action sociale serait immédiatement arrêtée, dans le cas de la stipulation prévue plus haut (2), si l'assemblée générale refusait son autorisation. Mais, dans le silence du contrat, elle appartient à chacun des actionnaires, à ses risques et périls ; car si l'assemblée générale omet ou refuse de l'exercer, il n'est pas juste qu'un seul membre de la société soit exposé à souffrir de cette inertie ; lorsque la collectivité s'abandonne, c'est à l'individu de veiller à son propre salut et en même temps au salut commun (3). Chaque actionnaire peut donc agir, sauf à appeler la société en cause (4).

746. Toutefois cette initiative individuelle ne serait plus admise si l'assemblée générale, dans la plénitude de son droit, avait transigé sur l'action, ou y avait renoncé, même au cours de l'instance engagée par les actionnaires (5). Mais alors naît cette question : Quel est le droit de l'assemblée générale en

---

(1) Tit. II, chap. V.
(2) N° 740.
(3) Paris, 22 avril 1870, cité au n. 742. Bruxelles, 12 mars 1877 (*le Droit*, 7 avril

1877). — *Contrà*, Cass., 9 juin 1874 (D. 76.1.387).
(4) *Infrà*, n. 754.
(5) Paris, 22 avril 1870, cité note 3.

pareil cas? C'est aux principes généraux qu'il faut recourir pour en avoir la solution. On sait qu'une majorité d'associés n'a pas un pouvoir absolu, que ce pouvoir est au contraire limité aux actes d'administration et, en dehors de la gestion pure, aux actes exceptionnellement autorisés par le contrat social. D'où il suit que, dans un débat engagé au sujet des divers actes de cette nature, la majorité de l'assemblée générale serait souveraine, et sa décision serait, pour les conseils de surveillance ou d'administration poursuivis, un bouclier les protégeant contre toute atteinte.

Bien plus, lorsque des administrateurs ou gérants sont poursuivis comme responsables par des actionnaires à l'occasion de simples actes de gestion, les juges du fait peuvent déclarer souverainement que ces actes ont été connus et tacitement approuvés par l'assemblée générale (1).

Mais la majorité serait sans pouvoir sur l'action sociale, s'il s'agissait, par exemple, de la violation des statuts (2), ou d'innovations graves aux choses sociales (3); ou s'il survenait un motif légitime de dissolution de la société (4), et autres cas semblables (5). Le droit individuel reprend ici son empire, et l'action sociale, exercée par un seul associé, est recevable.

Il en est de même de l'action en nullité de la société pour vice de sa constitution; c'est une action sociale qui appartient à tous et à chacun; la nullité prononcée profite à tous, et en cas de faillite, si elle a été déclarée à la requête du syndic, la décision rendue est chose définitivement jugée (6).

747. L'actionnaire, qui n'aurait pas opéré tous les versements exigibles sur ses titres ne serait pas, par cela même, non recevable dans son action; quoique non libéré, il n'est pas moins intéressé à veiller à la conservation de ses droits; les défendeurs peuvent lui répondre par une demande reconventionnelle en paiement des sommes versées, et rien de plus.

748. Les créanciers sociaux sont recevables à intenter l'action en responsabilité contre les membres des conseils de

---

(1) Cass. 20 fév. 1877 (le Droit, 13 avril 1877).

(2) Cass., 14 fév. 1853, 17 avril 1855; Orléans, 20 juill. 1853 (D.53.1.44; 55. 1.213, 54.2.30). — Comp. Cass., 27 et 28 déc. 1853 (D.54.1.143).

(3) Art. 1859, C. civ., n. 4. — V. Troplong, Des sociétés, n. 736.

(4) Art. 1871, C. civ.; Paris, 28 nov. 1874 (Ann. Lehir, 1876.12).

(5) V. not. Paris, 14 mars 1868. Soc. des docks de Saint-Ouen (Bull. de la Cour d'app., n. 1468).

(6) Cass., 2 juill. 1873 (D.74.1.49), suprà, n. 669 et s.

surveillance et d'administration. A cet égard ils ont le choix entre l'action directe et l'action oblique, la première, basée sur l'art. 1383, Cod. civ., qui leur donne un droit propre et personnel à la réparation du préjudice éprouvé par eux (1); la seconde, puisée dans l'art. 1166, qui leur permet d'exercer les droits de la société leur débitrice.

D'où il suit que l'approbation donnée par l'assemblée générale des actionnaires aux actes incriminés par les créanciers n'élèverait pas une fin de non-recevoir contre ceux-ci (2).

Il en serait ainsi alors même que l'assemblée n'aurait pas ignoré que les inventaires étaient inexacts et les dividendes fictifs (3).

Les créanciers sociaux ont aussi l'action directe pour exiger les versements non opérés sur les actions, ou faire rendre les dividendes fictifs indûment perçus (4).

749. En cas de faillite de la société, le syndic a une double qualité pour intenter l'action en responsabilité, car il représente à la fois les actionnaires et les créanciers (5), ce qui d'ailleurs n'exclut absolument l'action ni des uns ni des autres.

Toutefois le syndic n'est apte à représenter les créanciers que s'il agit au nom de ceux-ci *ut universi*, c'est-à-dire au nom de la masse tout entière lésée par les agissements du conseil de surveillance, et il serait non recevable s'il agissait au nom de quelques créanciers *ut singuli* (6). La même distinction serait applicable au syndic représentant des actionnaires.

Les actionnaires sont recevables quoique agissant concurremment avec le syndic, et, si leur demande est antérieure à la décision obtenue par le syndic, fondés à conclure à ce que cette décision leur soit déclarée commune (7). Mais ils seraient re-

---

(1) Metz, 14 août 1867 (D.67.2.78); Cass., 23 fév. 1870 (D.74.1.229) et 17 fév. 1868 (D.68.1.177).

(2) Colmar, 3 juill. 1867, et rejet, 13 janv. 1869 (D. 67.2.235 et la note, 70.1.67); Orléans, 20 déc. 1860 (D 61. 2.1). Comp. Cass., 5 janv. 1859 (D.59. 1.00), — *Contrà*, Paris, 30 juill. 1867 (D.67.2.20, avec les observations critiques de MM. Dalloz); Paris, 17 avril 1869 (*Bull. de la Cour d'app*, n. 1783).

(3) Crim. 28 juin 1862, Cass. dans l'intérêt de la loi de Douai, 24 avril 1862 (D.62.1.305).

(4) *Supra*, n. 645. Sur le droit des créanciers personnels des associés à de-

mander la nullité de la société, *supra*, n. 676.

(5) Paris, 28 mai 1869 (D.69.2.145). Angers, 13 janv. 1869; Colmar, 3 juin 1869. Cass., 16 mars 1870 (D 69.2.90 et 70.1.299. Caen, 14 déc. 1869 (Ann. Lehir, 1870.2.263); Chambéry; 20 mars 1875 (*le Droit*, 22 mai 1875).

(6) Besançon, 10 août 1868 (D.68.2. 201). V. cependant l'arrêt de Caen, cité ci-dessus. La fin de non-recevoir ne serait pas valablement proposée pour la première fois devant la Cour de cassation (Cass., 23 fév. 1870; D.74.1.229).

(7) Paris, 18 juill. 1869; Rejet, 30 déc. 1872 (D.73.1.333).

poussés par l'exception de chose jugée, si leur demande n'était introduite que postérieurement à la décision (1).

De leur côté les créanciers qui, avant la faillite, auraient pris l'initiative de la poursuite ne seraient pas tenus de mettre en cause le syndic, sauf à celui-ci à intervenir dans l'instance s'il le jugeait utile aux intérêts de la masse (2).

Mais, après la faillite déclarée, le syndic, comme représentant la masse des créanciers, aurait seul qualité pour intenter l'action en responsabilité. Les créanciers, agissant individuellement, ne seraient recevables qu'en invoquant un lien de droit particulier résultant d'un préjudice personnel par eux éprouvé (3).

L'action du syndic est d'ailleurs recevable avant que le chiffre du passif soit définitivement fixé, s'il est dès à présent certain qu'un préjudice sera éprouvé par les créanciers (4).

750. L'intervention des actionnaires dans l'instance d'appel ne serait pas recevable, attendu qu'ils y sont représentés par le syndic et qu'ils n'auraient pas qualité pour former tierce opposition à la décision rendue avec lui. La même fin de non-recevoir serait opposable aux créanciers chirographaires, mais non aux créanciers hypothécaires (5).

751. La société doit être mise en cause dans la personne de ses représentants légaux, toutes les fois que le litige concerne l'intérêt social. Ainsi supposons qu'un procès en responsabilité soit intenté aux administrateurs, soit par les actionnaires, soit par les créanciers; si, à cette occasion, la nullité de l'acte social ou de certaines délibérations de l'assemblée générale est demandée, cette nullité ne peut être prononcée qu'en présence de la société et contradictoirement avec elle (6).

Mais, s'il s'agit d'une simple action en responsabilité intentée même par les créanciers contre les membres du conseil de surveillance, il n'est pas nécessaire de mettre le gérant en cause, puisqu'ils sont engagés directement par leur quasi-délit envers les tiers (7).

752. Lorsque la société est de nature commerciale, les tribu-

---

(1) Paris, 6 fév. 1872, Rejet, 2 juill. 1873 (D.74.1.49).

(2) Cass., 13 janv. 1869 (D.70.1.67); Bourges, 24 août 1871 (D.73.2.34).

(3) Cass., 24 déc. 1875 (le Droit, 23 déc. 1875). V. aussi Paris, 19 avril 1875

(D.75.2.161).

(4) Paris, 28 mai 1869, cité p. 369, note 5.

(5) Même arrêt.

(6) Paris, 1er août 1868 (D.69.2.65).

(7) Cass., 17 fév. 1868 (D.68.1.177).

naux consulaires sont seuls compétents pour connaître des actions qui ont pour objet :

1º Soit les versements à faire sur les actions non libérées, ce qui est une conséquence du principe que la souscription d'une action dans une société de commerce constitue un acte de commerce (1).

2º Soit la répétition de dividendes fictifs indûment touchés par les actionnaires, alors même qu'ils ont été reçus de bonne foi, et que la répétition en est faite en vertu d'une simple quasi-contrat; car l'action en pareil cas tend réellement à une restitution de la mise sociale, qui a été partiellement reprise sous forme de dividende (2).

3º Soit la restitution des sommes indûment remboursées à un actionnaire pour le rachat de ses actions par le gérant ou les administrateurs de la société (3).

4º Soit enfin la nullité de la société et la responsabilité du gérant, des membres du conseil de surveillance ou d'administration; car cette action a pour objet la réparation du dommage éprouvé par un dol ou tout au moins par une faute lourde commise dans l'accomplissement d'un mandat; elle constitue donc tout à la fois une contestation entre associés pour raison d'une société de commerce, et un débat relatif à un quasi-délit se rattachant à un acte de commerce (4). Ce dernier point dérive de la règle générale, aujourd'hui consacrée par la jurisprudence, que les tribunaux consulaires ont compétence pour connaître de tous les engagements résultant des quasi-délits ou des quasi-contrats, si les faits dommageables ont eu lieu à l'occasion d'actes de commerce intervenus entre les parties (5).

Si l'action en responsabilité a sa source dans un délit, les défendeurs assignés devant la juridiction commerciale ne sont pas fondés à opposer qu'ils auraient dû être appelés devant le tribunal de police correctionnelle; car, aux termes de l'art. 3 du

---

(1) Cass., 3 mars 1863; 8 mai 1867; Bourges, 21 août 1871 (D.63.1.125 ; 67. 1.193; 73.2.34).

(2) Les deux arrêts de la Cour de cassation, cités à la note précédente, sont divisés sur cette question : celui de 1863 se prononce sur la compétence commerciale, et celui de 1867 pour la compétence civile. En ce dernier sens, Bourges, 21 août 1871, cité à la même note.

(3) Bourges, 26 déc. 1870 (D.72.2. 222).

(4) Paris, 28 juin 1870 ; Cass., 21 juin 1869 (Soc. du Créd. mobil.). Cass., 26 mai 1869 (D.69.1.351).

(5) Cass., 3 janv. 1872; Limoges, 9 mars 1872 ; Paris, 22 déc. 1873; Cass. 11 nov. 1873 (D.72.1.304 et la note ; 72.2.141 ; 74.2.147 ; 76.1.425).

Code d'instruction criminelle, l'action civile peut toujours être poursuivie séparément de l'action publique (1).

Mais les créanciers qui ont placé leurs fonds dans une société en commandite par actions, sans faire ainsi une opération commerciale ou industrielle, peuvent assigner devant le tribunal civil, à raison de leur responsabilité, les membres du conseil de surveillance (2).

CHAPITRE SEPTIÈME

DISPOSITIONS TRANSITOIRES.

Il y a dans la loi de 1867 deux dispositions transitoires concernant les sociétés en commandite par actions, et qui ont trait, l'une au conseil de surveillance, l'autre, à la transformation des sociétés antérieures en sociétés anonymes. Elles font l'objet des art. 18 et 19 de la loi.

§ 1er. — Sur les conseils de surveillance.

SOMMAIRE.

753. — La disposition de l'art. 15 de la loi de 1856, qui obligeait les sociétés antérieures à nommer un conseil de surveillance, est maintenue.

754. — Ce conseil sera d'au moins trois membres.

755. — Comment il sera nommé.

756. — Les conseils existants sont maintenus. Décisions de jurisprudence sur ce point.

757. — A défaut de constitution d'un conseil de surveillance, la dissolution de la société peut être demandée.

758. — Quelle est la loi applicable à la responsabilité des conseils de surveillance ?

753. L'art. 18 a pour but de conserver une disposition identique de l'art. 15 de la loi du 17 juillet 1856, qui allait disparaître avec l'abrogation de cette loi tout entière. Il porte, en effet, que « les sociétés antérieures à la loi du 17 juillet 1856, et qui ne se

---

(1) Cass., 13 janv. 1869, Rejet de Colmar, 3 juill. 1867 (D.70.1.67).
(2) Cass., 11 nov. 1873; Paris, 24 janv. 1874; Angers, 3 juin 1875 (D.76.1.425; 2.216; 2.166).

« seraient pas conformées à l'art. 15 de cette loi, seront tenues,
« dans un délai de six mois, de constituer un conseil de sur-
« veillance. »

Il faut donc se référer à l'art. 15 de la loi de 1856, et, avant
tout, en reproduire le texte :

« Art. 15. Les sociétés en commandite par actions actuelle-
« ment existantes, et qui n'ont pas de conseil de surveillance,
« sont tenues, dans le délai de six mois, à partir de la promul-
« gation de la présente loi, de constituer un conseil de sur-
« veillance.

« Ce conseil est nommé conformément aux dispositions de
« l'art. 5.

« Les conseils déjà existants, et ceux qui sont nommés en
« exécution du présent article, exercent les droits et remplis-
« sent les obligations déterminés par les art. 8 et 9 ; ils sont
« soumis à la responsabilité prévue par l'art. 10.

« A défaut de constitution du conseil de surveillance dans
« le délai ci-dessus fixé, chaque actionnaire a le droit de faire
« prononcer la dissolution de la société. Néanmoins un nou-
« veau délai peut être accordé par les tribunaux, à raison des
« circonstances.

« L'art. 14 est également applicable aux sociétés actuelle-
« ment existantes. »

La pensée de cette disposition s'aperçoit aisément :

Le principe de la non-rétroactivité des lois ne permettait pas
au législateur de rendre applicables aux sociétés existantes
toutes les dispositions protectrices de la loi nouvelle ; leur constitution appartenait au passé et échappait à son empire ; mais
il a cru que l'organisation des moyens de surveillance pour
l'avenir lui était permise, et que ce n'était point là porter atteinte à des droits acquis.

Voici l'économie de l'art. 15, qui avait pour but la réalisation
de cette pensée :

1º Il existait, on l'a supposé du moins, des sociétés qui
avaient négligé cette précaution si naturelle d'un conseil de
surveillance ; la loi les oblige à réparer cette lacune dans les
six mois de sa promulgation ;

2º Les conseils existant dans les autres sociétés sont maintenus ;

3º Aux uns et aux autres étaient déclarés applicables les

art. 8, 9 et 10 de la même loi sur les droits, les devoirs et la responsabilité des conseils de surveillance (1).

La première disposition semble porter, non sur un état de choses réel, mais sur une pure hypothèse. Quelle est, en effet, la société d'actionnaires qui aurait commis l'insigne imprudence de n'avoir aucun représentant de ses intérêts auprès de la gérance ? On l'a dit sur tous les tons et dans tous les styles : les actionnaires ont été souvent gens crédules et simples ; cependant l'intrigue, toute nue, les aurait-elle jamais séduits ? Non, elle savait se voiler sous de brillantes apparences, et c'est elle surtout qui sut décorer ses prospectus de noms retentissants ! Il serait donc assez difficile de trouver une raison d'être à cette première partie de l'art. 15, si l'on ne savait que sa rédaction fut le résultat d'une sorte de transaction entre la commission du Corps législatif et le Conseil d'État. Le projet de loi astreignait toutes les sociétés, sans exception, à constituer un conseil de surveillance nommé conformément à la loi nouvelle ; la commission demanda d'abord la suppression pure et simple de cette disposition, puis, sur le refus du Conseil d'État, elle proposa de restreindre l'application aux sociétés non pourvues de conseils de surveillance. Le principe posé dans le projet put se croire ainsi sauvé ; dans la réalité pratique, il est annihilé.

754. Quoi qu'il en soit, et si aujourd'hui encore, onze ans après la loi de 1856, il se trouve, de par le monde industriel, une société dépourvue de conseil de surveillance, elle devra se hâter d'en nommer un, composé d'au moins trois actionnaires, suivant que le prescrit l'art. 5 de la loi de 1867.

755. Ce conseil sera désigné par l'assemblée générale, convoquée à cet effet, et cela dans les six mois de la promulgation de la loi. Aucune majorité spéciale n'est prescrite pour cette nomination ; l'analogie qui serait invoquée pour exiger celle fixée par l'art. 4 serait fautive ; la majorité du droit commun, c'est-à-dire celle des actionnaires présents et votant par tête, suffira donc.

Il sera aussi soumis à la réélection, dans les termes des statuts, sauf le premier conseil, qui ne sera nommé que pour une année.

_____

(1) Grenoble, 14 déc. 1872 (D.74.2.33) sur renvoi du 22 janv. 1872 (D.72.1. 117).

756. Le maintien des conseils existants lors de la loi de 1856 s'entend non pas seulement de ceux fonctionnant à l'époque de cette loi, mais aussi de ceux réélus en remplacement, en vertu des stipulations statutaires. En d'autres termes, la loi a conservé, pour les sociétés antérieures à 1856, l'organisation des conseils de surveillance telle qu'elles l'ont établie, quelque différence qui existât entre cette organisation et celle créée par les lois nouvelles. Elle n'impose la nomination de nouveaux conseils qu'à celles dont les statuts, par impossible, n'auraient rien prévu à cet égard.

Cependant, si les statuts avaient organisé un soi-disant conseil de surveillance, ayant le droit de s'immiscer dans la gestion de la société et constituant une sorte de comité d'administration, il y aurait lieu d'instituer un véritable conseil de surveillance, chargé d'une simple mission de vérification et de contrôle, comme l'a jugé avec raison le tribunal de commerce de la Seine le 18 octobre 1858 (1). Il est vrai que ce jugement a été infirmé par un arrêt de la Cour de Paris du 28 mars 1859 (2) ; mais, parce qu'il a été constaté, en fait, que le conseil de surveillance dont il s'agissait au procès, « loin d'être affranchi de toute responsabilité ou dépourvu des pouvoirs nécessaires à un contrôle efficace, avait reçu des pouvoirs et accepté des responsabilités plus étendues que celles imposées par la loi de 1856. » D'ailleurs cette constatation de fait n'a pas sauvé l'arrêt de la Cour de Paris, qui a été cassé le 31 décembre 1860 (3), « attendu, dit avec raison la Cour suprême, qu'il faut dans la commandite « non une surveillance nomi- « nale et illusoire exercée par les gérants eux-mêmes, mais « une surveillance réelle, efficace, entièrement distincte de la « gestion ».

La loi de 1856 exigeait que le conseil de surveillance fût composé d'au moins cinq membres. M. Duvergier, dans ses annotations sur cette loi (4), avait soutenu que les sociétés antérieures qui avaient un conseil inférieur à ce nombre seraient tenues de le compléter ; mais cette opinion était trop contraire à la loi pour être admise, et elle avait été victorieusement réfutée par les autres commentateurs (5).

(1) Dalloz, 59.3.23.
(2) Dalloz, 59.2.150.
(3) Dalloz, 61.1.73.

(4) *Lois*, 1856, p. 351 et 352.
(5) V. Dalloz, vᵒ *Société*, n. 1220.

757. L'art. 18 contient sa sanction spéciale. C'est le droit donné à chaque actionnaire de demander la dissolution de la société, à défaut de constitution du conseil de surveillance dans le délai de six mois. Ce droit aurait pu résulter des principes généraux (1); la loi, pour éviter toute contestation, a voulu lui donner une consécration formelle.

758. Quelle sera la loi applicable à la responsabilité des conseils de surveillance en fonctions lors de la promulgation de la loi de 1867 ?

La question n'aurait aucun intérêt si la loi de 1856 avait, comme la loi nouvelle, soumis purement et simplement cette responsabilité aux règles du droit commun; mais, comme on l'a vu, elle a été tantôt plus, tantôt moins rigoureuse (2), et les tribunaux auront nécessairement à choisir entre l'une ou l'autre.

Dans les cas où la responsabilité des membres des conseils de surveillance est réellement diminuée, les conseils en fonctions, lors de la promulgation de la loi, pourraient-ils invoquer cet avantage? Évidemment non, pour des faits antérieurs à la promulgation; mais pour des faits postérieurs, oui. En vain, les actionnaires diraient qu'ils les ont nommés sous l'empire de règles plus sévères, que l'acceptation de leurs fonctions les a irrévocablement engagés à l'observation de ces règles, qu'il s'est ainsi formé un contrat synallagmatique qu'aucune loi ne peut rompre; le conseil de surveillance répondrait avec raison qu'il ne s'est obligé qu'à une chose : observer les règles légales; or la loi change, les règles deviennent plus étroites ou plus faciles, il ne peut être en faute en s'y conformant (3).

Quant aux conseils de surveillance, élus depuis la loi nouvelle, ils acceptent leurs fonctions en connaissance de cause et doivent conséquemment être soumis aux dispositions de cette loi.

L'art. 15 de la loi de 1856, dont l'esprit a manifestement passé dans la loi nouvelle, donnait à cette question transitoire, ainsi qu'on l'a vu tout à l'heure, une solution formelle commandant, pour ainsi dire, celles qui viennent d'être indiquées

_____

(1) Art. 1781, C. civ.
(2) *Supra*, n. 600 et s.

(3) Paris, 28 mars 1859 (D.59.2.150).

et qui, d'ailleurs, sont conformes aux enseignements du droit commun.

§ 2. — Conversion en sociétés anonymes des sociétés en commandite antérieures à la loi.

SOMMAIRE.

759. L'art. 19 de la loi a pour but de faciliter la transformation en sociétés anonymes, des sociétés en commandite par actions antérieures à la loi.

Toutes les sociétés en commandite par actions ne pouvaient être appelées à profiter de cette disposition, qui a dû être restreinte à celles dont les statuts permettent la transformation en société anonyme, autorisée par le gouvernement (1).

L'autorisation gouvernementale étant supprimée par le titre II de la loi, il est bien entendu que les sociétés qui opéreront la conversion n'y seront pas soumises, et c'est ce qu'exprime formellement l'art. 19, en disant qu'elles pourront se convertir en société anonyme « dans les termes déterminés par le titre II de « la présente loi ».

---

(1) Pour les autres, *suprà*, n. 453 et s.

760. Ce n'est pas sans une certaine hésitation que la loi nouvelle a admis cette faculté de conversion, que certains esprits considéraient comme étant entachée de rétroactivité. Aussi s'est-elle efforcée de la rattacher à la convention, en prescrivant aux sociétés de se conformer aux conditions stipulées dans leurs statuts pour la transformation.

Cette prescription ne peut avoir en vue que le mode de délibération de l'assemblée générale, qui est habituellement appelée par les statuts à décider la mesure de la conversion. Une majorité exceptionnelle est le plus souvent imposée dans cette circonstance tout exceptionnelle elle-même; la loi nouvelle entend respecter cette disposition, ainsi d'ailleurs que toutes les autres clauses des statuts se rapportant au même objet.

761. La commission du Corps législatif avait proposé un amendement portant que la transformation devrait réunir « la « majorité la plus forte, exigée par les statuts, pour la validité « des délibérations de la société ». Mais il a été repoussé par le Conseil d'État (1), sans doute parce que la commission lui a paru se placer dans l'hypothèse, à peu près chimérique, quoique indiquée par le rapport, où les statuts auraient stipulé pour la conversion une majorité moins forte que pour de simples modifications statutaires. Alors même que cette stipulation improbable eût existé, n'était-elle pas d'ailleurs la convention et ne devait-on pas à ce titre la respecter !

762. La loi a supposé que les statuts, en autorisant la conversion de la société, auront toujours réglé les conditions de cette conversion, c'est-à-dire le mode de composition de l'assemblée générale, et le droit de suffrage des actionnaires. Mais que devra-t-on décider si les statuts sont muets sur ces conditions ?

Le consentement unanime des actionnaires sera-t-il nécessaire, comme semblent l'admettre quelques auteurs (2)? Nous ne le pensons pas. Il sera permis, en pareil cas, de recourir aux conditions établies par les statuts pour leur modification ; et cette analogie, autorisée par les art. 46 et 47 de la loi de 1867, est conforme à la pensée de l'amendement dont nous venons de

---

(1) V. le Moniteur du 4 juin 1867.

(2) MM. Mathieu et Bourguignat, n. 462, quoi qu'il soit difficile de savoir s'ils exigent l'unanimité pour le cas où le contrat est muet sur le principe même de la conversion, ou muet seulement sur la manière de l'opérer.

parler, amendement qui n'a été rejeté précisément que pour n'être pas en opposition avec les statuts.

Si les statuts étaient muets aussi sur la manière d'opérer leur modification, on y suppléerait par la loi elle-même, qui a établi, pour les modifications statutaires, le mode de composition de l'assemblée générale. L'art. 31 exige que l'assemblée représente la moitié du capital social, et dans cette assemblée le vote aurait lieu par le suffrage non-seulement universel, mais égalitaire, c'est-à-dire par tête, ainsi qu'on le verra plus loin (1).

763. Remarquons que si l'on doit s'en rapporter aux statuts, lorsqu'ils ont parlé, sur les conditions de la conversion, cela ne doit s'entendre que du vote sur le principe même de la mesure ; car, pour la nomination des administrateurs et commissaires, on devra observer les conditions prescrites par les art. 27 et 30 de la loi de 1867 pour la composition de l'assemblée et le droit de suffrage.

764. D'après les règles du droit commun, et dans le silence du contrat, le consentement du gérant à la conversion de la société serait indispensable ; car il a été partie contractante pour la formation du contrat, qui ne doit pas subir, malgré lui, une aussi grave altération. Mais nous supposons ici que les statuts ont prévu et autorisé la conversion ; il y a donc donné son consentement par avance, et s'en est rapporté, dès lors, à la décision souveraine de l'assemblée générale. Le gérant a sans doute des intérêts différents de ceux des actionnaires, mais il était libre, en acceptant ses fonctions, de subordonner sur ce point sa volonté à celle de l'assemblée générale ; en subissant le vote de la majorité, il ne fait qu'observer la convention à laquelle il a pris part (2).

765. S'il avait été stipulé que la conversion en société anonyme *ne* pourrait s'opérer *qu'*en vertu de l'autorisation du gouvernement, cette formule ne mettrait pas obstacle à la conversion permise par l'art. 19 ; car les parties n'entendaient ainsi que s'en référer à la législation existante, et ce serait outrer le sens des mots que de voir là une formule absolument prohibitive. Au surplus, la loi nouvelle ne s'est pas arrêtée devant l'objection de rétroactivité que cette clause aurait pu soulever.

---

(1) *Infrà*, tit. II, chap. V.

(2) Rapport de la commission (Tripier, n. 347.

Le rapport de la commission législative a prévu et examiné cette objection; c'est donc en pleine connaissance de cause que l'art. 19 a accordé la faculté de conversion à toutes les sociétés dont les statuts la permettent, de la manière la plus générale et la moins susceptible d'exception.

766. Il avait été proposé sur l'art. 19 un amendement ayant pour objet, d'une part, d'autoriser aussi les sociétés civiles à se convertir en sociétés anonymes, et d'autre part de ne soumettre qu'au droit fixe l'enregistrement des actes dressés pour établir la conversion. Le second point ne pouvait être résolu incidemment dans la loi sur les sociétés; il soulevait d'ailleurs une question fiscale très-complexe, peu connue et peu étudiée jusqu'ici; car on a laissé, sans les combattre suffisamment, se produire de la part de la régie des prétentions excessives qui avaient quelque peu effrayé l'honorable auteur de l'amendement, mais qu'il est possible avec le seul secours de la législation actuelle, de réduire à leur juste valeur, ainsi que j'ai eu occasion de le démontrer ailleurs (1).

Quant au premier point, il est regrettable qu'il n'ait pas été admis; car il existe des sociétés civiles valablement constituées par actions, comme je l'ai établi dans le titre préliminaire de la deuxième partie de cet ouvrage (2); et l'on ne voit pas pourquoi la loi leur a refusé la faveur que par ses art. 19, 46 et 47, elle a accordée aux autres sociétés.

767. Le silence de la loi à leur égard serait-il un obstacle à leur conversion en société anonyme, si les statuts autorisaient cette conversion? Je ne le crois pas; car le Corps législatif ne paraît avoir rejeté l'amendement qu'en présence de la déclaration, faite au nom du gouvernement, que les principes généraux du droit ne s'opposeraient pas en pareil cas à la conversion, et qu'il suffisait de renvoyer à la jurisprudence (3).

768. Quant aux effets de la transformation, aux formalités à remplir et aux conditions à observer pour sa validité, nous renvoyons au chapitre II du présent traité, où nous avons constaté que les règles à suivre à cet égard sont communes et aux sociétés antérieures à la loi de 1867, et à celles qui lui sont postérieures (4).

---

(1) *Journal du Notariat*, n° du 16 mai 1863; V. aussi mon livre intitulé: *Questions fiscales*, p. 29.
(2) *Suprà*, n. 345 et s.

(3) V. au *Moniteur*, le discours de M. Rouher lors de la discussion de l'article 19.
(4) p. 478 et s.

§ 3. — Questions diverses.

769. La loi de 1856, qui instituait une organisation nouvelle de la société en commandite par actions, avait fait naître plusieurs questions transitoires qui, à mesure que le temps s'écoule, perdent peu à peu de leur intérêt. La loi de 1867 qui, tout en l'abrogeant, n'en est cependant qu'une reproduction modifiée, ne donnera probablement pas lieu à de nouvelles questions. Il suffira donc de faire connaître celles qui se sont élevées sous l'empire de la loi de 1856.

Elles sont généralement relatives aux modifications que les sociétés antérieures à cette dernière loi ont voulu apporter à leurs statuts. A cet égard, une règle générale peut être posée : si, sous le prétexte et l'apparence de modifications, il a été procédé à un remaniement des statuts, si complet et si radical, que les principaux éléments de la société soient changés, on devra décider qu'il s'est en réalité fondé une société nouvelle, tenue de se soumettre aux prescriptions de la loi nouvelle. C'est ce qui a été jugé à l'égard d'une société dont les statuts avaient été modifiés, non-seulement quant aux personnes qui la composaient, mais aussi quant à son capital et à sa durée. Tous ces changements, portant sur les conditions essentielles de la société, ont fait décider qu'il y avait là plus qu'une modification des statuts, mais une véritable reconstitution de la société (1).

770. Si, au contraire, ce sont vraiment de simples modifications qui ont été apportées aux statuts, elles profiteront, comme le contrat primitif, des franchises de l'ancienne législation ; et la raison déterminante de cette distinction, c'est que les innovations législatives, sauf en ce qui concerne le conseil de surveillance, s'adressent exclusivement aux sociétés qui se fondent ; elles ont eu pour but de prévenir les fraudes qui enta-

---

(1) Rennes, 7 août 1867, et sur pourvoi, Rejet, 14 déc. 1869 (D.70.1 179).

chaient trop souvent leur constitution ; il suffit de lire les divers articles de la loi de 1856, comme du titre 1 de la loi de 1867, pour en être convaincu ; toutes les sociétés antérieurement constituées doivent donc échapper à l'action de ces lois, lorsqu'elles se bornent à modifier leur constitution originaire ; car la modification se rattache intimement au contrat, elle fait corps avec lui, et comme lui elle souffrirait d'une véritable rétroactivité, si elle était atteinte par les dispositions d'une loi postérieure au contrat.

Ainsi l'on décidait avec raison sous la loi de 1856 que, si une société antérieure voulait augmenter son fonds social par une nouvelle émission d'actions, même non prévue aux statuts, elle ne serait pas soumise aux prescriptions de cette loi sur le taux des actions, ni sur les autres conditions établies pour la constitution d'une société nouvelle (1). Il en serait de même si elle voulait proroger sa durée (2).

771. Lorsqu'il y a fusion de sociétés antérieures à la loi de 1856, il en résultera, suivant les circonstances, ou de simples modifications statutaires, qui ne tombent pas sous l'application de cette loi, ou une société nouvelle qui sera tenue, avant de se constituer définitivement, de se conformer à toutes ses prescriptions. Nous renvoyons à cet égard au chapitre II, où nous avons indiqué, avec les développements que comporte ce sujet difficile, tout ce qui a trait à la fusion des sociétés, et rapporté les arrêts qui ont été rendus à l'occasion de sociétés antérieures aux lois nouvelles (3).

---

(1) Paris, 1er mars 1862, et sur pourvoi, rejet 29 mars 1864 (Dalloz, 64.1.59); Cass., 24 mai 1869 (D.69.1.323) ; Comp. Alger, 14 avril 1866, sous Cass., 10 fév. 1868 (D.68.1.379) ; Dalloz, v° Société, n. 1143 ; Rivière, n. 140.

(2) Rivière, n. 142 ; Dalloz, n. 1221. Cass., 26 mai 1869 (D.69.1.401)

(3) Suprà, n. 427 et s.

TABLE DES MATIÈRES

CONTENUES DANS LE TOME PREMIER.

CHAPITRE V.

DES SOCIÉTÉS COMMERCIALES.

CHAPITRE VI.

DE L'ASSOCIATION EN PARTICIPATION.

DEUXIÈME PARTIE
Des sociétés régies par la loi du 24 juillet 1867.

TITRE PRÉLIMINAIRE.

TITRE PREMIER.
Des sociétés en commandite par actions.

CHAPITRE Iᵉʳ.

CHAPITRE II.

CHAPITRE III.

CHAPITRE IV.

DU CONSEIL DE SURVEILLANCE.

CHAPITRE V.

DES SANCTIONS CIVILES ET PÉNALES.

CHAPITRE VI.

DES ACTIONS JUDICIAIRES.

CHAPITRE VII.

DISPOSITIONS TRANSITOIRES.

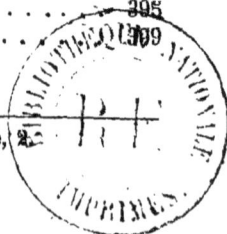

Paris. — Imprimerie J. DUMAINE, rue Christine, 2.